# सम्पूर्ण हितोपदेश

व्याख्याकार एवं सम्पादक

आचार्य वादरायण

वाणी प्रकाशन

वाणी प्रकाशन

4695, 21-ए, दरियागंज, नयी दिल्ली 110 002

शाखा

अशोक राजपथ, पटना 800 204

फ़ोन: +91 11 23273167 फ़ैक्स: +91 11 23275710

www.vaniprakashan.in

vaniprakashan@gmail.com

SAMPOORNA HITOPADESH

*Edited by* Aacharya Vadrayan

ISBN : 978-93-5000-799-0

Indian Epic



प्रथम संस्करण



*आर. टेक ऑफ़सेट, दिल्ली-110095 में मुद्रित*

*वाणी प्रकाशन का लोगो मक़बूल फ़िदा हुसेन की कूची से*

**हितोपदेश** राजनीति एवं लोकव्यवहार सिखाने वाला अत्यन्त प्रामाणिक ग्रन्थ है, जिसे पण्डित नारायण शर्मा ने धवलचन्द्र नामक किसी गुणी सेठ के आग्रह पर लिखा था। **हितोपदेश** पञ्चतन्त्र का ही संशोधित एवं संक्षिप्त रूप है। पञ्चतन्त्र में पांच अध्याय हैं, जबकि **हितोपदेश** चार अध्यायों में निबद्ध है। इस ग्रन्थ के चार अध्याय हैं—मित्रलाभ, सुहृदभेद, विग्रह तथा सन्धि। ये सभी अध्याय पञ्चतन्त्र की अपेक्षा अधिक सरल, स्पष्ट व सुरुचिपूर्ण हैं।

**हितोपदेश** में ज्ञान का वही भाण्डार उपलब्ध है, जो महाभारत, रामायण तथा मनुस्मृति आदि भारी-भरकम ग्रन्थों में मिलता है, जिसके कारण प्रस्तुत पुस्तक अत्यन्त महत्त्वपूर्ण एवं उपयोगी बन गयी है।

**हितोपदेश** का प्रचलन पञ्चतन्त्र से भी अधिक है और आज तो भारत के विभिन्न विद्यालयों में **हितोपदेश** को पाठ्यपुस्तक के रूप में पढ़ाया भी जा रहा है। ऐसी अनुपम पुस्तक का मूल संस्कृतसहित सरल हिन्दी अनुवाद प्रस्तुत है। हमें विश्वास है कि हिन्दी के पाठक इस विशिष्ट पुस्तक का अध्ययन करेंगे और इससे पर्याप्त लाभ उठायेंगे।

# सम्पादकीय

संसार के सभी सभ्य देशों में बालकों के लिए उत्तम कथा-साहित्य की रचना होती रही है; क्योंकि बाल-साहित्य के द्वारा ही बालकों को बचपन में जो शिक्षा दी जाती है, वह उनके मन पर सदा-सदा के लिए अंकित हो जाती है। इसी तथ्य को ध्यान में रखते हुए भारत में भी अद्वितीय बाल-साहित्य की रचना हुई है और आज भी हो रही है। प्राचीन बाल-साहित्य की बात करें, तो हम देखते हैं कि हिन्दी में बाल-साहित्य प्रचुर मात्रा में लिखा गया है। उदाहरण के रूप में, वेताल-पचीसी, कथासरित्सागर तथा पञ्चतन्त्र आदि अनेक ग्रन्थों का नाम लिया जा सकता है। इन सब में पञ्चतन्त्र का नाम सर्वोपरि है; क्योंकि इस ग्रन्थ की उपादेयता के विषय में इतना ही कहा जा सकता है कि इस ग्रन्थ का अनुवाद विश्व की लगभग प्रत्येक भाषा में हुआ है और यह अकेला ऐसा ग्रन्थ है, जो आज भी अनेक विद्यालयों में पाठ्यपुस्तक के रूप में स्वीकृत है।

पञ्चतन्त्र राजनीतिशास्त्र के अनेक लब्ध्प्रतिष्ठ विद्यानों की रचनाओं का सार-संग्रह है, जिसका आधार अत्यन्त प्रामाणिक एवं व्यावहारिक है। यह ग्रन्थ पांच अध्यायों में निबद्ध है, जिन्हें पांच तन्त्र कहा गया है। इसी ग्रन्थ की रचना करके और उन्हें सुनाकर आचार्य विष्णु शर्मा ने राजा अमरसिंह के तीनों मूर्ख राजकुमारों को मात्र छह मास में ही राजनीति और व्यावहारिक ज्ञान में सिद्धहस्त बना दिया था।

**हितोपदेश** ग्रन्थ-रत्न पञ्चतन्त्र का ही संशोधित एवं संक्षिप्त रूप है। पञ्चतन्त्र में पांच अध्याय हैं, जबकि हितोपदेश को केवल चार अध्यायों में निबद्ध किया गया है। इसमें चार अध्याय हैं—मित्रलाभ, सुहृदभेद, विग्रह तथा सन्धि। ये सभी अध्याय पञ्चतन्त्र की अपेक्षा अधिक सरल, स्पष्ट व सुरुचिपूर्ण हैं।

**मित्रलाभ** नामक अध्याय में मित्रों के लाभ बतलाये गये हैं और कहा गया है कि किसी भी क्षेत्र में छोटे-बड़े सभी लोगों के साथ मित्रता करनी चाहिए। न जाने कब किससे कौन-सा काम पड़ जाये।

**सुहृदभेद** नामक अध्याय में बतलाया गया है कि धूर्त लोगों द्वारा अपनी स्वार्थ-सिद्धि के लिए अपने ऊपर विश्वास करने वाले दो मित्रों में किस प्रकार

फूट डलवायी जा सकती है तथा दोनों को किस प्रकार लड़ाया जा सकता है।

इसी प्रकार **विग्रह** नामक अध्याय में यह समझाया गया है कि शत्रु पर अपनी विजय सुनिश्चित करने के लिए किस प्रकार राजा अपने गुप्तचर को शत्रु के शिविर में प्रवेश कराता है और वह गुप्तचर किस प्रकार शत्रु राजा को अपने विश्वास मे लेकर उसे ठगने में सफल होता है।

**सन्धि** नामक चौथा अध्याय है, जिसका अर्थ मेल करना होता है, यानी किस प्रकार विवेकशील मन्त्री पराजित राजा के साथ सन्धि करके दो राजाओं में परस्पर सद्‌भाव की प्रवृत्ति को जगाता है।

इन चार अध्याय वाले इस ग्रन्थ **हितोपदेश** में राजनीति के सभी प्रमुख भेदों के साथ ही सन्धि के विभिन्न भेदों तथा सन्धि करने योग्य व्यक्तियों का भी विस्तृत परिचय दिया गया है, जिससे पुस्तक अत्यन्त महत्त्वपूर्ण एवं उपयोगी बन गयी है।

इन्हीं सब विशेषताओं के कारण हितोपदेश का प्रचलन पञ्चतन्त्र से भी अधिक है और आज तो भारत के विभिन्न विद्यालयों में हितोपदेश को पाठ्यपुस्तक के रूप में पढ़ाया भी जा रहा है।

ऐसी अनुपम पुस्तक का मूल संस्कृतसहित सरल हिन्दी अनुवाद प्रकाशित किया गया है। हमें विश्वास है कि हिन्दी के सामान्य पाठक भी इस विशिष्ट पुस्तक का अध्ययन करेंगे और इससे पर्याप्त लाभ उठायेंगे।

**—आचार्य वादरायण**

# प्रस्ताविका

भारतीय परम्परा के अनुसार ग्रन्थ की निर्विघ्न समाप्ति के लिए ग्रन्थकार द्वारा ईश-वन्दना आवश्यक माना जाता है। इसी परम्परा का निर्वाह करते हुए पण्डित नारायण शर्मा भी अपने इष्टदेव भगवान् शंकर का स्मरण करते हुए उनसे अपने सफल जीवन की कामना करते हैं।

**सिद्धिः साध्ये सतामस्तु प्रसादात्तस्य धूर्जटेः।**
**जाह्नवीफेनलेखेव यन्मूर्ध्नि शशिनः कला॥**

जिनके ललाट पर गंगाजी के झाग की रेखा के समान चन्द्रकला विद्यमान है, उन चन्द्रशेखर महादेवजी की कृपा से साधुजनों का मनोरथ सिद्ध हो।

**श्रुतो हितोपदेशोऽयं पाटवं संस्कृतोक्तिषु।**
**वाचां सर्वत्र वैचित्र्यं नीतिविद्यां ददाति च॥**

यह हितोपदेश नामक ग्रन्थ सुनने से संस्कृत के बोलने-सुनने में आसानी के साथ ही वाक्यवैचित्र्य, राजनीति, धर्मनीति तथा लोकरीति की भी जानकारी हो जाती है।

**अजरामरवत् प्राज्ञो विद्यामर्थं च चिन्तयेत्।**
**गृहीत इव केशेषु मृत्युना धर्ममाचरेत्॥**

बुद्धिमान् मनुष्य यह सोचकर कि मैं कभी बूढ़ा नहीं होऊंगा और कभी मरूंगा नहीं, धनसञ्चय और विद्या का विचार करे और यह सोचकर कि मृत्यु आने ही वाली है, वह धर्म करे।

**सर्वद्रव्येषु विद्यैव द्रव्यमाहुरनुत्तमम्।**
**अहार्यत्वादनर्घत्वादक्षयत्वाच्च सर्वदा॥**

सभी देशों और सभी समय पर चोरों आदि द्वारा न चुराये जाने वाली तथा अनमोल होने के कारण कभी क्षय न होने वाली विद्या को ही सब पदार्थों में उत्तम कहते हैं।

**संयोजयति विद्यैव नीचगापि नरं सरित्।**
**समुद्रमिव दुर्धर्षं नृपं भाग्यमतः परम्॥**

जिस प्रकार तुच्छ तृण आदि से मिलने वाली नदी उन तृण आदि को भी

अथाह सागर से मिला देती है, उसी प्रकार नीच व्यक्ति भी विद्वान् बनकर राजा से जा मिलता है और तब उसका भाग्योदय हो जाता है।

**विद्या ददाति विनयं विनयाद्याति पात्रताम्।**
**पात्रत्वाद्धनमाप्नोति धनाद्धर्मं ततः सुखम्॥**

विद्या से विनम्रता आती है और विनम्रता से योग्यता, योग्यता से धन, धन से धर्म और फिर धर्म से सुख आता है।

**विद्या शस्त्रस्य शास्त्रस्य द्वे विद्ये प्रतिपत्तये।**
**आद्या हास्याय वृद्धत्वे द्वितीयाद्रियते सदा॥**

शस्त्रविद्या और शास्त्रविद्या—ये दोनों ही आदर कराने वाली हैं, परन्तु पहली, अर्थात् शस्त्रविद्या जहां वृद्धावस्था में जगहंसाई कराती है, वहीं दूसरी, अर्थात् शास्त्रविद्या सदैव आदर कराती है।

**यन्नवे भाजने लग्नः संस्कारो नान्यथा भवेत्।**
**कथाच्छलेन बालानां नीतिस्तदिह कथ्यते॥**

जिस प्रकार मिट्टी के कोरे बर्तन पर पहले-पहल जो कुछ भी अंकित कर दिया जाता है, वह बाद में भी उससे नहीं छूटता, उसी प्रकार मैं इस हितोपदेश ग्रन्थ में कथाओं के माध्यम से बच्चों के लिए नीति की बातें कह रहा हूं।

**मित्रलाभः सुहृद्भेदो विग्रहः सन्धिरेव च।**
**पञ्चतन्त्रात्तथाऽन्यस्माद्ग्रन्थादाकृष्य लिख्यते॥**

मैंने '**पञ्चतन्त्र**' तथा संस्कृत भाषा के अन्य अनेक ग्रन्थों की सहायता से इस ग्रन्थ को—मित्रलाभ, सुहृद्भेद, विग्रह और सन्धि—इन चार भागों में निबद्ध किया है।

**अस्ति भागीरथीतीरे पाटलिपुत्रनामधेयं नगरम्। तत्र सर्वस्वामिगुणोपेतः सुदर्शनो नाम नरपतिरासीत्। स भूपतिरेकदा केनापि पठ्यमानं श्लोकद्वयं शुश्राव—**

गंगाकिनारे पटना नामक नगर में सम्पूर्ण गुणों से युक्त तथा अत्यन्त शोभायमान सुदर्शन नामक एक राजा ने एक दिन किसी के मुख से ये दो श्लोक सुने—

**अनेकसंशयोच्छेदि परोक्षार्थस्य दर्शकम्।**
**सर्वस्य लोचनं शास्त्रं यस्य नास्त्यन्ध एव सः॥**

अनेक सन्देहों को दूर करने वाला तथा छिपे हुए अर्थ का दर्शन कराने वाला शास्त्र सबका नेत्र है। जिसके पास वह शास्त्र (नेत्र) नहीं है, वह अन्धा है।

**यौवनं धनसम्पत्तिः प्रभुत्वमविवेकिता।**
**एकैकमप्यनर्थाय, किमु यत्र चतुष्टयम्?॥**

यौवन, धन, प्रभुता तथा अविवेक—इन चारों में से प्रत्येक अनर्थ करने

वाला है और जिसके पास ये चारों हों, उसका तो कहना ही क्या है?

**इत्याकर्ण्यात्मनः पुत्राणामनधिगतशास्त्राणां नित्यमुन्मार्गगामिनां शास्त्राननुष्ठानेनोद्विग्नमनाः स राजा चिन्तयामास—**

इन दोनों श्लोकों को सुनकर वह राजा शास्त्र को न पढ़ने वाले तथा प्रतिदिन कुमार्ग पर चलने वाले अपने लड़कों के शास्त्र न पढ़ने से व्याकुल होकर सोचने लगा—

**कोऽर्थः पुत्रेण जातेन यो न विद्वान्न धार्मिकः।**
**काणेन चक्षुषा किं वा, चक्षुःपीडैव केवलम्॥**

जो न विद्वान् है और न ही धर्मशील है, उस पुत्र के उत्पन्न होने का क्या लाभ? वह तो काणी आंख की भांति केवल पीड़ा ही पहुंचाता है।

**अजात-मृत-मूर्खाणां वरमाद्यौ न चान्तिमः।**
**सकृद्दुःखकरावाद्यावन्तिमस्तु पदे पदे॥**

पुत्र का उत्पन्न ही न होना अथवा होकर मर जाना या मूर्ख पुत्र का उत्पन्न होना—इन सब में पहले दोनों, अर्थात् पैदा न होना और पैदा होकर मर जाना ही श्रेष्ठ हैं, परन्तु अन्तिम, अर्थात् मूर्ख का होना अच्छा नहीं; क्योंकि पहले दोनों तो एक ही बार दुःख देने वाले हैं, जबकि अन्तिम, अर्थात् मूर्ख तो जीवन-भर दुःख देता रहता है।

**वरं गर्भस्त्रावो वरमपि च नैवाभिगमनं**
**वरं जातः प्रेतो वरमपि च कन्यैव जनिता।**
**वरं वन्ध्या भार्या वरमपि च गर्भेषु वसति-**
**र्न चाऽविद्वान् रूपद्रविणगुणयुक्तोऽपि तनयः॥**

गर्भ का गिर जाना, स्त्री का संसर्ग न करना, बालक का उत्पन्न होकर मर जाना, कन्या का होना, स्त्री का बांझ रहना अथवा बालक का गर्भ से बाहर ही न आना अच्छा है, परन्तु रूप और स्वर्णाभूषणों से युक्त मूर्ख पुत्र का होना अच्छा नहीं।

**स जातो येन जातेन याति वंशः समुन्नतिम्।**
**परिवर्तिनि संसारे मृतः को वा न जायते?॥**

इस असार संसार में कौन व्यक्ति मरने के बाद जन्म नहीं लेता? अनेक मरते हैं और अनेक जन्म लेते हैं, किन्तु जन्म लेना तो उसी का सार्थक माना जाता है, जिससे वंश की उन्नति हो।

**गुणिगणगणनारम्भे न पतति कठिनी सुसम्भ्रमाद्यस्य।**
**तेनाम्बा यदि सुतिनी वद वन्ध्या कीदृशी नाम॥**

गुणों की गिनती करते समय जिसका नाम गौरवपूर्ण नहीं समझा जाता,

ऐसे पुत्र की माता को यदि पुत्रवती कहा जाये, तो फिर बताओ वन्ध्या स्त्री किसको कहेंगे?

**दाने तपसि शौर्ये च यस्य न प्रथितं मनः।**
**विद्यायामर्थलाभे च मातुरुच्चार एव सः॥**

और कहा भी गया है—कि दान में, तप में, वीरता में, विद्या पढ़ने में और धन के लाभ में भी जिसका मन नहीं लगता, वह पुत्र अपनी माता के मल-मूत्र के समान वृथा होता है।

**वरमेको गुणी पुत्रो न च मूर्खशतान्यपि।**
**एकश्चन्द्रस्तमो हन्ति न च तारागणा अपि॥**

एक ही गुणी पुत्र अच्छा, परन्तु सौ मूर्ख अच्छे नहीं; क्योंकि एक ही चन्द्रमा अंधेरे को दूर कर देता है, जबकि अगणित तारे मिलकर भी वैसा नहीं कर पाते।

**पुण्यतीर्थे कृतं येन तपः काप्यतिदुष्करम्।**
**तस्य पुत्रो भवेद्वश्यः समृद्धो धार्मिकः सुधीः॥**

जिस व्यक्ति ने किसी पुण्य तीर्थ में अत्यन्त कठोर तप किया होता है, उसी का पुत्र आज्ञाकारी, धनवान्, धर्मशील व विद्वान् होता है।

**अर्थागमो नित्यमरोगिता च**
**प्रिया च भार्या प्रियवादिनी च।**
**वश्यश्च पुत्रोऽर्थकरी च विद्या**
**षड् जीवलोकस्य सुखानि राजन्!॥**

हे राजन्! इस संसार में छह सुख हैं—1. धनलाभ, 2. नित्य आरोग्य, 3. सुन्दर एवं 4. प्रियभाषिणी पत्नी, 5. आज्ञाकारी पुत्र और 6. धन का लाभ कराने वाली विद्या।

**को धन्यो बहुभिः पुत्रः कुशूलापूरणाढकैः?।**
**वरमेकः कुलालम्बी यत्र विश्रूयते पिता॥**

भोजनभट्ट और गिनती किये जाने वाले अनेक पुत्रों की अपेक्षा पिता को यश दिलाने वाला कुलदीपक एक ही पुत्र अच्छा होता है।

**ऋणकर्ता पिता शत्रुर्माता च व्यभिचारिणी।**
**भार्या रूपवती शत्रुः पुत्रः शत्रुरपण्डितः॥**

ऋणकर्ता पिता, व्यभिचारिणी माता, सुन्दर पत्नी और मूर्ख पुत्र—ये चारों शत्रु के समान होते हैं।

**अनभ्यासे विषं विद्या अजीर्णे भोजनं विषम्।**
**विषं सभा दरिद्रस्य वृद्धस्य तरुणी विषम्॥**

अभ्यास न करने पर विद्या, अजीर्ण (अपच) होने पर भोजन, दरिद्र होने

पर सभा या आयोजन आदि और वृद्ध व्यक्ति के लिए युवती स्त्री विष के समान होते हैं।

**यस्य कस्य प्रसूतोऽपि गुणवान् पूज्यते नरः।**
**धनुर्वंशविशुद्धोऽपि निर्गुणः किं करिष्यति?॥**

जिस प्रकार अच्छे बांस से बना हुआ धनुष भी बिना डोरी के किसी काम का नहीं होता, उसी प्रकार ऊंचे वंश में उत्पन्न होने पर भी गुणहीन व्यक्ति आदर नहीं पा सकता।

**तत्कथमिदानीमेते मम पुत्राः गुणवन्तः क्रियन्ताम्।**

मुझे ऐसा कौन-सा उपाय करना चाहिए, जिससे मेरे ये गुणहीन पुत्र गुणी बन सकें?

**आहार-निद्रा-भय-मैथुनं च**
**सामान्यमेतत्पशुभिर्नराणाम्।**
**धर्मो हि तेषामधिको विशेषो**
**धर्मेण हीनाः पशुभिः समानाः॥**

आहार, भय, निद्रा और मैथुन—ये पशुओं और मनुष्यों में समान पाये जाते हैं। मनुष्य में केवल धर्म ही अधिक पाया जाता है, इसलिए धर्महीन मनुष्य पशु के समान होता है।

**धर्मार्थकाममोक्षाणां यस्यैकोऽपि न विद्यते।**
**अजागलस्तनस्येव तस्य जन्म निरर्थकम्॥**

जिस मनुष्य में धर्म, अर्थ, काम और मोक्ष—इन चारों में से एक भी न हो, उसका जन्म बकरी के गले के स्तन (थन) के समान निरर्थक है।

**आयुः कर्म च वित्तं च विद्या निधनमेव च।**
**पञ्चैतान्यपि सृज्यन्ते गर्भस्थस्यैव देहिनः॥**

जैसा कहा गया है—आयु, कर्म, धन, विद्या और मृत्यु—ये पांच बातें मनुष्य के माता के गर्भ में आते ही उसके भाग्य में निश्चित कर दी जाती हैं।

**अवश्यंभाविनो भावा भवन्ति महतामपि।**
**नग्नत्वं नीलकण्ठस्य महाहिशयनं हरेः॥**

शिवजी को नंगा रहते तथा विष्णुजी को शेषनाग पर शयन करते देखकर यह स्वीकार करना पड़ता है कि होनहार होकर ही रहता है।

**यद्भावि न तद्भावि, भावि चेन्न तदन्यथा।**
**इति चिन्ताविषघ्नोऽयमगदः किं न पीयते?॥**

और, जो होनहार नहीं है, वह कभी नहीं होगा, परन्तु जो होनहार है, उससे विपरीत भी न होगा, अर्थात् वह अवश्य होगा—इस चिन्तारूपी विष को नष्ट करने

के लिए औषध क्यों नहीं पी लेते?

**एतत्कार्याक्षमाणां केषाञ्चिदालस्यवचनम्।**

राजा अपने मन में विचार करने लगा कि इस प्रकार के वचन तो किसी आलसी व्यक्ति के ही हो सकते हैं।

**न दैवमपि सञ्चिन्त्य त्यजेदुद्योगमात्मनः।**
**अनुद्योगेन कस्तैलं तिलेभ्यः प्राप्तुमर्हति?॥**

मनुष्य को अपना उद्योग भाग्य के भरोसे नहीं छोड़ देना चाहिए; क्योंकि बिना उद्योग किये तिलों में से तेल कौन निकाल सकता है?

**उद्योगिनं पुरुषसिंहमुपैति लक्ष्मी-**
**दैवेन देयमिति कापुरुषा वदन्ति।**
**दैवं निहत्य कुरु पौरुषमात्मशक्त्या,**
**यत्ने कृते यदि न सिध्यति कोऽत्र दोषः!॥**

और भी देखें—उद्योगी—जो पुरुषों में सिंह के समान पराक्रमी है—ऐसे मनुष्य को ही लक्ष्मी मिलती है। 'भाग्य में होगा, वही मिलेगा'—ऐसा पुरुषार्थहीन व्यक्ति ही कहते हैं। इसलिए भाग्य को छोड़कर यथाशक्ति यत्न करना चाहिए। हां, यत्न करने पर भी कार्य सिद्ध न हो, तो उसमें क्या दोष है?

**यथा ह्येकेन चक्रेण न रथस्य गतिर्भवेत्।**
**एवं पुरुषकारेण विना दैवं न सिध्यति॥**

जिस प्रकार एक पहिये से रथ नहीं चल सकता, उसी प्रकार बिना उद्योग के प्रारब्ध नहीं बनता।

**पूर्वजन्मकृतं कर्म तद्दैवमिति कथ्यते।**
**तस्मात्पुरुषकारेण यत्नं कुर्यादतन्द्रितः॥**

पूर्वजन्म में किये हुए काम को ही प्रारब्ध कहते हैं, अतः मनुष्य को आलस्य छोड़कर पुरुषार्थ करना चाहिए।

**यथा मृत्पिण्डतः कर्ता कुरुते यद्यदिच्छति।**
**एवमात्मकृतं कर्म मानवः प्रतिपद्यते॥**

जिस प्रकार कुम्हार मिट्टी के ढेले को मनचाहा आकार देकर जो चाहता है, बना लेता है, उसी प्रकार मनुष्य भी अपने परिश्रम से अपने जीवन को ढाल सकता है।

**काकतालीयवत् प्राप्तं दृष्टापि निधिमग्रतः।**
**न स्वयं दैवमादत्ते पुरुषार्थमपेक्षते॥**

काकतालीय (अचानक ताली बजाने पर कौए का उड़ जाना), अर्थात् संयोगवश अथवा अनायास ही इकट्ठे धन को सामने पड़ा देखकर भी भाग्य स्वयं

उसे ग्रहण नहीं करता। उसके लिए भी पुरुषार्थ करना पड़ता है।

**उद्यमेन हि सिध्यन्ति कार्याणि न मनोरथैः।**
**न हि सुप्तस्य सिंहस्य प्रविशन्ति मुखे मृगाः॥**

उद्योग से ही काम सिद्ध होते हैं, मनोरथों से नहीं। सोये हुए सिंह के मुख में हरिण अपने-आप नहीं घुस जाते।

**मातृपितृकृताभ्यासो गुणितामेति बालकः।**
**न गर्भच्युतिमात्रेण पुत्रो भवति पण्डितः॥**

माता-पिता द्वारा कराये गये अभ्यास से ही बालक गुणी बनता है, गर्भ से निकलते ही पुत्र विद्वान् नहीं होता।

**माता शत्रुः पिता वैरी येन बालो न पाठितः।**
**न शोभते सभामध्ये हंसमध्ये वको यथा॥**

जिन माता-पिता ने अपने बालकों को पढ़ाया-लिखाया नहीं, वे उनके वैरी हैं। ऐसे बालक सभा में हंसों में बगुले की भांति शोभा नहीं पा सकते।

**रूपयौवनसम्पन्ना विशालकुलसम्भवाः।**
**विद्याहीना न शोभन्ते निर्गन्धा इव किंशुकाः॥**

सौन्दर्य तथा यौवन से सम्पन्न और किसी बड़े कुल में उत्पन्न हुए व्यक्ति विद्याविहीन होने पर टेसू के फूलों की भांति शोभायमान नहीं होते।

**मूर्खोऽपि शोभते तावत् सभायां वस्त्रवेष्टितः।**
**तावच्च शोभते मूर्खो यावत्किञ्चिन्न भाषते॥**

सुन्दर वस्त्रों से ढका हुआ होने पर मूर्ख भी तब तक ही अच्छा लगता है, जब तक वह कुछ न बोले।

**एतच्चिन्तयित्वा स राजा पण्डितसभां कारितवान्। राजोवाच—'भो भोः पण्डिताः! श्रूयताम्। अस्ति कश्चिदेवंभूतो विद्वान् यो मम पुत्राणां नित्यमुन्मार्गगामिनामनधिगतशास्त्राणामिदानीं नीतिशास्त्रोपदेशेन पुनर्जन्म कारयितुं समर्थः?**

यह विचारकर उस राजा ने पण्डितों की सभा का आयोजन किया और कहा—हे पण्डितो! सुनो, क्या इस सभा में कोई ऐसा भी विद्वान् है, जो मेरे नित्य कुमार्गी तथा शास्त्रविद्याविहीन पुत्रों को नीतिशास्त्र का उपदेश देकर उनका नया जन्म कराने में समर्थ हो?

**काचः काञ्चनसंसर्गाद्धत्ते मारकतीं द्युतिम्।**
**तथा सत्सन्निधानेन मूर्खो याति प्रवीणताम्॥**

क्योंकि जिस प्रकार स्वर्ण का साथ पाकर कांच की शोभा भी मरकत मणि के समान होती है, उसी प्रकार अच्छी संगति पाकर मूर्ख भी गुणी हो जाता है।

**हीयते हि मतिस्तात! हीनैः सह समागमात्।**
**समैश्च समतामेति विशिष्टैश्च विशिष्टताम्॥**

और यह भी कहा गया है कि नीच व्यक्तियों के संग रहने से बुद्धि घट जाती है, समान व्यक्तियों के संग रहने से समान रहती है और अपने से अधिक बुद्धिमानों के संग रहने से बढ़ जाती है।

**अत्रान्तरे विष्णुशर्मनामा महापण्डितः सकलनीतिशास्त्रतत्त्वज्ञो बृहस्पतिरिवाब्रवीत्—'देव! महाकुलसम्भूता एते राजपुत्राः। तन्मया नीतिं ग्राहयितुं शक्यन्ते।**

उस समय नीतिशास्त्र के मर्मज्ञ बृहस्पति के समान एक विद्वान् पण्डित विष्णु शर्मा बोले—महाराज! ये बड़े कुल में उत्पन्न हुए राजपुत्र हैं, इसलिए मैं इन्हें नीति की शिक्षा दे सकता हूं;

**नाद्रव्ये निहिता काचित्क्रिया फलवती भवेत्।**
**न व्यापारशतेनापि शुकवत् पाठ्यते वकः॥**

क्योंकि जिस प्रकार अनेक उपाय करने पर भी तोते के समान बगुले को पढ़ाया नहीं जा सकता, उसी प्रकार अयोग्य वस्तु में किया हुआ परिश्रम सफल नहीं होता।

**अस्मिंस्तु निर्गुणं गोत्रे नापत्यमुपजायते।**
**आकरे पद्मरागाणां जन्म काचमणे कुतः?॥**

जिस प्रकार पद्मराग मणि (पन्ना) की खान में कांच मणि का जन्म नहीं हो सकता, उसी प्रकार राजकुल में गुणहीन सन्तान उत्पन्न नहीं हो सकती।

**अतोऽहं षण्मासाभ्यन्तरे तव पुत्रान्नीतिशास्त्राभिज्ञान्करिष्यामि'। राजा सविनयं पुनरुवाच—**

अतः मैं छह महीनों में ही आपके पुत्रों को नीतिशास्त्र में निपुण बना दूंगा। फिर राजा विनयपूर्वक बोला—

**कीटोऽपि सुमनःसङ्गादारोहति सतां शिरः।**
**अश्मापि याति देवत्वं महद्भिः सुप्रतिष्ठितः॥**

पुष्पों के साथ कीड़ा भी सज्जनों के सिर पर पहुंच जाता है तथा बड़े व्यक्तियों के द्वारा स्थापित पाषाण (पत्थर) भी देवता मानकर पूजा जाता है।

**यथोदयगिरेर्द्रव्यं सन्निकर्षेण दीप्यते।**
**तथा सत्सन्निधानेन हीनवर्णोऽपि दीप्यते॥**

और दूसरे—जिस प्रकार सूर्य की किरणों के सम्पर्क में आने से उदयाचल पर स्थित द्रव्य देदीप्यमान हो उठता है, उसी प्रकार सज्जनों के पास रहने से मूर्ख व्यक्ति भी शोभायमान होता है।

**गुणा गुणज्ञेषु गुणा भवन्ति**
**ते निर्गुणं प्राप्य भवन्ति दोषाः।**
**आस्वाद्यतोयाः प्रभवन्ति नद्यः**
**समुद्रमासाद्य भवन्त्यपेयाः॥**

जिस प्रकार मीठे जल वाली नदियां समुद्र में मिलकर खारी हो जाती हैं, उसी प्रकार गुण भी बुद्धिमानों में मिलकर गुण हो जाते हैं और मूर्खों में मिलकर वे भी दोष बन जाते हैं।

**तदेतेषामस्मत्पुत्राणां नीतिशास्त्रोपदेशाय भवन्तः प्रमाणम्। इत्युक्त्वा तस्य विष्णुशर्मणो बहुमानपुरःसरं पुत्रान्समर्पितवान्॥**

'अतः मेरे इन पुत्रों को नीतिशास्त्र का उपदेश करने के लिए आप सर्वसमर्थ हैं।' यह कहकर राजा ने अपने पुत्र आदरसहित पण्डित विष्णु शर्मा को सौंप दिये।

## प्रथम अध्याय

# मित्रलाभ

**अथ प्रासादपृष्ठे सुखोपविष्टानां राजपुत्राणां पुरस्तात्प्रस्तावक्रमेण स पण्डितोऽब्रवीत्—**

राजभवन के पिछले भाग में आनन्दपूर्वक बैठ जाने के पश्चात् राजकुमारों के सम्मुख प्रसंग छेड़ते हुए आचार्य विष्णु शर्मा ने कहना आरम्भ किया—

**काव्यशास्त्रविनोदेन कालो गच्छति धीमताम्।**
**व्यसनेन च मूर्खाणां निद्रया कलहेन वा॥**

राजकुमारो! बुद्धिमान् व्यक्तियों का समय काव्यशास्त्र की चर्चा में तथा मूर्खों का समय नाना प्रकार के व्यसनों में, नींद में अथवा कलह में व्यतीत होता है।

**'तद्भवतां विनोदाय काककूर्मादीनां विचित्रां कथां कथयामि' राजपुत्रैरुक्तम्—'आर्य! कथ्यताम्।' विष्णुशर्मोवाच—'शृणुत सम्प्रति मित्रलाभः प्रस्तूयते। यस्यायमाद्यः श्लोकः—**

अतः मैं आपको प्रसन्न करने के लिए कौए, कछुए आदि की विचित्र कथाएं सुनाता हूं।

राजकुमार बोले—गुरुजी! आप आरम्भ कीजिए।

विष्णु शर्मा ने कहा—आप सुनें, अब मैं मित्रलाभ का प्रसंग आरम्भ करता हूं, जिसका प्रथम वाक्य इस प्रकार है—

**असाधना वित्तहीना बुद्धिमन्तः सुहृत्तमाः।**
**साधयन्त्याशु कार्याणि काककूर्ममृगाखुवत्॥**

साधनहीन एवं धनहीन होने पर भी बुद्धिमान् एवं आपस में मित्रता रखने वाले व्यक्ति कौए, कछुए, हरिण और चूहे के समान अपने कार्यों को सिद्ध कर लेते हैं।

**राजपुत्रा ऊचुः—'कथमेतत्?'। विष्णुशर्मा कथयति—**

राजकुमारों ने पूछा—यह कैसी कथा है?

इस पर आचार्य विष्णु शर्मा कहने लगे—

## कथा क्रम : एक
### (कौए, कछुए, हरिण और चूहे की कथा)

**'अस्ति गोदावरीतीरे विशालः शाल्मलीतरुः। तत्र नानादिग्देशादागत्य रात्रौ पक्षिणो निवसन्ति। अथ कदाचिदवसन्नायां रात्रावस्ताचलचूडावलम्बिनि भगवति कुमुदिनीनायके चन्द्रमसि लघुपतनकनामा वायसः प्रबुद्धः कृतान्तमिव द्वितीयमायान्तं व्याधमपश्यत्। तमवलोक्याचिन्तयत्—'अद्य प्रातरेवानिष्टदर्शनं जातम्, न जाने किमनभिमतं दर्शयिष्यति।' इत्युक्त्वा तदनुसरणक्रमेण व्याकुलश्चलितः।**

गोदावरी नदी के तट पर सेमर का एक वृक्ष है। वहां अनेक दिशाओं से आकर रात में पक्षी बसेरा करते हैं। एक बार रात बीतने पर तथा भगवती कुमुदिनी के नायक चन्द्रमा के अस्त हो जाने पर लघुपतनक नामक कौए की नींद खुली, तो उसने एक बहेलिये को आते देखा। वह सोचने लगा कि आज प्रात:काल ही इस दुष्ट का मुख देखा है, जो शुभ संकेत नहीं है। क्या पता, आज कैसा अनिष्ट होने वाला है? इस विचार से घबराकर वह कौआ उस व्याध के पीछे चल दिया।

**शोकस्थान सहस्राणि भयस्थान शतानि च।**
**दिवसे दिवसे मूढमाविशन्ति न पण्डितम्॥**

इस संसार में शोक की सहस्रों तथा भय की सैकड़ों बातें मूर्खों को दिन-प्रतिदिन कष्ट पहुंचाती रहती हैं, किन्तु विद्वानों को नहीं—

**अन्यच्च, विषयिणामिदमवश्यं कर्तव्यम्,—**

और संसार के अन्य धन्धों में लगे हुए व्यक्तियों को इतना अवश्य करना चाहिए कि

**उत्थायोत्थाय बोद्धव्यं महद्भयमुपस्थितम्।**
**मरणव्याधिशोकानां किमद्य निपतिष्यति॥**

नित्य उठते ही किसी भय की आशंका को समझ लेना चाहिए; क्योंकि मृत्यु, आपत्ति और शोक—इनमें से न जाने कौन आ पड़े।

**अथ तेन व्याधेन तण्डुलकणान्विकीर्य जालं विस्तीर्णम्। स च प्रच्छन्नो भूत्वा स्थितः। तस्मिन्नेव काले चित्रग्रीवनामा कपोतराजः सपरिवारो वियति विसर्पंसतांस्तण्डुलकणानवलोकयामास। ततः कपोतराजस्तण्डुलकणलुब्धान् कपोतान्प्रत्याह—'कुतोऽत्र निर्जने वने तण्डुलकणानां सम्भवः? तन्निरूप्यतां तावत्। भद्रमिदं न पश्यामि। प्रायेणानेन तण्डुलकणलोभेनास्माभिरपि तथा भवितव्यम्'—**

उस व्याध ने चावलों की कनी को धरती पर बिखेरकर उन पर जाल फैला दिया और स्वयं छिपकर बैठ गया। उसी समय कबूतरों के राजा चित्रग्रीव ने अपने परिवारसहित आकाश में उड़ते हुए चावलों की कनी को देखा, तो उसने लोभी कबूतरों से कहा—इस निर्जन वन में चावल की कनी कहां से आयी? पहले इसका निश्चय करो, मैं इसे कल्याणकारी नहीं मानता। चावलों की इस कनी के लोभ से हमारी भी वही गति होगी,

**कङ्कणस्य तु लोभेन मग्नः पङ्के सुदुस्तरे।**
**वृद्धव्याघ्रेण सम्प्राप्तः पथिकः स मृतो यथा॥**

जो गहरे कीचड़ में फंस जाने पर कंगन के लोभ से एक पथिक की हुई थी, जिसे बूढ़े बाघ ने पकड़कर मार डाला था।

**कपोता ऊचुः—'कथमेतत्?'**

कबूतरों ने पूछा—यह कथा कैसी है?

**सोऽब्रवीत्—**

चित्रग्रीव कहने लगा—

## कथा क्रम : दो

## (स्वर्ण कंगनधारी बूढ़े बाघ और लोभी पथिक की कथा)

**'अहमेकदा दक्षिणारण्ये चरन्नपश्यम्। एको वृद्ध व्याघ्रः स्नातः कुशहस्तः सरस्तीरे ब्रूते—'भो भोः पान्थाः! इदं सुवर्णकङ्कणं गृह्यताम्।' ततो लोभाकृष्टेन केनचित् पान्थेनालोचितम्—'भाग्येनैतत् सम्भवति। किंत्वस्मिन्नात्मसन्देहे प्रवृत्तिर्न विधेया।**

एक बार मैंने दक्षिण दिशा के वन में जाते हुए देखा कि एक बूढ़ा बाघ नहा-धोकर और अपने हाथ में कुशा लेकर सरोवर के किनारे बैठा हुआ कह रहा था—अरे ओ पथिको! सोने का यह कंगन ले लो। तब लोभ के मारे एक पथिक ने अपने मन में सोचा—ऐसा तो बड़े भाग्य से होता है, किसी अनिष्ट की सम्भावना से इसे खो देना बुद्धिमानी नहीं होगी। फिर उसने सोचा—कहीं इस लोभ में फंसकर मैं मारा न जाऊं?

**अनिष्टादिष्टलाभेऽपि न गतिर्जायते शुभा।**
**यत्रास्ते विषसंसर्गोऽमृतं तदपि मृत्यवे॥**

क्योंकि जिस प्रकार विष मिला अमृत भी प्राणघाती होता है, उसी प्रकार दुर्जन से मनोरथ पूरा होने में भी परिणाम अच्छा नहीं होता।

**किन्तु सर्वत्रार्थार्जने प्रवृत्तिः सन्देह एव।**

किन्तु धन का अर्जन करने में सन्देह तो रहता ही है।

**तथा चोक्तम्—**

कहा भी गया है—

**न संशयमनारुह्य नरो भद्राणि पश्यति।**
**संशयं पुनरारुह्य यदि जीवति पश्यति॥**

कि सन्देह में पड़े बिना मनुष्य को कुछ भी प्राप्त नहीं होता। संशय होने पर भी कार्य में हाथ डालने वाला ही सुख, लाभ और यश की प्राप्ति कर सकता है।

**तन्निरूपयामि तावत्।' प्रकाशं ब्रूते—'कुत्र तव कङ्कणम्?' व्याघ्रो हस्तं प्रसार्य दर्शयति। पान्थोऽवदत्—'कथं मारात्मके त्वयि विश्वासः?' व्याघ्र उवाच—'शृणु रे पान्थ! प्रागेव यौवनदशायामतिदुर्वृत्त आसम्। अनेकगोमानुषाणां वधान्मे पुत्रा मृता दाराश्च। वंशहीनश्चाहम्। ततः केनचिद्धार्मिकेणाहमादिष्टः—'दानधर्मादिकं चरतु भवान्।' तदुपदेशादिदानीमहं स्नानशीलो दाता वृद्धो गलितनखदन्तो कथं न विश्वासभूमिः?**

फिर उसने सोचा कि पहले इस बात का निश्चय तो कर लूं। यह सोचकर उसने बाघ से कहा—अरे! तेरा कंगन कहां है? तब बाघ ने अपना हाथ फैलाकर पथिक को कंगन दिखा दिया।

पथिक ने कहा—मैं तुझ हिंसक का विश्वास कैसे करूं?

बाघ बोला—सुन रे पथिक! मैं अपनी युवावस्था में बहुत दुराचारी था। मैंने अनेक गौओं और मनुष्यों का वध किया, जिस पाप के फलस्वरूप मेरे स्त्री-पुत्र मर गये और मैं वंशहीन हो गया। तब किसी धर्मात्मा ने मुझे उपदेश दिया। उसका उपदेश सुनकर अब मैं स्नान-दान-धर्म आदि करता हूं। अब मैं बूढ़ा हो गया हूं और मेरे दांत और नाख़ून भी गल गये हैं। क्या अब भी मैं विश्वास के योग्य नहीं हूं?

**यतः,—**

**इज्याऽध्ययनदानानि तपः सत्यं धृतिः क्षमा।**
**अलोभ इति मार्गोऽयं धर्मस्याष्टविधः स्मृतः॥**

क्योंकि यज्ञ करना, वेद पढ़ना, दान देना, तप करना, सत्य बोलना, धैर्य धारण करना, क्षमाशील होना और लोभ न करना—ये आठ धर्म के मार्ग हैं।

**तत्र पूर्वश्चतुर्वर्गो दम्भार्थमपि सेव्यते।**
**उत्तरस्तु चतुर्वर्गो महात्मन्येव तिष्ठति॥**

इनमें से पहले चार बाहरी दिखावे के लिए हो सकते हैं, किन्तु अन्तिम चार तो केवल महात्माओं में ही होते हैं।

**मम चैतावांल्लोभविरहो येन स्वहस्तस्थमपि सुवर्णकङ्कणं यस्मै कस्मैचिद्दातुमिच्छामि। तथापि 'व्याघ्रो मानुषं खादति' इति लोकप्रवादो**

दुर्निवारः।

मैं इतना निर्लोभी हूं कि अपने हाथ का कंगन भी दान में दे देना चाहता हूं, परन्तु संसार में बाघों के सम्बन्ध में जो यह भ्रम फैला हुआ है कि वे मनुष्य को खा जाते हैं, इस लोकापवाद को दूर करना बड़ा कठिन है।

**यतः,–**

क्योंकि

**गतानुगतिको लोकः कुट्टनीमुपदेशिनीम्।**
**प्रमाणयति नो धर्मे यथा गोघ्नमपि द्विजम्॥**

अपनी लीक पर चलने वाला संसार धर्म के विषय में किसी वेश्या के सदुपदेश को भी उतना प्रामाणिक नहीं मानता, जितना किसी गोहिंसक ब्राह्मण पर विश्वास करता है।

**मया च धर्मशास्त्राण्यधीतानि। शृणु,–**

सुन! मैंने भी धर्मशास्त्रों का अध्ययन किया है। दान के विषय में विदुरजी युधिष्ठिर से कहते हैं–

**मरुस्थल्यां यथा वृष्टिः क्षुधार्ते भोजनं तथा।**
**दरिद्रे दीयते दानं सफलं पाण्डुनन्दन!॥**

हे पाण्डुनन्दन! जिस प्रकार मरुभूमि में वर्षा होना लाभदायक सिद्ध होता है, जिस प्रकार भूखे व्यक्ति को भोजन कराना महत्त्वपूर्ण होता है, उसी प्रकार दरिद्र को दान देना भी महत्त्वपूर्ण माना जाता है।

**प्राणा यथात्मनोऽभीष्टा भूतानामपि ते तथा।**
**आत्मौपम्येन भूतेषु दयां कुर्वन्ति साधवः॥**

जिस प्रकार प्रत्येक व्यक्ति को अपने प्राण प्यारे होते हैं, उसी प्रकार सबको अपने-अपने प्राण प्यारे होते हैं। यही सोचकर साधुजन दूसरों पर भी दया करते हैं।

**प्रत्याख्याने च दाने च सुखदुःखे प्रियाप्रिये।**
**आत्मौपम्येन पुरुषः प्रमाणमधिगच्छति॥**

किसी की प्रार्थना को स्वीकार करते समय, दान देते समय, सुख-दुःख अथवा हित-अहित करते समय व्यक्ति को यह ध्यान में रखना चाहिए कि यदि मैं ऐसी स्थिति में फंस जाता, तो दूसरों से कैसे व्यवहार की आशा करता?

**अन्यच्च,–**

**मातृवत्परदारेषु परद्रव्येषु लोष्ठवत्।**
**आत्मवत्सर्वभूतेषु यः पश्यति स पण्डितः॥**

और भी, जो परायी स्त्री को माता के समान, पराये धन को मिट्टी के ढेर के

समान तथा सब प्राणियों को अपने समान मानता है, उसी को सच्चा पण्डित मानना चाहिए।

**दरिद्रान्भर कौन्तेय! मा प्रयच्छेश्वरे धनम्।**
**व्याधितस्यौषधं पथ्यं, नीरुजस्य किमौषधैः ? ॥**

हे कुन्तीनन्दन ! जिस प्रकार रोगी व्यक्ति को ही ओषधि की आवश्यकता होती है, नीरोग व्यक्ति को ओषधि की कोई आवश्यकता नहीं होती, उसी प्रकार तू भी दरिद्रों का ही पालन-पोषण कर, किसी धनवान् को धन देने का कोई लाभ नहीं है।

**दातव्यमिति यद्दानं दीयतेऽनुपकारिणे।**
**देशे काले च पात्रे च तद्दानं सात्त्विकं विदुः॥**

किसी के उपकार के बदले अथवा अपने किसी स्वार्थ की सिद्धि के लिए किया गया दान सात्त्विक नहीं कहलाता। देश, काल व पात्र को समझकर किया गया दान ही पवित्र कहलाता है।

**'तदत्र सरसि स्नात्वा सुवर्णकङ्कणं गृहाण।' ततो यावदसौ तद्वचः प्रतीतो लोभात्सरः स्नातुं प्रविशति तावन्महापङ्के निमग्नः पलायितुमक्षमः। पङ्के पतितं दृष्ट्वा व्याघ्रोऽवदत्—'अहह, महापङ्के पतितोऽसि। अतस्त्वामहमुत्थापयामि।' इत्युक्त्वा शनैः शनैरुपगम्य तेन व्याघ्रेण धृतः; स पान्थोऽचिन्तयत्—**

अतः इस सरोवर में स्नान करके सोने का यह कंगन लो। तब बाघ की मीठी-मीठी बातों में आकर वह पथिक ज्योंही सरोवर में स्नान करने के लिए उतरा, त्योंही वह घनी कीचड़ में फंस गया, किन्तु भाग न सका। उसको कीचड़ में फंसा देखकर बाघ बोला—अरे ! तू तो कीचड़ में फंस गया है, मैं तुझे बाहर निकालता हूं। यह कहकर और धीरे-धीरे उसके पास पहुंचकर उस बाघ ने उसे पकड़ लिया। तब पथिक सोचने लगा—

**न धर्मशास्त्रं पठतीति कारणं**
**न चापि वेदाध्ययनं दुरात्मनः।**
**स्वभाव एवात्र तथातिरिच्यते**
**यथा प्रकृत्या मधुरं गवां पयः॥**

जो स्वभाव से ही दुष्ट है, उसे धर्मशास्त्र एवं वेद पढ़ाने से क्या लाभ ? जिस प्रकार गाय का दूध स्वभाव से ही मीठा होता है, उसी प्रकार स्वभाव ही सबसे प्रबल होता है।

**अवशेन्द्रियचित्तानां हस्तिस्नानमिव क्रिया।**
**दुर्भगाभरणप्रायो ज्ञानं भारः क्रियां विना॥**

जिस प्रकार हाथी का स्नान करना व्यर्थ होता है तथा विधवा स्त्री का आभूषण धारण करना व्यर्थ होता है, उसी प्रकार इन्द्रियों और चित्त का संयम न रखने वाले व्यक्ति का शास्त्र-ज्ञान भी व्यवहार न करने से निरर्थक होता है।

**तन्मया भद्रं न कृतं यदत्र मारात्मके विश्वासः कृतः। तथा ह्युक्तम्—**

अतः मैंने इस हिंसक पर विश्वास करके उचित नहीं किया। कहा भी गया है—

**नदीनां शस्त्रपाणीनां नखिनां शृङ्गिणां तथा।**
**विश्वासो नैव कर्तव्यः स्त्रीषु राजकुलेषु च॥**

नदियों का, हाथ में शस्त्र धारण करने वालों का, नाख़ूनों और सींग वाले प्राणियों का, स्त्रियों का तथा राजपरिवार का कभी विश्वास नहीं करना चाहिए।

**सर्वस्य हि परीक्ष्यन्ते स्वभावा नेतरे गुणाः।**
**अतीत्य हि गुणान्सर्वान्स्वभावो मूर्ध्नि वर्तते॥**

और दूसरे—मनुष्य को सबके स्वभाव की परीक्षा करनी चाहिए न कि अन्य गुणों की; क्योंकि सब गुणों का अतिक्रमण कर स्वभाव ही शीर्षस्थ माना जाता है।

**स हि गगनविहारी कल्मषध्वंसकारी**
**दशशतकरधारी ज्योतिषां मध्यचारी।**
**विधुरपि विधियोगाद्ग्रस्यते राहुणासौ**
**लिखितमपि ललाटे प्रोज्झितुं कः समर्थः?॥**

जो चन्द्रमा आकाश में विचरण करता है, अन्धकार को दूर करता है, सहस्त्रों किरणों को धारण करता है और नक्षत्रों के मध्य में चलने वाला है, उसे भी दुर्भाग्य से राहु ग्रस लेता है, अतः विधाता ने जो कुछ भाग्य में लिख दिया है, उसे कौन मिटा सकता है?

**इति चिन्तयन्नेवासौ व्याघ्रेण व्यापादितः खादितश्च। अतोऽहं ब्रवीमि—"कङ्कणस्य तु लोभेन" इत्यादि। अतः सर्वथाऽविचारितं कर्म न कर्तव्यम्।**

अभी वह पथिक यह सोच ही रहा था कि उस बाघ ने उसे मार डाला और खा गया। इतनी कथा सुनाकर चित्रग्रीव बोला—इसीलिए मैं कहता हूं कि 'कंगन के लोभ से...'। अतः बिना विचारे कोई भी काम नहीं करना चाहिए।

**सुजीर्णमन्नं सुविचक्षणः सुतः**
**सुशासिता स्त्री नृपतिः सुसेवितः।**
**सुचिन्त्य चोक्तं सुविचार्य यत्कृतं**
**सुदीर्घकालेऽपि न याति विक्रियाम्॥**

क्योंकि—1. भली प्रकार पका हुआ भोजन, 2. विद्वान् पुत्र, 3. आज्ञाकारिणी

स्त्री, 4. भली प्रकार से सेवा किया हुआ राजा, 5. सोचकर कहा हुआ वचन तथा विचार कर किया हुआ काम—ये सब बहुत समय तक नहीं बिगड़ते ।

**एतद्वचनं श्रुत्वा कश्चित्कपोतः सदर्पमाह—'आः, किमेवमुच्यते?**

यह सुनकर एक कबूतर अभिमान से बोला—अजी आप भी क्या कहते हैं?

**वृद्धानां वचनं ग्राह्यमापत्काले ह्युपस्थिते।**
**सर्वत्रैवं विचारे तु भोजनेऽप्यप्रवर्तनम्॥**

संकटकाल आने पर वृद्धों की बात अवश्य माननी चाहिए, परन्तु प्रत्येक परिस्थिति में उनकी बात मानने पर तो भोजन भी नहीं मिलने वाला।

**शङ्काभिः सर्वमाक्रान्तमन्नं पानं च भूतले।**
**प्रवृत्तिः कुत्र कर्तव्या जीवितव्यं कथं नु वा?॥**

क्योंकि—इस धरतीतल पर अन्न और जल के साथ भी सन्देह जुड़ा हुआ है। ऐसे में प्राणी क्या खाये और क्या न खाये तथा किस प्रकार जीवन व्यतीत करे?

**ईर्ष्यी घृणी त्वसन्तुष्टः क्रोधनो नित्यशङ्कितः।**
**परभाग्योपजीवी च षडेते दुःखभागिनः॥**

ईर्ष्या करने वाला, घृणा करने वाला, किसी भी स्थिति में सन्तुष्ट न रहने वाला, क्रोधी, सदा सन्देह करने वाला तथा दूसरों के आसरे जीवन व्यतीत करने वाला—ये छह प्रकार के जीव सदा दुखी ही रहते हैं।

**एतच्छ्रुत्वा सर्वे कपोतास्तत्रोपविष्टाः।**

यह सुनकर सभी कबूतर (जहां बहेलिये ने चावल बिखेरे थे) वहीं बैठ गये।

**सुमहान्त्यपि शास्त्राणि धारयन्तो बहुश्रुताः।**
**छेत्तारः संशयानां च क्लिश्यन्ते लोभमोहिताः॥**

क्योंकि बड़े-बड़े शास्त्रों को पढ़ने-सुनने वाले तथा सन्देहों का निवारण करने वाले विद्वान् भी लोभ के कारण दुःख भोगते हैं।

**लोभात्क्रोधः प्रभवति लोभात्कामः प्रजायते।**
**लोभान्मोहश्च नाशश्च लोभः पापस्य कारणम्॥**

लोभ के कारण ही क्रोध उत्पन्न होता है, लोभ से ही विषय-भोग की इच्छा होती है तथा लोभ से ही मोह एवं नाश भी होता है, अतः लोभ को ही पाप की जड़ समझना चाहिए।

**असम्भवं हेममृगस्य जन्म**
**तथापि रामो लुलुभे मृगाय।**

**प्रायः समापन्नविपत्तिकाले**
**धियोऽपि पुंसां मलिना भवन्ति ॥**

और भी देखें–यह जानते हुए भी कि स्वर्ण मृग का होना असम्भव है, लोभ के कारण ही श्रीरामचन्द्रजी स्वर्णमृग पर मोहित हो गये। इससे सिद्ध होता है कि विपत्तिकाल आने पर महापुरुषों की बुद्धि भी बहुधा मलिन हो जाती है।

**अनन्तरं सर्वे जालेन बद्धा बभूवुः। ततो यस्य वचनात्तत्रावलम्बितास्तं सर्वे तिरस्कुर्वन्ति।**

इसके पश्चात् सब कबूतर जाल में फंसकर बंध गये और फिर जिसके कहने से वे वहां उतरे थे, उसका तिरस्कार करने लगे।

**न गणस्याग्रतो गच्छेत्सिद्धे कार्ये समं फलम्।**
**यदि कार्यविपत्तिः स्यान्मुखरस्तत्र हन्यते ॥**

इसीलिए कहा गया है कि समूह का मुखिया नहीं बनना चाहिए; क्योंकि काम में सिद्धि मिल जाने पर उससे मिलने वाले श्रेय को सब बांट लेते हैं, परन्तु काम के बिगड़ जाने पर मुखिया ही मारा जाता है।

**तस्य तिरस्कारं श्रुत्वा चित्रग्रीव उवाच–'नायमस्य दोषः।'**

उसकी निन्दा सुनकर चित्रग्रीव बोला–इसमें इसका कोई दोष नहीं है।

**आपदामापतन्तीनां हितोऽप्यायाति हेतुताम्।**
**मातृजंघा हि वत्सस्य स्तम्भी भवति बन्धने ॥**

क्योंकि जिस प्रकार गाय को दोहते समय उसके बछड़े को गाय की ही टांगों से बांध देते हैं, उसी प्रकार हितकर पदार्थ भी आने वाली विपत्ति का कारण बन जाता है।

**स बन्धुर्यो विपन्नानामापदुद्धरणक्षमः।**
**न तु भीतपरित्राणवस्तूपालम्भपण्डितः ॥**

विपत्ति में पड़े अपने किसी बन्धु-बान्धव को दोष नहीं देना चाहिए, अपितु उसे उस विपत्ति से निकालने वाला ही सच्चा मित्र कहलाता है।

**विपत्काले विस्मय एव कापुरुषलक्षणम्। तदत्र धैर्यमवलम्ब्य प्रतीकारश्चिन्त्यताम्।**

आपत्तिकाल में घबरा जाना कायर व्यक्ति का लक्षण है, अतः धैर्य धारण करके ही संकट से उद्धार का उपाय सोचना चाहिए।

**विपदि धैर्यमथाभ्युदये क्षमा**
**सदसि वाक्पटुता युधि विक्रमः।**
**यशसि चाभिरुचिर्व्यसनं श्रुतौ**
**प्रकृतिसिद्धमिदं हि महात्मनाम् ॥**

महापुरुषों में निम्नोक्त छह गुण स्वभाव से ही होते हैं—

1. आपत्काल में धैर्य धारण करना, 2. उन्नतिकाल में क्षमा करना, 3. सभा में वाक्चातुर्य प्रकट करना, 4. युद्ध में पराक्रम दिखाना, 5. यश-प्राप्ति में रुचि होना तथा 6. शास्त्रों के प्रति अनुराग प्रदर्शित करना।

**सम्पदि यस्य न हर्षो विपदि**
**विषादो रणे च धीरत्वम्।**
**तं भुवनत्रयतिलकं जनयति**
**जननी सुतं विरलम्॥**

जिस व्यक्ति में निम्नोक्त तीन गुण होते हैं, उसका जन्म किसी सौभाग्यवती माता से ही हुआ समझना चाहिए; क्योंकि इन विरल गुणों से सम्पन्न पुत्र को वही जन्म दे सकती है। ये गुण हैं—1. समृद्धि पाकर उद्धत न हो जाना, 2. विपत्ति आने पर घबरा न जाना तथा 3. युद्ध में वीरता का प्रदर्शन करना।

**षड् दोषाः पुरुषेणेह हातव्या भूतिमिच्छता।**
**निद्रा तन्द्रा भयं क्रोधं आलस्यं दीर्घसूत्रता॥**

इस संसार में अपना कल्याण चाहने वाले व्यक्ति को—1. निद्रा, 2. तन्द्रा, 3. भय, 4. क्रोध, 5. आलस्य तथा 6. दीर्घसूत्रता, अर्थात् आज के काम को कल पर टालने की प्रवृत्ति—इन छह दोषों का त्याग कर देना चाहिए।

**इदानीमप्येवं क्रियताम्। सर्वैरेकचित्तीभूय जालमादायोड्डीयताम्।**

अब तुम सब भी ऐसा ही करो। सभी एकचित्त होकर इस जाल को लेकर उड़ चलो।

**अल्पानामपि वस्तूनां संहतिः कार्यसाधिका।**
**तृणैर्गुणत्वमापन्नैर्बध्यन्ते मत्तदन्तिनः॥**

जिस प्रकार घास-फूस से बंटी हुई रस्सी से मदमस्त हाथी को बांध लिया जाता है, उसी प्रकार छोटी-छोटी वस्तुओं के समूह से बड़े-बड़े कार्य सिद्ध हो जाते हैं।

**संहतिः श्रेयसी पुंसां स्वकुलैरल्पकैरपि।**
**तुषेणापि परित्यक्ता न प्ररोहन्ति तण्डुलाः॥**

अपने कुल के थोड़े व्यक्तियों का समूह भी कल्याणकारी होता है; क्योंकि छिलका अलग हो जाने पर चावलों की उपज नहीं हो सकती।

**इति विचिन्त्य पक्षिणः सर्वे जालमादायोत्पतिताः। अनन्तरं स व्याधः सुदूराज्जालापहारकांस्तानवलोक्य पश्चाद्धावन्नचिन्तयत्—**

यह विचारकर सब कबूतर जाल को लेकर उड़ चले। फिर वह बहेलिया जाल को लेकर उड़ने वाले कबूतरों को दूर से देखकर उनके पीछे-पीछे दौड़ता

हुआ सोचने लगा—

**संहतास्तु हरन्त्येते मम जालं विहंगमाः।**
**यदा तु निपतिष्यन्ति वशमेष्यन्ति मे तदा॥**

ये पक्षी मेरे जाल को लेकर उड़े तो जा रहे हैं, परन्तु जब ये गिरेंगे, तो मेरे वश में आ जायेंगे।

**ततस्तेषु चक्षुर्विषयातिक्रान्तेषु पक्षिषु स व्याधो निवृत्तः।**

किन्तु जब वे पक्षी उस बहेलिये की आंखों से ओझल हो गये, तो वह बहेलिया हाथ मलता हुआ लौट गया।

**अथ लुब्धकं निवृत्तं दृष्ट्वा कपोता ऊचुः—'किमिदानीं कर्तुमुचितम्?'**

बहेलिये को लौटता देखकर कबूतर एक-दूसरे से बोले—अब क्या करना चाहिए?

**चित्रग्रीव उवाच—**

तब चित्रग्रीव बोला—

**माता मित्रं पिता चेति स्वभावात्त्रितयं हितम्।**
**कार्यकारणतश्चान्ये भवन्ति हितबुद्धयः॥**

माता-पिता और मित्र—ये तीनों स्वभाव से ही बिना किसी स्वार्थ के हित करने वाले होते हैं, जबकि अन्य व्यक्ति किसी कारणवश ही हित करने वाले होते हैं।

**तदस्माकं मित्रं हिरण्यको नाम मूषकराजो गण्डकीतीरे चित्रवने निवसति, सोऽस्माकं पाशांश्छेत्स्यति।' इत्यालोच्य सर्वे हिरण्यकविवरसमीपं गताः। हिरण्यकश्च सर्वदाऽपायशङ्कया शतद्वारं विवरं कृत्वा निवसति। ततो हिरण्यकः कपोतावपातभयाच्चकितस्तूष्णीं स्थितः। चित्रग्रीव उवाच—'सखे हिरण्यक! किमस्मान्न सम्भाषसे?'। ततो हिरण्यकस्तद्वचनं प्रत्यभिज्ञाय ससम्भ्रमं बहिर्निःसृत्याब्रवीत्—'आः, पुण्यवानस्मि। प्रियसुहृन्मे चित्रग्रीवः समायातः।'**

गण्डकी नदी के तट पर चित्रवन में मेरा मित्र मूषकराज हिरण्यक नामक चूहा रहता है, मुझे विश्वास है कि वह हमारे बन्धनों को काट देगा। यह विचारकर वे सब हिरण्यक के बिल के पास गये। संकटों से बचने के लिए हिरण्यक अपने बिल को सौ द्वारों से सुरक्षित बनाकर रहता था। कबूतरों के उतरने की आहट सुनकर वह सतर्क होकर चुपचाप बैठ गया। चित्रग्रीव ने उच्च स्वर में कहा—मित्र हिरण्यक! हमसे क्यों नहीं बोलते हो? उसकी आवाज़ को पहचानकर हिरण्यक तुरन्त बाहर निकला और बोला—मैं सचमुच पुण्यवान् हूं कि मेरा प्यारा मित्र

चित्रग्रीव आया है।

**यस्य मित्रेण सम्भाषो यस्य मित्रेण संस्थितिः।**
**यस्य मित्रेण संलापस्ततो नास्तीह पुण्यवान्॥**

जिसकी अपने मित्र के साथ बोलचाल है, जो अपने मित्र के साथ रहता है तथा जो अपने मित्र के साथ गुप्त बातचीत भी करता है, उसके समान पुण्यवान् इस संसार में दूसरा कोई नहीं है।

**पाशबद्धांश्चैतान्दृष्ट्वा सविस्मयः क्षणंस्थित्वोवाच—'सखे! किमेतत्?' चित्रग्रीवोऽवदत्—'सखे! अस्माकं प्राक्तनजन्मकर्मणः फलमेतत्।'**

अपने मित्रों को जाल में बंधा देखकर और आश्चर्य से क्षण-भर ठहरकर हिरण्यक बोला—यह क्या है?

चित्रग्रीव बोला—मित्र! यह हमारे पूर्वजन्म के कर्मों का फल है।

**यस्माच्च येन च यथा च यदा च यच्च**
**यावच्च यत्र च शुभाशुभमात्मकर्म।**
**तस्माच्च तेन च तथा च तदा च तच्च**
**तावच्च तत्र च विधातृवशादुपैति॥**

जिसने जिस कारण से, जिस प्रकार, जिस समय में, जिस काल तक और जिस स्थान में, जो कुछ भला अथवा बुरा कर्म किया है, उसे उसी कारण से, उसी के द्वारा, उसी प्रकार से, उसी समय में, उसी कर्म का, उसी काल तक विधाता उसका अच्छा या बुरा फल अवश्य प्रदान करता है।

**रोगशोकपरीतापबन्धनव्यसनानि च।**
**आत्मापराधवृक्षाणां फलान्येतानि देहिनाम्॥**

रोग, शोक, पश्चात्ताप, बन्धन तथा विपत्ति—ये पांचों देहधारी प्राणियों के लिए उनके अपराधरूपी वृक्ष के फल हैं।

**एतच्छ्रुत्वा हिरण्यकश्चित्रग्रीवस्य बन्धनं छेत्तुं सत्वरमुपसर्पति। चित्रग्रीव उवाच—'मित्र! मा मैवम्। अस्मदाश्रितानामेतेषां तावत्पाशां-श्छिन्धि, तदा मम पाशं पश्चाच्छेत्स्यसि।' हिरण्यकोऽप्याह— 'अहमल्प-शक्तिः, दन्ताश्च मे कोमलाः। तदेतेषां पाशांश्छेत्तुं कथं समर्थः? तद्यावन्मे दन्ता न त्रुट्यन्ति तावत्तव पाशं छिनद्मि। तदन्तरमेषामपि बन्धनं यावच्छक्यं छेत्स्यामि'। चित्रग्रीव उवाच—'अस्त्वेवम्। तथापि यथाशक्त्येतेषां बन्धनं खण्डय।' हिरण्यकेनोक्तम्—'आत्मपरित्यागेन यदाश्रितानां परिरक्षणं तन्न नीतिविदां सम्मतम्।'**

यह सुनकर चित्रग्रीव के बन्धन काटने के लिए हिरण्यक तुरन्त उसके पास आया, तो चित्रग्रीव बोला—मित्र! ऐसा मत करो, पहले मेरे इन आश्रितों के बन्धन

काटो, फिर मेरे बन्धनों को काटना।

हिरण्यक बोला—मित्र! मैं निर्बल हूं और मेरे दांत भी कोमल हैं, अतः मैं इन सबके बन्धन काटने में असमर्थ हूं। जब तक मेरे दांत सुरक्षित हैं, तब तक मैं तुम्हारे बन्धन काट दूंगा। उसके पश्चात् मुझसे जितना बन पड़ेगा, मैं तुम्हारे इन आश्रितों के बन्धन भी काट दूंगा। चित्रग्रीव बोला—तुम्हारी सारी बातें उचित हैं, फिर भी तुम यथाशक्ति पहले इनके ही बन्धन काटो। हिरण्यक बोला—अपने हित को छोड़कर अपने आश्रितों की रक्षा करना नीतिज्ञों की राय में उचित नहीं है;

**यतः,—**

**आपदर्थे धनं रक्षेद्दारान्रक्षेद्धनैरपि।**
**आत्मानं सततं रक्षेद्दारैरपि धनैरपि॥**

क्योंकि मनुष्य को आपत्ति से बचने के लिए धन की, धन देकर स्त्री की तथा धन और स्त्री देकर भी यदि अपनी रक्षा करनी पड़े, तो सदैव अपनी रक्षा करनी चाहिए।

**अन्यच्च,—**

**धर्मार्थकाममोक्षाणां प्राणाः संस्थितिहेतवः।**
**तान्निघ्नता किं न हतं, रक्षता किं न रक्षितम्?॥**

और यह भी कहा गया है कि धर्म, अर्थ, काम और मोक्ष—इन चारों की रक्षा के लिए ही जीवन है। यदि इनकी ही रक्षा न की गयी, तो क्या यह आत्मघात नहीं है? जिसने अपने प्राणों की सुरक्षा कर ली, उसने सब कुछ कर लिया, अर्थात् उसने सब की रक्षा कर ली।

**चित्रग्रीव उवाच—'सखे! नीतिस्तावदीदृश्येव। किं त्वहमस्मदाश्रितानां दुःखं सोढुं सर्वथाऽसमर्थः। तेनेदं ब्रवीमि।**

चित्रग्रीव बोला—मित्र! तुम ठीक कहते हो, नीति तो यही है कि अपने प्राणों से बढ़कर कुछ भी नहीं है, किन्तु मैं अपने आश्रितों का दुःख नहीं देख सकता, इसीलिए ऐसा कह रहा हूं;

**धनानि जीवितं चैव परार्थे प्राज्ञ उत्सृजेत्।**
**सन्निमित्ते वरं त्यागो विनाशे नियते सति॥**

क्योंकि—विद्वानों को परोपकार के लिए अपने धन व प्राणों की भी चिन्ता नहीं करनी चाहिए। ये सब विनाशवान् हैं, अतः अच्छे उद्देश्य के लिए प्राणों का त्याग करना अच्छा ही है।

**अयमपरश्चासाधारणो हेतुः—**

और मेरे इस निर्णय का एक अन्य विशेष कारण भी है—

जातिद्रव्यगुणानां च साम्यमेषां मया सह।
मत्प्रभुत्वफलं ब्रूहि कदा किं तद्भविष्यति॥

इन सब कबूतरों की जाति, द्रव्य और बल मेरे समान ही हैं, अतः मेरा बड़प्पन इसी में है कि मैं अपने प्राणों की आहुति देकर भी इनकी सुरक्षा करूं। यदि अब भी ऐसा न हुआ, तो फिर कब होगा?

**अन्यच्च,—**

**विना वर्तनमेवैते न त्यजन्ति ममान्तिकम्।**
**तन्मे प्राणव्ययेनापि जीवयैतान्ममाश्रितान्॥**

और फिर, मुझसे वेतन न लेने पर भी ये मेरा साथ नहीं छोड़ते, अतः अपने प्राणों की चिन्ता किये बिना भी अपने आश्रितों की सुरक्षा करना मेरा कर्तव्य है।

**मांसमूत्रपुरीषास्थिनिर्मितेऽस्मिन्कलेवरे।**
**विनश्वरे विहायास्थां यशः पालय मित्र! मे॥**

अतः हे मित्र! मांस, मल, मूत्र तथा हड्डियों से बने मेरे इस शरीर को बचाने की अपेक्षा मेरे यश को बढ़ाने का प्रयास करो।

**अपरं च पश्य,—**

**यदि नित्यमनित्येन निर्मलं मलवाहिना।**
**यशः कायेन लभ्येत तन्न लब्धं भवेन्नु किम्?॥**

और भी देखो—यदि इस अनित्य, अर्थात् मल-मूत्र से भरे नाशवान् शरीर से स्थायी एवं निर्मल यश की प्राप्ति हो, तो इसमें शरीर चला जाये, तो क्या हानि है?

**यतः,—**

**शरीरस्य गुणानां च दूरमत्यन्तमन्तरम्।**
**शरीरं क्षणविध्वंसि कल्पान्तस्थायिनो गुणाः॥**

क्योंकि—शरीर और गुणों में बहुत अन्तर है। शरीर तो क्षणभंगुर है और गुण कल्पान्त तक रहने वाले हैं।

**इत्याकर्ण्य हिरण्यकः प्रहृष्टमनाः पुलकितः सन्नब्रवीत्—'साधु मित्र! साधु। अनेनाश्रितवात्सल्येन त्रैलोक्यस्यापि प्रभुत्वं त्वयि युज्यते।' एवमुक्त्वा तेन सर्वेषां बन्धनानि छिन्नानि। ततो हिरण्यकः सर्वान्सादरं सम्पूज्याह—'सखे चित्रग्रीव! सर्वथात्र जालबन्धनविधौ दोषमाशङ्क्यात्मन्यवज्ञा न कर्तव्या।**

चित्रग्रीव के वचन सुनकर हिरण्यक प्रसन्नचित्त एवं पुलकायमान होकर बोला—धन्य है, मित्र! धन्य है। अपने आश्रितों के प्रति तुम्हारे वात्सल्य को देखकर मैं यही कहूंगा कि तुम तीनों लोकों के अधिपति होने के योग्य हो।

यह कहकर हिरण्यक ने सभी कबूतरों के बन्धन काट डाले। फिर उसने उन सबका आदर-सत्कार किया और बोला— मित्र चित्रग्रीव! इस जाल में बंध जाने के विषय में अपने को बहुत दिनों तक कोसने की आवश्यकता नहीं है, इसे तो विधाता का विधान ही समझना चाहिए।

**यतः,—**

**योऽधिकाद्योजनशतात्पश्यतीहामिषं खगः।**
**स एव प्राप्तकालस्तु पाशबन्धं न पश्यन्ति॥**

क्योंकि— सैकड़ों मील दूर से भी अन्न के छोटे-से दाने को अथवा मांस के छोटे-से टुकड़े को भी देख लेने वाले पक्षी भी बुरा समय आने पर जाल की गांठों को नहीं देख पाते।

**अपरं च,—**

**शशिदिवाकरयोर्ग्रहपीडनं**
**गजभुजङ्गमयोरपि बन्धनम्।**
**मतिमतां च विलोक्य दरिद्रतां**
**विधिरहो बलवानिति मे मतिः॥**

और दूसरे— चन्द्रमा तथा सूर्य को ग्रहण की पीड़ा, हाथी एवं सर्प का बन्धन और विद्वानों की दरिद्रता देखकर भी मेरी समझ में तो यही आता है कि प्रारब्ध ही बलवान् है।

**अन्यच्च,—**

**व्योमैकान्तविहारिणोऽपि विहगाः सम्प्राप्नुवन्त्यापदं**
**बध्यन्ते निपुणैरगाधसलिलान्मत्स्याः समुद्रादपि।**
**दुर्नीतं किमिहास्ति, किं सुचरितं, कः स्थानलाभे गुणः?**
**कालो हि व्यसनप्रसारितकरो गृह्णाति दूरादपि॥**

आकाश के एकान्त में विहार करने वाले पक्षी भी विपत्ति में पड़ जाते हैं और अथाह समुद्र के जल में रहती हुई मछलियां भी बन्धन में आ जाती हैं। इस संसार में दुर्नीति क्या है और सुनीति क्या है और विपत्तिरहित स्थान में क्या गुण है? अर्थात् कुछ भी नहीं है; क्योंकि काल अपने आपत्तिरूपी हाथों को फैलाकर बैठा हुआ है और समय आने पर दूर से ही झपट लेता है।

**इति प्रबोध्यातिथ्यं कृत्वालिङ्ग्य च चित्रग्रीवस्तेन सम्प्रेषितो यथेष्ट देशान्सपरिवारो ययौ। हिरण्यकोऽपि स्वविवरं प्रविष्टः।**

इस प्रकार समझा-बुझाकर और अतिथि-सत्कार करके हिरण्यक ने चित्रग्रीव को विदा किया और वह अपने परिवारसहित अपने देश को चला गया। हिरण्यक भी अपने बिल में जा घुसा।

**यानि कानि च मित्राणि कर्तव्यानि शतानि च।**
**पश्य मूषकमित्रेण कपोता मुक्तबन्धनाः॥**

जो कोई भी हो, मनुष्य को सैकड़ों मित्र बनाने चाहिए। देखो, मूषक मित्र ने कबूतरों के बन्धनों को काट डाला।

**अथ लघुपतनकनामा काकः सर्ववृत्तान्तदर्शी साश्चर्यमिदमाह—'अहो हिरण्यक! श्लाघ्योऽसि। अतोऽहमपि त्वया सह मैत्रीमिच्छामि, अतो मां मैत्र्येणानुग्रहीतुमर्हसि'। एतच्छ्रुत्वा हिरण्यकोऽपि विवराभ्यन्तरादाह—'कस्त्वम्?'। स ब्रूते—'लघुपतनकनामा वायसोऽहम्'। हिरण्यको विहस्याह—'का त्वया सह मैत्री?'**

इसके पश्चात्, लघुपतनक नामक कौआ, जो चित्रग्रीव व उसके बन्धु-बान्धवों के बन्धनों को कटते हुए देख रहा था, आश्चर्य से बोला—हे हिरण्यक! तुम प्रशंसा के योग्य हो, इसलिए मैं भी तुम्हारे साथ मित्रता करना चाहता हूं। कृपा करके मुझसे भी मित्रता कर लो।

यह सुनकर हिरण्यक बिल के भीतर से ही बोला— तू कौन है?

लघुपतनक बोला—मैं लघुपतनक नामक कौआ हूं!

यह सुनकर हिरण्यक हंसते हुए बोला—मेरी-तेरी मित्रता कैसी?

**यतः,—**

**यद्येन युज्यते लोके बुधस्तत्तेन योजयेत्।**
**अहमन्नं भवान् भोक्ता कथं प्रीतिर्भविष्यति?॥**

क्योंकि—विद्वानों का कथन है कि संसार में जो जिसके योग्य हो, उसका उससे मेल कर दें। मैं अन्न हूं और तुम खाने वाले हो, इस प्रकार भक्ष्य और भक्षक की मित्रता कैसे होगी?

**अपरं च,—**

**भक्ष्य-भक्षकयोः प्रीतिर्विपत्तेरेव कारणम्।**
**श्रृगालात्पाशबद्धोऽसौ मृगः काकेन रक्षितः॥**

और दूसरे—भक्ष्य और भक्षक की प्रीति विपत्ति का मूल कारण होती है। सियार ने अपने से मित्रता करने वाले हरिण को जाल में फंसा दिया था। यदि कौए ने उसकी सहायता न की होती, तो वह मारा जाता।

**वायसोऽब्रवीत्—कथमेतत्?। हिरण्यकः कथयति—**

कौए ने पूछा—यह कैसी कथा है? हिरण्यक कहने लगा—

## कथा क्रम : तीन

### (हरिण, कौए और धूर्त सियार की कथा)

'अस्ति मगधदेशे चम्पकवती नामारण्यानी। तस्यां चिरान्महता स्नेहेन मृगकाकौ निवसतः। स च मृगः स्वेच्छया भ्राम्यन्हृष्टपुष्टाङ्गः केनचिच्छृगालेनावलोकितः। तं दृष्ट्वा शृगालोऽचिन्तयत्—'आः, कथमेतन्मांसं सुललितं भक्षयामि? भवतु, विश्वासं तावदुत्पादयामि।' इत्यालोच्योपसृत्याब्रवीत्—'मित्र! कुशलं ते?'। मृगेणोक्तम्—'कस्त्वम्?'। स ब्रूते—'क्षुद्रबुद्धिनामा जम्बुकोऽहम्। अत्रारण्ये बन्धुहीनो मृतवन्निवसामि। इदानीं त्वां मित्रमासाद्य पुनः सबन्धुर्जीवलोकं प्रविष्टोऽस्मि। अधुना तवानुचरेण मया सर्वथा भवितव्यम्'। मृगेणोक्तम्—'एवमस्तु'। ततः पश्चादस्तंगते सवितरि भगवति मरीचिमालिनि तौ मृगस्य वासभूमिं गतौ। तत्र चम्पकवृक्षशाखायां सुबुद्धिनामा काको मृगस्य चिरमित्रं निवसति। तौ दृष्ट्वा काकोऽवदत्—'सखे चित्राङ्ग! कोऽयं द्वितीयः?'। मृगो ब्रूते—'जम्बुकोऽयम्। अस्मत्सख्यमिच्छन्नागतः'। काको ब्रूते—'मित्र! अकस्मादागन्तुना सह मैत्री न युक्ता।'

मगध देश के चम्पकवती नामक वन में एक हरिण और एक कौआ आपस में बड़े प्रेम के साथ रहा करते थे। हरिण बहुत हृष्ट-पुष्ट था और बड़े मज़े में इधर-उधर घूमता-फिरता था।

एक बार किसी सियार ने उस हरिण को देख लिया, तो वह उसका मांस खाने के लिए लालायित रहने लगा। उस सियार ने हरिण के साथ दोस्ती करने की इच्छा से उसके पास पहुंचकर उसका अभिवादन किया और उसकी कुशलता की जानकारी लेने लगा। जब हरिण ने उस सियार से उसका परिचय पूछा, तो सियार ने कहा—मैं क्षुद्रबुद्धि नामक सियार हूं और किसी भी मित्र के अभाव में इस वन में अकेला ही रहता हूं। अब आप-जैसे बन्धु को पाकर मैं अपने को दोबारा जीवित हुआ समझता हूं। यदि आप मुझे अपना मित्र बना लें, तो मैं अपने को धन्य मानूंगा।

यह सुनकर हरिण ने कहा—मुझे भी आपके साथ रहने में कोई आपत्ति नहीं है।

यह सुनकर वह सियार उस दिन उस हरिण के साथ ही लगा रहा। शाम होने पर जब वह हरिण अपने घर जाने लगा, तब वह सियार भी उसके साथ-साथ ही चलता रहा और उसके घर जा पहुंचा। वहा पहुंचने पर जब उस हरिण के पूर्व मित्र कौए ने उस सियार के बारे में पूछा, तो हरिण ने उसे बताया कि यह सियार

हमारे साथ दोस्ती करना चाहता है, इसीलिए यहां आया है।

हरिण की बात सुनकर कौए ने कहा—मित्र! अचानक ही किसी अनजान के साथ दोस्ती कभी नहीं करनी चाहिए; क्योंकि कहा भी गया है—

**अज्ञातकुलशीलस्य वासो देयो न कस्यचित्।**
**मार्जारस्य हि दोषेण हतो गृध्रो जरद्गवः॥**

कि जिसके वंश और स्वभाव की जानकारी न हो, ऐसे प्राणी को अपने घर पर नहीं रखना चाहिए। बिलाव को अपने घर में ठहराकर जरद्गव नामक गिद्ध को बिलाव की शरारत के लिए अपने प्राणों की आहुति देनी पड़ी थी।

**तावाहतुः—'कथमेतत्?'।**

यह सुनकर हरिण और सियार ने पूछा—यह कैसी कथा है?

**काकः कथयति—**

इस पर कौए ने उन्हें बताया—

## कथा क्रम : चार
### (अन्धे गीध, बिल्ला और चिड़ियों की कथा)

**अस्ति भागीरथीतीरे गृध्रकूटनाम्नि पर्वते महान्पर्कटीवृक्षः। तस्य कोटरे दैवदुर्विपाकाद्गलितनखनयनो जरद्गवनामा गृध्रः प्रतिवसति। अथ कृपया तज्जीवनाय तद्वृक्षवासिनः पक्षिणः स्वाहारात्किञ्चित्किञ्चिदुद्धृत्य ददाति। तेनासौ जीवति। अथ कदाचिद्दीर्घकर्णनामा मार्जारः पक्षिशावकान्भक्षितुं तत्रागतः। ततस्तमायान्तं दृष्ट्वा पक्षिशावकैर्भयार्तैः कोलाहलः कृतः। तच्छ्रुत्वा जरद्गवेनोक्तम्—'कोऽयमायाति?'। दीर्घकर्णो गृध्रमवलोक्य सभयमाह—'हा, हतोऽस्मि'।**

गंगातट पर स्थित गृध्रकूट नामक पर्वत पर पाकड़ का एक बहुत बड़ा वृक्ष था, जिसके कोटर में बने एक घोंसले में जरद्गव नामक एक गिद्ध रहता था, जो न केवल अन्धा था, अपितु उसके पञ्जे आदि भी गलकर बेकार हो चुके थे। इसलिए न वह उड़ान भर सकता था और न अपने लिए भोजन की व्यवस्था ही कर सकता था। अतः उस वृक्ष पर बसेरा करने वाले अन्य पक्षी ही उस पर कृपा करके अपने आहार में से थोड़ा-थोड़ा उसे दे देते थे। इस प्रकार उसका जीवन-निर्वाह हो जाता था।

एक दिन पक्षियों के न रहने पर दीर्घकर्ण नामक एक बिलाव पक्षियों के बच्चों को खाने के लिए उस वृक्ष पर पहुंचा, तो उसे देखकर पक्षियों के बच्चे चीख़ने-चिल्लाने लगे। बच्चों की चीख़-पुकार को सुनकर जरद्गव ने ऊंची आवाज़ में पूछा—यहां कौन आया है?

जरद्गव को देखकर और उसकी आवाज़ को सुनकर डर के मारे बिलाव चिल्लाया—हाय ! मैं मारा गया। बिलाव ने सोच लिया—

**तावद्भयस्य भेतव्यं यावद्भयमनागतम्।**
**आगतं तु भयं वीक्ष्य नरः कुर्याद्यथोचितम्॥**

भय न होने पर अथवा केवल भय की आशंका होने पर भय से घबराना अथवा डरना तो उचित है, परन्तु भय के आ पहुंचने पर उससे घबराना अथवा डरना ठीक नहीं है। भय के उपस्थित होने पर तो उससे छुटकारा पाने का उपाय करने में ही समझदारी होती है। ऐसे में हाथ-पैर फुलाकर बैठ जाने वाला व्यक्ति कुछ भी नहीं कर सकता।

**अधुनास्य सन्निधाने पलायितुमक्षमः। तद्यथा भवितव्यं तद्भवतु। तावद्विश्वासमुत्पाद्यास्य समीपं गच्छामि।' इत्यालोच्योपसृत्या- ब्रवीत्—'आर्य! त्वामभिवन्दे।' गृध्रोऽवदत्—'कस्त्वम्?'। सोऽवदत्—'मार्जारोऽहम्'। गृध्रो ब्रूते—'दूरमपसर। नो चेद्धन्तव्योऽसि मया'। मार्जारोऽवदत्—'श्रूयतां तावदस्मद्वचनम्। ततो यद्यहं वध्यस्तदा हन्तव्यः।'**

अतः बिलाव ने सोचा कि यदि मैं भागता हूं, तो यह गिद्ध मुझे अपने पञ्जों से पकड़ लेगा, अतः अब तो जो होना होगा, हो। अब तो मुझे इस गिद्ध के मन में अपने प्रति विश्वास उत्पन्न करना ही उचित होगा।

यह सोचकर बिलाव उस गिद्ध के पास पहुंचा और उससे विनम्र स्वर में बोला—आर्य ! मेरा प्रणाम स्वीकार करें।

गिद्ध बोला—तू कौन है ?

इस पर जब बिलाव ने अपना परिचय दिया, तो गिद्ध ने कहा—तू तुरन्त ही यहां से भाग जा, अन्यथा मेरे हाथों मारा जायेगा।

यह सुनकर बिलाव ने फिर अत्यन्त विनीत स्वर में कहा—भगवन्! पहले आप मेरी बात तो सुन लें। फिर भी यदि मारने योग्य हूं, तो मुझे मार डालना। मैं कोई आपत्ति नहीं करूंगा।

**जातिमात्रेण किं कश्चिद्धन्यते पूज्यते क्वचित्?।**
**व्यवहारं परिज्ञाय वध्यः पूज्योऽथवा भवेत्॥**

केवल जाति विशेष के आधार पर किसी को वध के योग्य नहीं मान लेना चाहिए, उसके व्यवहार को परखकर ही उसके वध अथवा सम्मान का निर्णय किया जाना चाहिए। यही उचित रहता है।

**गृध्रो ब्रूते—'ब्रूहि, किमर्थमागतोऽसि?'। सोऽवदत्—'अहमत्र गङ्गा-तीरे नित्यस्नायी निरामिषाशी ब्रह्मचारी चान्द्रायणव्रतमाचरंस्तिष्ठामि। 'यूयं धर्मज्ञानरता विश्वासभूमयः' इति पक्षिणः सर्वे सर्वदा ममाग्रे प्रस्तुवन्ति।**

**अतो भवद्भ्यो विद्यावयोवृद्धेभ्यो धर्मं श्रोतुमिहागतः। भवन्तश्चैतादृशा धर्मज्ञा यन्मामतिथिं हन्तुमुद्यताः।**

गिद्ध बोला—ठीक है, अब बता, तू यहां किसलिए आया है और तुझे क्या कहना है?

यह सुनकर बिलाव ने कहना आरम्भ किया—मैं गंगातट पर रहता हूं और प्रतिदिन गंगा में स्नान करता हूं। मांसाहार भी नहीं करता, ब्रह्मचर्य का पालन करता हूं और चान्द्रायण व्रत का अनुष्ठान भी करता हूं। धर्म-चर्चा में आपकी रुचि है, इस वृक्ष पर बसेरा करने वाले सभी पक्षी ऐसा कहते हैं। आप वयोवृद्ध भी हैं। आपसे ज्ञान-चर्चा सुनने और आपके दर्शन करने की इच्छा से ही मैं भी यहां आया हूं, किन्तु मुझे आश्चर्य है कि आप-जैसे धर्म के ज्ञाता भी मुझ अतिथि का वध करने को उद्यत हैं। गृहस्थ धर्म का तो कथन है—

**अरावप्युचितं कार्यमातिथ्यं गृहमागते।**
**छेत्तुः पार्श्वगतां छायां नोपसंहरते द्रुमः॥**

अतिथिरूप में पधारे शत्रु का भी स्वागत-सत्कार करना गृहस्थ का परम धर्म है। वृक्ष भी अपने को काटने वाले को अपनी छाया से वञ्चित नहीं करता!

**यदि वा धनं नास्ति तदा प्रीतिवचसाप्यतिथिः पूज्य एव।**

यदि गृहस्थ के पास अतिथि की सेवा करने के लिए धन न हो, तो भी गृहस्थ को अतिथि का अपने मधुर वचनों से स्वागत तो करना ही चाहिए। कहा भी गया है—

**तृणानि भूमिरुदकं वाक् चतुर्थी च सूनृता।**
**एतान्यपि सतां गेहे नोच्छिद्यन्ते कदाचन॥**

सत्पुरुषों के घर में इन चार वस्तुओं का अभाव कभी नहीं होता—

(1) अतिथि को बिठाने के लिए धरती,

(2) अतिथि के लिए बिछाने को आसन,

(3) अतिथि को पिलाने के लिए शीतल जल तथा

(4) अतिथि का कुशल समाचार पूछने के लिए विनम्र वाणी।

इस सम्बन्ध में शास्त्र का कथन है—

**निर्गुणेष्वपि सत्त्वेषु दयां कुर्वन्ति साधवः।**
**न हि संहरते ज्योत्स्नां चन्द्रश्चाण्डालवेश्मनः॥**

लोग तो गुणहीन व्यक्ति के प्रति भी दया दिखाते हैं। क्या चन्द्रमा किसी चाण्डाल के घर में फैली अपनी चांदनी को समेट लेता है?

**अतिथिर्यस्य भग्नाशो गृहात्प्रतिनिवर्तते।**
**स तस्मै दुष्कृतं दत्त्वा पुण्यमादाय गच्छति॥**

जिसके घर से अतिथि निराश होकर लौट जाता है, उसके घर पर वह अपने दुष्कर्मों का फल छोड़कर उसके पुण्यफलों को अपने साथ ले जाता है।

**उत्तमस्यापि वर्णस्य नीचोऽपि गृहमागतः।**
**पूजनीयो यथायोग्यं सर्वदेवमयोऽतिथिः॥**

अतिथि सभी देवी-देवताओं का समन्वित रूप होता है, इसलिए चाहे उत्तम वर्ण का हो या निम्न वर्ण का, अतिथि यथायोग्य पूजनीय ही होता है।

**गृध्रोऽवदत्—'मार्जारो हि मांसरुचिः। पक्षिशावकाश्चात्र निवसन्ति। तेनाहमेवं ब्रवीमि।' तच्छ्रुत्वा मार्जारो भूमिं स्पृष्ट्वा कर्णौ स्पृशति। ब्रूते च—'मया धर्मशास्त्रं श्रुत्वा वीतरागेणेदं दुष्करं व्रतं चान्द्रायणमध्यवसितम्। परस्परं विवदमानानामपि धर्मशास्त्राणाम्'अहिंसा परमो धर्मः' इत्यत्रैक-मत्यम्।**

गीध बोला—बिलाव स्वभावतः मांसभक्षी होते हैं और यहां पक्षियों के बच्चे रहते हैं, इसीलिए मैंने कठोर शब्दों में कहा। यह सुनकर बिलाव धरती छूकर अपने कानों को हाथ लगाकर बोला—अनेक शास्त्रों को सुनकर मेरी आसक्ति समाप्त हो गयी और मैं इतने कठिन चान्द्रायण व्रत को पूर्ण करने में सफल हो चुका हूं। सभी धर्मशास्त्र अन्यान्य विषयों पर मतभेद रखते हुए भी 'अहिंसा परम धर्म है', इसे सभी मानते हैं।

**सर्वहिंसानिवृत्ता ये नराः सर्वंसहाश्च ये।**
**सर्वस्याश्रयभूताश्च ते नराः स्वर्गगामिनः॥**

सब प्रकार की हिंसा से दूर रहने वाले, अर्थात् मन, वचन अथवा कर्म से भी किसी प्राणी को दुःख न पहुंचाने वाले तथा असहाय को सहारा देने वाले सत्पुरुष ही स्वर्ग में पहुंचने के अधिकारी होते हैं।

**एक एव सुहृद्धर्मो निधनेऽप्यनुयाति यः।**
**शरीरेण समं नाशं सर्वमन्यत्तु गच्छति॥**

कोई भी पदार्थ हो अथवा धन-सम्पत्ति, परिवार या मित्र—सब इस शरीर के साथ ही नष्ट हो जाते हैं, किन्तु केवल धर्म ही शरीर के नष्ट हो जाने पर उसका साथ निभाता है, उसे कभी नहीं छोड़ता।

**योऽत्ति यस्य यदा मांसमुभयोः पश्यतान्तरम्।**
**एकस्य क्षणिका प्रीतिरन्यः प्राणैर्विमुच्यते॥**

मांसभक्षी और भक्ष्य के अन्तर पर विचार करने पर आश्चर्यचकित होना पड़ता है। भक्षक तो पल-भर में सन्तुष्ट हो जाता है, किन्तु भक्ष्य तो सदा के लिए अपने प्राणों से हाथ धो बैठता है।

**मर्तव्यमिति यद्दुःखं पुरुषस्योपजायते।**

**शक्यते नानुमानेन परेण परिवर्णितुम्॥**

मृत्यु को सम्मुख उपस्थित देखकर व्यक्ति को जो दुःख होता है, उसका अनुमान अन्य कोई भी व्यक्ति नहीं लगा सकता।

**स्वच्छन्दवनजातेन शाकेनापि प्रपूर्यते।**
**अस्य दग्धोदरस्यार्थे कः कुर्यात्पातकं महत्?॥**

जब इस पापी पेट को स्वयं उगने वाले शाक-पात से भरा जा सकता है, तो इसे भरने के लिए जीव-हिंसा-जैसा पाप करने का क्या औचित्य है?

**एवं विश्वास्य स मार्जारस्तरुकोटरे स्थितः।**

इस प्रकार गिद्ध को अपनी साधुप्रवृत्ति का विश्वास दिलाकर बिलाव उसी वृक्ष के कोटर में रहने लगा।

**ततो दिनेषु गच्छत्सु पक्षिशावकानाक्रम्य कोटरमानीय प्रत्यहं खादति। येषामपत्यानि खादितानि तैः शोकार्तैर्विलपद्भिरितस्ततो जिज्ञासा समारब्धा। तत्परिज्ञाय मार्जारः कोटरान्निःसृत्य बहिः पलायितः। पश्चात्पक्षिभिरितस्ततो निरूपयद्भिस्तत्र तरुकोटरे शावकास्थीनि प्राप्तानि। अनन्तरं ते ऊचुः—"अनेनैव जरद्गवेनास्माकं शावकाः खादिताः" इति सर्वैः पक्षिभिर्निश्चित्य गृध्रो व्यापादितः। अतोऽहं ब्रवीमि—"अज्ञातकुलशीलस्य—" इत्यादि'॥ इत्याकर्ण्य स जम्बुकः सकोपमाह—'मृगस्य प्रथमदर्शनदिने भवानप्यज्ञात-कुलशील एव, तत्कथं भवता सहैतस्य स्नेहानुवृत्तिरुत्तरोत्तरं वर्धते?'**

फिर तो वह बिलाव अपने आहार के लिए नियमित रूप से पक्षियों के बच्चों को पकड़कर ले जाता और अपना पेट भर लेता। जिन पक्षियों को अपने बच्चे नहीं मिलते, वे शोक से विलाप करते हुए इधर-उधर भटकते रहते। इस बात की जानकारी होते ही बिलाव ने उस वृक्ष के कोटर को छोड़ दिया और वहां से भाग निकला। इधर अपने बच्चों को ढूंढ़ते हुए पक्षियों को वृक्ष के कोटर में जब अपने बच्चों की हड्डियां पड़ी दिखाई दीं, तो उन्होंने जरद्गव को ही अपने बच्चों का हत्यारा मान लिया और उसे अपनी चोंचों से घायल करके मार डाला।

यह कथा सुनाकर कौए ने हरिण को सचेत करते हुए कहा—मित्र! इसलिए मेरा मानना है कि किसी भी अप्रामाणिक व्यक्ति को अपने घर में भूलकर भी निवास नहीं करने देना चाहिए।

कौए की बात सुनकर सियार ने कौए से कहा—जब तुम पहली बार इस हरिण से मिले होगे, तब इसे भी तो तुम्हारे कुल-शील की कोई जानकारी नहीं रही होगी। फिर तुम्हारी इसकी मित्रता कैसे हो गयी और कैसे दिन-दिन अधिकाधिक बढ़ती ही जा रही है?

**यत्र विद्वज्जनो नास्ति श्लाघ्यस्तत्राल्पधीरपि।**
**निरस्तपादपे देशे एरण्डोऽपि द्रुमायते॥**

जिस प्रकार वृक्षविहीन भूमि में एरण्ड का पौधा भी वृक्ष बन जाता है, उसी प्रकार विद्वानों से रहित इस प्रदेश में तुम–जैसे साधारण बुद्धि के जीव भी विद्वानों के रूप में मान्यता प्राप्त कर लेते हैं।

मैं यह कहता हूं कि तुम्हारी सोच उचित नहीं है।

**अयं निजः परो वेति गणना लघुचेतसाम्।**
**उदारचरितानां तु वसुधैव कुटुम्बकम्॥**

अपने और पराये में भेद करना और किसी को अपना तथा किसी को पराया मान बैठना दिल के ओछे होने का प्रमाण है। खुले दिल वाले व्यक्ति सारे संसार के सभी व्यक्तियों को अपना परिजन मानते हैं और सबके साथ आत्मीयता का व्यवहार करते हैं।

**यथायं मृगो मम बन्धुस्तथा भवानपि'। मृगोऽब्रवीत्—'किमनेनोत्तरेण? सर्वैरेकत्र विश्वासालापैः सुखिभिः स्थीयताम्।**

धूर्त सियार बोला—मैं केवल इस हरिण को ही अपना बन्धु नहीं मानता, अपितु आपको भी अपना बन्धु मानता हूं।

कौए और सियार की बातचीत को सुनकर हरिण बोला—इस प्रकार की बातों में क्या रखा है? एक–दूसरे पर विश्वास करके हम सब एक ही स्थान पर आनन्दपूर्वक रह सकते हैं।

**न कश्चित्कस्यचिन्मित्रं न कश्चित्कस्यचिद्रिपुः।**
**व्यवहारेण मित्राणि जायन्ते रिपवस्तथा॥**

वास्तविकता तो यह है कि न कोई किसी का मित्र होता है और न कोई किसी का शत्रु होता है। व्यवहार से ही किसी के मित्र अथवा शत्रु होने का पता चलता है, अर्थात् जब कोई व्यक्ति किसी से अच्छा व्यवहार करता है, तो वह उसका मित्र कहलाता है, जबकि दुर्व्यवहार करने वाला शत्रु माना जाता है।

**काकेनोक्तम्—'एवमस्तु।' अथ प्रातः सर्वे यथाभिमतदेशं गताः।**

कौए ने कहा—ठीक है, तुम्हें जैसा उचित लगता है, वैसा ही करो। अब तो सियार को हरिण के यहां आश्रय मिल गया और अगले दिन सब पशु–पक्षी अपने–अपने निवास को चले गये।

**एकदा निभृतं शृगालो ब्रूते—'सखे! अस्मिन्वनैकदेशे सस्यपूर्ण-क्षेत्रमस्ति। तदहं त्वां नीत्वा दर्शयामि।' तथा कृते सति मृगः प्रत्यहं तत्र गत्वा सस्यं खादति। अथ क्षेत्रपतिना तद्दृष्ट्वा पाशो योजितः। अनन्तरं पुनरागतो मृगः पाशैर्बद्धोऽचिन्तयत्—'को मामितः कालपाशादिव व्याध-**

पाशात्त्रातुं मित्रादन्यः समर्थः?' अत्रान्तरे जम्बुकस्तत्रागत्योपस्थितोऽचिन्तयत्—'फलिता तावदस्माकं कपटप्रबन्धेन मनोरथसिद्धिः। एतस्योत्कृत्त्यमानस्य मांसासृग्लिप्तान्यस्थीनि मयावश्यं प्राप्तव्यानि। तानि बाहुल्येनं भोजनानि भविष्यन्ति।' मृगस्तं दृष्टोल्लासितो ब्रूते—'सखे! छिन्धि तावन्मम बन्धनम्, सत्वरं त्रायस्व माम्।

एक दिन सियार ने हरिण से कहा—मित्र! इस वन के दूसरे भाग में एक हरा-भरा अनाज से लहलहाता खेत है। तुम मेरे साथ चलो, तुम्हें भी दिखा दूं।

फिर तो प्रतिदिन वह हरिण उस खेत में जाकर जी भरकर अनाज खाने लगा। एक दिन खेत के मालिक ने उसे देख लिया, तो अगले दिन उसने खेत में एक जाल फैला दिया। उस दिन ज्योंही वह हरिण अनाज खाने आया, त्योंही वह जाल में फंस गया। वह सोचने लगा कि अब तो कोई सच्चा मित्र ही मुझे इस बन्धन से मुक्त करा सकता है।

तभी वहां पहुंचे सियार ने हरिण को बन्धन में बंधा देखा, तो वह अपनी योजना के सफल होने पर मन-ही-मन प्रसन्न हो उठा। अपने मनोरथ की सिद्धि से प्रसन्न होकर वह सियार सोचने लगा कि अब तो इस हरिण की चमड़ी में लगा मांस खाने और इसकी हड्डियों में लगा रक्त चूसने को मिलेगा। अब तो मेरे लिए कई दिनों के भोजन की व्यवस्था हो जायेगी। इधर हरिण ने सियार को देखा, तो वह उससे अपने को बन्धन-मुक्त करके बचाने का अनुरोध करने लगा। शास्त्रों के अनुसार—

आपत्सु मित्रं जानीयाद्युद्धे शूरमृणे शुचिम्।
भार्यां क्षीणेषु वित्तेषु व्यसनेषु च बान्धवान्॥

विपत्ति के समय मित्र की, रणभूमि में शूरवीर की, ऋण के भुगतान में सचाई और ईमानदारी की, धन के नष्ट हो जाने पर पत्नी की तथा कष्ट के समय बन्धु-बान्धवों की परीक्षा होती है और उन सबका वास्तविक चेहरा सामने आ जाता है।

उत्सवे व्यसने चैव दुर्भिक्षे राष्ट्रविप्लवे।
राजद्वारे श्मशाने च यस्तिष्ठति स बान्धवः॥

निम्नलिखित परिस्थितियों में अथवा स्थानों पर सदा साथ निभाने वाले व्यक्ति को ही सच्चा मित्र समझना चाहिए—

(1) घर पर मनाये जाने वाले उत्सव व समारोह में,
(2) किसी कष्ट अथवा दुःख के आ पड़ने पर,
(3) देश अथवा प्रदेश में अकाल पड़ जाने पर,
(4) राज्य में विद्रोह के कारण उथल-पुथल मच जाने पर,

(5) राजद्वार (न्यायालय, आरक्षिगृह, पुलिसस्टेशन आदि सरकारी प्रतिष्ठान) में तथा

(6) श्मशान में।

उपर्युक्त छह अवसरों पर साथ निभाने वाले व्यक्ति को ही सच्चा मित्र मानना चाहिए।

**जम्बुको मुहुर्मुहुः पाशं विलोक्याचिन्तयत्—'दृढस्तावदयं बन्धः।' ब्रूते च—'सखे! स्नायुनिर्मिता एते पाशाः। तदद्य भट्टारकवारे कथमेतान्दन्तैः स्पृशामि? मित्र! यदि चित्ते नान्यथा मन्यसे तदा प्रभाते यत्त्वया वक्तव्यं तत्कर्तव्यम्।' इत्युक्त्वा तत्समीपं आत्मानमाच्छाद्य स्थितः सः। अनन्तरं स काकः प्रदोषकाले मृगमनागतमवलोक्येतस्ततोऽन्विष्य तथाविधंदृष्ट्वोवाच—'सखे! किमेतत्?' मृगेणोक्तम्—'अवधीरितसुहृद्वाक्यस्य फलमेतत्।'**

धूर्त सियार बार-बार उस जाल को देख रहा था, जिसमें हरिण फंसा हुआ था। उसे तो यह जानकर तसल्ली हो रही थी कि हरिण जाल में मज़बूती से बंधा हुआ है। वह हरिण से बोला—मित्र! आज रविवार है और इस जाल में तांत लगा हुआ है। आज मैं इसे अपने दांतों से कैसे छू सकता हूं? अत: आज की रात तुम किसी प्रकार काट लो, कल प्रात:काल होते ही मैं इसे अपने दांतों से काट दूंगा। आज तो यह करना सम्भव नहीं है; क्योंकि इससे मेरा व्रत भंग हो जायेगा। तुम बुरा मत मानना, कल प्रात:काल होते ही मैं वही करूंगा, जो तुम चाहोगे। इस प्रकार बहानेबाज़ी करके वह चालाक सियार पास में ही छिपकर बैठ गया।

प्रात:काल होने पर हरिण के न आने से चिन्तित हुआ कौआ उसकी खोज करने के लिए उड़ता रहा और वहां जा पहुंचा, जहां वह हरिण जाल में बंधा पड़ा था। तब कौए ने उससे पूछा—मित्र! यह क्या है?

इस पर हरिण ने उत्तर देते हुए कहा—मित्र! यह आप-जैसे सच्चे मित्र की बात को न मानने का फल है।

**सुहृदां हितकामानां यः शृणोति न भाषितम्।**
**विपत्सन्निहिता तस्य स नरः शत्रुनन्दनः॥**

जो मूर्ख व्यक्ति अपने शुभचिन्तक की बात न मानने की भूल करता है, वह इसी प्रकार विपत्ति को बुलावा देता है और अपने शत्रुओं के आनन्द का कारण भी बन जाता है।

**काको ब्रूते—'स वञ्चकः कास्ते?'। मृगेणोक्तम्—'मन्मांसार्थी तिष्ठत्यत्रैव'। काको ब्रूते—'उक्तमेव मया पूर्वम्,-**

कौए ने पूछा—मित्र! वह दुष्ट सियार इस समय कहां गया?

तब हरिण ने बताया—वह मेरा मांस खाने की इच्छा से यहीं कहीं पास में ही

बैठा होगा। कौए ने कहा—मैंने तो पहले ही कहा था।

**अपराधो न मेऽस्तीति नैतद्विश्वासकारणम्।**
**विद्यते हि नृशंसेभ्यो भयं गुणवतामपि॥**

मैंने उसका कुछ भी नहीं बिगाड़ा था, फिर उसने मेरे साथ विश्वासघात करके मुझे हानि क्यों पहुंचाया? इस आधार पर तो किसी पर विश्वास करना कदापि उचित नहीं है। दुर्जन व्यक्ति को किसी के गुण-दोषों से कुछ भी लेना-देना नहीं होता। चाहे जैसे भी हो, वह तो अपना स्वार्थ सिद्ध करना चाहते हैं। इसलिए सज्जन उनसे कन्नी काटना ही अच्छा समझते हैं।

**दीपनिर्वाणगन्धं च सुहृद्वाक्यमरुन्धतीम्।**
**न जिघ्रन्ति न शृण्वन्ति न पश्यन्ति गतायुषः॥**

निम्नोक्त तीन लक्षणों वाले व्यक्तियों को शीघ्र ही काल का ग्रास बनने वाला समझना चाहिए—

(1) दीपक की बत्ती बुझाने पर अपनी नाक से उसकी गन्ध को न सूंघ पाने वाला,

(2) अपने हितैषी मित्र की बात को न मानने वाला तथा

(3) सप्तर्षि मण्डल के पास अरुन्धती तारे को न देख पाने वाला।

**परोक्षे कार्यहन्तारं प्रत्यक्षे प्रियवादिनम्।**
**वर्जयेत्तादृशं मित्रं विषकुम्भं पयोमुखम्॥**

मित्र के मुंह पर ठकुरसुहाती कहने वाले अथवा उसकी प्रशंसा करने वाले, पर उसकी पीठ पीछे उसे हानि पहुंचाने वाले मित्र को विष से भरे, किन्तु ऊपर से दूध छलकाते मटके के समान त्याग देना चाहिए।

**ततः काको दीर्घं निःश्वस्य 'अरे वञ्चक! किं त्वया पापकर्मणा कृतम्?'**

लम्बी सांस लेते हुए कौए ने कहा—अरे धोखेबाज़! तूने ऐसा नीच कर्म क्यों किया?

**संलापितानां मधुरैर्वचोभि-**
**र्मिथ्योपचारैश्च वशीकृतानाम्।**
**आशावतां श्रद्धधतां च लोके**
**किमर्थिनां वञ्चयितव्यमस्ति?॥**

निम्नलिखित व्यक्तियों को ठगने अथवा धोखा देने वालों को सफलता प्राप्त कर लेने पर प्रसन्न नहीं होना चाहिए; क्योंकि इन्हें ठगने के लिए किसी चालाकी की आवश्यकता नहीं होती—

(1) उत्तम ढंग से बातें करने वाले व्यक्ति

(2) ठकुरसुहाती बातों द्वारा वश में किये गये व्यक्ति,

(3) कपटाचरण के द्वारा विश्वास में लिये गये व्यक्ति,

(4) किसी आशा के कारण अधीन रहने वाले व्यक्ति,

(5) किसी विशेष कारण से विश्वास करने वाले व्यक्ति तथा

(6) याचना करने वाले अथवा भीख मांगने वाले व्यक्ति।

**उपकारिणि विश्रब्धे शुद्धमतौ**
**यः समाचरति पापम्।**
**तं जनमसत्यसन्धं भगवति**
**वसुधे! कथं वहसि?॥**

हे माता धरती! मेरी समझ में यह नहीं आ रहा कि अपने ऊपर विश्वास करने वाले एवं अपने साथ शुद्ध व्यवहार करने वाले व्यक्ति के साथ भी छल अथवा कपट करने वाले धूर्त व्यक्तियों का भार तुम किस प्रकार सहन करती हो?

**दुर्जनेन समं सख्यं प्रीतिं चापि न कारयेत्।**
**उष्णो दहति चाङ्गारः शीतः कृष्णायते करम्॥**

दुर्जन व्यक्ति के साथ न तो मित्रता करनी चाहिए और न उसके साथ शत्रुता ही करनी चाहिए। जिस प्रकार आग के गोले को हाथ में लेने पर हाथ जल जाता है और ठण्डा होने पर वही आग का गोला हाथ को काला कर देता है, अर्थात् उस पर कालिख लगा देता है, उसी प्रकार दुष्ट व्यक्ति की मित्रता अथवा शत्रुता भी दुःखदायक ही होती है, हानि ही पहुंचाती है।

**अथवा स्थितिरियं दुर्जनानाम्—**

वास्तविकता यह है कि दुर्जनों का स्वभाव एवं आचरण ऐसा ही होता है।

**प्राक् पादयोः पतति खादति पृष्ठमांसं**
**कर्णे कलं किमपि रौति शनैर्विचित्रम्।**
**छिद्रं निरूप्य सहसा प्रविशत्यशङ्कः**
**सर्वं खलस्य चरितं मशकः करोति॥**

दुष्ट व्यक्तियों का आचरण मच्छरों के समान होता है। वे आरम्भ में तो आपके पांव में गिर जाते हैं और फिर आपको काट लेते हैं अथवा हानि पहुंचाते हैं। इसी प्रकार दुष्ट व्यक्ति भी मच्छर की भांति पीठ के पीछे ही आपकी बुराई करते हैं अथवा आपकी पीठ में छुरा भोंकते हैं। ऐसे दुष्ट व्यक्ति गुनगुनाने वाले मच्छर के समान पहले आपके पास पहुंचकर आपके कान में गुप्त बात कहने का ढोंग रचते हैं, फिर आपके किसी गुप्त भेद को जानकर और उसे प्रकट करके आप पर पूरी निमर्मता से प्रहार करते हैं।

दुर्जनः प्रियवादी च नैतद्विश्वासकारणम्।
मधु तिष्ठति जिह्वाग्रे हृदि हालाहलं विषम्॥

मीठा बोलने वाले दुष्ट व्यक्तियों पर कभी विश्वास नहीं करना चाहिए; क्योंकि उनकी जीभ पर तो मीठी बातें रहती हैं, परन्तु उनके दिल में केवल विष ही भरा होता है।

**अथ प्रभाते क्षेत्रपतिर्लगुडहस्तस्तं प्रदेशमागच्छन् काकेनावलोकितः। तमालोक्य काकेनोक्तम्—'सखे मृग! त्वमात्मानं मृतवत्सन्दर्श्य वातेनोदरं पूरयित्वा पादान्स्तब्धीकृत्य तिष्ठ। यदाहं शब्दं करोमि तदा त्वमुत्थाय सत्वरं पलायिष्यसि।' मृगस्तथैव काकवचनेन स्थितः। ततः क्षेत्रपतिना हर्षोत्फुल्ललोचनेन तथाविधो मृगं आलोकितः। 'आः, स्वयं मृतोऽसि' इत्युक्त्वा मृगं बन्धनान्मोचयित्वा पाशान्ग्रहीतुं सयत्नो बभूव। ततः काकशब्दं श्रुत्वा मृगः सत्वरमुत्थाय पलायितः। तमुद्दिश्य तेन क्षेत्रपतिना क्षिप्तेन लगुडेन श्रृगालो हतः।**

प्रातःकाल होने पर कौए ने खेत के मालिक को हाथ में डण्डा लिये आते हुए देखा, तो उसने हरिण से कहा—मित्र मृग! तुम अपने पेट को किसी मरे हुए व्यक्ति के समान हवा भरकर फुला लो और अपने पैरों को अकड़ाकर चुपचाप नीचे लेट जाओ। कोई हरकत मत करना। मेरी आवाज़ सुनते ही उठकर भाग खड़े होना।

कौए की बात मानकर हरिण मृतक बनकर धरती पर लेट गया। खेत के मालिक ने उसे देखा, तो वह प्रसन्न होकर अपने-आपसे बोला—चलो, अच्छा हुआ, हरिण अपने-आप ही मर गया। मैं जीव-हत्या के पाप से बच गया।

यह कहते हुए उसने जाल में फंसे हुए हरिण को खोलना आरम्भ कर दिया। जब खेत का मालिक जाल को समेटने लगा, तो कौए ने आवाज़ लगा दी, जिसे सुनते ही हरिण भाग खड़ा हुआ। यह देखकर खेत के मालिक ने उस पर लाठी फेंककर मारी, पर लाठी खेत में छिपकर बैठे सियार को जा लगी, जिससे उसका सिर फट गया और वह मर गया।

इस सम्बन्ध में कहा गया है—

**त्रिभिर्वर्षैस्त्रिभिर्मासैस्त्रिभिः पक्षैस्त्रिभिर्दिनैः।**
**अत्युत्कटैः पापपुण्यैरिहैव फलमश्नुते॥**

किसी भी व्यक्ति को उसके पापकर्म अथवा पुण्यकर्म का फल इसी जन्म में और कर्म की उग्रता के अनुपात में तीन दिनों में, तीन पक्षों में, तीन महीनों में अथवा तीन वर्षों में मिल ही जाता है।

**अतोऽहं ब्रवीमि—"भक्ष्यभक्षकयोः प्रीतिः" इत्यादि'॥**

इस कथा को सुनाकर हिरण्यक बोला—इसलिए मैं कहता हूं कि भक्ष्य और भक्षक की आपस में मित्रता नहीं हो सकती। यदि ऐसा होता है, तो यह भक्ष्य द्वारा अपने लिए संकट मोल लेने-जैसा ही होगा।

कौए ने फिर कहा—

**भक्षितेनापि भवता नाहारो मम पुष्कलः।**
**त्वयि जीवति जीवामि चित्रग्रीव इवानघ!॥**

तुम्हें खाकर मेरा पेट सदा के लिए तो भर नहीं जायेगा। मुझे तो चित्रग्रीव के समान ही अपना जीवन तुम्हारे जीवन में ही दिखाई देता है। तुम्हें अपने मन से मेरे द्वारा मारे जाने का भय निकाल देना चाहिए। मेरे मन में कोई छल-कपट नहीं है। मैं तो केवल तुमसे मित्रता करना चाहता हूं और यह तभी हो सकेगा,जब तुम जीवित रहोगे।

**तिरश्चामपि विश्वासो दृष्टः पुण्यैककर्मणाम्।**
**सतां हि साधुशीलत्वात्स्वभावो न निवर्तते॥**

मैंने तो धर्मात्मा व्यक्तियों को पशु-पक्षियों तक पर विश्वास करते देखा व सुना है। इसका कारण उनका उत्तम स्वभाव ही हो सकता है। सम्भवतः इसीलिए वे पशु-पक्षियों में भी काई भेदभाव नहीं कर पाते। मुझे विश्वास है कि तुम एक पुण्यशील महात्मा हो, अतः मुझे निराश नहीं करोगे।

**साधोः प्रकोपितस्यापि मनो नायाति विक्रियाम्।**
**न हि तापयितुं शक्यं सागराम्भस्तृणोल्कया॥**

जिस प्रकार जलते हुए तिनकों की आग समुद्र के जल को गरम नहीं कर सकती, उसी प्रकार क्रोध उत्पन्न होने पर अथवा अनुचित कार्य के करने पर भी साधु व्यक्ति के स्वभाव को नहीं बदला जा सकता।

**हिरण्यको ब्रूते—'चपलस्त्वम्। चपलेन सह स्नेहः सर्वथा न कर्तव्यः।'**

हिरण्यक कहने लगा—तुम बहुत चञ्चल हो और शास्त्रों के अनुसार धूर्तों के साथ कभी मित्रता नहीं करनी चाहिए।

**मार्जारो महिषो मेषः काकः कापुरुषस्तथा।**
**विश्वासात्प्रभवन्त्येते विश्वासस्तत्र नोचितः॥**

निम्नोक्त पांच प्रकार के व्यक्ति अपने ओछेपन के प्रदर्शन से बाज़ नहीं आ सकते।

ये पांच हैं—बिल्ली, भैंसा, भेड़, कौआ और नीच व्यक्ति।

**किं चान्यत्, शत्रुपक्षो भवानस्माकम्।**

इसके अतिरिक्त एक विचारणीय तथ्य यह भी है कि तुम मेरे शत्रुपक्ष से आये हो। इस विषय में शास्त्रकारों का कथन है—

**शत्रुणा न हि सन्दध्यात् सुश्लिष्टेनापि सन्धिना।**
**सुतप्तमपि पानीयं शमयत्येव पावकम्॥**

कि जिस प्रकार बहुत अधिक तापमान पर गरम किया हुआ जल भी अग्नि को बुझा देता है, उसी प्रकार अनुकूल एवं प्रिय शर्तों पर भी शत्रुपक्ष से की गयी सन्धि अन्ततः विनाश का ही कारण सिद्ध होती है।

**दुर्जनः परिहर्तव्यो विद्ययालंकृतोऽपि सन्।**
**मणिना भूषितः सर्पः किमसौ न भयंकरः?॥**

जिस प्रकार मणिधारी सर्प भी अन्य सर्पों के समान ही विषधारी एवं प्राणहर्ता होता है, उसी प्रकार विद्यावान् दुर्जन भी हानिप्रद ही सिद्ध होता है। अतः दुर्जन व्यक्ति के विद्वान् एवं गुणी होने पर भी उससे बचना ही चाहिए; क्योंकि सर्प के समान ही दुर्जन भी त्याग दिये जाने योग्य होते हैं।

**यदशक्यं न तच्छक्यं यच्छक्यं शक्यमेव तत्।**
**नोदके शकटं याति न च नौर्गच्छति स्थले॥**

जिस प्रकार धरती पर नाव नहीं चल सकती और पानी में गाड़ी (छकड़ा) नहीं चल सकती, उसी प्रकार असम्भव को सम्भव नहीं किया जा सकता, अर्थात् जो हो सकता है, वही हो सकता है, जो नहीं हो सकता, वह नहीं हो सकता। कहने का अर्थ यह है कि मेरी और तुम्हारी मित्रता कभी नहीं हो सकती, अतः तुम मुझ पर दबाव मत डालो।

**महताप्यर्थसारेण यो विश्वसिति शत्रुषु।**
**भार्यासु च विरक्तासु तदन्तं तस्य जीवनम्॥**

किसी विशेष प्रयोजन से भी अपने शत्रु पर और व्यभिचारिणी स्त्रियों पर कभी विश्वास नहीं करना चाहिए; क्योंकि ऐसा करने वाला व्यक्ति अपनी मृत्यु को स्वयं ही निमन्त्रण दे देता है।

**लघुपतनको ब्रूते—'श्रुतं मया सर्वम्। तथापि मम चैतावान् संकल्पः—'त्वया सह सौहृद्यमवश्यं करणीयम्' इति। नो चेदनाहारेणात्मानं व्यापादयिष्यामि।**

यह सुनकर लघुपतनक कौआ बोला—मैं तुम्हारी सारी बातें सुन चुका हूं। तुम्हें और भी जो कुछ कहना हो, वह भी कह लो, किन्तु मेरी बात भी तो सुनो। मैं तुम्हारे साथ मित्रता करने का संकल्प ले चुका हूं, अतः तुम्हें मेरे साथ मित्रता करनी ही होगी। अब यदि तुमने मेरे अनुरोध को ठुकरा दिया, तो मैं निराहार रहकर अपना प्राणान्त कर लूंगा। कहा भी गया है—

**मृद्घटवत् सुखभेद्यो दुःसन्धानश्च दुर्जनो भवति।**
**सुजनस्तु कनकघटवद्दुर्भेद्यश्चाशु सन्धेयः॥**

कि दुर्जन मिट्टी के घड़े के समान होता है, जिसे आसानी से तोड़ा जा सकता है, किन्तु एक बार टूट जाने पर उसे जोड़ा नहीं जा सकता, परन्तु इसके विपरीत सोने से बना कलश पहले तो टूटता ही नहीं है और यदि टूट भी जाये, तो उसे पुनः अनेक बार जोड़ा भी जा सकता है।

**द्रवत्वात्सर्वलोहानां निमित्तान्मृगपक्षिणाम्।**
**भयाल्लोभाच्च मूर्खाणां सङ्गतं दर्शनात्सताम्॥**

सभी धातुएं—सोना, चांदी, तांबा अथवा लोहा आदि—को गलाने से उनके द्रव हो जाने पर जोड़ा जा सकता है, किन्तु पशु-पक्षियों का मेल-मिलाप तो पूर्वजन्म के संस्कारों से ही सम्भव होता है। मूर्ख व्यक्ति तो भय और लोभ के कारण अपना गठजोड़ कर लेते हैं, परन्तु सज्जन व्यक्तियों का मेल-मिलाप तो एक-दूसरे को परस्पर देखने-भर से ही हो जाता है।

**नारिकेलसमाकारा दृश्यन्ते हि सुहृज्जनाः।**
**अन्ये बदरिकाकारा बहिरेव मनोहराः॥**

सज्जन तो नारियल के समान विशाल होते हैं। वे बाहर से अवश्य ही कठोर दिखाई पड़ते हैं, परन्तु भीतर से नरम एवं कोमल होते हैं, किन्तु दुष्ट व्यक्ति बेर के समान बाहर से मनोहारी दिखाई देते हैं, परन्तु भीतर से बेर की गुठली के समान कठोर होते हैं।

**स्नेहच्छेदेऽपि साधूनां गुणा नायान्ति विक्रियाम्।**
**भङ्गेऽपि हि मृणालानामनुबध्नन्ति तन्तवः॥**

जिस प्रकार कमल के अपनी डण्डी से अलग हो जाने पर भी उसके तन्तु उससे जुड़े रहते हैं, उसी प्रकार सज्जनों का नेहनाता टूट जाने पर भी उनके मनोभावों में कोई परिवर्तन नहीं होता, उनका सम्बन्ध अक्षुण्ण बना ही रहता है।

**शुचित्वं त्यागिता शौर्यं सामान्यं सुखदुःखयोः।**
**दाक्षिण्यं चानुरक्तिश्च सत्यता च सुहृद्गुणाः॥**

सच्चे मित्र में निम्नोक्त सात गुण होते हैं—

(1) पवित्रता, अर्थात् छल-कपट का न होना, (2) त्याग का भाव, अर्थात् कुछ देने की प्रवृत्ति, (3) शौर्य, अर्थात् आपत्ति के समय साहस और पराक्रम दिखाना, (4) सुख-दुःख में एक समान रहने की प्रवृत्ति, अर्थात् सम्पत्ति प्राप्त होने पर फूल नहीं जाना और विपत्ति आने पर विचलित न होना, (5) दाक्षिण्य, अर्थात् उदार होना एवं आदान-प्रदान की बात न सोचते हुए सब पर दयाभाव बनाये रखना, (6) अनुरक्ति, अर्थात् मित्र के दुःख में दुखी होना और मित्र के सुख में सुखी होना, (7) सदा सत्यनिष्ठ बने रहना, अर्थात् न्याय का पक्षधर होना।

**'एतैर्गुणैरुपेतो भवदन्यो मया कः सुहृत्प्राप्तव्यः ?' इत्यादि तद्वचनमाकर्ण्य हिरण्यको बहिर्निःसृत्याह—'आप्यायितोऽहं भवतामनेन वचनामृतेन।'**

तुममें ये सातों गुण विद्यमान हैं, अतः मैं तुम्हें नहीं छोड़ सकता। मैं तो तुम्हें अपना मित्र ही मानता हूं।

कौए के इन नीतिसंगत वचनों को सुनकर हिरण्यक नाम का चूहा भी अपने बिल से बाहर आ पहुंचा और कहने लगा—तुम्हारे इन अमृतमय वचनों को सुनकर मैं कृतकृत्य हो गया हूं।

कहा भी गया है—

**घर्मार्तं न तथा सुशीतलजलैः स्नानं न मुक्तावली**
**न श्रीखण्डविलेपनं सुखयति प्रत्यङ्गमप्यर्पितम्।**
**प्रीत्या सज्जनभाषितं प्रभवति प्रायो यथा चेतसः**
**सद्युक्त्या च पुरस्कृतं सुकृतिनामाकृष्टिमन्त्रोपमम्॥**

कि धूप से तपे व्यक्ति को, शीतल जल से किया गया स्नान, गले में धारण की गयी मोतियों की माला तथा सारे शरीर पर किया गया चन्दन का लेप भी वैसा सुख प्रदान नहीं कर सकता, जैसा आनन्द किसी सज्जन का भाषण प्रदान करता है। यदि उसके शब्दों में निःस्वार्थ प्रेम भी मिश्रित हो, तो ऐसे शब्द किसी सिद्ध के वशीकरण मन्त्र के समान अत्यन्त प्रभावशाली हो जाते हैं।

**रहस्यभेदो याञ्चा च नैष्ठुर्यं चलचित्तता।**
**क्रोधो निःसत्यता द्यूतमेतन्मित्रस्य दूषणम्॥**

कुछ मित्रों में निम्नोक्त सात दोष भी पाये जाते हैं—

(1) गुप्त बातों को प्रकट कर देना, (2) सदा धन की मांग करते रहना, (3) व्यवहार में निष्ठुरता बनाये रखना, (4) चञ्चलचित्त होना, अर्थात् किसी बात पर स्थिर न रहना अथवा क्षण-प्रतिक्षण पासा बदलते रहना (5) सदा क्रोध करते रहना, (6) असत्यभाषण करना तथा (7) जुआ खेलना।

**अनेन वचनक्रमेण तदेकमपि दूषणं त्वयि न लक्ष्यते।**

तुम्हारे भीतर इनमें से एक भी दोष दिखाई नहीं देता।

**पटुत्वं सत्यवादित्वं कथायोगेन बुध्यते।**
**अस्तब्धत्वमचापल्यं प्रत्यक्षेणावगम्यते॥**

व्यक्ति की चतुराई और सचाई का पता उसकी बातचीत से लग जाता है और उसकी विनम्रता तथा स्थिरता का पता उसके प्रत्यक्ष व्यवहार से लग जाता है।

**अन्यथैव हि सौहार्दं भवेत्स्वच्छान्तरात्मनः।**

**प्रवर्ततेऽन्यथा वाणी शाठ्योपहतचेतसः॥**

जिस प्रकार छली अथवा कपटी व्यक्ति की बातों से उसकी उद्धतता अथवा उजड्डपन का पता लग जाता है, उसी प्रकार निःस्वार्थ भाव से मित्रता की इच्छा करने वाले व्यक्ति की बातों से उसके अन्तर के भावों का पता लग जाता है।

**मनस्यन्यद्वचस्यन्यत् कार्यमन्यद्दुरात्मनाम्।**
**मनस्येकं वचस्येकं कर्मण्येकं महात्मनाम्॥**

दुर्जन व्यक्ति के मन में कुछ और होता है, उसकी वाणी कुछ और ही कह रही होती है तथा व्यवहार में कुछ और ही होता है। उनके मन, वचन और कर्म में एकरूपता नहीं होती, परन्तु इसके विपरीत सज्जन अपनी वाणी से जो कहते हैं, वही उनके मन और आचरण में भी होता है।

**तद्भवतु भवतोऽभिमतमेव।' इत्युक्त्वा हिरण्यको मैत्र्यं विधाय भोजनविशेषैर्वायसं सन्तोष्य विवरं प्रविष्टः। वायसोऽपि स्वस्थानं गतः। ततः प्रभृति तयोरन्योन्याहारप्रदानेन कुशलप्रश्नैर्विश्रम्भालापैश्च कालोऽतिवर्तते।**

मेरे साथ मित्रता करने की तुम्हारी इच्छा का मैं सम्मान करता हूं और इसे स्नेहसहित स्वीकार भी करता हूं। यह कहकर हिरण्यक ने अपने मित्र लघुपतनक कौए को अनेक स्वादिष्ट पदार्थ खाने को दिये। फिर चूहा अपने बिल में चला गया और कौआ भी अपने मनोरथ में सफल होकर अपने आवास को लौट गया।

तत्पश्चात् वे दोनों—कौआ और चूहा—प्रतिदिन एक-दूसरे से मिलने लगे और खाने-पीने के सामान का आदान-प्रदान करते हुए सानन्द अपना समय बिताने लगे।

**एकदा लघुपतनको हिरण्यकमाह—'सखे! कष्टतरलभ्याहारमिदं स्थानं परित्यज्य स्थानान्तरं गन्तुमिच्छामि।' हिरण्यको ब्रूते—'मित्र! क्व गन्तव्यम्?'**

एक दिन लघुपतनक ने हिरण्यक से कहा—मित्र! यहां मुझे भोजन प्राप्त करने के लिए बहुत कष्ट उठाना पड़ता है, फिर भी पर्याप्त भोजन नहीं मिल पाता। अतः मैं इस स्थान को छोड़कर कहीं और जाना चाहता हूं।

यह सुनकर हिरण्यक ने पूछा—तुम कहां जाना चाहते हो? कहा गया है—

**चलत्येकेन पादेन तिष्ठत्येकेन बुद्धिमान्।**
**नाऽसमीक्ष्य परं स्थानं पूर्वमायतनं त्यजेत्॥**

कि बुद्धिमान् व्यक्ति वही है, जो एक पांव से चलता है और दूसरे पांव से ठहरता है, अर्थात् जब तक किसी नये स्थान के बारे में आश्वस्त नहीं हो जाता, तब तक

अपने पुराने स्थान को नहीं छोड़ता, अतः तुम्हें भी नये स्थान को जाने-समझे बिना अपने पुराने स्थान को नहीं छोड़ना चाहिए।

**वायसो ब्रूते—'अस्ति सुनिरूपितस्थानम्।' हिरण्यकोऽवदत्—'किं तत्?'। वायसो ब्रूते—'अस्ति दण्डकारण्ये कर्पूरगौराभिधानं सरः। तत्र चिरकालोपार्जितः प्रियसुहृन्मे मन्थराभिधानः कच्छपो धार्मिकः प्रतिवसति।**

कौआ बोला—मैंने नये स्थान की ख़ूब जांच-परख कर ली है।

तब हिरण्यक ने पूछा—वह स्थान कहां है और वहां क्या विशेष है?

इस पर लघुपतनक ने उत्तर दिया—दण्डक वन में कर्पूर गौर नामक एक सुन्दर एवं विशाल सरोवर है, जहां मेरा एक पुराना और धर्मात्मा मित्र कछुआ भी रहता है। उसके वचनों और कर्म में तनिक भी अन्तर नहीं है।

कहा भी गया है—

**परोपदेशे पाण्डित्यं सर्वेषां सुकरं नृणाम्।**
**धर्मे स्वीयमनुष्ठानं कस्यचित्तु महात्मनः॥**

कि दूसरों को उपदेश देना सभी के लिए बहुत सरल और साधारण-सी बात है, किन्तु अपनी कथनी के अनुसार विरले व्यक्ति ही कार्य कर पाते हैं। मेरा मित्र भी इसी प्रकार का विरल जीव है।

**स च भोजनविशेषैर्मां संवर्धयिष्यति।' हिरण्यकोऽप्याह— 'तत्किमत्रावस्थाय मया कर्तव्यम्?**

मेरा मित्र मेरे लिए प्रतिदिन विशेष प्रकार के भोजन की व्यवस्था कर मेरा पोषण करेगा।

हिरण्यक ने कहा—फिर मैं अकेला ही यहां रहकर क्या करूंगा?

कहा भी तो गया है—

**यस्मिन्देशे न सम्मानो न वृत्तिर्न च बान्धवः।**
**न च विद्यागमः कश्चित्तं देशं परिवर्जयेत्॥**

जिस देश में अपना सम्मान नहीं होता, जहां आजीविका सुलभ नहीं होती, जहां सुख-दुःख के साथी भी न हों तथा जहां विद्या-प्राप्ति की भी सुविधा न हो, उस देश का त्याग करने में तनिक भी सोच-विचार नहीं करना चाहिए।

**लोकयात्राऽभयं लज्जा दाक्षिण्यं त्यागशीलता।**
**पञ्च यत्र न विद्यन्ते न कुर्यात्तत्र संस्थितिम्॥**

जिस देश में निम्नोक्त पांच सुविधाएं न हों, वहां निवास करना बुद्धिमानी नहीं होती। ये पांच हैं—(1) आजीविका की प्राप्ति, (2) भयरहित परिवेश, (3) लोक-लाज एवं सामाजिक मर्यादा के प्रति जागरूकता, (4) परस्पर सहयोग की भावना तथा (5) उदारता के रूप में सहायता-प्राप्ति की सम्भावना।

**तत्र मित्र! न वस्तव्यं यत्र नास्ति चतुष्टयम्।**
**ऋणदाता च वैद्यश्च श्रोत्रियः सजला नदी॥**

हे मित्र! जहां निम्नोक्त चार का अभाव हो, उस देश में भी निवास नहीं करना चाहिए—

(1) आवश्यकता पड़ने पर ऋण देने वाला साहूकार,

(2) रोग का आक्रमण होने पर चिकित्सा करने वाला वैद्य,

(3) यज्ञ, जप-होम तथा पूजा-पाठ कराने वाला ब्राह्मण तथा

(4) स्नान-पान आदि की पूर्ति करने वाली जल से भरी नदी।

**ततो मामपि तत्र नय।' अथ वायसस्तत्र तेन मित्रेण सह विचित्रालापैः सुखेन तस्य सरसः समीपं ययौ। ततो मन्थरो दूरादवलोक्य लघुपतनकस्य यथोचितमातिथ्यं विधाय मूषकस्यातिथिसत्कारं चकार।**

यह सब कहने के पश्चात् हिरण्यक ने लघुपतनक से कहा—मित्र! मुझे भी अपने साथ वहीं ले चलो, तो हिरण्यक को अपने साथ लेकर लघुपतनक उस तालाब के पास जा पहुंचा, जहां मन्थर रहता था। मन्थर ने दूर से ही अपने मित्र लघुपतनक को आता देखा, तो वह तालाब से बाहर निकल आया और उसने लघुपतनक का यथोचित स्वागत करने के पश्चात् उसके साथ आये हिरण्यक का भी स्वागत-सत्कार किया।

कहा भी गया है—

**बालो वा यदि वा वृद्धो युवा वा गृहमागतः।**
**तस्य पूजा विधातव्या सर्वस्याभ्यागतो गुरुः॥**

अतिथिरूप में घर पर पधारे बालक, युवा अथवा वृद्ध का यथोचित सत्कार करना गृहस्थ का परम धर्म है; क्योंकि अतिथि तो चारों वर्णों के लिए समान रूप से पूजनीय होता है।

**गुरुरग्निर्द्विजातीनां वर्णानां ब्राह्मणो गुरुः।**
**पतिरेको गुरुः स्त्रीणां सर्वस्याभ्यागतो गुरुः॥**

ब्राह्मण, क्षत्रिय और वैश्य का गुरु अग्नि है, अर्थात् इन तीनों वर्णों के लोगों को अग्नि में यज्ञ-यागादि करना तथा घृत एवं सामग्री की आहुति देनी चाहिए। चारों वर्णों के लोगों का गुरु ब्राह्मण है, परन्तु स्त्रियों के लिए उनका पति ही एक मात्र गुरु है, किन्तु अतिथि सभी जीवधारियों का गुरु है, अतः उसका मान-सम्मान किया ही जाना चाहिए।

**वायसोऽवदत्—'सखे मन्थर! सविशेषपूजामस्मै विधेहि। यतोऽयं पुण्यकर्मणा धुरीणः कारुण्यरत्नाकरो हिरण्यकनामा मूषकराजः। एतस्य गुणस्तुतिं जिह्वासहस्रद्वयेनापि सर्पराजो न कदाचित्कथयितुं समर्थः स्यात्।'**

**इत्युक्त्वा चित्रग्रीवोपाख्यानं वर्णितवान्। मन्थरः सादरं हिरण्यकं सम्पूज्याह—'भद्र! आत्मनो निर्जनवनागमनकारणमाख्यातुमर्हसि।' हिरण्कोऽवदत्— 'कथयामि। श्रूयताम्,—**

कौए ने अपने मित्र मन्थर कछुए से हिरण्यक का परिचय कराते हुए उसे बताया—मित्र! मेरे इस मित्र का जितना भी सम्मान किया जाये, कम ही होगा; क्योंकि यह मूषकराज हिरण्यक चूहों में सर्वश्रेष्ठ पुण्यकर्मा है। इसकी प्रशंसा और इसके गुणों का वर्णन तो दो हज़ार जीभें पाकर शेषनाग भी नहीं कर सकेगा। अपने कथन के समर्थन में लघुपतनक ने मन्थर को चित्रग्रीव के प्रति हिरण्यक द्वारा किये गये उपकार की सारी घटना कह सुनायी, जिसे सुनकर मन्थर इतना प्रभावित हुआ कि वह हिरण्यक के प्रति सम्मान दिखाते हुए उससे इस निर्जन वन में आने का कारण पूछने लगा।

हिरण्यक ने कहा—मैं आपके पास अपने आने का कारण बताता हूं, आप सुनें—

## कथा क्रम : पांच
### (संन्यासी और धनिक चूहे की कथा)

**अस्ति चम्पकाभिधानायां नगर्यां परिव्राजकावसथः। तत्र चूडाकर्णो नाम परिव्राट् प्रतिवसति। स च भोजनावशिष्टभिक्षान्नसहितं भिक्षापात्रं नागदन्तकेऽवस्थाप्य स्वपिति। अहं च तदन्नमुत्प्लुत्य प्रत्यहं भक्षयामि। अनन्तरं तस्य प्रियसुहृद्वीणाकर्णो नामपरिव्राजकः समायातः। तेन सह कथाप्रसङ्गावस्थितो मम त्रासार्थं जर्जरवंशखण्डेन चूडाकर्णो भूमिमताडयत्। वीणाकर्ण उवाच—'सखे! किमिति मम कथाविरक्तोऽन्यासक्तो भवान्?' चूडाकर्णेनोक्तम्—'मित्र! नाहं विरक्तः। किन्तु पश्यायं मूषिको ममापकारी सदा पात्रस्थं भिक्षान्नमुत्प्लुत्य भक्षयति।' वीणाकर्णो नागदन्तकं विलोक्याह—'कथं मूषिकः स्वल्पबलोऽप्येतावद्दूरमुत्पतति? तदत्र केनापि कारणेन भवितव्यम्।**

चम्पका नामक नगर में संन्यासियों की बस्ती में चूड़ाकर्ण नामक एक संन्यासी रहा करता था। वह भिक्षा में प्राप्त अन्न का सेवन करने के पश्चात् शेष बचे अन्न के पात्र को खूंटी पर लटकाकर आराम से सो जाया करता था। मैं उछलकर उस पात्र के पास पहुंच जाया करता था और उस भिक्षापात्र के उस स्वादिष्ट अन्न का सेवन किया करता था। एक बार उस संन्यासी का एक मित्र वीणाकर्ण नामक संन्यासी उससे मिलने आया। जब वे दोनों मित्र बातचीत कर रहे थे, तो चूड़ाकर्ण मुझे दूर रखने के लिए एक फटे हुए बांस को बार-बार धरती

पर पटक रहा था। चूड़ाकर्ण की इस हरकत से वीणाकर्ण नाराज़ हो उठा और उसने चूड़ाकर्ण से कहा—मुझे तुम्हारा यह व्यवहार उचित नहीं लगा। तुम मेरी बातचीत के प्रति विरक्त होकर क्या सोच रहे हो?

चूड़ाकर्ण ने उससे कहा—मित्र! ऐसी बात नहीं है। मैं तुमसे विरक्त कैसे हो सकता हूं? वास्तव में, मेरा ध्यान उस दुष्ट चूहे की ओर चला जाता है, जो नित्यप्रति मेरे भिक्षापात्र में रखे सारे पदार्थ खा जाता है।

वीणाकर्ण ने पहले उस खूंटी की ऊंचाई को देखा और फिर बोला—एक दुबला-पतला चूहा इतना ऊंचा कैसे उछल सकता है? इसके पीछे अवश्य ही कोई कारण होना चाहिए।

कहा भी गया है—

**अकस्माद्युवती वृद्धं केशेष्वाकृष्य चुम्बति।**
**पतिं निर्दयमालिङ्ग्य हेतुरत्र भविष्यति॥**

यदि पति से मुंह फेरे रहने वाली युवती किसी दिन अचानक ही अपने वृद्ध पति का आलिंगन और चुम्बन करती है, तो पति को सोचना चाहिए कि इस बदलाव का अवश्य ही कोई-न-कोई कारण होगा।

**चूडाकर्णः पृच्छति—'कथमेतत्?' वीणाकर्णः कथयति—**

चूड़ाकर्ण ने पूछा—यह क्या घटना है?

तब वीणाकर्ण उसे सुनाने लगा।

## कथा क्रम : छह
## (वृद्ध बनिया और उसकी युवा स्त्री की कथा)

**अस्ति गौडीये कौशाम्बी नाम नगरी। तस्यां चन्दनदासनामा वणिग्महाधनो निवसति। तेन पश्चिमे वयसि वर्तमानेन कामाधिष्ठितचेतसा धनदर्पाल्लीलावती नाम वणिक्पुत्री परिणीता। सा च मकरकेतोर्विजयवैजयन्तीव यौवनवती बभूव। स च वृद्धपतिस्तस्याः सन्तोषाय नाभवत्।**

बंगाल प्रान्त के कौशाम्बी नामक नगर में चन्दनदास नामक एक बनिया रहा करता था। उसने अपनी वृद्धावस्था में अपने धन के बल पर एक निर्धन बनिये की रूपवती कन्या लीलावती से विवाह कर लिया। अपने यौवन और लावण्य से लीलावती साक्षात् कामदेव की विजय-पताका सी लगती थी, परन्तु उसका वह वृद्ध पति उसे सन्तुष्ट करने में असमर्थ था, अतः वह उसे प्रिय नहीं लगता था।

कहा भी गया है—

**शशिनीव हिमार्तानां घर्मार्तानां रवाविव।**

**मनो न रमते स्त्रीणां जराजीर्णेन्द्रिये पतौ॥**

जिस प्रकार सर्दी से ठिठुरते लोगों को शीतल चन्द्रमा और धूप से व्याकुल लोगों को सूर्य प्रिय नहीं होता, उसी प्रकार युवतियों को भी क्षीणशक्ति एवं असमर्थ पति प्रिय नहीं होता। वह ऐसे व्यक्ति की कामना ही नहीं करती।

**पतितेषु हि दृष्टेषु पुंसः का नाम कामिता?।**
**भैषज्यमिव मन्यन्ते यदन्यमनसः स्त्रियः॥**

जिस प्रकार कोई स्वस्थ व्यक्ति वैद्य की कामना नहीं करता, रोग हो जाने पर ही वैद्य के पास रोग के निवारण के लिए जाता है, उसी प्रकार युवा स्त्री को भी वृद्ध पुरुष में कोई रुचि नहीं होती। वह तो केवल अपनी आवश्यकता की पूर्ति के लिए ही उस वृद्ध से हंसकर बातें कर लेती है।

**स च वृद्धपतिस्तस्यामतीवानुरागवान्।**

लीलावती का वृद्ध पति उससे अत्यधिक अनुराग रखता था।

कहा भी गया है—

**धनाशा जीविताशा च गुर्वी प्राणभृतां सदा।**
**वृद्धस्य तरुणी भार्या प्राणेभ्योऽपि गरीयसी॥**

सामान्य रूप से सभी जीवधारियों को धन और जीवन से बड़ा मोह होता है, परन्तु यदि किसी वृद्ध की युवा पत्नी हो, तो वह उसे अपने प्राणों से भी अधिक प्रिय लगती है।

**नोपभोक्तुं न च त्यक्तुं शक्नोति विषयाञ्जरी।**
**अस्थि निर्दशनः श्वेव जिह्वया लेढि केवलम्॥**

जिस प्रकार दन्तहीन कुत्ता किसी हड्डी को चबा नहीं सकता, परन्तु फिर भी अपनी जीभ से उसे चूसता रहता है, उसी प्रकार वृद्ध व्यक्ति विषय-भोग नहीं कर सकता, परन्तु अपने मन को विषयों में लगाये रहता है।

**अथ सा लीलावती यौवनदर्पादतिक्रान्तकुलमर्यादा केनापि वणिक्-पुत्रेण सहानुरागवती बभूव।**

यौवन-मद से चूर हुई लीलावती ने अपने कुल की मर्यादा को तिलाञ्जलि देकर किसी युवा बनिये के साथ विषय-भोग करना आरम्भ कर दिया।

**स्वातन्त्र्यं पितृमन्दिरे निवसतिर्यात्रोत्सवे सङ्गति-**
**गोंष्ठी पूरुषसन्निधावनियमो वासो विदेशे तथा।**
**संसर्गः सह पुंश्चलीभिरसकृद्धत्तेर्निजायाः क्षतिः**
**पत्युर्वार्धकमीर्षितं प्रवसनं नाशस्य हेतुः स्त्रियः॥**

वास्तव में, स्त्रियों का चरित्र निम्नोक्त बारह कारणों से बिगड़ जाता है—

(1) स्वतन्त्रता, अर्थात् मनमानी करने की छूट मिलना, (2) पिता के घर

में अधिक समय तक रहना, (3) पुरुषों के साथ यात्रा करना अथवा उत्सवों व समारोहों में सम्मिलित होना, (4) पुरुषों के साथ अनावश्यक बातचीत (गपशप) करना, (5) किसी भी नियम का पालन न करना, (6) परदेस में रहना, (7) व्यभिचारिणी स्त्रियों की संगति करना, (8) अपने चरित्र की रक्षा को महत्त्व न देना, (9) पति का वृद्ध अथवा रोगी होना, (10) सम्पन्न स्त्रियों से ईर्ष्या करना, (11) सजने-धजने व घूमने-फिरने का चाव होना और (12) पति का परदेस में रहना।

**पानं दुर्जनसंसर्गः पत्या च विरहोऽटनम्।**
**स्वप्नश्चान्यगृहे वासो नारीणां दूषणानि षट्॥**

निम्नोक्त छह दोष भी स्त्रियों के पतन के कारण होते हैं—

(1) मदिरा सेवन करना, (2) दुष्ट लोगों की संगति करना, (3) पति से वियुक्त होना, (4) अकारण इधर-उधर भटकना, (5) दूसरों के घर में सोना तथा (6) दूसरों के घर में रहना।

**स्थानं नास्ति क्षणं नास्ति नास्ति प्रार्थयिता नरः।**
**तेन नारद! नारीणां सतीत्वमुपजायते॥**

नारदजी को समझाते हुए ब्रह्माजी कहते हैं—वत्स! किसी भी स्त्री को उस समय तक ही सती समझना चाहिए, जब तक उसे सम्भोग के लिए उपयुक्त एकान्त स्थान, उपयुक्त अवसर तथा भोगने वाला युवक नहीं मिलता। इन तीनों के मिलने पर किसी भी स्त्री का अपने को संभाल पाना सम्भव नहीं होता।

**न स्त्रीणामप्रियः कश्चित्प्रियो वापि न विद्यते।**
**गावस्तृणमिवारण्ये प्रार्थयन्ति नवं नवम्॥**

जिस प्रकार विचरण करने वाली गायें नित्य नयी घास की कामना करती हैं, उसी प्रकार स्त्रियां भी नित्य नये पुरुष से सम्भोग की इच्छा करती हैं।

**घृतकुम्भसमा नारी तप्ताङ्गारसमः पुमान्।**
**तस्माद्घृतं च वह्निं च नैकत्र स्थापयेद्बुधः॥**

स्त्री को घी से भरे कलश के समान और पुरुष को अंगारे के समान समझना चाहिए। जैसे अग्नि के सामने घी पिघल जाता है, उसी प्रकार पुरुष के सम्पर्क में आने पर स्त्री भी विचलित हो जाती है। अतः बुद्धिमान् पुरुष को कभी घी और आग को, अर्थात् स्त्री और पुरुष को एक साथ नहीं रखना चाहिए।

**मात्रा स्वस्त्रा दुहित्रा वा नो विविक्तासनो भवेत्।**
**बलवानिन्द्रियग्रामो विद्वांसमपि कर्षति॥**

बुद्धिमान् व्यक्ति को अपनी माता, बहिन और पुत्री के साथ भी अधिक समय तक एकान्त में नहीं बैठना चाहिए; क्योंकि इन्द्रियां अत्यन्त उद्धत होती हैं।

ये बड़े-बड़े विद्वान् व्यक्तियों को भी अन्धा बना देने में सफल हो जाती हैं।

**न लज्जा न विनीतत्वं न दाक्षिण्यं न भीरुता।**
**प्रार्थनाभाव एवैकं सतीत्वे कारणं स्त्रियाः॥**

स्त्रियों को पतिव्रता बनाये रखने का कारण न तो लोक-लाज अथवा कुल की मर्यादा की रक्षा करना है, न शिक्षा-दीक्षा व चरित्र है, न संस्कार अथवा धर्मपालन का भाव और न परलोक में नरकवास का भय ही है। उनका सतीत्व तो इसलिए सुरक्षित है; क्योंकि उन्हें सम्भोग के लिए निमन्त्रण देने वाला पुरुष नहीं मिला, वरना उन्हें फिसलते तो एक क्षण भी नहीं लगता।

**पिता रक्षति कौमारे भर्ता रक्षति यौवने।**
**पुत्रश्च स्थविरे भावे न स्त्री स्वातन्त्र्यमर्हति॥**

इसलिए महाराज मनु ने यह व्यवस्था की है कि कन्या के कुमारी रहते उसे अपने पिता के नियन्त्रण में तथा विवाह हो जाने पर अपने पति के अनुशासन में अथवा वृद्धावस्था में अपने पुत्र के नियन्त्रण में ही रहना चाहिए। उसे किसी भी आयु में स्वतन्त्र रहने का कोई अधिकार नहीं है।

**एकदा सा लीलावती रत्नावलीकिरणकर्बुरे पर्यङ्के तेन वणिक्पुत्रेण सह विश्रम्भालापैः सुखासीना तमलक्षितोपस्थितं पतिमवलोक्य सहसोत्थाय केशेष्वाकृष्य गाढमालिङ्ग्य चुम्बितवती। तेनावसरेण जारश्च पलायितः।**

एक दिन अपने पति की अनुपस्थिति में लीलावती अपने घर में रत्नजटित सुसज्जित पलंग पर बैठी अपने यार के साथ रंगरेलियां मना रही थी कि अचानक उसका वृद्ध पति घर में आ पहुंचा। लीलावती तुरन्त ही पलंग से उतरकर खड़ी हो गयी और अपने पति को उसके केशों से पकड़कर खींचते हुए उसका आलिंगन और चुम्बन करने लगी। इसी बीच उसका यार वहां से खिसक लिया।

कहा गया है—

**उशना वेद यच्छास्त्रं यच्च वेद बृहस्पतिः।**
**स्वभावेनैव तच्छास्त्रं स्त्रीबुद्धौ सुप्रतिष्ठितम्॥**

दैत्यगुरु शुक्राचार्य और देवगुरु बृहस्पति ने नीतिशास्त्र के जिन निगूढ़ सिद्धान्तों का अपने-अपने ग्रन्थों में वर्णन किया है, स्त्रियों को इन ग्रन्थों को पढ़े बिना ही उनमें लिखी सभी चालबाज़ियों का सहज ज्ञान रहता है।

**तदालिङ्गनमवलोक्य समीपवर्तिनी कुट्टन्यचिन्तयत्—'अकस्मादियमेनमुपगूढवती' इति ततस्तया कुट्टन्या तत्कारणं परिज्ञाय सा लीलावती गुप्तेन दण्डिता; अतोऽहं ब्रवीमि—"अकस्माद्युवती वृद्धम्" इत्यादि। मूषिकबलोपष्टम्भेन केनापि कारणेनात्र भवितव्यम्।'**

उस युवती को अपने वृद्ध पति से लिपटते देखकर उस घर की पड़ोसिन

कुटनी सोचने लगी—आश्चर्य है कि यह युवती आज अचानक ही अपने वृद्ध पति के साथ आलिंगनबद्ध हो रही है! जब उसे वास्तविकता का पता लगा, तो उसने लीलावती को एकान्त पाकर बहुत ऊंचा-नीचा समझाया और इस दुष्कर्म को छोड़ देने को भी कहा।

इस कथा को सुनाकर वीणाकर्ण बोला—मैं कहता हूं कि जिस प्रकार लीलावती का अपने वृद्ध पति से आलिंगनबद्ध होना अकारण नहीं था, उसी प्रकार इस चूहे में इतने बल का भी कोई कारण होना ही चाहिए।

**क्षणं विचिन्त्य परिव्राजकेनोक्तम्—'कारणं चात्र धनबाहुल्यमेव भविष्यति।**

कुछ देर के पश्चात् वीणाकर्ण संन्यासी बोला—मेरे विचार से इसके पास कहीं से कुछ धन आ गया है; क्योंकि

**धनवान् बलवांल्लोके सर्वः सर्वत्र सर्वदा।**
**प्रभुत्वं धनमूलं हि राज्ञामप्युपजायते॥**

इस संसार में धनवान् को ही बलवान् मानकर उसकी जय-जयकार होती है। धन की अधिकता के कारण ही राजाओं की प्रतिष्ठा होती है।

**ततः खनित्रमादाय तेन विवरं खनित्वा चिरसञ्चितं मम धनं गृहीतम्। ततः प्रभृति निजशक्तिहीनः सत्वोत्साहरहितः स्वाहारमप्युत्पादयितुमक्षमः सत्रासं मन्दं मन्दमुपसर्पश्चूडाकर्णेनावलोकितः।**

उस संन्यासी ने तुरन्त ही एक कुदाली लेकर मेरे बिल के आस-पास खुदाई कर डाली और मेरी सारी सञ्चित धनराशि पर अपना अधिकार कर लिया। बस, उसी दिन से मैं टूट गया और मेरा सारा बल और साहस जाता रहा। मैं इतना दुर्बल हो गया कि मेरे लिए अपना आहार जुटाना भी कठिन हो गया। अब मेरी सारी मस्ती और तेज़ी जाती रही। चूड़ाकर्ण ने मुझे मरियल चाल से चलते देखा, तो उसने कहा—

**धनेन बलवाँल्लोके धनाद्भवति पण्डितः।**
**पश्यैनं मूषिकं पापं स्वजातिसमतां गतम्॥**

इस लोक में धन से ही व्यक्ति बलवान् होता है और धनी व्यक्ति ही विद्वान् कहलाता है। अब इस चूहे को ही देख लो, धन से रहित होते ही यह अपनी जाति के अन्य चूहों के समान बलहीन हो गया है।

**अर्थेन तु विहीनस्य पुरुषस्याल्पमेधसः।**
**क्रियाः सर्वा विनश्यन्ति ग्रीष्मे कुसरितो यथा॥**

जिस प्रकार ग्रीष्म ऋतु में छोटी-मोटी नदियां जल के अभाव में सूख जाती हैं, उसी प्रकार धन से रहित होते ही अल्पबुद्धि व्यक्ति के सब काम बिगड़ जाते

हैं।

**यस्यार्थास्तस्य मित्राणि यस्यार्थास्तस्य बान्धवाः।**
**यस्यार्थाः स पुमाँल्लोके यस्यार्थाः स हि पण्डितः॥**

इस संसार में धनी व्यक्ति से सभी मित्रता करते हैं और उसी के साथ बन्धुत्व भी बनाना चाहते हैं। वास्तव में, धनी व्यक्ति ही सम्मानित भी कहलाता है।

**अपुत्रस्य गृहं शून्यं सन्मित्ररहितस्य च।**
**मूर्खस्य च दिशः शून्याः सर्वशून्या दरिद्रता॥**

जिस प्रकार पुत्रहीन तथा मित्रों से रहित व्यक्ति को अपना घर सूना लगता है और मूर्ख को कहीं भी आदर-सत्कार नहीं मिलता, उसी प्रकार धनहीन व्यक्ति को भी सब ओर अन्धकार ही दिखाई देता है। दरिद्र के साथ कोई भी आत्मीयता का प्रदर्शन नहीं करता।

**दारिद्र्यान्मरणाद्वापि दारिद्र्यमवरं स्मृतम्।**
**अल्पक्लेशेन मरणं दारिद्र्यमतिदुःसहम्॥**

यदि दरिद्रता और मृत्यु में से किसी एक का चुनाव करना हो, तो बुद्धिमान् व्यक्ति जीवन-भर दरिद्रता का दुःख झेलने की अपेक्षा मृत्यु का ही वरण करना चाहेगा। देखा जाये, तो दरिद्रता दुःख देने के साथ ही अपमान का भी कारण हो जाती है।

**तानीन्द्रियाण्यविकलानि तदेव नाम**
**सा बुद्धिरप्रतिहता वचनं तदेव।**
**अर्थोष्मणा विरहितः पुरुषः स एव,**
**अन्यः क्षणेन भवतीति विचित्रमेतत्॥**

धन के कारण सम्पन्न और विपन्न व्यक्ति में अन्तर दिखाई देता है। धनी होने के कारण जो व्यक्ति एक क्षण पहले तक आदरणीय गिना जाता था, धनहीन होते ही वही व्यक्ति तुच्छ एवं उपेक्षा का पात्र बन जाता है। जीवन का यही सत्य है। देखने-सुनने वाली सब इन्द्रियां स्वस्थ व क्रियाशील हैं, बुद्धि में भी कोई कमी नहीं तथा वाणी भी पहले-जैसी ही शिष्ट और सुसंस्कृत है, किन्तु धनाभाव के कारण लोगों के दृष्टिकोण में भारी अन्तर आ जाता है।

**एतत्सर्वमाकर्ण्य मयालोचितम्—'ममात्रावस्थानमयुक्तमिदानीम्। यच्चान्यस्मै एतद्वृत्तान्तकथनं तदप्यनुचितम्।**

इन सब बातों को सुनकर मैंने सोचा कि अब मेरे लिए यहां रहना उचित नहीं है और न अपनी इस कथा को ही मैं किसी को सुनाऊंगा।

**अर्थनाशं मनस्तापं गृहे दुश्चरितानि च।**

**वञ्चनं चापमानं च मतिमान्न प्रकाशयेत्॥**

बुद्धिमान् व्यक्ति को अपने साथ घटी निम्नोक्त पांच घटनाओं को कभी सार्वजनिक नहीं करना चाहिए; क्योंकि लोगों को इनका पता चलने पर व्यक्ति को अपमान झेलना पड़ जाता है। ये पांच घटनाएं इस प्रकार हैं—

(1) व्यापार, द्यूत अथवा लेन-देन में धन की हानि,

(2) स्त्री, पुत्र, बन्धु-बान्धव अथवा किसी राजपुरुष द्वारा किये गये अपमान से सन्तप्त होना,

(3) घर में पत्नी, पुत्र अथवा किसी सम्बन्धी द्वारा किया गया लज्जाजनक दुराचरण,

(4) अपनी मूर्खता के कारण किसी के प्रति अन्धविश्वास करके धोखा खाना तथा

(5) किसी के द्वारा कहीं किया गया अपमान।

यह भी कहा गया है—

**आयुर्वित्तं गृहच्छिद्रं मन्त्रमैथुनभेषजम्।**
**तपो दानापमानं च नव गोप्यानि यत्नतः॥**

कि निम्नोक्त नौ बातों को पूरे प्रयास के साथ छिपाना चाहिए।

इन्हें कभी प्रकट नहीं होने देना चाहिए—(1) अपनी आयु, (2) अपनी गांठ का पैसा, (3) अपने घर के भेद, (4) गुप्त सलाह या सिद्ध किया गया कोई मन्त्र, (5) किसी के साथ किया गया सम्भोग, (6) किसी रोग की ओषधि, (7) किया गया तप, (8) दान तथा (9) किसी के द्वारा किया गया अपमान।

इन नौ को यथासम्भव छिपाने का प्रयत्न करना चाहिए। कहा भी गया है—

**अत्यन्तविमुखे दैवे व्यर्थे यत्ने च पौरुषे।**
**मनस्विनो दरिद्रस्य वनादन्यत्कुतः सुखम्?॥**

कि भाग्य के प्रतिकूल होने पर और सभी प्रयत्नों के निष्फल होने पर व्यक्ति के लिए अपना निवासस्थान छोड़कर जंगल में चले जाने के सिवा अन्य कोई चारा नहीं रह जाता। वह किसी नये स्थान पर ही शान्तिपूर्वक रह सकता है; क्योंकि पुराना निवासस्थान और वहां रहने वाले प्राणी उसे काटने को दौड़ते दिखाई देते हैं।

**मनस्वी म्रियते कामं कार्पण्यं न तु गच्छति।**
**अपि निर्वाणमायाति नानलो याति शीतताम्॥**

जिस प्रकार अग्नि अपने अस्तित्व को मिटाकर भी शीतल नहीं हो पाती, उसी प्रकार स्वाभिमानी व्यक्ति दूसरों के सम्मुख अपनी हीनता का प्रदर्शन करने की अपेक्षा मर जाना ही श्रेयस्कर समझता है।

कुसुमस्तबकस्येव द्वे वृत्ती तु मनस्विनः।
सर्वेषां मूर्ध्नि वा तिष्ठेद्विशीर्येत वनेऽथवा॥

मान-सम्मान को ही अपने जीवन का सर्वस्व मानने वाले व्यक्ति का व्यवहार फूलों के गुच्छे के समान दो प्रकार का होता है। वह या तो सबके सिर पर चढ़ा रहता है अथवा वन में कुम्हलाकर बिखर जाता है।

वरं विभवहीनेन प्राणैः सन्तर्पितोऽनलः।
नोपचारपरिभ्रष्टः कृपणः प्रार्थितो जनः॥

धनहीन हुए सम्मानित व्यक्ति के लिए किसी से याचना करने की अपेक्षा आग में जलकर मर जाना ही श्रेयस्कर होता है।

दारिद्र्याद्ध्रियमेति ह्रीपरिगतः सत्त्वात्परिभ्रश्यते
निःसत्त्वः परिभूयते परिभवान्निर्वेदमापद्यते।
निर्विण्णः शुचमेति शोकनिहतो बुद्ध्या परित्यज्यते
निर्बुद्धिः क्षयमेत्यहो निधनता सर्वापदामास्पदम्॥

निर्धनता को सभी वित्तियों का मूल बतलाते हुए कवि कहता है कि दरिद्रता के कारण व्यक्ति दूसरों के सामने जाने में भी संकोच अनुभव करता है। ऐसे व्यक्ति का आत्मविश्वास एवं उसका पौरुष भी समाप्त हो जाता है, जिसके कारण वह अपमानित अनुभव करने लगता है और दुखी रहता है। ऐसा व्यक्ति ग्लानि से भी पीड़ित हो जाता है और शोक के कारण उसकी बुद्धि भी नष्ट हो जाती है, जिससे उसका सर्वनाश हो जाता है।

वरं मौनं कार्यं न च वचनमुक्तं यदनृतं
वरं क्लैव्यं पुंसां न च परकलत्राभिगमनम्।
वरं प्राणत्यागो न च पिशुनवाक्येष्वभिरुचि-
र्वरं भिक्षाशित्वं न च परधनास्वादनसुखम्॥

जिस प्रकार व्यर्थ बकवास करने की अपेक्षा मौन धारण करना अच्छा होता है, परस्त्री के साथ सम्भोग करने की अपेक्षा नपुंसक हो जाना अच्छा होता है, चुग़लख़ोरों की बातों में रुचि लेने की अपेक्षा प्राणों का त्याग कर देना अच्छा होता है, उसी प्रकार पराये धन से स्वादिष्ट भोजन का स्वाद लेने की अपेक्षा भिक्षा मांगकर खाना अच्छा होता है।

वरं शून्या शाला न च खलु वरो दुष्टवृषभो
वरं वेश्या पत्नी न पुनरविनीता कुलवधूः।
वरं वासोऽरण्ये न पुनरविवेकाधिपपुरे
वरं प्राणत्यागो न पुनरधमानामुपगमः॥

इसी प्रकार गौशाला का सूना रहना अच्छा है, किन्तु उसमें किसी उद्धत

बैल का रहना अच्छा नहीं। किसी वेश्या से सम्बन्ध बनाना अच्छा है, किन्तु किसी कुलवधू का व्यभिचारिणी होना अच्छा नहीं। वन में निवास करना अच्छा है, किन्तु किसी मूर्ख राजा के राज्य में रहना अच्छा नहीं। प्राणों का त्याग कर देना अच्छा है, किन्तु दुर्जनों का संग-साथ अच्छा नहीं; क्योंकि इसका परिणाम बहुत भयंकर निकलता है।

**सेवेव मानमखिलं ज्योत्स्नेव तमो जरेव लावण्यम्।**
**हरिहरकथेव दुरितं गुणशतमप्यर्थिता हरति॥**

जिस प्रकार सेवाकार्य व्यक्ति के अहंकार को नष्ट कर देता है, चांदनी अन्धकार को दूर भगा देती है, वृद्धावस्था सुन्दरता को नष्ट कर देती है और भगवान् शिव तथा विष्णुजी की कथा को सुनने से सभी पापों का नाश हो जाता है, उसी प्रकार याचना करने, अर्थात् भीख मांगने से व्यक्ति के सभी गुण नष्ट हो जाते हैं।

**इति विमृश्य 'तत्किमहं परपिण्डेनात्मानं पोषयामि? कष्टं भोः, तदपि द्वितीयं मृत्युद्वारम्।**

इन सब बातों को सोचते हुए मैं विचारों में खो गया और मुझे लगा कि दूसरों के अन्न पर जीवित रहना अत्यन्त लज्जाजनक है और मेरे लिए मृत्यु ही एक मात्र उचित मार्ग है।

**पल्लवग्राहि पाण्डित्यं क्रयक्रीतं च मैथुनम्।**
**भोजनं च पराधीनं तिस्रः पुंसां विडम्बनाः॥**

किसी भी प्राणी को इन तीन बातों को अपने दुर्भाग्य का सूचक मानना चाहिए—

(1) दो-चार पुस्तकें पढ़कर अपने को विद्वान् मान बैठना,
(2) धन देकर किसी के साथ सम्भोग करना,
(3) जीवन-निर्वाह के लिए किसी अन्य पर निर्भर रहना।

**रोगी चिरप्रवासी परान्नभोजी परावसथशायी।**
**यज्जीवति तन्मरणं यन्मरणं सोऽस्य विश्रामः॥**

निम्नोक्त चार प्रकार के व्यक्ति जीवित होते हुए भी मृतक के समान ही होते हैं। देखा जाये, तो उनकी मृत्यु ही उनके लिए वरदान होती है। वे चार हैं— 1. रोगी, 2. लम्बे समय तक विदेश में रहने को बाध्य, 3. अपने जीवन-निर्वाह के लिए दूसरों पर निर्भर रहने वाले तथा 4. दूसरों के घर पर रहने वाले।

**इत्यालोच्यापि लोभात्पुनरप्यर्थं ग्रहीतुं ग्रहमकरवम्।**

मैंने अपनी धनराशि को एक बार पुनः अपने अधिकार में करने की चेष्टा की। कहा भी गया है—

लोभेन बुद्धिश्चलति लोभो जनयते तृषाम्।
तृषार्तो दुःखमाप्नोति परत्रेह च मानवः॥

कि लोभ के कारण व्यक्ति की बुद्धि अस्थिर हो जाती है और वह ठीक से सोच-विचार नहीं कर पाता। लोभ से ही तृष्णा उत्पन्न होती है और तृष्णा ही व्यक्ति को व्याकुल कर देती है, जिसके फलस्वरूप व्यक्ति दोनों ही लोकों में सुख-शान्ति से नहीं रह पाता।

**ततोऽहं मन्दं मन्दमुपसर्पंस्तेन वीणाकर्णेन जर्जरवंशखण्डेन ताडितश्चाचिन्तयम्—**

मैं अपनी पोटली लेने के लिए बहुत धीरे-धीरे चलकर वीणाकर्ण के पास पहुंचा, किन्तु उस दुष्ट ने बांस से मुझ पर प्रहार कर दिया। तब मैंने सोच लिया—

धनलुब्धो ह्यसन्तुष्टोऽनियतात्माऽजितेन्द्रियः।
सर्वा एवापदस्तस्य यस्य तुष्टं न मानसम्॥

जिस व्यक्ति का मन सन्तुष्ट नहीं होता, ऐसा धन का लोभी सदा चिन्ताग्रस्त और दुखी रहता है। वह सदा विपत्तियों से घिरा रहता है।

सर्वाः सम्पत्तयस्तस्य सन्तुष्टं यस्य मानसम्।
उपानहगूढपादस्य ननु चर्मावृतेव भूः॥

जिस प्रकार चमड़े का जूता पहनकर चलने वाले व्यक्ति के लिए सारी धरती ही चमड़े से ढकी हुई होती है, उसी प्रकार जिस व्यक्ति का मन सन्तुष्ट होता है, उसके लिए प्रत्येक स्थिति आनन्ददायी होती है।

सन्तोषामृततृप्तानां यत्सुखं शान्तचेतसाम्।
कुतस्तद्धनलुब्धानामितश्चेतश्च धावताम्?॥

सन्तोषरूपी अमृत से तृप्त तथा शान्तचित्त व्यक्तियों को जो सुख प्राप्त होता है, उसका अनुमान धन के लोभी और उसके लिए मारे-मारे फिरने वाले व्यक्ति को कभी नहीं हो सकता।

तेनाधीतं श्रुतं तेन तेन सर्वमनुष्ठितम्।
येनाशाः पृष्ठतः कृत्वा नैराश्यमवलम्बितम्॥

सब प्रकार की आशाओं पर विजय प्राप्त करने वाले तथा उदासीनता का जीवन व्यतीत करने वाले व्यक्ति ही वास्तव में सुशिक्षित, बहुश्रुत एवं सिद्धान्तों को अपने आचरण में उतारने वाले होते हैं।

असेवितेश्वरद्वारमदृष्टविरहव्यथाम्।
अनुक्तक्लीबवचनं धन्यं कस्यापि जीवनम्॥

निम्नोक्त तीन प्रकार के व्यक्तियों के जीवन को ही धन्य मानना चाहिए—

1. धन-प्राप्ति की इच्छा से अथवा भिक्षा मांगने के लिए किसी धनिक के

द्वार पर न पहुंचने वाला और उनकी सेवा न करने वाला,

2. अपने किसी प्रिय की वियोग-व्यथा न सहने वाला तथा

3. जीवन के किसी भी क्षेत्र में कभी कायरता का प्रदर्शन न करने वाला।

**न योजनशतं दूरं वाह्यमानस्य तृष्णया।**
**सन्तुष्टस्य करप्राप्तेऽप्यर्थे भवति नादरः॥**

तृष्णा के वशीभूत होने पर कुछ पाने की इच्छा करने वाले व्यक्ति को सौ कोस की दूरी भी दूरी नहीं लगती, परन्तु सन्तुष्ट होने पर व्यक्ति किसी प्रकार के मोह में नहीं फंसता।

**तदत्रावस्थोचितकार्यपरिच्छेदः श्रेयान्।**

अब आपको मेरे सम्बन्ध में यहां की परिस्थिति के अनुसार ही निर्णय लेना चाहिए। कृपया इतना ध्यान अवश्य रखें—

**को धर्मो भूतदया किं सौख्यमरोगिता जगति जन्तोः।**
**कः स्नेहः सद्भावः किं पाण्डित्यं परिच्छेदः॥**

कि इस संसार में जीवों के लिए आचरणीय धर्म अन्य जीवों पर दया करना ही है। किसी भी प्राणी के लिए सर्वोत्तम सुख उत्तम स्वास्थ्य ही है तथा अपने प्रिय के प्रति सद्भाव रखने में ही उसकी विद्वत्ता की पहचान होती है, अतः आप भली प्रकार सोच-विचार कर ही कार्य करें।

**परिच्छेदो हि पाण्डित्यं यदापन्ना विपत्तयः।**
**अपरिच्छेदकर्तॄणां विपदः स्युः पदे पदे॥**

संकट के समय विचलित न होते हुए संकट से उद्धार का उपाय सोचने में ही बुद्धिमानी है। सच तो यह है कि बिना सोचे-समझे किसी काम को निबटाने में जुट जाने पर व्यक्ति को पग-पग पर संकट का सामना करना पड़ता है।

**त्यजेदेकं कुलस्यार्थे ग्रामस्यार्थे कुलं त्यजेत्।**
**ग्रामं जनपदस्यार्थे स्वात्मार्थे पृथिवीं त्यजेत्॥**

यदि अपने परिजनों की सुरक्षा के लिए परिवार के किसी एक सदस्य की, पूरे गांव की सुरक्षा के लिए किसी एक परिवार की, जनपद की सुरक्षा के लिए किसी एक गांव की तथा अपनी सुरक्षा के लिए पूरे संसार की भी बलि देनी पड़े, तो इसमें संकोच नहीं करना चाहिए।

**पानीयं वा निरायासं स्वाद्वन्नं मा भयोत्तरम्।**
**विचार्य खलु पश्यामि तत्सुखं यत्र निर्वृतिः॥**

बिना परिश्रम के मिलने वाले जल एवं झिड़कियां खाने के बाद मिले भोजन की तुलना करने पर विद्वज्जन इसी निष्कर्ष पर पहुंचते हैं कि ऐसे भोजन की अपेक्षा जल ही अधिक महत्त्वपूर्ण है।

**इत्यालोच्याहं निर्जनवनमागतः।**

यही सोचकर मैं अपने पुराने स्थान को छोड़कर इस निर्जन वन में आ पहुंचा हूं। कहा भी गया है—

**वरं वनं व्याघ्रगजेन्द्रसेवितं**
**द्रुमालयं पक्वफलाम्बुभोजनम्।**
**तृणानि शय्या परिधानवल्कलं**
**न बन्धुमध्ये धनहीनजीवनम्॥**

कि बाघों और हाथियों से घिरे वन में निवास कर लेना, किन्हीं वृक्षों के झुरमुट में रह लेना, वृक्षों के फल खाकर तथा तालाब का जल पीकर जीवन-निर्वाह कर लेना, तिनकों पर सोना अथवा शरीर को वल्कलों से ढक लेना अच्छा है, किन्तु अपने बन्धु-बान्धवों के बीच धनहीन होकर जीना अच्छा नहीं।

**ततोऽस्मत्पुण्योदयादनेन मित्रेणाहं स्नेहानुवृत्त्यानुगृहीतः। अधुना च पुण्यपरम्परया भवदाश्रयः स्वर्ग एव मया प्राप्तः।**

हिरण्यक ने कहा—मैं इसे अपने पुण्यकर्मों का फल ही मानता हूं कि पहले मुझे लघुपतनक ने अपना स्नेह देकर मेरा सम्मान किया और अब स्वर्ग-सुख के समान तुम्हारा आश्रय मिल रहा है।

**संसारविषवृक्षस्य द्वे एव रसवत्फले।**
**काव्यामृतरसास्वादः सङ्गमः सुजनैः सह॥**

यूं तो यह संसार विषवृक्ष है, किन्तु इस पर दो रसीले फल भी लगते हैं—1. काव्यरूपी अमृत का रसास्वाद और 2. सज्जनों का साथ।

यह सुनकर मन्थर बोला—

**अर्थाः पादरजोपमा गिरिनदीवेगोपमं यौवन-**
**मायुष्यं जललोलबिन्दुचपलं फेनोपमं जीवितम्।**
**धर्मं यो न करोति निन्दितमतिः स्वर्गार्गलोद्घाटनं**
**पश्चात्तापयुतो जरापरिगतः शोकाग्निना दह्यते॥**

मित्र! धन पांव की धूल है, यौवन पर्वत से गिरती हुई नदी का वेग है, आयु बहते हुए जल का बिन्दु है और जीवन जल में उत्पन्न होने वाला झाग है। यह सब जानते हुए भी व्यक्ति स्वर्ग की कुण्डी खोलने वाले धर्म का आचरण नहीं करता, इसीलिए उसे वृद्धावस्था आने पर पछतावे और शोक की अग्नि में जलना पड़ता है।

**युष्माभिरतिसञ्चयः कृतः। तस्यायं दोषः; शृणु—**

देखा जाये, तो तुम्हारे इस दुःख का कारण यही है कि तुमने बहुत अधिक सञ्चय किया हुआ था। अब तुम सञ्चय के दोषों को जान लो—

**उपार्जितानां वित्तानां त्याग एव हि रक्षणम्।**
**तडागोदरसंस्थानां परीवाह इवाम्भसाम्॥**

जिस प्रकार सरोवर का जल लगातार बहते रहने पर ही शुद्ध रह पाता है, उसी प्रकार उपार्जित किये हुए धन को अधिकारी व्यक्तियों में बांटते रहने पर ही उस धन को सुरक्षित मानना चाहिए।

**यदधोऽधः क्षितौ वित्तं निचखान मितम्पचः।**
**तदधोनिलयं गन्तुं चक्रे पन्थानमग्रतः॥**

कृपण व्यक्ति अपने धन का न तो स्वयं उपभोग करता है और न किसी को उसका दान ही करता है। वह अपने धन को धरती में गाड़ देता है, किन्तु उसे यह पता नहीं होता कि उसके धन ने पहले ही पाताल में जाने का मार्ग बना रखा है।

**निजसौख्यं निरुन्धानो यो धनार्जनमिच्छति।**
**परार्थभारवाहीव क्लेशस्येव हि भाजनम्॥**

अपने सुख और शान्ति की बलि देकर धन को अर्जित करने वाला मूर्ख दूसरों का सामान ढोने वाले श्रमिक का-सा काम करता है।

**दानोपभोगहीनेन धनेन धनिनो यदि।**
**भवामः किं न तेनैव धनेन धनिनो वयम्॥**

जिस धन का उपभोग न तो व्यक्ति स्वयं करता है और न ही किसी अन्य को उसे दान करता है और फिर भी अपने को धनी कहता है, ऐसे धन के न होने पर तो हम भी अपने को धनी कह सकते हैं।

**न देवाय न विप्राय न बन्धुभ्यो न चात्मने।**
**कृपणस्य धनं याति वह्नितस्करपार्थिवैः॥**

जो कंजूस व्यक्ति न तो देवों के निमित्त दान करता है, न ब्राह्मणों को दान देता है, न अपने बन्धु-बान्धवों की ही सहायता करता है और न स्वयं ही उसे खा-पीकर ख़र्च करता है, ऐसे कंजूस के धन को या तो आग लग जाती है या चोर उठा ले जाते हैं अथवा राजा ही कर के रूप में उससे छीन लेता है।

**दानं भोगो नाशस्तिस्रो गतयो भवन्ति वित्तस्य।**
**यो न ददाति न भुंक्ते तस्य तृतीया गतिर्भवति॥**

कमाये हुए धन की तीन गतियां होती हैं—1. दान-पुण्य में व्यय करना, 2. अपनी सुख-सुविधा के उपाय करना, 3. उसका नष्ट हो जाना। जो व्यक्ति अपने धन का दान या उपभोग नहीं करता, उसका धन अवश्य ही नष्ट हो जाता है।

**असम्भोगेन सामान्यं कृपणस्य धनं परैः।**
**अस्येदमिति सम्बन्धो हानौ दुःखेन गम्यते॥**

देखा जाये, तो कंजूस का धन उसका होता ही नहीं। जो उसका उपभोग कर रहा होता है, वह उसी का होता है, किन्तु उस धन की हानि हो जाने पर वह कंजूस ही दुखी होता है, केवल इसीलिए उसे उस धन का स्वामी मान लिया जाता है।

**दानं प्रियवाक्सहितं ज्ञानमगर्वं क्षमान्वितं शौर्यम्।**
**वित्तं त्यागनियुक्तं दुर्लभमेतच्चतुष्टयं लोके॥**

मधुर वचन से विनम्रतापूर्वक दान देना, ज्ञानी होने पर भी गर्व न करना, शूरवीर होने पर भी क्षमाशील होना और धन के उपयोग में त्याग की भावना होना—ये चारों बातें इस संसार में दुर्लभ मानी जाती हैं।

**कर्तव्यः सञ्चयो नित्यं कर्तव्यो नातिसञ्चयः।**
**पश्य सञ्चयशीलोऽसौ धनुषा जम्बुको हतः॥**

धन का सञ्चय करने में कोई दोष नहीं है, परन्तु अति के चक्कर में कभी नहीं पड़ना चाहिए। अति के फेर में पड़ने से ही सियार को धनुष खींचते ही मौत का निवाला बनना पड़ गया था।

**तावाहतुः—कथमेतत्?**

उन दोनों—चूहे और कौए ने पूछा—यह कैसी कथा है?

**मन्थरः कथयति—**

उनकी जिज्ञासा को देखते हुए मन्थर उन्हें सुनाने लगा।

## कथा क्रम : सात
## (व्याध, हरिण, शूकर और सियार की कथा)

**आसीत्कल्याणकटकवास्तव्यो भैरवो नाम व्याधः। स चैकदा मृगमन्विष्यमाणो विन्ध्याटवीं गतवान्। ततस्तेन व्यापादितं मृगमादाय गच्छता घोराकृतिः शूकरो दृष्टः। तेन व्याधेन मृगं भूमौ निधाय शूकरः शरेणाहतः। शूकरेणापि घनघोरगर्जनं कृत्वा स व्याधो मुष्कदेशे हतः संश्छिन्नद्रुम इव भूमौ निपपात।**

कल्याण-कटक नामक जनपद में भैरव नाम का एक बहेलिया रहा करता था। एक बार वह शिकार की खोज में विन्ध्याचल के जंगल में जा पहुंचा। वहां एक हरिण का शिकार करके अपने घर लौटते हुए उसने एक भयंकर शूकर को देखा। व्याध ने उस हरिण को धरती पर रख दिया और अपने बाण से उस शूकर को निशाना बनाया। व्याध का बाण लगने पर शूकर ने पलटकर अपने थूथन से व्याध का पेट फाड़ डाला और व्याध किसी कटे हुए वृक्ष के समान धरती पर गिर पड़ा। इधर घायल शूकर भी मर गया।

कहा भी गया है—

**जलमग्निर्विषं शस्त्रं क्षुद्व्याधिः पतनं गिरेः।**
**निमित्तं किञ्चिदासाद्य देही प्राणैर्विमुच्यते॥**

कि सभी जीव निम्नोक्त सात में से किसी एक के कारण मृत्यु का ग्रास बनते हैं—1. जल में डूबना, 2. आग में जलना, 3. विषपान करना, 4.शस्त्र द्वारा मारा जाना, 5. भूखा रहना, 6. बीमार होना तथा 7. पहाड़ से गिरना।

**अथ तयोः पादास्फालनेन सर्पोऽपि मृतः। अथानन्तरं दीर्घरावो नाम जम्बुकः परिभ्रमन्नाहारार्थी तान्मृतान्मृगव्याधसर्पशूकरानपश्यत्। अचिन्तयच्च—अहो! अद्य महद्भोज्यं मे समुपस्थितम्।**

संयोग की बात उन दोनों—व्याध और शूकर—के पांव तले आकर एक सर्प भी मारा गया। इसी बीच अपने आहार की खोज में घूमता-फिरता दीर्घराव नामक सियार उधर आ निकला। उसने एक साथ व्याध, शूकर, सर्प और हरिण को मरा हुआ देखकर प्रसन्न होते हुए कहा—आज तो परमात्मा ने इतना एक साथ दे दिया कि मैं कई महीनों तक आराम से खा सकूंगा। वह सोचने लगा—

**अचिन्तितानि दुःखानि यथैवायान्ति देहिनाम्।**
**सुखान्यपि तथा मन्ये दैवमत्रातिरिच्यते॥**

जिस प्रकार जीवधारियों को अचानक ही कभी संकट का सामना करना पड़ जाता है, उसी प्रकार कभी-कभी सुख भी प्राप्त हो जाता है। इस सब—सुख-दुःख—की प्राप्ति भाग्यवश ही होती है। इसलिए मैं भाग्य को ही प्रबल मानता हूं।

**तद्भवतु। एषां मांसैर्मासत्रयं मे सुखेन गमिष्यति।**

ईश्वर ने यह अच्छा ही किया है। अब मेरे तीन महीने तो इनके मांस से आराम से व्यतीत हो जायेंगे।

**मासमेकं नरो याति द्वौ मासौ मृगशूकरौ।**
**अहिरेकं दिनं याति अद्य भक्ष्यो धनुर्गुणः॥**

एक महीने की व्यवस्था इस मनुष्य के मांस से हो जायेगी, हरिण और शूकर का मांस भी दो महीने तक चल जायेगा। इस प्रकार मेरे तीन महीने आराम से निकल जायेंगे। रहा सांप, तो एक दिन का काम इससे भी चल ही जायेगा। अतः आज का दिन केवल इस धनुष की तांत को चबाकर ही निकाल देता हूं।

**ततः प्रथमबुभुक्षायामिदं निःस्वादु कोदण्डलग्नं स्नायुबन्धनं खादामि।' इत्युक्त्वा तथा कृते सति छिन्ने स्नायुबन्धनं उत्पतितेन धनुषा हृदि निर्भिन्नः स दीर्घरावः पञ्चत्वं गतः। अतोऽहं ब्रवीमि—'कर्तव्यः सञ्चयो नित्यम्'' इत्यादि।**

आज की भूख को मिटाने के लिए इस धनुष की डोरी को ही खा लेता हूं।

यह सोचकर सियार ने ज्योंही उस धनुष की डोरी को खींचा, त्योंही धनुष से टूटकर डोरी उसकी छाती में जा लगी और सियार मृत्यु का ग्रास बन गया।

इस कथा को सुनाकर मन्थर बोला—इसीलिए मैं कहता हूं कि सञ्चय करने में कोई दोष नहीं है, किन्तु अतिसञ्चय हानिकारक होता है।

**यद्ददाति यदश्नाति तदेव धनिनो धनम्।**
**अन्ये मृतस्य क्रीडन्ति दारैरपि धनैरपि॥**

वस्तुतः अपने जीवित रहते व्यक्ति जो दान करता है और जो अपने उपभोग में व्यय करता है, उसी को धन कहा जाता है। उसके मरने पर तो अन्य लोग ही उसके धन और पत्नी का लाभ पाते हैं।

**यद्ददासि विशिष्टेभ्यो यच्चाश्नासि दिने दिने।**
**तत्ते वित्तमहं मन्ये शेषं कस्यापि रक्षसि॥**

तुम किसी विशेष कार्य पर जो दान देते हो और जो दिन-प्रतिदिन अपने भोजन आदि में व्यय करते हो, मैं उसी को तुम्हारा धन मानता हूं, शेष के लिए तो किसी दूसरे के धन का रक्षक मानता हूं।

**यातु, किमिदानीमतिक्रान्तोपवर्णनेन?**

अब इस चर्चा को छोड़ो, जो होना था, वह हो गया, उसे दोहराने से क्या लाभ होगा?

**नाप्राप्यमभिवाञ्छन्ति नष्टं नेच्छन्ति शोचितुम्।**
**आपत्स्वपि न मुह्यन्ति नराः पण्डितबुद्धयः॥**

बुद्धिमान् व्यक्ति किसी दुर्लभ वस्तु को पाने की लालसा नहीं करते, न नष्ट हो गये पदार्थ की चिन्ता करते हैं और न संकट के समय विचलित ही होते हैं।

**तत्सखे! सर्वदा त्वया सोत्साहेन भवितव्यम्।**

अतः मित्र! तुम सब चिन्ताओं से मुक्त होकर पुनः नया जीवन जीना आरम्भ कर दो।

**शास्त्राण्यधीत्यापि भवन्ति मूर्खा**
**यस्तु क्रियावान् पुरुषः स विद्वान्।**
**सुचिन्तितं चौषधमातुराणां**
**न नाममात्रेण करोत्यरोगम्॥**

अनेक व्यक्ति शास्त्रादि को पढ़ने के उपरान्त भी मूर्ख होते हैं। जो अपने ज्ञान को व्यवहार में लाते हैं, वास्तव में केवल वही विद्वान् होते हैं।

जिस प्रकार भली प्रकार सोची-विचारी ओषधि की जानकारी ही रोग से निवृत्ति नहीं दिला सकती, रोगी को उस ओषधि का सेवन भी करना होता है, उसी प्रकार ज्ञान को आचरण में ढालना भी आवश्यक होता है, केवल जानकारी

का कोई लाभ नहीं होता।

**न स्वल्पमप्यध्यवसायभीरोः**
**करोति विज्ञानविधिर्गुणं हि।**
**अन्धस्य किं हस्ततलस्थितोऽपि**
**प्रकाशयत्यर्थमिह प्रदीपः ? ॥**

जिस प्रकार किसी अन्धे व्यक्ति के हाथ पर रखे दीपक के प्रकाश का उस अन्धे व्यक्ति को कोई लाभ नहीं होता, उसी प्रकार शास्त्रों के वचनों का पालन न करने पर, अर्थात् परिश्रम व साहस न करने पर केवल उन शास्त्रों की जानकारी से कोई लाभ नहीं हो सकता।

**तदत्र सखे! दशाविशेषे शान्तिः करणीया। एतदप्यतिकष्टं त्वया न मन्तव्यम्।**

हे मित्र! इस सब पर विचार करके तुम्हें अपनी वर्तमान स्थिति पर ही सन्तोष करना चाहिए। जो बीत गया, उसे याद करके दुखी होने से क्या लाभ होगा ?

**राजा कुलवधूर्विप्रा मन्त्रिणाश्च पयोधराः।**
**स्थानभ्रष्टा न शोभन्ते दन्ताः केशा नखा नराः ॥**

सच तो यह है कि निम्नोक्त नौ अपने स्थान पर रहकर ही शोभा पाते हैं। अपने स्थान से च्युत होते ही इनका महत्त्व नष्ट हो जाता है। ये नौ हैं—राजा, कुलवधू, ब्राह्मण, मन्त्री, बादल, दांत, केश, नाख़ून और मनुष्य।

**इति विज्ञाय मतिमान्स्वस्थानं न परित्यजेत्। कापुरुषवचनमेतत्।**

यह सोचकर बुद्धिमान् व्यक्ति को अपने स्थान को कभी नहीं छोड़ना चाहिए, किन्तु कुछ अन्य लोगों का मत है—

**स्थानमुत्सृज्य गच्छन्ति सिंहाः सत्पुरुषा गजाः।**
**तत्रैव निधनं यान्ति काकाः कापुरुषा मृगाः ॥**

कि काग अथवा कौए-जैसे पक्षी और कायर व्यक्ति अपने स्थान के सुखप्रद न होने पर भी नये स्थान पर नहीं जाते। इसका कारण वे यह बतलाते हैं कि जब तक नये स्थान के सम्बन्ध में आश्वस्त न हो जायें, अपना पुराना स्थान नहीं छोड़ना चाहिए, परन्तु इसके विपरीत सिंह, हाथी और साहसी व्यक्ति वर्तमान स्थान को अनुकूल न होने पर उसे छोड़कर नये स्थान की खोज में निकल पड़ते हैं।

**को वीरस्य मनस्विनः स्वविषयः, को वा विदेशस्तथा**
**यं देशं श्रयते तमेव कुरुते बाहप्ततापार्जितम्।**
**यद्दंष्ट्रानखलांगूलप्रहरणः सिंहो वनं गाहते**

तस्मिन्नेव हतद्विपेन्द्ररुधिरैस्तृष्णां छिनत्त्यात्मनः ॥

जिस प्रकार सिंह किसी जंगल में जाकर अपनी दाढ़ें, अपने नाख़ूनों और अपनी पूंछ से वार करता हुआ स्वतन्त्र रूप से विचरण करता है तथा हाथी का वध करके उसके रक्त से अपनी प्यास को शान्त करता है, उसी प्रकार वीर, उद्यमी एवं साहसी व्यक्ति के लिए कोई स्थान पराया नहीं होता। उनके लिए देश और परदेश में कोई अन्तर नहीं रह जाता। वे जहां भी जाते हैं, वहीं उनका देश बन जाता है। अपने बाहुबल और अपनी बुद्धिमत्ता से वे प्रत्येक स्थान पर अपनी छाप छोड़ने में समर्थ होते हैं।

निपानमिव मण्डूकाः सरः पूर्णमिवाण्डजाः।
सोद्योगं नरमायान्ति विवशाः. सर्वसम्पदः॥

मेढक कुएं के पास भरे जल के गड्ढे से ही सन्तुष्ट रहते हैं, किन्तु पक्षी सदा जल से भरे तालाब को ही अपना निवासस्थान बनाते हैं। इसी प्रकार छोटे व्यक्ति सुविधारहित स्थान पर ही रहना पसन्द करते हैं, किन्तु उद्यमी व्यक्ति नये-नये स्थानों पर जाने को तैयार रहते हैं। सभी प्रकार की सम्पत्तियां विवश होकर उद्यमी व्यक्तियों के ही पास आती हैं।

सुखमापतितं सेव्यं दुःखमापतितं तथा।
चक्रवत् परिवर्तन्ते दुःखानि च सुखानि च॥

जिस प्रकार व्यक्ति अपने आप आये आनन्द का सुख उठाता है, उसी प्रकार अपने आप आये दुःख का भी सेवन करना चाहिए। सुख और दुःख का आना-जाना एक पहिये के चक्र के समान है, कभी सुख, तो कभी दुःख।

उत्साहसम्पन्नमदीर्घसूत्रं
क्रियाविधिज्ञं व्यसनेष्वसक्तम्।
शूरं कृतज्ञं दृढसौहृदं च
लक्ष्मीः स्वयं याति निवासहेतोः॥

लक्ष्मी निम्नोक्त सात गुणों से सम्पन्न व्यक्ति के पास ही रहना पासन्द करती है। लक्ष्मी को प्राप्त करने के लिए चेष्टा नहीं करनी पड़ती। ये सात गुण हैं—

(1) उत्साही, (2) निरालस, (3) कार्य को सम्पन्न करने की विधि जानने वाला, (4)सभी प्रकार के व्यसनों से दूर रहने वाला, (5) शूरवीर, (6) दूसरों के उपकार को मानने वाला तथा (7) मित्रता को निबाहने वाला।

विशिष्ट तथ्य तो यह है—

विनाप्यर्थैर्वीरः स्पृशति बहुमानोन्नतिपदं
समायुक्तोऽप्यर्थैः परिभवपदं याति कृपणः।
स्वभावादुद्भूतां गुणसमुदयावाप्तिविषयां

**द्युतिं सैंहीं किं श्वा धृतकनकमालोऽपि लभते? ॥**

कुत्ता कहीं से मिली कण्ठमाला को धारण करके सिंह की कान्ति को कभी नहीं पा सकता, जबकि शूरवीर व्यक्ति धन के अभाव में भी सम्मान और उच्च पद को प्राप्त कर लेता है, परन्तु अपार धन का स्वामी होने पर भी कंजूस व्यक्ति का प्रत्येक स्थान पर तिरस्कार ही होता है।

**धनवानिति हि मदो मे किं गतविभवो विषादमुपयामि? ।**
**करनिहतकन्दुकसमाः पातोत्पाता मनुष्याणाम् ॥**

व्यक्ति की ऊंची-नीची स्थिति किसी गेंद के ऊपर-नीचे उछलने के समान होती है। इसलिए धनवान् हो जाने पर अभिमान नहीं करना चाहिए और धनहीन होने पर अवसादग्रस्त नहीं होना चाहिए।

**अभ्रच्छाया खलप्रीतिर्नवसस्यानि योषितः।**
**किञ्चित्कालोपभोग्यानि यौवनानि धनानि च ॥**

निम्नोक्त छह किसी भी व्यक्ति के जीवन में सदा उपयोग में नहीं आते—

(1) बादलों की छांह, (2) दुष्ट व्यक्ति की प्रीति, (3) नया धान्य, (4) युवा स्त्री (5) यौवन तथा (6) धन-सम्पत्ति।

**वृत्त्यर्थं नातिचेष्टेत सा हि धात्रैव निर्मिता।**
**गर्भादुत्पतिते जन्तौ मातुः प्रस्त्रवतः स्तनौ ॥**

व्यक्ति को अपनी आजीविका के लिए चिन्तित नहीं होना चाहिए। उसे तो विधाता ने पहले से ही निर्धारित किया हुआ है। जीव के अपनी माता के गर्भ से बाहर आते ही मां के स्तनों से दूध का बाहर आना इसका प्रत्यक्ष प्रमाण है।

**अपि च सखे!—**

हे मित्र! और भी देखो—

**येन शुक्लीकृता हंसाः शुकाश्च हरितीकृताः।**
**मयूराश्चित्रिता येन स ते वृत्तिं विधास्यति ॥**

जिस विधाता ने हंसों को श्वेत वर्ण प्रदान किया, शुकों को हरा रंग दिया और मोरों को अनोखे स्वर्ण वर्ण का बना दिया, प्राणियों की जीविका का भार भी उसी पर है, अतः प्राणी को उसकी चिन्ता नहीं करनी चाहिए; क्योंकि भाग्य का लिखा तो मिलना ही है। हे मित्र! सज्जनों को ज्ञात इस गुप्त मन्त्र को भी जान लो—

**जनयन्त्यर्जने दुःखं तापयन्ति विपत्तिषु।**
**मोहयन्ति च सम्पत्तौ कथमर्थाः सुखावहाः? ॥**

जिसके कमाने और सञ्चय करने में दुःख उठाना पड़ता है, विपत्ति आने पर जिसे व्यय करने में दुःख होता है, जिसके बढ़ जाने से व्यक्ति मदान्ध हो जाता

है और अपनों को भी पहचानने से इनकार करने लगता है, उस धन को भला सुख का मूल कैसे कहा जा सकता है?

**धर्मार्थं यस्य वित्तेहा वरं तस्य निरीहता।**
**प्रक्षालनाद्धि पङ्कस्य दूरादस्पर्शनं वरम्॥**

जिस प्रकार कीचड़ में पांव डालकर उसे धोने से अच्छा है कि कीचड़ में पांव डाला ही न जाये, उसी प्रकार धर्म की साधना के लिए धन-प्राप्ति की लालसा और उसके लिए प्रयास करने की अपेक्षा न करना ही अच्छा है। अतः धन द्वारा साध्य कर्म न कर पाने की स्थिति में दुखी नहीं होना चाहिए।

**यथा ह्यामिषमाकाशे पक्षिभिः श्वापदैर्भुवि।**
**भक्ष्यते सलिले नक्रैस्तथा सर्वत्र वित्तवान्॥**

जिस प्रकार पक्षी आकाश में, सिंह आदि पशु धरती पर तथा नक्र आदि जलचर जल में ही उपलब्ध मांस को खाते रहते हैं, उसी प्रकार धनवान् व्यक्ति को भी सब स्थानों में मित्रों, शत्रुओं एवं डाकुओं आदि द्वारा लूटा जाता है।

**राजतः सलिलादग्नेश्चोरतः स्वजनादपि।**
**भयमर्थवतां नित्यं मृत्योः प्राणभृतामिव॥**

जिस प्रकार प्राणिमात्र को मृत्यु का भय निरन्तर सताता रहता है, उसी प्रकार धनवानों को राजा का, जल का, अग्नि का, चोर का तथा अपने सगे-सम्बन्धियों का भय सदैव सताता रहता है।

**जन्मनि क्लेशबहुले किं नु दुःखमतः परम्?।**
**इच्छासम्पद्यतो नास्ति यच्चेच्छा न निवर्तते॥**

जन्म से लेकर मृत्यु तक क्लेश से भरे इस जीवन में इससे बड़ा दुःख और कोई नहीं है कि व्यक्ति को अपनी इच्छानुसार धन की प्राप्ति नहीं होती और इच्छाओं का कोई अन्त नहीं है।

**अन्यच्च भ्रातः! श्रृणु,—**

बन्धो! तनिक और भी सुनें—

**धनं तावदसुलभं लब्धं कृच्छ्रेण रक्ष्यते।**
**लब्धनाशो यथा मृत्युस्तस्मादेतन्न चिन्तयेत्॥**

पहले तो धन की प्राप्ति ही कठिन होती है, फिर प्राप्त धन की सुरक्षा भी कष्ट का विषय है, फिर प्राप्त धन का नष्ट होना मृत्यु के समान कष्टप्रद है। इस प्रकार धन की कामना करने में कौन-सी बुद्धिमानी है?

**तृष्णां चेह परित्यज्य को दरिद्रः क ईश्वरः?।**
**तस्याश्चेत्प्रसरो दत्तो दास्यं च शिरसि स्थितम्॥**

यदि तृष्णा का त्याग कर दिया जाये, तो इस संसार में न कोई धनवान् है

और न कोई निर्धन। तृष्णा के जाल में फंसा व्यक्ति सदा उसका दास ही बना रहता है, वह जितना उसके पीछे भागता है, तृष्णा उतना ही उसे अपना दास बनाकर नचाती है।

**अपरं च,—**

**यद्यदेव हि वाञ्छेत ततो वाञ्छा प्रवर्तते।**
**प्राप्त एवार्थतः सोऽर्थो यतो वाञ्छा निवर्तते॥**

और भी, जिस वस्तु को भी व्यक्ति अधिक महत्त्व देता है, उस वस्तु की कामना व्यक्ति के मन में जागृत हो जाती है और जब तक उस व्यक्ति को वह वस्तु मिल नहीं जाती, तब तक व्यक्ति को शान्ति नहीं मिलती।

**किं बहुना पक्षपातेन? मयैव सहात्र कालो नीयताम्।**

मुझसे अधिक मत कहलाओ, मेरे थोड़े कहे को ही बहुत समझो और मेरे साथ रहकर अपना समय व्यतीत करो।

**यतः,—**

**आमरणान्ताः प्रणयाः कोपास्तत्क्षणभङ्गुराः।**
**परित्यागाश्च निःसङ्गा भवन्ति हि महात्मनाम्॥**

भले लोगों का स्नेह जीवन-भर बना रहने वाला होता है। उनका क्रोध भी क्षण-भर का होता है और उनका परित्याग भी केवल साधना और एकान्तवास के लिए ही होता है, अर्थात् वे किसी को एक बार अपनाकर कभी छोड़ते नहीं।

**इति श्रुत्वा लघुपतनको ब्रूते—'धन्योऽसि मन्थर! सर्वथा श्लाघ्य-गुणोऽसि।**

मन्थर की बात सुनकर गद्गद हुआ लघुपतनक बोला—मित्र! तुम सचमुच धन्य हो। तुम्हारी जितनी प्रशंसा की जाये, कम ही है;

**यतः,—**

**सन्त एव सतां नित्यमापदुद्धरणक्षमाः।**
**गजानां पङ्कमग्नानां गजा एव धुरन्धराः॥**

क्योंकि जिस प्रकार कीचड़ में धंसे हाथियों को कीचड़ से निकालने के लिए हाथियों की ही सहायता लेनी पड़ती है, उसी प्रकार संकट में पड़े सज्जनों का उद्धार भी सज्जनों द्वारा ही किया जा सकता है।

**यतः,—**

**श्लाघ्यः स एको भुवि मानवानां**
**स उत्तमः सत्पुरुषः स धन्यः।**
**यस्यार्थिनो वा शरणागता वा**
**नाशाभिभङ्गाद्विमुखाः प्रयान्ति॥**

और भी—इस धरती पर याचकों और शरणागतों की प्रार्थना को अस्वीकार न करने और उन्हें निराश न लौटाने वाले महापुरुष प्रशंसनीय एवं उत्तम कहलाते हैं। उन्हें आदर व सम्मान का अधिकारी तथा धन्य मानना चाहिए।

**तदेवं ते स्वेच्छाहारविहारं कुर्वाणाः सन्तुष्टाः सुखं निवसन्ति।**

इसके पश्चात् वे तीनों वहां रहते हुए आनन्दपूर्वक अपना समय व्यतीत करने लगे।

**अथ कदाचिच्चित्राङ्गनामा मृगः केनापि त्रासितस्तत्रागत्य मिलितः। ततः पश्चादायान्तं मृगमवलोक्य भयं सञ्चिन्त्य मन्थरो जले प्रविष्टः, मूषिकश्च विवरं गतः, काकोऽप्युड्डीय वृक्षमारूढः। ततो लघुपतनकेन सुदूरं निरूप्य भयहेतुर्न कोऽप्यायातीत्यालोचितम्। पश्चात्तद्वचनादागत्य पुनः सर्वे मिलित्वा तत्रैवोपविष्टाः। मन्थरेणोक्तम्—भद्रम्, मृग! स्वागतम्। स्वेच्छयोदकादाहारोऽनुभूयताम्। अत्रावस्थानेन वनमिदं सनाथीक्रियताम्।' चित्राङ्गो ब्रूते—'लुब्धकत्रासितोऽहं भवतां शरणमागतः। भवद्भिः सह सख्यमिच्छामि।' हिरण्यकोऽवदत्—'मित्रत्वं तावदस्माभिः सह भवताऽयत्नेन मिलितम्।**

एक दिन चित्रांग नामक एक हरिण किसी के भय से त्रस्त होकर भागता हुआ वहां आया, तो उसे हांफता हुआ देखकर व्याध की आशंका से मन्थर पानी में जा घुसा, चूहा अपने बिल में घुस गया और कौआ उड़कर वृक्ष पर जा बैठा। सबके सुरक्षित हो जाने पर कौए ने दूर तक दृष्टि डाली, तो उसे भय का कोई भी कारण समझ में न आया। तब उसने सब मित्रों को आश्वस्त किया और सब प्राणी बाहर निकल आये।

मन्थर ने हरिण से उसका कुशलवृत्त पूछा और उसका स्वागत करते हुए उसे अपने यहां रहने का अनुरोध भी किया।

हरिण ने बताया—मैं व्याध के भय से त्रस्त होकर तुम्हारी शरण में आया हूं और तुम्हारे साथ मित्रता करना चाहता हूं।

मन्थर बोला—बन्धो! हमारे साथ तुम्हारी मित्रता अपने-आप हो गयी है। कहा भी गया है—

**यतः,—**

**औरसं कृतसम्बन्धं तथा वंशक्रमागतम्।**
**रक्षितं व्यसनेभ्यश्च मित्रं ज्ञेयं चतुर्विधम्॥**

इस संसार में चार प्रकार के मित्र होते हैं—(1) रक्त-सम्बन्ध के कारण स्नेह-सूत्र में बंधे, (2) विवाह आदि सम्बन्धों के द्वारा नये बनने वाले, जैसे समधी, साला, जीजा आदि (3) कुल-परम्परा से स्नेह-सूत्र में बंधे चले आ रहे

अथवा व्यापार-व्यवसाय में एक साथ काम करने वाले तथा (4) संकट से बचाने वाले शुभचिन्तक।

**तदत्रभवता स्वगृहनिर्विशेषं स्थीयताम्'। तच्छ्रुत्वा मृगः सानन्दो भूत्वा स्वेच्छाहारं कृत्वा पानीयं पीत्वा जलासन्नतरुच्छायायामुपविष्टः। अथ मन्थरेणोक्तम्—'सखे मृग! एतस्मिन्निर्जने वने केन त्रासितोऽसि? कदाचित्किं व्याधाः सञ्चरन्ति?'। मृगेणोक्तम्—'अस्ति कलिङ्गविषये रुक्माङ्गदो नाम नरपतिः। स च दिग्विजयव्यापारक्रमेणागत्य चन्द्रभागानदीतीरे समावासित-कटको वर्तते। प्रातश्च तेनात्रागत्य कर्पूरसरःसमीपे भवितव्यमिति व्याधानां मुखात्किंवदन्ती श्रूयते। तदत्रापि प्रातरवस्थानं भयहेतुकमित्यालोच्य यथावसरकार्यमारभ्यताम्'। तच्छ्रुत्वा कूर्मः सभयमाह—'जलाशयान्तरं गच्छामि'। काकमृगावप्युक्तवन्तौ—'एवमस्तु'। ततो हिरण्यको विहस्याह—'जलाशयान्तरे प्राप्ते मन्थरस्य कुशलम्। स्थले गच्छतः कः प्रतीकारः?**

अब तुम इस स्थान को अपना घर ही समझो और यहां आनन्दपूर्वक रहो। मन्थर की बातें सुनकर हरिण प्रसन्न हो उठा और अपनी भूख-प्यास मिटाकर निश्चिन्त भाव से एक वृक्ष के नीचे छाया में बैठ गया।

मन्थर ने पूछा—मित्र! इस निर्जन वन में तुम किससे भयभीत हुए हो? क्या यहां भी व्याध आ पहुंचते हैं?

हरिण ने उत्तर दिया—अपने दलबलसहित दिग्विजय के लिए निकले कलिंग देश के राजा रुक्मांगद ने चन्द्रभागा नदी के तट पर अपना डेरा डाल रखा है। मैंने शिकारियों के मुंह से सुना है कि राजा कर्पूर सरोवर के पास ठहरेगा। अतः मैंने सोचा कि बुद्धिमानी इसी में है कि संकट की प्रतीक्षा करने की अपेक्षा बचाव का प्रबन्ध कर लेना ही ठीक रहेगा। अतः मैंने प्रातःकाल होते ही वहां से भागना उचित समझा है।

यह सुनकर कछुआ भी भयभीत हो उठा और उसने कहा—तब तो मुझे भी तुरन्त ही किसी अन्य सरोवर पर चले जाना चाहिए। कौए और हरिण ने भी उसकी बात का समर्थन किया। तब हिरण्यक ने हंसते हुए कहा—दूसरे सरोवर पर पहुंच जाने पर मन्थर के सामने कोई भय नहीं रहेगा, किन्तु विचारणीय बात यह है कि स्थल पर चलते हुए क्या इसे कोई ख़तरा नहीं है?

**अम्भांसि जलजन्तूनां दुर्गं दुर्गनिवासिनाम्।**
**स्वभूमिः श्वापदादीनां राज्ञां मन्त्री परं बलम्॥**

वास्तव में जल जलचर जीवों का, दुर्ग दुर्गनिवासियों का, गुफा व वन आदि सिंह आदि जन्तुओं का तथा मन्त्री राजाओं का वास्तविक बल होता है। कहने का अर्थ यह है कि जलचर जीव धरती पर अपने को सुरक्षित अनुभव नहीं

कर सकता।

**सखे लघुपतनक! अनेनोपदेशेन तथा भवितव्यम्,**

कौए को सम्बोधित करता हुआ हिरण्यक बोला—मित्र! इस प्रकार तो मन्थर को उसी प्रकार की स्थिति का सामना करना होगा—

**स्वयं वीक्ष्य यथा वध्वाः पीडितं कुचकुड्मलम्।**
**वणिक्पुत्रोऽभवद्दुःखी त्वं तथैव भविष्यसि॥**

जिस प्रकार एक बनिया अपने सामने राजा को अपनी स्त्री के कुचों को मसलते हुए देखकर दुखी तो हुआ, परन्तु पत्नी को बचाने का कोई उपाय न कर सका। अब वैसी ही स्थिति मन्थर की भी होगी, यह निश्चित है।

**ते ऊचुः—'कथमेतत्?'। हिरण्यकः कथयति—**

तब उन तीनों—हरिण, कौए और मन्थर ने पूछा—यह कैसी कथा है? इस पर चूहा उन्हें यह कथा सुनाने लगा।

## कथा क्रम : आठ

### (राजकुमार, सुन्दर युवती और उसके पति की कथा)

**अस्ति कान्यकुब्जविषये वीरसेनो नाम राजा। तेन वीरपुरनाम्नि नगरे तुङ्गबलो नाम राजपुत्रो भोगपतिः कृतः। स च महाधनस्तरुण एकदा स्वनगरे भ्राम्यन्नतिप्रोढयौवनां लावण्यवती नाम वणिक्पुत्रवधूमालोकयामास। ततः स्वहर्म्यं गत्वा स्मराकुलमतिस्तस्याः कृते दूतीं प्रेषितवान्।**

कान्यकुब्ज नामक नगर में राजा वीरसेन ने तुंगबल नामक राजकुमार को वीरपुर नगर का राजा बना दिया। एक दिन नगर में घूमते हुए युवराज की दृष्टि एक बनिये की लावण्यवती नामक रूपवती पुत्रवधू पर जा पड़ी, तो उसने उस पर मुग्ध होकर राजभवन से एक दूती को उस सुन्दरी के पास भेजा।

**यतः,—**

**सन्मार्गे तावादास्ते, प्रभवति पुरुषस्तावदेवेन्द्रियाणां,**
**लज्जां तावद्विधत्ते, विनयमपि समालम्बते तावदेव।**
**भ्रूचापाकृष्टमुक्ताः श्रवणपथगता नीलपक्ष्माण एते**
**यावल्लीलावतीनां न हृदि धृतिमुषो दृष्टिबाणाः पतन्ति॥**

जब तक युवकों की आंखें सुन्दर युवतियों की आंखों से नहीं टकरातीं, तब तक ही पुरुषों का सन्मार्ग पर चलना, अपनी इन्द्रियों को वश में रखना तथा लज्जा एवं संकोच का पालन करना अथवा आचारनिष्ठ बने रहना सम्भव होता है।

**सापि लावण्यवती तदवलोकनक्षणात्प्रभृति स्मरशरप्रहारजर्जरितहृदया तदेकचित्ताऽभवत्।**

युवराज को देखकर वह युवती भी कामपीड़ित होकर निरन्तर उसी का ध्यान कर रही थी और उसे पाने के लिए व्याकुल हो रही थी।

**तथा ह्युक्तम्,—**

**असत्यं साहसं माया मात्सर्यं चातिलुब्धता।**
**निर्गुणत्वमशौचत्वं स्त्रीणां दोषाः स्वभावजाः॥**

कहा गया है—कि निम्नोक्त सात दोष सभी स्त्रियों में सहज रूप से जन्मजात पाये जाते हैं—1. मिथ्याभाषण करना, 2. साहस, पति आदि की उपेक्षा तथा प्रियतम से भेंट, 3. माया अथवा छल-कपट व धोखा, 4. ईर्ष्याभाव, 5. अत्यधिक लोभ, 6. गुणों से सर्वथा रहित होना तथा 7. अपवित्रता।

**अथ दूतीवचनं श्रुत्वा लावण्यवत्युवाच—'अहं पतिव्रता कथमेत-स्मिन्नधर्मे पतिलङ्घने प्रवर्ते?**

अतः दूती द्वारा लाये गये प्रस्ताव को सुनकर उस लावण्यवती ने कहा—मैं पतिव्रता नारी हूं और अपने पति को छोड़कर किसी परपुरुष के साथ रमण करने की बात भी नहीं सोच सकती।

**यतः,—**

**सा भार्या या गृहे दक्षा सा भार्या या प्रजावती।**
**सा भार्या या पतिप्राणा सा भार्या या पतिव्रता॥**

गृहकार्य में कुशल, सन्तान उत्पन्न करने में समर्थ, पति को प्राणों से भी अधिक प्रेम करने वाली, अर्थात् परपुरुष का चिन्तन न करने वाली स्त्री ही पतिव्रता कहलाती है।

**न सा भार्येति वक्तव्या यस्या भर्ता न तुष्यति।**
**तुष्टे भर्तरि नारीणां सन्तुष्टाः सर्वदेवताः॥**

यदि स्त्री का पति उसे प्रेम करता है, तो उस पर सभी देवता प्रसन्न रहते हैं, अतः अपने पति को प्रसन्न न रखने वाली स्त्री को भार्या नहीं कहा जा सकता।

**ततो यद्यदादिशति मे प्राणेश्वरस्तदेवाहमविचारितं करोमि।' दूत्योक्तम्—'सत्यतममेतत्।' लावण्यवत्युवाच—'ध्रुवं सत्यमेतत्॥ ततो दूतिकया गत्वा तत्तत्सर्वं तुङ्गबलस्याग्रे निवेदितम्। तच्छ्रुत्वा तुङ्गबलोऽब्रवीत्—'विषमेषुणा व्रणितहृदयस्तां विना कथमहं जीविष्यामि?'। कुट्टन्याह—'स्वामिनानीय समर्पयितव्या' इति। स प्राह—'कथमेतच्छक्यम्?'। कुट्टन्याह— 'उपायः क्रियताम्।'**

अतः मैं उचित-अनुचित का विचार किये बिना अपने पति की बात को उनकी आज्ञा समझकर उसका पालन करती हूं।

यह सुनकर दूती बोली—क्या तुम सत्य बोल रही हो?

इस पर उस लावण्यवती ने उत्तर दिया—हां, मैं एकदम सच बोल रही हूं।

यह सुनकर दूती ने युवराज के पास पहुंचकर उसे सारा हाल बता दिया।

सब सुनने के बाद तुंगबल ने कहा—मैं तो उसके कटाक्षरूपी बाणों से घायल हो चुका हूं, उसे प्राप्त किये बिना मुझे चैन नहीं, उसे पाने का कोई उपाय करो।

दूती बोली—आप उसके पति को अपने अनुकूल बना लें, तो वह स्वयं अपनी पत्नी को आपके हवाले कर देगा।

युवराज ने पूछा—यह कैसे हो सकता है?

कुट्टिनी ने कहा—प्रयत्न करने से कुछ भी हो सकता है।

**तथा चोक्तम्,—**

**उपायेन हि यच्छक्यं न तच्छक्यं पराक्रमैः।**
**शृगालेन हतो हस्ती गच्छता पङ्कवर्त्मना॥**

कहा भी गया है—जो काम पराक्रम द्वारा सिद्ध नहीं किया जा सकता, उसे उपाय द्वारा सिद्ध किया जा सकता है। उपाय का सहारा लेकर ही सियार ने कीचड़ में जाकर भी हाथी को मार गिराया था।

**राजपुत्रः पृच्छति—'कथमेतत्?'। सा कथयति—**

राजकुमार ने पूछा—यह क्या घटना है?

तब दूती उसे सुनाने लगी।

## कथा क्रम : नौ

### (धूर्त गीदड़ और कर्पूर तिलक हाथी की कहानी)

**अस्ति ब्रह्मारण्ये कर्पूरतिलको नाम हस्ती। तमवलोक्य सर्वे शृगालाश्चिन्तयन्ति स्म—'यद्ययं केनाप्युपायेन म्रियते तदाऽस्माकमेतद्देहेन मासचतुष्टयस्य भोजनं भविष्यति।' तत्रैकेन वृद्धशृगालेन प्रतिज्ञातम्—'मया बुद्धिप्रभावादस्य मरणं साधयितव्यम्।' अनन्तरं स वञ्चकः कर्पूरतिलकसमीपं गत्वा साष्टाङ्गपातं प्रणम्योवाच—'देव! दृष्टिप्रसादं कुरु'। हस्ती ब्रूते—'कस्त्वम्? कुतः समायातः?'। सोऽवदत्—'जम्बुकोऽहम्। सर्वैर्वनवासिभिः पशुभिर्मिलित्वा भवत्सकाशं प्रस्थापितः। यद्विना राज्ञाऽवस्थातुं न युक्तम्, तदत्राटवीराज्येऽभिषेक्तुं भवान् सर्वस्वामिगुणोपेतो निरूपितः।**

ब्रह्मवन में कर्पूरतिलक नामक हाथी रहता था। उसे देखकर उस वन में रहने वाले सियार सदा यही सोचते रहते थे कि यदि यह हाथी मर जाये, तो हमारे लिए चार महीनों के आहार का प्रबन्ध हो जायेगा।

सब सियारों की बात सुनकर एक वृद्ध सियार ने उन्हें आश्वासन देते हुए अपने बुद्धिबल से उस हाथी को मार डालने की प्रतिज्ञा की और वह उसके पास जा पहुंचा। हाथी के पास पहुंचकर उस धूर्त सियार ने पहले तो उसे प्रणाम किया और फिर अपने साथ चलने का उससे अनुरोध किया।

हाथी ने उस सियार से उसका परिचय और अपने साथ ले जाने का कारण पूछा, तो सियार बोला—महाराज! इस जंगल के सब पशुओं ने पञ्चायत करके आपको अपना राजा चुन लिया है और मुझे आप तक यही सन्देश पहुंचाने के लिए यहां भेजा है। सभी पशुओं की यही राय है कि राजा के बिना किसी स्थान की उचित व्यवस्था नहीं हो सकती, अतः राजा का होना अत्यन्त आवश्यक है। आप सभी गुणों से सम्पन्न हैं, इसलिए आप ही राजा होने के योग्य हैं।

**यतः,—**

कहा भी गया है—

**यः कुलाभिजनाचारैरतिशुद्धः प्रतापवान्।**
**धार्मिको नीतिकुशलः स स्वामी युज्यते भुवि॥**

कि कुल के आचार एवं लोकव्यवहार का निर्वहण करने में कुशल, वीर, धार्मिक एवं नीतिनिपुण प्राणी ही राजा बनने के योग्य होता है।

**अपरं च पश्य,—**

और भी देखें—

**राजानं प्रथमं विन्देत्ततो भार्यां ततो धनम्।**
**राजन्यसति लोकेऽस्मिन्कुतो भार्या कुतो धनम्?॥**

प्रजाजनों को सर्वप्रथम राजा को ढूंढ़ने की चिन्ता करनी चाहिए। उसके पश्चात् स्त्री व धन की प्राप्ति में जुटना चाहिए; क्योंकि राजा के समर्थ होने पर ही स्त्री और धन की सुरक्षा हो सकती है।

**अन्यच्च,—**

**पर्जन्य इव भूतानामाधारः पृथिवीपतिः।**
**विकलेऽपि हि पर्जन्ये जीव्यते न तु भूपतौ॥**

और भी—मेघ के समान राजा ही प्राणियों के जीवन का आधार होता है। मेघ के न बरसने पर प्राणियों का निर्वाह हो सकता है, किन्तु राजा के बिना प्रजा का जीवन उचित ढंग से नहीं चल सकता।

**नियतविषयवर्ती प्रायशो दण्डयोगा-**
**ज्जगति परवशेऽस्मिन्दुर्लभः साधुवृत्तः।**
**कृशमपि विकलं वा व्याधितं वाऽधनं वा**
**पतिमपि कुलनारी दण्डभीत्याऽभ्युपैति॥**

राजा के अधीन रहने वाली प्रजा प्रायः राजा के भय से ही अपने नियत कर्मों का निर्वहण करती है। यदि दण्ड का भय न हो, तो लोगों का सदाचरण करना सम्भव ही नहीं हो पाता। दण्ड के भय से ही कुलवधू अपने दुर्बल, विकलांग, रोगी अथवा निर्धन पति के प्रति भी समर्पित रहती है।

**तद्यथा लग्नवेला न विचलति तथा कृत्वा सत्वरमागम्यतां देवेन'। इत्युक्त्वोत्थाय चलितः। ततोऽसौ राज्यलोभाकृष्टः कर्पूरतिलकः शृगाल-वर्त्मना धावन्महापङ्के निमग्नः। ततस्तेन हस्तिनोक्तम्—'सखे शृगाल! किमधुना विधेयम्? पङ्के निपतितोऽहं म्रिये। परावृत्य पश्य'। शृगालेन विहस्योक्तम्—'देव! मम पुच्छकावलम्बनं कृत्वोत्तिष्ठ। यन्मद्विधस्य वचसि त्वया प्रत्ययः कृतस्तदनुभूयतामशरणं दुःखम्।**

अतः मैं आपसे प्रार्थना करता हूं कि आप मेरे साथ शीघ्र ही चलें, ताकि शुभ मुर्हूत की वेला कहीं टल न जाये।

यह कहकर सियार उलटे पांव चल दिया। राज्य का लोभी कर्पूरतिलक हाथी भी उसके पीछे-पीछे भागने लगा। सियार हाथी को दलदल वाले स्थान पर ले गया, जहां पहुंचते ही हाथी उस दलदल में फंस गया। कीचड़ में से न निकल पाने पर हाथी सियार से अपने को निकालने के लिए उसकी चिरौरी करने लगा, तो सियार ने हंसते हुए उससे कहा—महाराज! आप मेरी पूंछ पकड़कर बाहर आने का प्रयास कीजिये। वास्तव में, आप बिना सोचे-समझे मुझ पर विश्वास करके मेरे पीछे भागे आने का परिणाम भुगत रहे हैं।

**तथा चोक्तम्,—**

कहा भी गया है—

**यदाऽसत्सङ्गरहितो भविष्यसि भविष्यसि।**
**तदाऽसज्जनगोष्ठीषु पतिष्यसि पतिष्यसि॥**

कि बुरे लोगों के साथ और जाल में न फंसने वाले व्यक्ति ही अपने जीवन में सदा सुरक्षित रहते हैं। दुष्टों की धूर्तता का शिकार बनने वालों का सर्वनाश होता ही है।

**ततो महापङ्के निमग्नो हस्ती शृगालैर्भक्षितः। अतोऽहं ब्रवीमि— ''उपायेन हि यच्छक्यम्'' इत्यादि। ततः कुट्टिन्युपदेशेन तं चारुदत्तनामानं वणिक्पुत्रं स राजपुत्रः सेवकं चकार। ततोऽसौ तेन सर्वविश्वासकार्येषु नियोजितः।**

इस प्रकार दलदल में फंसे हाथी को सियारों ने अपना आहार बना लिया।

इस कथा को सुनाकर कुट्टिनी ने कहा—युवराज! इसीलिए मैं कहती हूं कि पराक्रम से न बनने वाले काम को उपाय द्वारा सिद्ध किया जा सकता है।

तब युवराज ने कुट्टिनी के सुझाव पर लावण्यवती के पति चारुदत्त बनिये

को अच्छे वेतन पर अपने पास नौकर रख लिया और फिर धीरे-धीरे उसे अपने विश्वास में लेकर अपना निजी सेवक बना लिया।

एकदा तेन राजपुत्रेण स्नातानुलिप्तेन कनकरत्नालङ्कारधारिणा प्रोक्तम्—'अद्यारभ्य मासमेकं गौरीव्रतं कर्तव्यम्। तदत्र प्रतिरात्रमेकां कुलीनां युवतिमानीय समर्पय। सा मया यथोचितेन विधिना पूजयितव्या।' ततः स चारुदत्तस्तथाविधां नवयुवतीमानीय समर्पयति। पश्चात्प्रच्छन्नः सन्किमयं करोतीति निरूपयति। स च तुङ्गबलस्तां युवतिमस्पृशन्नेव दूराद्वस्त्रालंकारगन्धचन्दनैः सम्पूज्य रक्षकं दत्त्वा प्रस्थापयति। अथ वणिक्पुत्रेण तद्दृष्ट्वोपजातविश्वासेन लोभाकृष्टमनसा स्ववधूर्लावण्यवती समानीय समर्पिता। स च तुङ्गबलस्तां हृदयप्रियां लावण्यवतीं विज्ञाय ससम्भ्रममुत्थाय निर्भरमालिङ्ग्य निमीलिताक्षः पर्यङ्के तया सह विललास। तदालोक्य वणिक्पुत्रश्चित्रलिखित इवेतिकर्तव्यतामूढः परं विषादमुपागतः। अतोऽहं ब्रवीमि—''स्वयं वीक्ष्य'' इत्यादि। तथा त्वयापि भवितव्यम्' इति। तद्धितवचनमवधार्य महता भयेन विमुग्ध इव तं जलाशयमुत्सृज्य मन्थरश्चलितः। तेऽपि हिरण्यकादयः स्नेहादनिष्टं शङ्कमाना मन्थरमनुगच्छन्ति। ततः स्थले गच्छन्केनापि व्याधेन काननं पर्यटता मन्थरः प्राप्तः। प्राप्य तं गृहीत्वोत्थाप्य धनुषि बद्ध्वा भ्रमन्क्लेशात्क्षुत्पिपासाकुलः स्वगृहाभिमुखं चलितः। अथ मृगवायसमूषकाः परं विषादं गच्छन्तस्तमनुजग्मुः।

कुछ दिनों बाद कुट्टिनी के सुझाव पर स्नान करके, स्वर्णाभूषण धारण करके युवराज ने चारुदत्त से कहा—आज से एक मास तक मैं देवी की साधना करूंगा, अतः तुमको मुझे प्रतिदिन पूजा के लिए एक कुलीन युवती लाकर देनी होगी। मैं उसकी विधिपूर्वक पूजा करूंगा।

फिर वह चारुदत्त द्वारा लायी स्त्री का पूजन करता और स्वर्णाभूषण आदि देकर उसे विदा कर दिया करता था। चारुदत्त प्रतिदिन छिपकर यह देखता था कि वह क्या करता है। उने देखा, तुंगबल बिना स्पर्श किये दूर से ही युवती की पूजा करता और वस्त्र, आभूषण, सुगन्धित चन्दन आदि देकर विदा कर देता है।

चारुदत्त ने दो-तीन दिन तक यह सब देखा, तो उसके मन में लोभ जाग उठा और एक दिन वह अपनी पत्नी लावण्यवती को ही युवराज के पास ले आया। तुंगबल ने अपनी प्राणप्यारी को अपने सम्मुख देखा, तो वह प्रसन्न हो उठा। उसने लावण्यवती को अपनी भुजाओं में बांध लिया और उसका गाढ़ालिंगन एवं चुम्बन किया। उसके उपरान्त पलंग पर लिटाकर उसके साथ सम्भोग का आनन्द भी लिया। चारुदत्त ने अपना सिर पीट लिया, किन्तु वह

कुछ भी न कर सका।

इस कथा को सुनाकर चूहा बोला—इसीलिए मैं कहता हूं कि मन्थर को भी चारुदत्त बनिये के समान दुखी होना ही है।

इतना समझाने पर भी मन्थर अपने शुभचिन्तकों की बात का कोई प्रभाव न पड़ा और वह उनकी उपेक्षा करके उस तालाब को छोड़कर चल दिया। तब हिरण्यक आदि भी उसकी सुरक्षा के लिए उसके पीछे-पीछे चल दिये। मार्ग में एक व्याध ने मन्थर को पकड़ लिया और उसे अपने धनुष पर लटका कर अपने घर की ओर चल दिया। अपने मित्र की इस दुर्दशा पर हरिण, चूहा और कौआ भी व्याध के पीछे-पीछे चल दिये।

**ततो हिरण्यको विलपति—**

तब हिरण्यक विलाप करते हुए कहने लगा—

**एकस्य दुःखस्य न यावदन्तं**
**गच्छाम्यहं पारमिवार्णवस्य।**
**तावद्द्वितीयं समुपस्थितं मे**
**छिद्रेष्वनर्था बहुलीभवन्ति॥**

जिस प्रकार समुद्र को पार करना कठिन और थोड़े समय में निबट जाने वाला काम नहीं है, उसी प्रकार किसी कष्ट से छुटकारा पाना भी सरल नहीं है। दुर्भाग्य इस प्रकार मेरे पीछे पड़ा हुआ है कि एक कष्ट से छुटकारा नहीं मिलता कि दूसरा कष्ट आ पहुंचता है। विद्वानों ने ठीक ही कहा है कि कोई भी विपत्ति अकेली कभी नहीं आती, अपने साथ अनेक विपत्तियों को भी लेकर आती है।

**स्वाभाविकं तु यन्मित्रं भाग्येनैवाभिजायते।**
**तदकृत्रिमसौहार्दमापस्वपि न मुञ्चति॥**

बिना किसी स्वार्थ के, सहजभाव से मित्रता करने वाला मित्र किसी-किसी को और सौभाग्य से ही मिलता है। सच्चा मित्र किसी भी संकट के समय अपने मित्र का साथ नहीं छोड़ता।

**न मातरि न दारेषु न सोदर्ये न चात्मजे।**
**विश्वासस्तादृशः पुंसां यादृङ्मित्रे स्वभावजे॥**

कोई भी व्यक्ति अपने मित्र पर जितना विश्वास करता है, उतना अपने माता-पिता, पत्नी, भाई अथवा पुत्र पर भी नहीं करता।

**इति मुहुर्विचिन्त्य 'अहो दुर्दैवम्!**

इस प्रकार गहरे सोच में डूबे हिरण्यक के मुंह से निकला—इससे बड़ा दुर्भाग्य और क्या होगा ?

**यतः,—**

**स्वकर्मसन्तानविचेष्टितानि**
**कालान्तरावर्तिशुभाशुभानि।**
**इहैव दृष्टानि मयैव तानि**
**जन्मान्तराणीव दशान्तराणि॥**

क्योंकि अपने तथा अपनी सन्तान के द्वारा जन्म-जन्मान्तर में अथवा इस जन्म में पिछले दस वर्षों में किये गये पाप-पुण्यों से बाद में मिलने वाले सुख-दुःख की अपेक्षा मैंने इसी जन्म में कर्मफल को मिलते देख लिया है। यह सब मेरा कर्मफल ही है।

**अथवेत्थमेवैतत्,—**

अथवा इसे इस रूप में भी देखा जा सकता है—

**कायः सन्निहितापायः सम्पदः पदमापदाम्।**
**समागमाः सापगमाः सर्वमुत्पादि भङ्गुरम्॥**

कि शरीर अपना विनाश अपने साथ ही लिये रहता है, सम्पत्तियों के साथ ही विपत्तियां भी चिपकी रहती हैं तथा संयोग अपने साथ वियोग को भी लिये रहता है। इससे यही निष्कर्ष निकलता है कि प्रत्येक पदार्थ का विनाश होता ही है।

**पुनर्विमृश्याह—**

फिर वह कुछ सोचते हुए बोला—

**शोकारातिभयत्राणं प्रीतिविश्रम्भभाजनम्।**
**केन रत्नमिदं सृष्टं 'मित्र' मित्यक्षरद्वयम्॥**

शोक, शत्रु तथा भय से सुरक्षा प्रदान करने वाला तथा प्रेम और विश्वास का वास्तविक निधान मित्र ही हो सकता है। आश्चर्य है कि मित्ररूपी रत्न में इन दो वर्णों 'मि' और 'त्र' की सृष्टि किसने की है?

**किं च,—**

और देखें—

**मित्रं प्रीतिरसायनं नयनयोरानन्दनं चेतसः**
**पात्रं यत्सुखदुःखयोः सह भवेन्मित्रेण तद्दुर्लभम्।**
**ये चान्ये सुहृदः समृद्धिसमये द्रव्याभिलाषाकुला-**
**स्ते सर्वत्र मिलन्ति तत्त्वनिकषग्रावा तु तेषां विपत्॥**

इस संसार में सुख-समृद्धि के समय मित्रता का दम्भ भरने वाले तथा अपनी स्वार्थसिद्धि के लिए साथ आने वाले तो अनेक मिल जायेंगे, परन्तु दुःख में साथ निभाने वाला तथा अञ्जन के समान नेत्रों को सुख देने वाला एवं चित्त को प्रसन्न करने वाला सच्चा मित्र अत्यन्त दुर्लभ होता है। सच्चे और झूठे मित्र की कसौटी विपत्ति ही होती है। विपत्ति के समय साथ खड़ा रहने वाला ही सच्चा

मित्र होता है और ऐसे अवसर पर खिसक जाने वाले को झूठा समझना चाहिए।

इति बहु विलप्य हिरण्यकश्चित्राङ्गलघुपतनकावाह—'यावदयं व्याधो वनान्न निःसरति तावन्मन्थरं मोचयितुं यत्नः क्रियताम्।' तावूचतुः—'सत्वरं कार्यमुच्यताम्।' हिरण्यको ब्रूते—'चित्राङ्गो जलसमीपं गत्वा मृतमिवात्मानं दर्शयतु। काकश्च तस्योपरि स्थित्वा चञ्च्वा किमपि विलिखतु। नूनमनेन लुब्धकेन तत्र कच्छपं परित्यज्य मृगमांसार्थिना सत्वरं गन्तव्यम्। ततोऽहं मन्थरस्य बन्धनं छेत्स्यामि। सन्निहिते लुब्धके भवद्भ्यां पलायितव्यम्।' चित्राङ्गलघुपतनकाभ्यां शीघ्रं गत्वा तथानुष्ठिते सति स व्याधः श्रान्तः पानीयं पीत्वा तरोरधस्तादुपविष्टस्तथाविधं मृगमपश्यत्। ततः कर्तरिकामादाय प्रहृष्टमना मृगान्तिकं चलितः। तत्रान्तरे हिरण्यकेनागत्य मन्थरस्य बन्धनं छिन्नम्। स कूर्मः सत्वरं जलाशयं प्रविवेश। स मृग आसन्नं तं व्याधं विलोक्योत्थाय पलायितः। प्रत्यावृत्य लुब्धको यावत्तरुतलमायाति तावत्कूर्ममपश्यन्नचिन्तयत्—'उचितमेवैतन्ममासमीक्ष्यकारिणः।

इस प्रकार बहुत देर तक रोने के पश्चात् हिरण्यक ने अपने दोनों साथियों—हरिण और कौए—से कहा—जब तक व्याध वन से बाहर नहीं निकल जाता, तब तक हमें अपने मित्र मन्थर को व्याध के बन्धन से छुड़ा लेने का प्रयास करते रहना चाहिए।

इस पर दोनों ने पूछा—तुरन्त बताओ, अब हमें क्या करना चाहिए?

हिरण्यक बोला—चित्रांग हरिण को जल के पास मृतक के समान अपने पेट को फुलाकर लेटे रहने का अभिनय करना चाहिए और कौए को उसके ऊपर बैठकर अपनी चोंच से उसके शरीर को नोचने का अभिनय करना चाहिए। यह सब देखकर व्याध मन्थर कछुए को धरती पर रखकर हरिण की ओर लपकेगा। इसी बीच मैं शीघ्रतापूर्वक व्याध के जाल को काटकर मन्थर को बन्धनमुक्त कर दूंगा। तब व्याध को पास आते देखकर कौआ कांय-कांय करके चिल्लाना आरम्भ कर देगा, जिसे सुनकर चित्रांग हरिण भाग खड़ा होगा। इस प्रकार हम अपने उद्देश्य में सफल हो जायेंगे।

चित्रांग और लघुनतनक को हिरण्यक का प्रस्ताव उचित लगा। उन्होंने व्याध को वृक्ष के नीचे बैठकर सुस्ताते देखा, तो तुरन्त ही अपना अभिनय आरम्भ कर दिया। इस अभिनय को वास्तविकता समझते हुए व्याध ने कछुए को धरती पर रखा और छुरा लेकर हरिण की ओर बढ़ा। तभी हिरण्यक ने दौड़कर मन्थर को बन्धनमुक्त कर दिया। व्याध के हरिण के पास पहुंचते ही कौआ कांय-कांय करते हुए वृक्ष पर जा बैठा तथा हरिण भाग खड़ा हुआ।

इस सबको देखकर व्याध ने अपना सिर पीट लिया और वापस वृक्ष के

नीचे आया। लौटने पर कछुए को भी न पाकर विलाप करता हुआ वह अपने-आपसे कहने लगा—मेरे-जैसे मूर्ख को ऐसा ही दण्ड मिलना चाहिए।

**यतः,—**

**यो ध्रुवाणि परित्यज्य अध्रुवाणि निषेवते।**
**ध्रुवाणि तस्य नश्यन्ति अध्रुवं नष्टमेव हि॥**

हाथ में आये निश्चित को छोड़कर अनिश्चित की ओर भागने वाले मूर्ख की यही नियति होती है। अनिश्चित मिलता नहीं और हाथ में आया हुआ निश्चित भी हाथ से निकल जाता है।

**ततोऽसौ स्वकर्मवशान्निराशः कटकं प्रविष्टः। मन्थरादयः सर्वे त्यक्तापदः स्वस्थानं गत्वा तथा सुखमास्थिताः॥**

इस प्रकार अपने भाग्य को कोसता हुआ वह व्याध वहां से चला गया और संकट से मुक्त होकर वे चारों मित्र अपने निवासस्थान पर पहुंचकर पुनः सुखपूर्वक रहने लगे।

**अथ राजपुत्रैः सानन्दमुक्तम्—'सर्वे श्रुतवन्तः सुखिनो वयम्। सिद्धं नः समीहितम्।' विष्णुशर्मोवाच—'एतावता भवतामभिलषितं सम्पन्नम्।**

**'मित्रलाभ'** नामक इस अध्याय को सुनकर चारों राजकुमार बहुत प्रसन्न हुए और कहने लगे—गुरुजी! यह प्रसंग सुनकर हमें नीति का वास्तविक स्वरूप समझ में आ गया है और हमारा आपके पास आने का प्रयोजन भी सिद्ध हो गया है।

आचार्य विष्णु शर्मा बोले—आपने मनोरञ्जन के द्वारा बहुत कुछ सीख लिया, यह जानकर मुझे भी प्रसन्नता हुई है।

**अपरमपीदमस्तु—**

मेरी यही हार्दिक अभिलाषा है—

**मित्रं प्राप्नुत सज्जना जनपदैर्लक्ष्मीः समालम्ब्यतां**
**भूपालाः परिपालयन्तु वसुधां शश्वत्स्वधर्मे स्थिताः।**
**आस्तां मानसतुष्टये सुकृतिनां नीतिर्नवोढेव वः**
**कल्याणं कुरुतां जनस्य भगवांश्चन्द्रार्धचूडामणिः'॥**

कि सज्जनों को सच्चे मित्र और प्रजाजनों को सम्पत्ति की प्राप्ति हो। राजा अपने धर्म की रक्षा करता हुआ अपनी प्रजा का पालन और इस धरती की रक्षा करे, राजाओं की राजनीति नववधू के समान विद्वानों के चित्त को प्रसन्न करने वाली हो तथा भगवान् शंकर संसार के सब प्राणियों का सब प्रकार से मंगल करें।

***॥ मित्रलाभ नामक प्रथम अध्याय समाप्त॥***

## द्वितीय अध्याय

# सुहृद्भेदः

**अथ राजपुत्रा ऊचुः—'आर्य! मित्रलाभः श्रुतस्तावदस्माभिः। इदानीं सुहृद्भेदं श्रोतुमिच्छामः।' विष्णुशर्मोवाच—'सुहृद्भेदं तावच्छृणुत; यस्यामाद्यः श्लोकः—**

अगले दिन राजकुमारों ने कहा—गुरुजी! हमने मित्रलाभ प्रसंग सुना, हमें बहुत अच्छा लगा। अब हम आपसे सुहृद्भेद (मित्रों को अलग करने का ढंग) सुनना चाहते हैं।

आचार्य विष्णु शर्मा ने कहा—ठीक है, यही सुनिये। इस अध्याय का प्रथम पद्य है—

**वर्धमानो महास्नेहो मृगेन्द्रवृषयोर्वने।**
**पिशुनेनातिलुब्धेन जम्बुकेन विनाशितः॥**

किसी जंगल में साथ-साथ रहते हुए एक सिंह और एक बैल की बड़ी गहरी मित्रता हो गयी थी, किन्तु एक चुग़ुलख़ोर और लोभी सियार ने उन दोनों को एक-दूसरे से लड़ाकर उस बैल को मरवा दिया।

**राजपुत्रैरुक्तम्—'कथमेतत्?'। विष्णुशर्मा कथयति—**

राजपुत्रों ने पूछा—यह कैसी कथा है? विष्णु शर्मा सुनाते हैं—

## कथा क्रम : एक

### (एक बनिये, बैल, सिंह और गीदड़ की कहानी)

**अस्ति दक्षिणापथे सुवर्णवती नाम नगरी। तत्र वर्धमानो नाम वणिक् निवसति। तस्य प्रचुरेऽपि वित्तेऽपरान्बन्धूनतिसमृद्धान्समीक्ष्य पुनरर्थवृद्धिः करणीयेति मतिर्बभूव।**

दक्षिण दिशा में स्थित सुवर्णवती नामक नगरी का निवासी वर्धमान नामक सेठ धनी होने पर भी अपने बन्धु-बान्धवों के समान धनी नहीं था, अतः उसके मन में उन बन्धु-बान्धवों से भी अधिक समृद्ध होने की इच्छा उत्पन्न हुई।

यतः,—

**अधोऽधः पश्यतः कस्य महिमा नोपचीयते?।**
**उपर्युपरि पश्यन्तः सर्व एव दरिद्रति॥**

इस संसार का यह नियम है कि अपने से नीचे स्तर के लोगों को देखकर व्यक्ति के मन में अपने को भाग्यशाली मानने का अहंकार उत्पन्न हो जाता है, किन्तु अपने से अधिक धनी को देखकर वह अपने को दरिद्र समझने लगता है।

**अपरं च,—**

और भी देखें—

**ब्रह्महापि नरः पूज्यो यस्यास्ति विपुलं धनम्।**
**शशिनस्तुल्यवंशोऽपि निर्धनः परिभूयते॥**

इससे अधिक धन की महिमा और क्या हो सकती है कि ब्रह्महत्या-जैसा निकृष्ट कर्म करने वाले पापी व धनी व्यक्ति के विरुद्ध कोई भी अपना मुंह नहीं खोलता। उसका तो सब आदर करते हैं, परन्तु चन्द्रमा के समान उज्ज्वल वंश में उत्पन्न होने पर भी निर्धन व्यक्ति को समाज में उपेक्षा का पात्र बनना पड़ता है।

**अन्यच्च,—**

और भी देखें—

**अव्यवसायिनमलसं दैवपरं साहसाच्च परिहीनम्।**
**प्रमदेव हि वृद्धपतिं नेच्छत्युपगूहितुं लक्ष्मीः॥**

जिस प्रकार कोई युवती किसी वृद्ध व्यक्ति को पतिरूप में स्वीकार नहीं करना चाहती, उसी प्रकार लक्ष्मी भी किसी आलसी, उद्यमरहित, प्रारब्ध पर निर्भर रहने वाले तथा साहसहीन व्यक्ति के पास नहीं रहना चाहती।

**अपि च,—**

इस विषय में यह भी जानने योग्य है—

**आलस्यं स्त्रीसेवा सरोगता जन्मभूमिवात्सल्यम्।**
**सन्तोषो भीरुत्वं षड् व्याघाता महत्त्वस्य॥**

किसी व्यक्ति की उन्नति में निम्नोक्त छह बाधाएं घातक सिद्ध होती हैं— 1. आलस्य, 2. स्त्री के आगे-पीछे मंडराना, 3. किसी रोग से ग्रस्त होना, 4. जन्मभूमि से अत्यधिक लगाव होना, 5. यथाप्राप्त से सन्तुष्ट होना तथा 6. कुछ नया करने का साहस न होना, अर्थात् आत्मविश्वास का अभाव।

**यतः,—**

और भी देखें—

**सम्पदा सुस्थितंमन्यो भवति स्वल्पयापि यः।**
**कृतकृत्यो विधिर्मन्ये न वर्धयति तस्य ताम्॥**

जो व्यक्ति थोड़ी-सी सम्पत्ति पाकर ही सन्तुष्ट हो जाता है, उसके विषय में विधाता भी चिन्ता करना छोड़ देता है, अतः ऐसे व्यक्ति की सम्पत्ति में वृद्धि नहीं होती।

**अपरं च,—**

**निरुत्साहं निरानन्दं निर्वीर्यमरिनन्दनम्।**
**मा स्म सीमन्तिनी काचिज्जनयेत्पुत्रमीदृशम्॥**

और भी देखें—किसी भी स्त्री द्वारा निरुत्साही, आनन्दरहित, पराक्रमहीन तथा शत्रु को प्रसन्न करने वाले गुणहीन पुत्र को जन्म देना अपने तेज को व्यर्थ गंवाना माना जाता है। ऐसे पुत्र को जन्म देने से पुत्रहीन होना ही अच्छा होता है।

**तथा चोक्तम्,—**

कहा भी गया है—

**अलब्धं चैव लिप्सेत लब्धं रक्षेदवक्षयात्।**
**रक्षितं वर्धयेत् सम्यग्वृद्धं तीर्थेषु निक्षिपेत्॥**

कि बुद्धिमान् व्यक्ति को अप्राप्त धन को प्राप्त करने के लिए उद्यम करना चाहिए तथा उस धन को चोरों और व्यर्थ व्यय से भी सुरक्षित रखना चाहिए। सुरक्षित धन को व्यापार आदि से बढ़ाना भी चाहिए और ऐसे धन को किन्हीं सत्पात्रों को दान भी देना चाहिए।

**यतो लब्धुमिच्छतोऽर्थयोगादर्थस्य प्राप्तिरेव। लब्धस्याप्यरक्षितस्य निधेरपि स्वयं विनाशः। अपि च, अवर्धमानश्चार्थः काले स्वल्पव्ययोऽप्यञ्जनवत्क्षयमेति। अनुपभुज्यमानश्च निष्प्रयोजन एव सः।**

यह निश्चित है कि धन की इच्छा करने वाले को धन मिलता ही है और यह भी निश्चित है कि परिश्रम से धन की रक्षा न करने पर वह नष्ट भी हो जाता है, किन्तु इसके साथ ही यह भी सत्य है कि यदि धन को बढ़ाया न जाये, तो वह धीरे-धीरे व्यय होकर काजल के समान समाप्त भी हो जाता है। इसी प्रकार न भोगा जाने वाला धन भी व्यर्थ कहलाता है।

**तथा चोक्तम्,—**

कहा गया है—

**धनेन किं यो न ददाति नाश्नुते**
**बलेन किं यश्च रिपून्न बाधते।**
**श्रुतेन किं यो न च धर्ममाचरेत्**
**किमात्मना यो न जितेन्द्रियो भवेत्॥**

कि उपभोग में न आने वाला धन, शत्रु को धूल न चटाने वाला बल तथा धर्म के रास्ते पर न ले जाने वाला शास्त्र एवं जितेन्द्रिय न बनाने वाला ब्राह्मण व्यर्थ होता

है।

**यतः,—**

**जलबिन्दुनिपातेन क्रमशः पूर्यते घटः।**
**स हेतुः सर्वविद्यानां धर्मस्य च धनस्य च॥**

जिस प्रकार जल की एक-एक बूंद के गिरने से घड़ा भर जाता है, उसी प्रकार थोड़ा-थोड़ा सीखने से व्यक्ति विद्वान् बन जाता है, शुभकर्मों के करने से धर्मात्मा बन जाता है और एक-एक पैसा जोड़ने से धनवान् बन जाता है।

**दानोपभोगरहिता दिवसा यस्य यान्ति वै।**
**स कर्मकारभस्त्रेव श्वसन्नपि न जीवति॥**

धन का दान एवं उसका उपभोग न करने वाले व्यक्ति के जीवन को किसी लोहार की धौंकनी के समान सांस लेता हुआ समझना चाहिए। वास्तव में, ऐसा व्यक्ति मृतक के समान होता है।

**इति सञ्चिन्त्य नन्दकसञ्जीवकनामानौ वृषभौ धुरि नियोज्य शकटं नानाविधद्रव्यपूर्णं कृत्वा वाणिज्येन गतः कश्मीरं प्रति।**

यह सोचकर नन्दक और सञ्जीवक नामक दो बैलों को अपनी गाड़ी में जोतकर वर्धमान नामक बनिया व्यापार के लिए कश्मीर की ओर चल दिया।

**अन्यच्च,—**

और भी देखें—

**अञ्जनस्य क्षयं दृष्ट्वा वल्मीकस्य च सञ्चयम्।**
**अवन्ध्यं दिवसं कुर्याद्दानाध्ययनकर्मसु॥**

नेत्रों में थोड़ा-थोड़ा करके भी लगाने पर अञ्जन को क्रमशः घटता हुआ तथा चींटियों के द्वारा रेत के एक-एक कण से वल्मीक—रेत के टीले—को बनते देखकर समझ लेना चाहिए कि थोड़ा-थोड़ा व्यय करने पर भी एक दिन विशाल भाण्डार भी ख़ाली हो जाता है, जबकि एक-एक कण संग्रह करने पर विशाल भाण्डार भर जाता है। इस तथ्य को ध्यान में रखकर ही बुद्धिमान् व्यक्ति को प्रतिदिन दान, पठन-पाठन और धन का संग्रह आदि करना चाहिए।

**यतः,—**

**कोऽतिभारः समर्थानां किं दूरं व्यवसायिनाम्?।**
**को विदेशः सविद्यानां कः परः प्रियवादिनाम्?॥**

समर्थ व्यक्तियों के लिए भार, व्यवसायी व्यक्तियों के लिए दूरी, विद्वानों के लिए विदेश तथा मधुर बोलने वालों के लिए किसी से परिचय न होना भी चिन्ता का विषय नहीं होता।

**अथ गच्छतस्तस्य सुदुर्गनाम्नि महारण्ये सञ्जीवको भग्नजानु-**

**र्निपतितः।**

सुदुर्ग नामक घने वन में पहुंचने पर सञ्जीवक नामक बैल का घुटना टूट जाने के कारण वह धरती पर गिर पड़ा।

**तमालोक्य वर्धमानोऽचिन्तयत्—**

उसे देखकर वर्धमान सोचने लगा—

**करोतु नाम नीतिज्ञो व्यवसायमितस्ततः।**
**फलं पुनस्तदेवास्य यद्विधेर्मनसि स्थितम्॥**

नीति-निपुण व्यक्ति अपने लाभ के लिए कितने ही हाथ-पांव क्यों न मारे, अपने व्यापार का कितना भी विस्तार कर ले, किन्तु सत्य तो यह है कि किसी को भी भाग्य में लिखे से अधिक कभी कुछ नहीं मिलता।

**किन्तु,—**

फिर उसके मन में दूसरा विचार आया—

**विस्मयः सर्वथा हेयः प्रत्यूहः सर्वकर्मणाम्।**
**तस्माद्विस्मयमुत्सृज्य साध्ये सिद्धिर्विधीयताम्॥**

किसी भी काम को हाथ में लेने पर उसकी सिद्धि के विषय में संशय कदापि नहीं करना चाहिए; क्योंकि संशय विघ्न का ही एक रूप है, जिसके कारण व्यक्ति को ग्रहण लग जाता है और वह असफल हो जाता है।

**इति सञ्चिन्त्य सञ्जीवकं तत्र परित्यज्य वर्धमानः पुनः स्वयं धर्मपुरं नाम नगरं गत्वा महाकायमन्यं वृषभमेकं समानीय धुरि नियोज्य चलितः। ततः सञ्जीवकोऽपि कथंकथमपि खुरत्रये भारं कृत्वोत्थितः।**

यह सोचकर वर्धमान ने सञ्जीवक को वहीं छोड़ दिया और धर्मपुर नगर से एक अन्य हृष्ट-पुष्ट बैल ख़रीद लिया। फिर उस नये बैल को अपनी गाड़ी में जोतकर वह आगे बढ़ गया। वर्धमान के चले जाने पर सञ्जीवक भी किसी प्रकार शरीर का भार तीन पैरों पर करके उठ खड़ा हुआ।

**यतः,—**

**निमग्नस्य पयोराशौ पर्वतात्पतितस्य च।**
**तक्षकेणापि दष्टस्य आयुर्मर्माणि रक्षति॥**

भले ही कोई प्राणी गहरे समुद्र में डूब गया हो अथवा पर्वत से गिर गया हो या सर्प ने उसे डस लिया हो, फिर भी, यदि उसकी आयु शेष है, तो उसका बाल भी बांका नहीं हो सकता।

**नाकाले म्रियते जन्तुर्विद्धः शरशतैरपि।**
**कुशाग्रेणैव संस्पृष्टः प्राप्तकालो न जीवति॥**

जीवन के शेष रहते सैकड़ों बाणों से बिंध जाने पर भी प्राणी मृत्यु का ग्रास

नहीं बन सकता, परन्तु जीवन शेष न रहने पर वह कुशा का अग्रभाग लगने से भी मर जाता है।

**अरक्षितं तिष्ठति दैवरक्षितं**
**सुरक्षितं दैवहतं विनश्यति।**
**जीवत्यनाथोऽपि वने विसर्जितः**
**कृतप्रयत्नोऽपि गृहे न जीवति॥**

परमात्मा जिसकी रक्षा करता है, अर्थात् जिसके भाग्य में जीना लिखा है, वह अरक्षित होने पर भी सुरक्षित रहता है, जबकि भाग्य के प्रतिकूल होने पर अनेक साधनों द्वारा सुरक्षित किया गया भी नष्ट हो जाता है। बेसहारा जंगल में भटकता हुआ अनाथ भी जीवित रहता है और अनेक उपाय करके घर में रहने वाला व्यक्ति भी बच नहीं पाता।

**ततो दिनेषु गच्छत्सु सञ्जीवकः स्वेच्छाहारविहारं कृत्वारण्यं भ्राम्यन् हृष्टपुष्टाङ्गो बलवन्ननाद। तस्मिन्वने पिङ्गलकनामा सिंहः स्वभुजोपार्जित-राज्यसुखमनुभवन्निवसति।**

कुछ दिन व्यतीत होने पर अपनी इच्छानुसार खा-पीकर सञ्जीवक अत्यन्त हृष्ट-पुष्ट हो गया और उच्च स्वर में डकारने लगा। उसी जंगल में रहने वाला पिंगलक नामक एक सिंह भी अपने बल से जंगल का राज्य-सुख भोग रहा था।

**तथा चोक्तम्—**

कहा भी गया है—

**नाभिषेको न संस्कारः सिंहस्य क्रियते मृगैः।**
**विक्रमार्जितराज्यस्य स्वयमेव मृगेन्द्रता॥**

जंगल के पशु न तो संगठित होकर सिंह को राजा ही बनाते हैं और न ऐसा कोई प्रस्ताव ही करते हैं। वहां तो सिंह अपने ही पराक्रम से जंगल के सभी पशुओं पर राज्य करता है।

**स चैकदा पिपासाकुलितः पानीयं पातुं यमुनाकच्छमगच्छत्। तेन च तत्र सिंहेनाननुभूतपूर्वकमकालघनगर्जितमिव सञ्जीवकनर्दितमश्रावि। तच्छ्रुत्वा पानीयमपीत्वा स चकितः परिवृत्य स्वस्थानमागत्य किमिदमित्या-लोचयंस्तूष्णीं स्थितः। स च तथाविधः करटकदमनकाभ्यामस्य मन्त्रि-पुत्राभ्यां शृगालाभ्यां दृष्टः। तं तथाविधं दृष्ट्वा दमनकः करटकमाह—'सखे करटक! किमित्ययमुदकार्थी स्वामी पानीयमपीत्वा सचकितो मन्दं मन्दमवतिष्ठते?'। करटको ब्रूते—'मित्र दमनक! अस्मन्मतेनास्य सेवैव न क्रियते। यदि तथा भवति तर्हि किमनेन स्वामिचेष्टानिरूपणेनास्माकम्? यतोऽनेन राज्ञा विनाऽपराधेन चिरमवधीरिताभ्यामावाभ्यां महद्दुःख-**

मनुभूतम्।

एक दिन प्यास लगने पर सञ्जीवक पानी पीने के लिए यमुनातट पर पहुंचा और संयोगवश वहां आये सिंह ने उसके डकारने की आवाज़ सुनी, तो वह भयभीत होकर बिना जल पिये ही वापस लौट गया। अपने निवास पर पहुंचकर वह चुपचाप बैठ गया और सोचने लगा कि यह कौन-सा अद्‌भुत पशु है। सिंह के मन्त्री के दो बेटों—दमनक और करटक—नामक सियारों ने सिंह को घबराया हुआ और बिना पानी पिये ही लौट आये देखा, तो दमनक ने करटक से कहा—हमारा स्वामी नदीतट तक जाकर भी बिना जल पिये ही लौट आया है और चुपचाप बैठा है, इसका कोई कारण तो होगा, हमें इसका पता लगाना चाहिए।

करटक ने कहा—भाई दमनक! जब हम इसकी सेवा में ही नहीं हैं, तो हमें इसकी चिन्ता करने से क्या लाभ? बहुत समय पहले इसने हमें अपनी सेवा से निकाल दिया है और हम इस कारण से बहुत दुःख भी उठा चुके हैं, अब हम इसके विषय में क्यों सोचें?

**सेवया धनमिच्छद्भिः सेवकैः पश्य यत्कृतम्।**
**स्वातन्त्र्यं यच्छीरस्य मूढैस्तदपि हारितम्॥**

सेवा करके धन प्राप्त करने वाले प्राणियों का इससे बड़ा दुर्भाग्य और क्या होगा कि उन बेचारों की स्वतन्त्रता को ही छीन लिया जाये?

**अपरं च,—**

और भी देखें—

**शीतवातातपक्लेशान्सहन्ते यान्पराश्रिताः।**
**तदंशेनापि मेधावी तपस्तप्त्वा सुखी भवेत्॥**

सेवा करके धन-प्राप्त करने वाले प्राणी पराधीन होकर सर्दी-गरमी और बरसात के जिन दुःखों को सहन करते हैं, तपस्या के रूप में उनके अंश मात्र से ही सिद्ध व्यक्ति अपने जीवन का उद्धार कर लेते हैं।

**अन्यच्च,—**

और भी सुनें—

**एतावज्जन्मसाफल्यं यदनायत्तवृत्तिता।**
**ये पराधीनतां यातास्ते वै जीवन्ति के मृताः॥**

यदि देखा जाये, तो स्वाधीन व्यक्ति ही जीवित कहलाने के अधिकारी हैं, सेवक तो सर्वथा पराधीन ही होते हैं। यदि उन्हें भी जीवित मान लिया जाये, तो मृतक किसे कहा जायेगा?

**अपरं च,—**

सेवकों की दुर्दशा का एक अन्य चित्र भी देखें—

एहि गच्छ पतोत्तिष्ठ वद मौनं समाचर।
एवमाशाग्रहग्रस्तैः क्रीडन्ति धनिनोऽर्थिभिः॥

धनवान् व्यक्ति किसी आशा के कारण सेवा में लगे व्यक्ति के साथ खिलवाड़ करते हुए उससे कहते हैं—इधर आ और उसके पास आने पर कह देते हैं—लौट जा। कभी कहते हैं—बैठ जा और कभी कहते हैं—खड़ा रह। कभी कहते हैं—क्या गूंगा है, जो बोलता नहीं है और कभी कहते हैं—क्यों बोले जा रहा है, चुप रहा।

**किंच,—**

अबुधैरर्थलाभाय पण्यस्त्रीभिरिव स्वयम्।
आत्मा संस्कृत्य संस्कृत्य परोपकरणीकृतः॥

और जिस प्रकार वेश्या दूसरों के लिए शृंगार करती है, उसी प्रकार मूर्खों ने भी अपनी आत्मा का संस्कार करके और उसे हृष्ट-पुष्ट बनाकर दूसरों के उपकार के लिए रखा हुआ है।

**किंच,—**

और भी देखें—

या प्रकृत्यैव चपला निपतत्यशुचावपि।
स्वामिनो बहु मन्यन्ते दृष्टिं तामपि सेवकाः॥

बेचारे सेवकों का इससे अधिक दुर्भाग्य क्या होगा कि वे स्वभाव से चञ्चल तथा मल-मूत्रादि अपवित्र पदार्थों को भी देखने वाली अपने स्वामी की दृष्टि को ही अपने लिए बहुमूल्य मानते हैं?

**अपरं च,—**

और भी देखें—

मौनान्मूर्खः प्रवचनपटुर्वातुलो जल्पको वा
क्षान्त्या भीरुर्यदि न सहते प्रायशो नाभिजातः।
धृष्टः पार्श्वे वसति नियतं दूरतश्चाप्रगल्भः
सेवाधर्मः परमगहनो योगिनामप्यगम्यः॥

सेवाकार्य इतना कठिन है कि आत्मजयी योगी भी इसे नहीं कर सकते। सेवक को चुप रहने पर मूर्ख और बोलने पर बकवादी, सहनशील होने पर डरपोक और असहनशील होने पर नासमझ तथा पास रहने पर ढीठ और दूर रहने पर कामचोर माना जाता है। इसीलिए योगीजन इस क्षेत्र में स्वयं को असफल मानते हैं।

**विशेषतश्च,—**

विरोधाभास भी देखें—

प्रणमत्युन्नतिहेतोर्जीवितहेतोर्विमुञ्चति प्राणान्।

**दुःखीयति सुखहेतोः, को मूढः सेवकादन्यः ? ॥**

उन्नति पाने के लिए झुकने वाले, जीवित रहने के लिए अपने प्राणों की आहुति देने को सदा तैयार तथा सुख-लाभ के लिए दुःख सहने वाले सेवक के समान मूर्ख कौन दूसरा हो सकता है ?

**दमनको ब्रूते—'मित्र! सर्वथा मनसापि नैतत्कर्तव्यम्। यतः,—**

मित्र! कभी भूलकर भी तुम्हें ऐसा नहीं सोचना चाहिए; क्योंकि

**कथं नाम न सेव्यन्ते यत्नतः परमेश्वराः।**
**अचिरेणैव ये तुष्टाः पूरयन्ति मनोरथान्॥**

सेवकों द्वारा पूर्ण मनोयोगपूर्वक सेवा किये जाने पर प्रसन्न होकर स्वामी अपने सेवकों के सभी मनोरथों को पूर्ण कर देते हैं। फिर भला ऐसे स्वामियों की सेवा कौन नहीं करेगा ?

**अन्यच्च पश्य,—**

और भी देखें—

**कुतः सेवाविहीनानां चामरोद्धूतसम्पदः।**
**उद्दण्डधवलच्छत्रं वाजिवारणवाहिनी॥**

अपने स्वामी की सेवा से मुंह मोड़ने वाले मूर्ख व्यक्तियों को ऊंचे डण्डे वाले छत्र, आलीशान चंवर, हाथी-घोड़ों के झुण्ड तथा अनेक प्रकार के ऐश्वर्य कहां प्राप्त होते हैं ?

**करटको ब्रूते—'तथापि किमनेनास्माकं व्यापारेण ? यतोऽव्यापारेषु व्यापारः सर्वथा परिहरणीयः।**

करटक बोला—फिर भी अब हमारा इससे कोई सम्बन्ध नहीं है। असम्भव मामलों में रुचि नहीं लेनी चाहिए।

**पश्य,—**

कहा भी गया है—

**अव्यापारेषु व्यापारं यो नरः कर्तुमिच्छति।**
**स भूमौ निहतः शेते कीलोत्पाटीव वानरः॥**

कि अपने से असम्बद्ध तथा न करने योग्य काम में रुचि नहीं लेनी चाहिए; क्योंकि ऐसे व्यक्ति की दुर्गति कील निकालने के कारण मृत्यु का ग्रास बनने वाले वानर के समान होती है।

**दमनकः पृच्छति—कथमेतत् ?।**

दमनक पूछता है—यह कैसी कथा है ?

**करटकः कथयति—**

करटक उससे कहता है।

## कथा क्रम : दो

### (अनधिकृत चेष्टा करने वाले वानर की कथा)

अस्ति मगधदेशे धर्मारण्यसन्निहितवसुधायां शुभदत्तनाम्ना कायस्थेन विहारः कर्तुमारब्धः। तत्र करपत्रदार्यमाणैकस्तम्भस्य कियदूरस्फाटितस्य काष्ठ-खण्डद्वयमध्ये कीलकः सूत्रधारेण निहितः। तत्र बलवान्वानरयूथः क्रीडन्नागतः। एको वानरः कालप्रेरित इव तं कीलकं हस्ताभ्यां धृत्वो-पविष्टः। तत्र तस्य मुष्कद्वयं लम्बमानं काष्ठखण्डद्वयाभ्यन्तरे प्रविष्टम्। अनन्तरं स च सहजचपलतया महता प्रयत्नेन तं कीलकमाकृष्टवान्। आकृष्टे च कीलके चूर्णिताण्डद्वयः पञ्चत्वं गतः। अतोऽहं ब्रवीमि—''अव्यापारेषु व्यापारम्'' इत्यादि'॥

दमनको ब्रूते—'तथापिस्वामिचेष्टानिरूपणं सेवकेनावश्यं करणीयम्।' —करटको ब्रूते—'सर्वस्मिन्नधिकारे य एव नियुक्तः प्रधानमन्त्री स करोतु। यतोऽनुजीविना पराधिकारचर्चा सर्वथा न कर्तव्या।

मगध देश में धर्मारण्य के किसी स्थान पर शुभदत्त नामक कायस्थ एक मन्दिर बनवा रहा था। वहां लकड़ी का काम करने वाले बढ़ई लकड़ी के एक अधचिरे लट्ठे के बीच में एक खूंटी फंसाकर और उसे अगले दिन पूरा चीरने के लिए छोड़कर अपने घर चले गये। इसी बीच बन्दरों का एक झुण्ड वहां आ पहुंचा। एक शरारती वानर लकड़ी के उस लट्ठे के दोनों चिरे हुए भागों के ऊपर बैठकर उनके बीच में फंसी उस खूंटी को निकालने लगा। वानर ने पूरा ज़ोर लगाकर खूंटी को तो निकाल लिया, किन्तु उसके अण्डकोष चिरे हुए लट्ठे में फंस गये और इस बुरी तरह से भिंच गये कि उस वानर का प्राणान्त हो गया।

इस कथा को सुनाकर करटक बोला—इसीलिए मैं कहता हूं कि अपने से असम्बद्ध विषय में रुचि नहीं लेनी चाहिए, इसमें कोई औचित्य नहीं है।

यह सुनकर दमनक ने कहा—मैं समझता हूं कि सेवक को स्वामी के किसी भी काम को पूरा करने के लिए सदा तैयार रहना चाहिए।

करटक बोला—जिस काम पर जो अधिकारी नियुक्त हो, उसे ही वह काम पूरा करना चाहिए। सेवक को किसी अन्य के अधिकारक्षेत्र की चर्चा कभी नहीं करनी चाहिए।

**पश्य,—**

देखें—

**पराधिकारचर्चां यः कुर्यात् स्वामिहितेच्छया।**
**स विषीदति चीत्काराद्गर्दभस्ताडितो यथा॥**

स्वामी के हित की कामना से भी किसी अन्य के अधिकारक्षेत्र में हस्तक्षेप करने वाला चिल्लाने के कारण अपने स्वामी से पिटने वाले गधे के समान दुखी होता है।

**दमनकः पृच्छति–'कथमेतत्?'। करटको ब्रूते–**

दमनक के पूछने पर करटक उसे निम्नोक्त कथा सुनाता है।

## कथा क्रम : तीन

## (धोबी, गधे और कुत्ते की कथा)

**अस्ति वाराणस्यां कर्पूरपटको नाम रजकः। स चाभिनववयस्कया वध्वा सह चिरं निधुवनं कृत्वा निर्भरमालिङ्ग्य प्रसुप्तः। तदनन्तरं तद्गृहद्रव्याणि हर्तुं चौरः प्रविष्टः। तस्य प्राङ्गणे गर्दभो बद्धस्तिष्ठति, कुक्कुरश्चोपविष्टोऽस्ति। अथ गर्दभः श्वानमाह–'सखे! भवतस्तावदयं व्यापारः। तत्किमिति त्वमुच्चैः शब्दं कृत्वा स्वामिनं न जागरयसि?' कुक्कुरो ब्रूते–'भद्र! मम नियोगस्य चर्चा त्वया न कर्तव्या। त्वमेव किं न जानासि यथा तस्याहर्निशं गृहरक्षां करोमि। यतोऽयं चिरान्निर्वृतो ममोपयोगं न जानाति। तेनाधुनापि ममाहारदाने मन्दादरः। यतो विना विधुरदर्शनं स्वामिन उपजीविषु मन्दादरा भवन्ति।'**

वाराणसी में कर्पूरपटक नामक एक धोबी रात में अपनी नवविवाहिता पत्नी के साथ भोगविलास करने के बाद उसे अपने सीने से लगाकर सो गया। अभी वह गहरी नींद में सोया ही था कि उसके घर में चोर घुस आये। धोबी के आंगन में एक गधा और एक कुत्ता भी था। गधे ने अपने मालिक के घर में चोरों को घुसते देखकर कुत्ते को भौंकने को कहा, तो कुत्ता बोला–मित्र! तुम्हें मेरे कर्तव्य को याद कराने की कोई आवश्यकता नहीं है। मुझे कब क्या करना चाहिए, मैं भली प्रकार जानता हूं। मैं पूरे दिन और रात लगन के साथ इस घर की रखवाली करता हूं, परन्तु मेरा मालिक मेरी उपयोगिता नहीं समझता, इसीलिए मुझे भरपेट भोजन भी नहीं देता। वास्तव में, संकट को देखे बिना मालिक सेवकों को कोई महत्त्व नहीं देते।

**गर्दभो ब्रूते–'शृणु रे बर्बर!**

**याचते कार्यकाले यः स किंभृत्यः स किंसुहृत्।**
**भृत्यान्सम्भाषयेद्यस्तु कार्यकाले स किंप्रभुः॥**

गधे ने कहा–संकट के समय अपनी सेवा के मूल्य की मांग करने वाले सेवक और मित्र निकृष्ट कोटि के होते हैं। आवश्यकता पड़ने पर सेवकों की मांग पूरा न करके टाल-मटोल करने वाला स्वामी भी निम्न कोटि का होता है।

**कुक्कुरो ब्रूते—**

**आश्रितानां भृतौ स्वामिसेवायां धर्मसेवने।**
**पुत्रस्योत्पादने चैव न सन्ति प्रतिहस्तकाः॥**

अपने आश्रितों के पालन-पोषण का दायित्व स्वामी को, स्वामी की सेवा का दायित्व सेवक को, धर्माचरण का कार्य व्रती को और पुत्रोत्पत्ति का कार्य स्वयं पति को अपने आप ही करना होता है। इन कार्यों के लिए अपने स्थान पर किसी अन्य को नियुक्त नहीं किया जाता।

**ततो गर्दभः सकोपमाह—'अरे दुष्टमते! पापीयांस्त्वं यद्विपत्तौ स्वामिकार्य उपेक्षां करोषि। भवतु तावत्, यथा स्वामी जागरिष्यति तन्मया कर्तव्यम्।**

तब गधा क्रुद्ध होकर बोला—मूर्ख! तू सचमुच चालाक और नमकहराम है, जो संकट में पड़े स्वामी के प्रति भी अपने कर्तव्य की उपेक्षा कर रहा है। ठहर, मैं ही स्वामी को जगाने का प्रयास करता हूं—

**यतः,—**

**पृष्ठतः सेवयेदर्कं जठरेण हुताशनम्।**
**स्वामिनं सर्वभावेन परलोकममायया॥**

क्योंकि कहा गया है—सूर्य का सेवन पीठ की ओर से करना चाहिए; क्योंकि सूर्य के सामने बैठने से उसकी किरणें आंखों को हानि पहुंचा सकती हैं। इसके विपरीत अग्नि का सेवन सामने से करना चाहिए, ताकि आग की उड़ती चिनगारी से बचाव किया जा सके। अपने स्वामी की सेवा पूरी तरह समर्पित होकर करनी चाहिए। इसी प्रकार परलोक में सद्गति पाने के लिए व्यक्ति को सब के साथ निश्छल व्यवहार करना चाहिए।

**इत्युक्त्वातीव चीत्कारशब्दं कृतवान्। ततः स रजकस्तेन चीत्कारेण प्रबुद्धो निद्राभङ्गकोपादुत्थाय गर्दभं लगुडेन ताडयामास। तेनासौ पञ्चत्वमगमत्। अतोऽहंब्रवीमि—''पराधिकारचर्चाम्''इत्यादि॥ पश्य। पशूनामन्वेषणमेवास्मन्नियोगः। स्वनियोगचर्चा क्रियताम्। (विमृश्य) किंत्वद्य तया चर्चया न प्रयोजनम्। यत आवयोर्भक्षितशेषाहारः प्रचुरोऽस्ति।' दमनकः सकोपमाह—'कथमाहारार्थी भवान्केवलं राजानं सेवते? एतदयुक्तमुक्तं त्वया।**

यह कहने के पश्चात् गधे ने ऊंची आवाज़ में रेंकना आरम्भ कर दिया, जिससे धोबी की नींद खुल गयी और चोर भाग गये। तब धोबी ने लाठी से गधे की बुरी तरह से पिटाई की, जिससे गधा मर गया।

इस कथा को सुनाकर करटक ने कहा—बन्धो! इसीलिए मैं कहता हूं कि

किसी अन्य के अधिकारक्षेत्र में हस्तक्षेप नहीं करना चाहिए। देखो, हमारा काम पशुओं को ढूंढ़ना है। हमें अपने काम से काम रखना चाहिए। आज इस बारे में चर्चा करने की कोई आवश्यकता नहीं है; क्योंकि हमारे पास खाने के बाद भी भविष्य के लिए पर्याप्त भोजन बचा हुआ है।

दमनक ने क्रुद्ध होकर कहा—क्या तुम्हें केवल अपना पेट भरने की ही चिन्ता रहती है और तुम इसीलिए राजा की सेवा करते हो? यदि यही सच है, तो यह अत्यन्त शोचनीय है;

**यतः,—**

**सुहृदामुपकारकारणा-**
**द्विषतामप्यपकारकारणात्।**
**नृपसंश्रय इष्यते बुधै-**
**र्जठरं को न बिभर्ति केवलम्॥**

क्योंकि बुद्धिमान् व्यक्ति राजा का आश्रय अपने मित्रों का उपकार करने के लिए और शत्रुओं से प्रतिशोध लेने के लिए ही लेते हैं, अपना पेट तो किसी-न-किसी प्रकार सभी भर लेते हैं।

**जीविते यस्य जीवन्ति विप्रा मित्राणि बान्धवाः।**
**सफलं जीवितं तस्य आत्मार्थे को न जीवति?॥**

देखा जाये, तो उसी व्यक्ति के जीवन को सफल माना जा सकता है, जो अपने बन्धुओं, मित्रों एवं ब्राह्मणों का जीवनाधार बनता है, अन्यथा अपने स्वार्थ के लिए तो सभी जीवित रहते हैं। ऐसे जीने को महत्त्वपूर्ण नहीं माना जा सकता।

**अपि च,—**

**यस्मिञ्जीवति जीवन्ति बहवः स तु जीवतु।**
**काकोऽपि किं न कुरुते चञ्च्वा स्वोदरपूरणम्?॥**

उसी का जीवित रहना महत्त्वपूर्ण माना जा सकता है, जिसके जीने से दूसरों को भी लाभ हो, अर्थात् जो दूसरों के पालन-पोषण का दायित्व भी निभाता हो, वरना अपना पेट तो कौआ भी अपनी चोंच से भर ही लेता है।

**पश्य,—**

**पञ्चभिर्याति दासत्वं पुराणैः कोऽपि मानवः।**
**कोऽपि लक्षैः कृती कोऽपि लक्षैरपि न लभ्यते॥**

प्रत्येक व्यक्ति का महत्त्व और मूल्य उसके गुणों के आधार पर ही तय किया जाता है। एक व्यक्ति पांच पैसे में काम करने को तैयार हो जाता है, जबकि गुणी व्यक्ति एक लाख में सेवा करने को तैयार होता है, और कुछ तो ऐसे भी हैं, जो लाखों पर भी नहीं मिल पाते।

**अन्यच्च,—**

और भी देखें—

**मनुष्यजातौ तुल्यायां भृत्यत्वमतिगर्हितम्।**
**प्रथमो यो न तत्रापि स किं जीवत्सु गण्यते?॥**

जब सभी व्यक्ति एक समान हैं, तो अपने समान का सेवक बनकर रहना अत्यन्त निन्दनीय काम है। सेवकों के तो मुखिया को भी जीवित नहीं मानना चाहिए।

**तथा चोक्तम्,—**

**वाजिवारणलोहानां काष्ठपाषाणवाससाम्।**
**नारीपुरुषतोयानामन्तरं महदन्तरम्॥**

घोड़ा, हाथी, लोहा, लकड़ी, पत्थर, वस्त्र, स्त्री, पुरुष व जल—एक जाति के होने पर भी इन दो में भी भारी अन्तर होता है।

**तथा हि, स्वल्पमप्यतिरिच्यते।**

छोटा प्राणी थोड़ा पाकर भी सन्तुष्ट हो जाता है,जबकि बड़ा किसी बड़े के लिए ही प्रयास करता है।

**स्वल्पस्नायुवसावशेषमलिनं निर्मांसमप्यस्थिकं**
**श्वा लब्ध्वा परितोषमेति न भवेत्तस्य क्षुधः शान्तये।**
**सिंहो जम्बुकमङ्कमागतमपि त्यक्त्वा निहन्ति द्विपं,**
**सर्वः कृच्छ्रगतोऽपि वाञ्छति जनः सत्त्वानुरूपं फलम्॥**

कुत्ता थोड़ी-सी चर्बी लगे मांस के टुकड़े अथवा मांसरहित हड्डी के टुकड़े को ही बहुत कुछ समझ लेता है और भले ही उससे उसकी भूख शान्त न होती हो, फिर भी वह उसे पाकर ही प्रसन्न हो जाता है, परन्तु सिंह भूखा होने पर भी अपनी गोद में सोये सियार का वध नहीं करता, वह हाथी पर ही वार करता है और उसका वध करके ही अपनी भूख को शान्त करता है। इससे यह सिद्ध होता है कि प्रत्येक प्राणी अपने स्तर के अनुरूप ही पराक्रम करता है और उसी के अनुरूप उसे फल की प्राप्ति होती है।

**अपरं च, सेव्यसेवकयोरन्तरं पश्य,—**

अब स्वामी और सेवक का अन्तर देखें—

**लाङ्गूलचालनमधश्चरणावपातं**
**भूमौ निपत्य वदनोदरदर्शनं च।**
**श्वा पिण्डदस्य कुरुते गजपुङ्गवस्तु**
**धीरं विलोकयति चाटुशतैश्च भुंक्ते॥**

कुत्ता अपने को टुकड़ा देने वाले के आगे अपनी पूंछ हिलाता है, उसके पैरों

में गिरता है, धरती पर लेटकर अपने मालिक को अपना चेहरा और अपना पेट भी दिखाता है, किन्तु हाथी, जो एक श्रेष्ठ प्राणी कहलाता है, अपने स्वामी को बड़े धैर्यपूर्वक देखता है और उसके द्वारा अनेक प्रकार से खुशामद किये जाने पर ही भोजन करता है।

**किंच,—**

**यज्जीव्यते क्षणमपि प्रथितं मनुष्यै-**
**र्विज्ञानविक्रमयशोभिरभज्यमानम्।**
**तन्नाम जीवितमिह प्रवदन्ति तज्ज्ञाः**
**काकोऽपि जीवति चिराय बलिं च भुंक्ते॥**

बुद्धिमान् व्यक्ति अपनी विशिष्टता के कारण विज्ञान अथवा पराक्रम के किसी क्षेत्र में प्रसिद्धि अथवा यश प्राप्त करने वाले व्यक्ति के छोटे-से जीवन को भी अत्यन्त महत्त्वपूर्ण मानते हैं और उसे बहुत सम्मान की दृष्टि से देखते हैं। सामान्य जीवन में तो कौआ भी बलि का अन्न खाकर बहुत दिनों तक जीवित रहता है।

**अपरं च,—**

**यो नात्मजे न च गुरौ न च भृत्यवर्गे**
**दीने दयां न कुरुते न च बन्धुवर्गे।**
**किं तस्य जीवितफलेन मनुष्यलोके**
**काकोऽपि जीवति चिराय बलिं च भुंक्ते॥**

अपने पुत्र, गुरु, सेवक, बन्धु-बान्धव तथा दीनों पर दया न करने वाले व्यक्ति के जीने से क्या लाभ? ऐसे व्यक्ति का जीवन तो बलि का अन्न खाने वाले कौए के जीवन के समान निरर्थक है।

**अपरमपि,—**

और भी देखें—

**अहितहितविचारशून्यबुद्धेः**
**श्रुतिसमयैर्बहुभिस्तिरस्कृतस्य।**
**उदरभरणमात्रकेवलेच्छोः**
**पुरुषपशोश्च पशोश्च को विशेषः?'॥**

हित और अहित में अन्तर न कर पाने के कारण तथा वेद, शास्त्र एवं लोकव्यवहार के ज्ञान से शून्य व्यक्ति केवल अपना पेट भरने की ही चिन्ता करता है, अतः उसमें और किसी पशु में क्या अन्तर हो सकता है? ऐसा व्यक्ति तो केवल नाममात्र के लिए ही मनुष्य कहलाता है।

**करटको ब्रूते—'आवां तावदप्रधानौ। तदप्यावयोः किमनया विचारणया?'**

**दमनको ब्रूते—'कियता कालेनामात्याः प्रधानतामप्रधानतां वा लभन्ते।**

करटक बोला—देखो, इस समय हम दोनों ही राजा की सेवा नहीं कर रहे, अतः हमारा कोई दायित्व नहीं है। हम इस विषय में क्यों सोचें?

दमनक ने उत्तर दिया—मैं यह नहीं समझ पा रहा हूं कि सदा प्रधान बने रहने वाला मन्त्री अप्रधान कब बन जाता है?

**यतः,—**

**न कस्यचित्कश्चिदिह स्वभावा-**
**द्भवत्युदारोऽभिमतः खलो वा।**
**लोके गुरुत्वं विपरीततां वा**
**स्वचेष्टितान्येव नरं नयन्ति॥**

जन्म से कोई भी किसी का प्रिय मित्र अथवा अप्रिय शत्रु नहीं होता। दूसरों के प्रति अपने सदाचरण अथवा दुराचरण के कारण ही कोई किसी का मित्र अथवा शत्रु बन जाता है ।

**किंच,—**

**आरोप्यते शिला शैले यत्नेन महता यथा।**
**निपात्यते क्षणेनाधस्तथात्मा गुणदोषयोः॥**

जिस प्रकार किसी पत्थर की शिला को पर्वत-शिखर पर ले जाने में कठोर श्रम और समय लगता है, परन्तु उसे पर्वत से नीचे गिराने में न अधिक श्रम लगता है और न विशेष समय ही लगता है। ठीक इसी प्रकार किसी भी व्यक्ति को अपनी चित्तवृत्ति को संवारने में पर्याप्त समय तक विशेष परिश्रम करना पड़ता है, परन्तु उसे बिगाड़ने में तनिक भी देर नहीं लगती।

**यात्यधोऽधो व्रजत्युच्चैर्नरः स्वैरेव कर्मभिः।**
**कूपस्य खनिता यद्वत्प्राकारस्येव कारकः॥**

जिस प्रकार कुआं खोदने वाला नीचे ही नीचे जाता रहता है, परन्तु भवन का निर्माण करने वाला ऊपर-ही-ऊपर जाता रहता है, इसी प्रकार उत्तम एवं निकृष्ट कर्म करने वाला व्यक्ति भी उन्नति अथवा अवनति प्राप्त करता है। इससे यह सिद्ध होता है कि कोई भी व्यक्ति अपने कर्म से ही बड़ा अथवा छोटा बन जाता है।

**तद्भद्रम्। स्वयत्नायत्तो ह्यात्मा सर्वस्य।' करटको ब्रूते—'अथ भवान्किं ब्रवीसि?'। स आह—'अयं तावत्स्वामी पिङ्गलकः कुतोऽपि कारणात्स-चकितः परिवृत्योपविष्टः।' करटको ब्रूते—'किं तत्त्वं जानासि?'। दमनको ब्रूते—'किमत्राविदितमस्ति?**

यह सच है कि व्यक्ति का उत्थान एवं उसका पतन उसके अपने कर्मों के अनुसार तथा उनका ही फल होता है।

करटक ने पूछा—तुम क्या कहना और क्या करना चाहते हो ?

दमनक ने उत्तर दिया—इस समय हमारा स्वामी पिंगलक किसी कारण से बहुत घबराया हुआ है और इसीलिए सरोवर से बिना पानी पिये ही चला आया है।

करटक ने पूछा—क्या तुम इसका कारण जानते हो ?

दमनक ने कहा—इसमें न जानने वाली क्या बात है ?

**उक्तं च,—**

**उदीरितोऽर्थः पशुनापि गृह्यते**
**हयाश्च नागाश्च वहन्ति देशिताः।**
**अनुक्तमप्यूहति पण्डितो जनः**
**परेङ्गितज्ञानफला हि बुद्धयः॥**

कहा भी गया है कि निर्देश देने पर तो पशु भी अभिप्राय को समझ जाते हैं, इसीलिए तनिक पुचकारे जाने पर हाथी-घोड़े अपने ऊपर चुपचाप भारी बोझ लाद लेने देते हैं और निर्देश देते ही चल देते हैं। विद्वान् व्यक्ति वही है, जो किसी के बोले बिना ही उसके मन के भाव को समझ लेता है। बुद्धि की महत्ता ही इस बात में है कि वह दूसरे व्यक्ति के संकेत से ही उसके मन में छिपे भाव को समझ लेती है।

**आकारैरिङ्गितैर्गत्या चेष्टया भाषणेन च।**
**नेत्रवक्त्रविकारेण लक्ष्यतेऽन्तर्गतं मनः॥**

व्यक्ति के चेहरे के संकेत से, उसके हाव-भाव से, उसकी चेष्टाओं से, चाल-ढाल से, बोलचाल से तथा आंखों व मुख पर हो रहे परिवर्तनों से उसके मन के रहस्य का अनुमान हो जाता है।

**अत्र भयप्रस्तावे प्रज्ञाबलेनाहमेनं स्वामिनमात्मीयं करिष्यामि।**

इस प्रकार मैं अपने बुद्धिबल से, भय से दुखी हो रहे अपने स्वामी को भयमुक्त करके उसे अपने अनुकूल बना लूंगा।

**यतः,—**

**प्रस्तावसदृशं वाक्यं सद्भावसदृशं प्रियम्।**
**आत्मशक्तिसमं कोपं यो जानाति स पण्डितः॥**

वास्तव में, निम्नोक्त गुणयुक्त व्यक्ति को ही विद्वान् समझना चाहिए—

1. प्रसंग के अनुकूल बात करने वाला,
2. मित्र के प्रति सद्भाव रखने वाला तथा

3. अपनी शक्ति एवं सामर्थ्य को भली प्रकार जांचकर क्रोध करने वाला।

**करटको ब्रूते—'सखे! त्वं सेवानभिज्ञः।**

करटक ने कहा—मित्र! मुझे लगता है कि तुम सेवा करना जानते ही नहीं।

**पश्य,—**

**अनाहूतो विशेद्यस्तु अपृष्टो बहु भाषते।**
**आत्मानं मन्यते प्रीतं भूपालस्य स दुर्मतिः॥**

देखो, बिना बुलाये किसी के घर जाने वाले को, बिना पूछे अधिक बोलने वाले को तथा अपने को राजा का शुभचिन्तक व मित्र मानने वाले को मूर्ख समझना चाहिए।

**दमनको ब्रूते—'भद्र! कथमहं सेवानभिज्ञः?**

दमनक ने कहा—बन्धो! तुम मुझे सेवा करने में अनजान कैसे कह सकते हो?

**पश्य,—**

**किमप्यस्ति स्वभावेन सुन्दरं वाप्यसुन्दरम्।**
**यदेव रोचते यस्मै भवेत्तत्तस्य सुन्दरम्॥**

देखो, इस संसार में न तो कोई वस्तु सुन्दर होती है, न असुन्दर होती है, जिसे जो वस्तु अच्छी लगती है, वह उसे ही सुन्दर मान लेता है। उसके अतिरिक्त कोई सुन्दर वस्तु भी उस व्यक्ति की दृष्टि में महत्त्वपूर्ण न होने के कारण उसे असुन्दर ही लगती है।

**यतः,—**

**यस्य यस्य हि यो भावस्तेन तेन हि तं नरम्।**
**अनुप्रविश्य मेधावी क्षिप्रमात्मवशं नयेत्॥**

अतः बुद्धिमान् व्यक्ति को पहले इस तथ्य का पता लगाना चाहिए कि उसके स्वामी को क्या पसन्द है और क्या नहीं। इस तथ्य से परिचित होने पर ही स्वामी का हितकर कार्य करने के पश्चात् सेवक को स्वामी पर अपना अधिकार कर लेना चाहिए।

**अन्यच्च,—**

और भी देखें—

**कोऽत्रेत्यहमिति ब्रूयात्सम्यगादेशयेति च।**
**आज्ञामवितथां कुर्याद्यथाशक्ति महीपतेः॥**

सदा राजा की सेवा में लगा रहने वाला, राजा की आवाज़ सुनते ही उसके सम्मुख उपस्थित हो जाने वाला तथा राजा के आदेश का यथाशक्ति पालन करने वाला सेवक राजा का प्रिय बन जाता है।

**अपरं च,—**

और भी देखें—

**अल्पेच्छुर्धृतिमान् प्राज्ञश्छायेवानुगतः सदा।**
**आदिष्टो न विकल्पेत स राजवसतौ वसेत्॥**

थोड़े की इच्छा करने वाला, अर्थात् राजा द्वारा दिये धन से सन्तुष्ट रहने वाला, राजा की छाया से सदा चिपका रहने वाला तथा राजा की आज्ञा के विरुद्ध कुछ न करने वाला सेवक राजा के हृदय में स्थान बना लेता है।

**करटको ब्रूते—'कदाचित्त्वामनवसरप्रवेशादवमन्यते स्वामी'। स आह—'अस्त्वेवम्। तथाप्यनुजीविना स्वामिसान्निध्यमवश्यं करणीयम्।**

करटक बोला—यदि कहीं स्वामी ने तुम्हारा अनादर कर दिया, तो तुम क्या करोगे?

दमनक ने उत्तर दिया—ऐसी आशंका होने पर भी सेवक को स्वामी के पास जाना ही चाहिए।

**यतः,—**

**दोषभीतेरनारम्भस्तत्कापुरुषलक्षणम् ।**
**कैरजीर्णभयाद्भ्रातर्भोजनं परिहीयते?॥**

जिस प्रकार अजीर्ण के भय से भोजन करना छोड़ नहीं दिया जाता, उसी प्रकार किसी दोष निकलने की सम्भावना से कार्य को प्रारम्भ न करना कायरता का लक्षण है।

**पश्य,—**

**आसन्नमेव नृपतिर्भजते मनुष्यं**
**विद्याविहीनमकुलीनमसङ्गतं वा।**
**प्रायेण भूमिपतयः प्रमदा लताश्च**
**यः पार्श्वतो वसति तं परिवेष्टयन्ति॥**

देखो, जिस प्रकार कोई लता अथवा स्त्री प्रायः अपने पास रहने वाले से ही लिपट जाती है, उसी प्रकार राजा भी अपने आस-पास रहने वाले व्यक्ति को अपनाने लगते हैं, उनसे ही अपना काम कराने लगते हैं। फिर चाहे ऐसे व्यक्ति विद्याविहीन अथवा ओछे कुल के या निम्नस्तर के ही क्यों न हों।

**करटको ब्रूते—'अथ तत्र गत्वा किं वक्ष्यति भवान्?'। स आह—'शृणु। किमनुरक्तो विरक्तो वा मयि स्वामीति ज्ञास्यामि'। करटको ब्रूते—'किं तज्ज्ञानलक्षणम्?'।**

करटक ने पूछा—अच्छा, यह बताओ कि तुम स्वामी के पास जाकर क्या कहोगे?

दमनक ने उत्तर दिया—सबसे पहले मैं स्वामी के मनोभाव को जानने का प्रयास करूंगा।

करटक ने पूछा—स्वामी के मनोभाव को समझने का तुम्हारे पास कौन-सा साधन है?

**दमनको ब्रूते—'शृणु,—**

**दूरादवेक्षणं हासः सम्प्रश्नेष्वादरो भृशम्।**
**परोक्षेऽपि गुणश्लाघा स्मरणं प्रियवस्तुषु॥**
**असेवके चानुरक्तिर्दानं सप्रियभाषणम्।**
**अनुरक्तस्य चिह्नानि दोषेऽपि गुणसंग्रहः॥**

दमनक बोला—सुनो, 1. दूर से आते हुए व्यक्ति को देखकर मुसकराना, 2. कुशल-मंगल पूछने में रुचि दिखाना, 3. पीठ पीछे भी गुणों की प्रशंसा करना, 4. समारोहों तथा आयोजनों पर निमन्त्रित करना, 5. सेवा में न होने पर भी व्यक्ति के प्रति प्रेमभाव का प्रदर्शन करना, 6. उपहार व पुरस्कार आदि देना, 7. प्रिय वचन बोलना, 8. दोषों को अनदेखा करना तथा व्यक्ति के गुणों की बार-बार प्रशंसा करना—ये सब स्वामी के उत्तम मनोभावों के लक्षण हैं।

**अन्यच्च,—**

**कालयापनमाशानां वर्धनं फलखण्डनम्।**
**विरक्तेश्वरचिह्नानि जानीयान्मतिमान्नरः॥**

इसके विपरीत सेवक के प्रति सद्भावना न रखने वाले स्वामी के लक्षण इस प्रकार हैं—1. किसी काम को न करके कल-परसों पर टालते जाना, 2. झूठी दिलासा देना तथा 3. फल देने के समय अपने वचन से मुकर जाना।

बुद्धिमान् व्यक्ति को चाहिए कि वह स्वामी के इन लक्षणों को देखकर समझ ले कि स्वामी उसे अपनाना नहीं चाहता।

**यतः,—**

**अपायसन्दर्शनजां विपत्ति-**
**मुपायसन्दर्शनजां च सिद्धिम्।**
**मेधाविनो नीतिविधिप्रयुक्तां**
**पुरः स्फुरन्तीमिव दर्शयन्ति॥**

बुद्धिमान् व्यक्ति राजा के विरक्त होने पर किसी प्रकार के अनिष्ट, अर्थात् किसी विपत्ति की सम्भावना तथा राजा की प्रसन्नता को किसी सिद्धि की सम्भावना मानते हैं।

**करटको ब्रूते—'तथाप्यप्राप्ते प्रस्तावे न वक्तुमर्हसि।**

करटक ने कहा—फिर भी बिना पूछे कुछ कहना उचित नहीं लगता;

यतः,—

> अप्राप्तकालवचनं बृहस्पतिरपि ब्रुवन्।
> प्राप्नुयाद्बुध्यवज्ञानमपमानं च शाश्वतम्॥

क्योंकि बिना पूछे अथवा बिना अवसर के अपनी बात कहने पर देवगुरु बृहस्पति का भी अपमान व उपेक्षा हो जाती है।

**दमनको ब्रूते—'मित्र! मा भैषीः। नाहमप्राप्तावसरं वचनं वदिष्यामि।**

दमनक ने कहा—मित्र! तुम इस बात की चिन्ता मत करो। मैं अवसर के विपरीत कभी कोई बात नहीं करता। नीतिकारों का कथन है—

यतः,—

> आपद्युन्मार्गगमने कार्यकालात्ययेषु च।
> अपृष्टेनापि वक्तव्यं भृत्येन हितमिच्छता॥

कि स्वामी पर संकट के समय, स्वामी के कुमार्ग पर जाने पर तथा स्वामी के कार्य सम्पन्न होने का अवसर बीतने पर स्वामी के हितैषी सेवक को उससे पूछे बिना भी उसके हित की बात कह देनी चाहिए।

**यदि च प्राप्तावसरेणापि मया मन्त्रो न वक्तव्यस्तदा मन्त्रित्वमेव ममानुपपन्नम्।**

अब यदि उपयुक्त अवसर आने पर भी मैं उसका सदुपयोग करने से चूक गया, तो मैं अपने को मन्त्रीपद के लिए योग्य कैसे समझ सकता हूं?

यतः,—

> कल्पयति येन वृत्तिं येन च लोके प्रशस्यते सद्भिः।
> स गुणस्तेन च गुणिना रक्ष्यः संवर्धनीयश्च॥

इसलिए व्यक्ति को सदैव अपने उन गुणों की रक्षा करते रहना चाहिए जिनके कारण वह अपनी आजीविका अर्जित करता है अथवा लोक में प्रशंसा प्राप्त करता है। इसके साथ ही उसे अपने इन गुणों को विकसित भी करते रहना चाहिए।

**तद्भद्र! अनुजानीहि माम्। गच्छामि'। करटको ब्रूते—'शुभमस्तु। शिवास्ते पन्थानः। यथाभिलषितमनुष्ठीयताम्' इति। ततो दमनको विस्मित इव पिङ्गलकसमीपं गतः।**

बन्धो! अब तुम मुझे स्वामी के पास जाने की अनुमति दो; क्योंकि मैं उनके पास जाने का निश्चय कर चुका हूं।

तब करटक ने अपनी शुभकामना देते हुए उससे कहा—ईश्वर तुम्हारा मार्ग प्रशस्त करे और तुम्हें तुम्हारा अभिलषित प्राप्त हो। इस पर किसी घबराये हुए व्यक्ति का अभिनय करता हुआ दमनक पिंगलक के पास चल दिया।

**अथ दूरादेव सादरं राज्ञा प्रवेशितः साष्टाङ्गप्रणिपातं प्रणिपत्योपविष्टः। राजाह—'चिराद्दृष्टोऽसि'। दमनको ब्रूते—'यद्यपि मया सेवकेन श्रीमद्देवपादानां न किञ्चित्प्रयोजनमस्ति, तथापि प्राप्तकालमनुजीविना सान्निध्यमवश्यं कर्तव्यमित्यागतोऽस्मि।**

पिंगलक ने दमनक को दूर से अपने पास आते देखा, तो वह मुसकराने लगा और उसे अपने पास आने का संकेत किया। दमनक ने राजा पिंगलक को साष्टांग प्रणाम किया और चुचाप बैठ गया।

पिंगलक ने कहा—बहुत दिनों बाद ही सही, तुम्हें हमारी याद तो आयी।

दमनक बोला—यद्यपि मुझ सेवक को आपसे कोई प्रयोजन नहीं है, तथापि आपको संकट में देखकर मैं यहां चला आया हूं; क्योंकि स्वामिभक्त सेवक को बिना बुलाये भी स्वामी के पास जाना ही चाहिए।

**किंच,—**

**दन्तस्य निर्घर्षणकेन राजन्!**
**कर्णस्य कण्डूयनकेन वापि।**
**तृणेन कार्यं भवतीश्वराणां**
**किमङ्गवाक्पाणिमता नरेण ॥**

क्योंकि कहा गया है कि राजा को भी दांत अथवा कान कुरेदने के लिए तिनके की आवश्यकता पड़ती ही रहती है। फिर हाथ-पांव, वाणी अथवा अन्य स्वस्थ अंगों वाले व्यक्ति से कभी-न-कभी किसी काम के आ पड़ने की सम्भावना को नकारा नहीं जा सकता।

**यद्यपि चिरेणावधीरितस्य देवपादैर्मे बुद्धिनाशः शङ्क्यते, तदपि न शङ्कनीयम्।**

यद्यपि मैं बहुत दिनों से मूर्ख समझकर अपमानित एवं उपेक्षित हूं, तथापि आपको मुझसे किसी प्रकार की आशंका नहीं होनी चाहिए;

**यतः,—**

**कदर्थितस्यापि च धैर्यवृत्ते-**
**र्बुद्धेर्विनाशो न हि शङ्कनीयः।**
**अधःकृतस्यापि तनूनपातो**
**नाधः शिखा याति कदाचिदेव ॥**

क्योंकि व्यक्ति का स्वभाव कभी नहीं बदलता। जिस प्रकार जलती हुई लकड़ी को नीचे की ओर झुकाने पर भी आग की लपटें नीचे को नहीं जातीं, उसी प्रकार स्वामी द्वारा अपमानित किये जाने पर भी धैर्यवान् सेवक के मन में स्वामी के प्रति दुर्भावना उत्पन्न नहीं होती।

**देव! तत्सर्वथा विशेषज्ञेन स्वामिना भवितव्यम्।**

स्वामी! आपको भी भले-बुरे सेवक की पहचान करने में विवेक का दामन कभी नहीं छोड़ना चाहिए।

**यतः,—**

**मणिर्लुठति पादेषु काचः शिरसि धार्यते।**
**यथैवास्ते तथैवास्तां काचः काचो मणिर्मणिः॥**

मणि को पैरों में पहनने से अथवा कांच को सिर पर धारण करने से न तो मणि का अवमूल्यन होता है और न कांच का ही मूल्य बढ़ जाता है, अपितु इससे उसके धारण करने वाले की अज्ञानता का परिचय अवश्य हो जाता है।

**अन्यच्च,—**

**निर्विशेषो यदा राजा समं सर्वेषु वर्तते।**
**तदोद्यमसमर्थानामुत्साहः परिहीयते॥**

जब राजा ही गुणियों एवं अवगुणियों के प्रति समान व्यवहार करने लगता है, तो इसके परिणामस्वरूप उद्यमी और समर्थ व्यक्तियों का राजा के लिए कुछ हितकर करने का उत्साह मन्द पड़ जाता है।

**किंच,—**

**त्रिविधाः पुरुषा राजन्नुत्तमाधममध्यमाः।**
**नियोजयेत्तथैवैतांस्त्रिविधेष्वेव कर्मसु॥**

राजन्! इस संसार में लोगों को तीन—उत्तम, मध्यम और अधम—श्रेणियों में विभाजित किया जाता है। अतः इन तीनों को इनकी योग्यतानुसार ही तीन प्रकार के कामों पर नियुक्त किया जाना चाहिए।

**यतः,—**

**स्थान एव नियोज्यन्ते भृत्याश्चाभरणानि च।**
**न हि चूडामणिः पादे नूपुरं शिरसा कृतम्॥**

जिस प्रकार चूड़ामणि को सिर पर ही धारण किया जाता है, उसे पैरों में नहीं पहना जाता और पाज़ेब का स्थान पैरों में है, उसे सिर पर नहीं बांधा जाता, उसी प्रकार उत्तम, मध्यम और अधम प्रकृति के सेवकों को भी उनकी योग्यतानुसार ही काम पर नियुक्त करना चाहिए।

**अपि च,—**

**कनकभूषणसंग्रहणोचितो**
**यदि मणिस्त्रपुणि प्रणिधीयते।**
**न च विरौति न चापि स शोभते**
**भवति योजयितुर्वचनीयता॥**

और भी देखें—यदि स्वर्णाभूषण में जड़ी जाने वाली मणि को सीसे के आभूषण में जड़ दिया जाये, तो उस मणि से न तो झंकार ही निकलेगी और न उस आभूषण की शोभा में ही कोई वृद्धि होगी। हां, उससे जड़ने वाले की अयोग्यता अवश्य प्रकट हो जायेगी।

**अन्यच्च,—**

**मुकुटे रोपितः काचश्चरणाभरणे मणिः।**
**न हि दोषो मणेरस्ति किन्तु साधोरविज्ञता॥**

और भी सुनें—मुकुट में मणि के स्थान पर कांच और पाज़ेब में कांच के स्थान पर मणि जड़ देने से कांच के मूल्य और महत्त्व में कोई उतार-चढ़ाव नहीं आता। हां, इससे उसके जड़िया के अनाड़ीपन का परिचय अवश्य मिल जाता है।

**पश्य,—**

**बुद्धिमाननुरक्तोऽयमयं शूर इतो भयम्।**
**इति भृत्यविचारज्ञो भृत्यैरापूर्यते नृपः॥**

देखिये, जो राजा बुद्धिमान्, समर्पित, शूरवीर तथा भयभीत सेवकों में अन्तर करना जानता है, उसके यहां सेवकों की कोई कमी नहीं होती, उसके यहां सेवकों का तांता लगा रहता है।

**तथा हि,—**

**अश्वः शस्त्रं शास्त्रं वीणा वाणी नरश्च नारी च।**
**पुरुषविशेषं प्राप्य हि भवन्ति योग्या अयोग्याश्च॥**

घोड़ा, शस्त्र, शास्त्र, वीणा, वाणी, पुरुष तथा स्त्री—योग्य व्यक्ति के संसर्ग से योग्य और अयोग्य व्यक्ति के संसर्ग से अयोग्य हो जाते हैं।

**अन्यच्च,—**

**किं भक्तेनासमर्थेन किं शक्तेनापकारिणा?।**
**भक्तं शक्तं च मां राजन्नवज्ञातुं त्वमर्हसि॥**

जिस प्रकार समर्पित सेवक के असमर्थ एवं अनुत्साही होने से कोई लाभ नहीं होता, उसी प्रकार उत्साही सेवक के समर्थ, किन्तु निष्ठावान् न होने पर उसका भी कोई लाभ नहीं होता, अतः आप-जैसे स्वामी के द्वारा मुझ-जैसे गुणी, योग्य एवं उत्साही सेवक का अपमान नहीं किया जाना चाहिए;

**यतः,—**

**अवज्ञानाद्राज्ञो भवति मतिहीनः परिजन-**
**स्ततस्तत्प्रामाण्याद्भवति न समीपे बुधजनः।**
**बुधैस्त्यक्ते राज्ये न हि भवति नीतिर्गुणवती**

विपन्नायां नीतौ सकलमवशं सीदति जगत्॥

क्योंकि राजा द्वारा अपमानित होने से परिजन भ्रम का शिकार हो जाते हैं, वे यह समझ ही नहीं पाते कि राजा चाहता क्या है? इसीलिए यह सोचकर कि राजा हमारा भी अपमान कर देगा, विद्वान् भी उससे कतराने लगते हैं और राज्य तथा राजनीति में बिगाड़ आने से राजा और राज्य—दोनों का ही विनाश हो जाता है।

**अपरं च,—**

**जनं जनपदा नित्यमर्चयन्ति नृपार्चितम्।**
**नृपेणावमतो यस्तु स सर्वैरवमन्यते॥**

और भी देखें—राजा द्वारा सम्मानित व्यक्ति का प्रजा भी मान-सम्मान करती है, क़िन्तु राजा द्वारा तिरस्कृत व्यक्ति का प्रजा बहिष्कार कर देती है।

**किंच,—**

**बालादपि ग्रहीतव्यं युक्तमुक्तं मनीषिभिः।**
**रवेरविषये किं न प्रदीपस्य प्रकाशनम्?॥**

जिस प्रकार सूर्य के न निकलने पर दीपक ही उजाला कर देता है, उसी प्रकार विद्वानों को किसी बालक द्वारा कही गयी युक्तियुक्त बात को ग्रहण कर लेना चाहिए।

**पिङ्गलकोऽवदत्—'भद्र दमनक! किमेतत्? त्वमस्मदीयप्रधानामात्यपुत्र इयन्तं कालं यावत्कुतोऽपि खलवाक्यान्नागतोऽसि? इदानीं यथाभिमतं ब्रूहि।' दमनको ब्रूते—'देव! पृच्छामि किञ्चित्। उच्यताम्। उदकार्थी स्वामी पानीयमपीत्वा किमिति विस्मित इव तिष्ठति?'। पिङ्गलकोऽवदत्—'भद्रमुक्तं त्वया। किन्त्वेतद्रहस्यं वक्तुं काचिद्विश्वासभूमिर्नास्ति। तथापि निभृतं कृत्वा कथयामि। शृणु; सम्प्रति वनमिदम पूर्वसत्त्वाधिष्ठितमतोऽस्माकं त्याज्यम्। अनेन हेतुना विस्मितोऽस्मि। तथा च श्रुतो मयापि महानपूर्वशब्दः। शब्दानुरूपेणास्य प्राणिनो महता बलेन भवितव्यम्।' दमनको ब्रूते—'देव! अस्ति तावदयं महान्भयहेतुः स शब्दोऽस्माभिरप्याकर्णितः। किन्तु स किंमन्त्री यः प्रथमं भूमित्यागं पश्चाद्युद्धं चोपदिशति। अस्मिन्कार्यसन्देहे भृत्यानामुपयोग एव ज्ञातव्यः।**

पिंगलक ने कहा—प्रिय दमनक! क्या बात है? तुम हमारे मुख्यमन्त्री के पुत्र हो, लगता है, किसी ने मेरे विरुद्ध तुम्हारे कान भर दिये हैं, तभी तुम इतने समय तक मेरे पास नहीं आये। अब तुम आये हो, तो अपने मन की बात कहो।

दमनक ने कहा—महाराज! मैं कुछ पूछना चाहता हूं। बताइये, आप नदीतट पर जाकर भी बिना पानी पिये क्यों लौट आये और इस प्रकार घबराये हुए क्यों बैठे हैं?

पिंगलक ने कहा—तुमने अच्छी बात पूछी है, किन्तु मुझे अपनी यह बात कहने के लिए कोई भरोसेमन्द नहीं मिला, इसलिए मैंने अपने मन की बात मन में ही रखी हुई है। अब तुम मिल गये हो और यहां एकान्त भी है, अतः तुमसे कहता हूं, तुम सुनो। यहां इस वन में एक अनोखा प्राणी आ पहुंचा है। उसके कारण हमें इस वन का त्याग करना पड़ेगा, इसीलिए मैं घबराया हुआ हूं। मैंने उसकी वह डकारने की आवाज़ भी सुनी है और मुझे लगता है कि वह कोई बहुत बलशाली प्राणी होगा।

दमनक बोला—महाराज! यह तो अवश्य ही भय का कारण है; क्योंकि इस दहाड़ को मैंने भी सुना है, किन्तु वह कौन मन्त्री होगा, जो पहले तो देश का त्याग करने की सलाह दे और बाद में युद्ध करने की बात कहे? ऐसे सन्देह के अवसर पर ही मन्त्री की नीतिकुशलता की परख होती है।

**यतः,—**

**बन्धुस्त्रीभृत्यवर्गस्य बुद्धेः सत्त्वस्य चात्मनः।**
**आपन्निकषपाषाणे नरो जानाति सारताम्॥**

भाई-बन्धु, स्त्री, सेवक, अपनी बुद्धि तथा अपने बल की परख विपत्तिकाल में ही होती है।

**सिंहो ब्रूते—'भद्र! महती शङ्का मां बाधते।' दमनकः पुनराह स्वगतम्—'अन्यथा राज्यसुखं परित्यज्य स्थानान्तरं गन्तुं कथं मां सम्भाषसे?'। प्रकाशं ब्रूते—'देव! यावदहं जीवामि तावद्भयं न कर्तव्यम्। किन्तु करटकादयोऽप्याश्वास्यन्तां यस्मादापत्प्रतीकारकाले दुर्लभः पुरुषसमवायः।'**

सिंह बोला—हे मित्र! मुझे तो बहुत आशंका हो रही है।

तब दमनक ने अपने मन में कहा—यदि ऐसा न होता, तो तू इस राज्य का सुख छोड़ने की बात मुझसे क्यों कहता? फिर प्रकट में बोला—महाराज! मेरे जीते जी आप को किसी बात की चिन्ता करने की आवश्यकता नहीं है। मैं तो कहता हूं कि इस संकटकाल में करटक आदि को भी अपने साथ ले लीजिये; क्योंकि विपत्ति से बचने का उपाय सोचने के लिए एक से अधिक व्यक्तियों की आवश्यकता होती है।

**ततस्तौ दमनककरटकौ राज्ञा सर्वस्वेनापि पूजितौ भयप्रतीकारं प्रतिज्ञाय चलितौ। करटको गच्छन् दमनकमाह—'सखे! किं शक्यप्रतीकारो भयहेतुरशक्यप्रतीकारो वेति न ज्ञात्वा भयोपशमं प्रतिज्ञाय कथमयं महाप्रसादो गृहीतः? यतोऽनुपकुर्वाणो न कस्याप्युपायनं गृह्णीयाद्विशेषतो राज्ञः।**

तब सिंह ने करटक को भी बुला लिया और उन दोनों का आदर-सत्कार

किया। दोनों ने सिंह को उस भय के कारण का पता लगाने का आश्वासन दिया और उसके प्रबन्ध का वचन देकर दोनों चल दिये।

चलते समय करटक ने दमनक से पूछा—मित्र! भय को दूर करने की सम्भावना पर विचार किये बिना तुमने राजा को उसे दूर करने का वचन कैसे दे दिया और राजा से उपहार आदि कैसे ले लिये? देखा जाये, तो बिना उसका उपकार किये राजा से भेंट आदि नहीं लेनी चाहिए; क्योंकि इस प्रकार भेंट स्वीकार करने का परिणाम अच्छा नहीं होता।

**पश्य,—**

**यस्य प्रसादे पद्मास्ते विजयश्च पराक्रमे।**
**मृत्युश्च वसति क्रोधे सर्वतेजोमयो हि सः॥**

देखो—जिसकी प्रसन्नता में लक्ष्मी रहती है, जिसके पराक्रम में विजय रहती है तथा जिसके क्रोध में मृत्यु का निवास होता है, ऐसा राजा अवश्य ही तेजस्वी होता है।

**तथा हि,—**

**बालोऽपि नावमन्तव्यो मनुष्य इति भूमिपः।**
**महती देवता ह्येषा नररूपेण तिष्ठति॥**

और भी देखो—यदि राजा छोटी आयु का भी हो, तो भी उसका अपमान नहीं किया जाना चाहिए; क्योंकि मनुष्य के रूप में राजा देवता का अवतार होता है।

**दमनको विहस्याह—'मित्र! तूष्णीमास्यताम्। ज्ञातं मया भयकारणम्। बलीवर्दनर्दितं तत्। वृषभाश्चास्माकमपि भक्ष्याः। किं पुनः सिंहस्य?।' करटको ब्रूते—'यद्येवं तदा किं पुनः स्वामित्रासस्तत्रैव किमिति नापनीतः?'। दमनको ब्रूते—'यदि स्वामित्रासस्तत्रैवमुच्यते तदा कथमयं महाप्रसाद-लाभः स्यात्?**

दमनक हंसता हुआ बोला—तुम निश्चिन्त होकर बैठो, मैंने भय का कारण जान लिया है। स्वामी जिस आवाज़ से डर गया था, वह एक बैल का डकारना था। बैल हमारा भोजन है, फिर सिंह को उससे क्या डर?

करटक बोला—यदि यही सच है, तो तुमने स्वामी का भय वहीं क्यों नहीं दूर कर दिया?

दमनक ने कहा—यदि मैंने सब कुछ वहां पहले ही बता दिया होता, तो हम दोनों को राजा से प्रसादरूप में ये बहुमूल्य उपहार कैसे मिलते?

**अपरं च,—**

**निरपेक्षो न कर्तव्यो भृत्यैः स्वामी कदाचन।**

**निरपेक्षं प्रभुं कृत्वा भृत्यः स्याद्दधिकर्णवत्॥**

और फिर—सेवकों को अपने स्वामी को कभी निश्चिन्त नहीं बैठने देना चाहिए। यदि स्वामी को सेवक की अपेक्षा ही नहीं होगी, तो वह उसे अनावश्यक जानकर अपनी सेवा से निकाल बाहर करेगा, अतः स्वामी को सदा उलझाये रखने में ही सेवक का हित होता है। यदि सेवक अपने स्वामी को अपेक्षारहित कर देता है, तो वह दधिकर्ण बिलाव के समान मारा जाता है।

**करकटः पृच्छति—'कथमेतत्?'**

करटक ने पूछा—यह कैसी कथा है?

**दमनकः कथयति—**

दमनक कहने लगा—

## कथा क्रम : चार
### (सिंह, चूहे और बिलाव की कथा)

**अस्त्युत्तरापथेऽर्बुदशिखरनाम्नि पर्वते दुर्दान्तो नाम महाविक्रमः सिंहः। तस्य पर्वतकन्दरमधिशयानस्य केसराग्रं कश्चिन्मूषिकः प्रत्यहं छिनत्ति। ततः केसराग्रं लूनं दृष्ट्वा कुपितो विवरान्तर्गतं मूषिकमलभमानोऽचिन्तयत्—**

उत्तर दिशा को जाने वाले मार्ग पर स्थित अर्बुद शिखर नामक पर्वत पर दुर्दान्त नामक एक बड़ा पराक्रमी सिंह रहता था, जिसकी लटों को उसी पर्वत की गुफा में रहने वाला एक चूहा नित्य कुतर जाया करता था। तब जटाओं के छोर को कुतरा हुआ देखकर क्रोध करके भी वह सिंह बिल के भीतर घुसे उस चूहे को न पाकर सोचने लगा—

**क्षुद्रशत्रुर्भवेद्यस्तु विक्रमान्नैव लभ्यते।**
**तमाहन्तुं पुरस्कार्यः सदृशस्तस्य सैनिकः॥**

जब शत्रु छोटा हो और पराक्रम से भी न मिले, तब उसके समान चालबाज़ और बलवान् किसी सैनिक को ही उसके आगे कर देना चाहिए।

**इत्यालोच्य तेन ग्रामं गत्वा विश्वासं कृत्वा दधिकर्णनामा बिडालो यत्नेनानीय मांसाहारं दत्त्वा स्वकन्दरे स्थापितः। अनन्तरं तद्भयान्मूषिकोऽपि बिलान्न निःसरति। तेनासौ सिंहोऽक्षतकेसरः सुखं स्वपिति। मूषिकशब्दं यदा यदा शृणोति तदा तदा मांसाहारदानेन तं बिडालं संवर्धयति।**

यह सोचकर वह किसी गांव से दधिकर्ण नामक एक बिलाव को मांस आदि देने और पुरस्कार आदि भेंट करने का आश्वासन देकर ले आया और उसे अपनी गुफा में रख लिया। बिलाव के वहां रहने से चूहे का बाहर निकलना कठिन हो गया, जिससे वह सिंह के बालों को नहीं कुतर पाता था। अब सिंह भी

आराम से सोने लगा। जब-जब चूहे की आवाज़ सुनायी देती, तो सिंह उसे मांस का टुकड़ा खाने के लिए दे देता।

**अथैकदा स मूषिकः क्षुधापीडितो बहिः सञ्चरन्बिडालेन प्राप्तो व्यापादितश्च। अनन्तरं स सिंहोऽनेककालं यावन्मूषिकं न पश्यति तत्कृत-रवमपि न शृणोति तदा तस्यानुपयोगाद्बिडालस्याप्याहारदाने मन्दादरो बभूव। ततोऽसावाहारविहारविरहाद्दुर्बलो दधिकर्णोऽवसन्नो बभूव। अतो-ऽहं ब्रवीमि—"निरपेक्षी न कर्तव्यः" इत्यादि'॥ ततो दमनककरटकौ सञ्जीवकसमीपं गतौ। तत्र करटकस्तरुतले साटोपमुपविष्टः।**

एक दिन भूख से व्याकुल होकर चूहा अपने बिल से बाहर निकला, तो बिलाव ने उसे खा लिया। चूहे के न रहने पर जब बहुत दिनों तक सिंह को उसकी आवाज़ सुनायी न दी, तो उसने बिलाव को अनावश्यक समझ कर उसे भोजन देना बन्द कर दिया, जिससे भूखा रहने पर बिलाव की मृत्यु हो गयी। इसीलिए कहता हूं कि सेवकों को अपेक्षारहित नहीं करना चाहिए। अब दोनों— करटक और दमनक—सञ्जीवक के पास पहुंच गये और करटक अपने अहंकार का प्रदर्शन करते हुए वृक्ष के नीचे जा बैठा।

**दमनकः सञ्जीवकसमीपं गत्वाऽब्रवीत्—'अरे वृषभ! एषोऽहं राज्ञा पिङ्गलकेनारण्यरक्षार्थे नियुक्तः। सेनापतिः करटकः समाज्ञापयति— "सत्वरमागच्छ। न चेदस्मादरण्याद्दूरमपसर; अन्यथा ते विरुद्धं फलं भविष्यति। न जाने क्रुद्धः स्वामी किं विधास्यति। तच्छ्रुत्वा सञ्जीवक-श्चायात्।"**

दमनक सञ्जीवक के पास जाकर बोला—अरे बैल! इस वन के स्वामी पिंगलक ने मुझे इस वन की सुरक्षा का भार सौंप रखा है। सेनापति करटक का आदेश है कि तुम तुरन्त पहुंचो या हमारे वन से दूर चले जाओ, अन्यथा तेरे लिए बुरा होगा। यदि स्वामी ने क्रुद्ध होकर कुछ कर डाला, तो तुझे पछताना पड़ेगा।

दमनक के इस प्रकार समझाने-बुझाने पर सञ्जीवक पिंगलक से भेंट करने के लिए दमनक के साथ चल पड़ा।

**आज्ञाभङ्गो नरेन्द्राणां ब्राह्मणानामनादरः।**
**पृथक्शय्या च नारीणामशस्त्रविहितो वधः॥**

राजाज्ञा को भंग करने, ब्राह्मणों का अनादर करने, स्त्रियों को अपने पति से अलग शय्या रखने को बिना शस्त्र के वध कहते हैं।

**ततो देशव्यवहारानभिज्ञः सञ्जीवकः सभयमुपसृत्य साष्टाङ्गपातं करटकं प्रणतवान्।**

उस क्षेत्र के रीति-रिवाजों को न जानने वाले सञ्जीवक ने डरते-डरते पास

पहुंचकर करटक को साष्टांग प्रणाम किया।

**तथा चोक्तम्,—**

**मतिरेव बलाद्गरीयसी**
**यदभावे करीणामियं दशा।**
**इति घोषयतीव डिण्डिमः**
**करिणो हस्तिपकाहतः क्वणन्॥**

कहा भी गया है कि बुद्धिबल शारीरिक बल से अधिक बड़ा होता है। बुद्धि न होने पर ही हाथी पराधीन हो जाते हैं। इसी बात का उद्घोष हाथी पर सवार हाथीवान् नगाड़ा बजाकर किया करता है।

**अथ सञ्जीवकः सशङ्कमाह—'सेनापते! किं मया कर्तव्यम्? तदभिधीयताम्।' करटको ब्रूते—'वृषभ! अत्र कानने तिष्ठसि। अस्माद्देवपादारविन्दं प्रणम।' सञ्जीवको ब्रूते—'तदभयवाचं मे यच्छ, गच्छामि।' करटको ब्रूते—'शृणु रे बलीवर्द! अलमनया शङ्कया।**

तब सञ्जीवक शंकित होकर करटक से बोला—सेनापते! मुझे क्या करना चाहिए? वह बताइये।

करटक ने कहा—अरे बैल! यदि तुझे इस वन में रहना है, तो तू हमारे स्वामी के चरणों में साष्टांग प्रणाम कर।

सञ्जीवक बोला—मुझे अभयवचन दो, तो मैं चलूं।

करटक बोला—अरे बैल! ऐसी दुविधा में मत पड़;

**यतः,—**

**प्रतिवाचमदत्त केशवः**
**शपमानाय न चेदिभूभुजे।**
**अनुहुङ्कुरुते घनध्वनिं**
**न हि गोमायुरुतानि केसरी॥**

क्योंकि सिंह मेघ का गर्जन सुनकर ही हुंकार भरता है, किन्तु सियार के चिल्लाने पर कोई प्रतिक्रिया प्रकट नहीं करता, इसीलिए श्रीकृष्ण ने चन्देरीनरेश शिशुपाल को पलटकर गाली नहीं दी थी।

**अन्यच्च,—**

**तृणानि नोन्मूलयति प्रभञ्जनो**
**मृदूनि नीचैः प्रणतानि सर्वतः।**
**समुच्छ्रितानेव तरून्प्रबाधते**
**महान् महत्येव करोति विक्रमम्॥**

और भी सुनो—आंधी चारों ओर से झुके हुए तथा कोमल व छोटे-छोटे पौधों

को नहीं उखाड़ती, परन्तु बड़े-बड़े लम्बे और ऊंचे वृक्षों को जड़ से उखाड़कर गिरा देती है, इसी प्रकार बड़े भी बड़ों पर ही अपना विक्रम प्रकट करते हैं।

**ततस्तौ सञ्जीवकं कियद्दूरे संस्थाप्य पिङ्गलकसमीपं गतौ।**

फिर वे दोनों सञ्जीवक को कुछ दूरी पर ठहराकर पिंगलक के पास गये।

**ततो राज्ञा सादरमवलोकितौ प्रणम्योपविष्टौ। राजाह—'त्वया स दृष्टः?'। दमनको ब्रूते—'देव! दृष्टः। किन्तु यद्देवेन ज्ञातं तत्तथा। महानेवासौ देवं द्रष्टुमिच्छति। किन्तु महाबलोऽसौ, ततः सज्जीभूयोपविश्य दृश्यताम्। शब्दमात्रादेव न भेतव्यम्।**

राजा ने उन दोनों को आदरपूर्वक देखा, तो वे दोनों सादर प्रणाम करके बैठ गये। फिर राजा बोला—तुमने उसे देखा?

दमनक ने कहा—महाराज! देखा, किन्तु आपने जैसा समझा था, वह वैसा ही है। बहुत बड़ा है और आपके दर्शन करना चाहता है, परन्तु वह बहुत बलवान् है। इसलिए सावधान होकर देखिये।

**तथा चोक्तम्,—**

**शब्दमात्रान्न भेतव्यमज्ञात्वा शब्दकारणम्।**
**शब्दहेतुं परिज्ञाय कुट्टनी गौरवं गता॥**

जैसा कहा गया है—शब्द का कारण जाने बिना केवल शब्द से ही नहीं डर जाना चाहिए। कुटनी ने शब्द का कारण जानकर ही आदर प्राप्त किया था।

**राजाह—'कथमेतत्?'। दमनकः कथयति—**

राजा ने पूछा—यह कैसी कथा है?

दमनक कहने लगा—

## कथा क्रम : पांच

### (वानर, घण्टा और कराला कुटनी की कथा)

**अस्ति श्रीपर्वतमध्ये ब्रह्मपुराख्यं नगरम्। तच्छिखरप्रदेशे घण्टाकर्णो नाम राक्षसः प्रतिवसतीति जनप्रवादः श्रूयते। एकदा घण्टामादाय पलायमानः कश्चिच्चौरो व्याघ्रेण व्यापादितः। तत्पाणिपतिता घण्टा वानरैः प्राप्ता। वानरास्तां घण्टामनुक्षणं वादयन्ति। ततो नगरजनैः स मनुष्यः खादितो दृष्टः। प्रतिक्षणं घण्टारवश्च श्रूयते। अनन्तरं 'घण्टाकर्णः कुपितो मनुष्यान्खादति घण्टां च वादयतीत्युक्त्वा सर्वे जना नगरात्पलायिताः। ततः करालया नाम कुट्टन्या विमृश्यानवसरोऽयं घण्टानादः। तत्किं मर्कटा घण्टां वादयन्तीति स्वयं विज्ञाय राजां विज्ञापितः—'देव! यदि कियद्धनोपक्षयः क्रियते, तदाहमेनं घण्टाकर्णं साधयामि।' ततो राज्ञा तस्यै धनं दत्तम्।**

**कुट्टन्या च मण्डलं कृत्वा तत्र गणेशादिपूजागौरवं दर्शयित्वा स्वयं वानर-प्रियफलान्यादाय वनं प्रविश्य फलान्याकीर्णानि। ततो घण्टां परित्यज्य वानराः फलासक्ता बभूवुः। कुट्टनी च घण्टां गृहीत्वा नगरमागता सर्वजन-पूज्याऽभवत्। अतोऽहं ब्रवीमि—"शब्दमात्रान्न भेतव्यम्" इत्यादि॥ 'ततः सञ्जीवकं आनीय दर्शनं कारितः। पश्चात्तत्रैव परमप्रीत्या निवसति।**

श्री पर्वत के बीच ब्रह्मपुर नामक एक नगर था, जिसके शिखर पर घण्टाकर्ण नामक एक राक्षस रहा करता था। लोग कहा करते थे कि उस घण्टे को लेकर भागते हुए एक चोर को व्याघ्र ने मार डाला। चोर के हाथ से गिरा हुआ घण्टा बन्दरों के हाथ लग गया। बन्दर उस घण्टे को बार-बार बजाते थे। लोग समझे कि उस घण्टे वाले चोर को राक्षस ने खा लिया और अब वही राक्षस क्रुद्ध होकर बार-बार उस घण्टे को बजाया करता है। धीरे-धीरे यह प्रसिद्ध हो गया कि वह राक्षस लोगों को खा जाता है और उसके बाद ही वह उस घण्टे को बजाया करता है। लोग उस नगर को छोड़कर भागने लगे।

यह देखकर कराला नामक कुटनी ने विचार किया कि समय-असमय बजने वाले इस घण्टे का रहस्य पता लगाना चाहिए। उस रहस्य को जानकर वह कुटनी राजा के पास गयी और उससे कहा—यदि आप कुछ धन ख़र्च करें, तो मैं घण्टाकर्ण राक्षस को अपने वश में कर लूं। राजा ने उसे धन दे दिया, तो कुटनी ने पहले एक मण्डल बनाया और फिर उसमें गणेश आदि की पूजा का ढोंग रचाया और बन्दरों को अच्छे लगने वाले केला आदि फल लाकर वन में फैला दिये। तब बन्दर उस घण्टे को छोड़कर फल खाने लग गये और कुटनी उस घण्टे को लेकर नगर में आ पहुंची। लोगों ने उसका बहुत आदर किया। इसीलिए मैं कहता हूं कि केवल शब्दों से ही नहीं डरना चाहिए। तब पिंगलक का आदेश मानकर वह सञ्जीवक को ले आया और उन दोनों का परिचय भी करा दिया। इसके उपरान्त वे सब प्रसन्नतापूर्वक वहां रहने लगे।

**अथ कदाचित्तस्य सिंहस्य भ्राता स्तब्धकर्णनामा सिंहः समागतः। तस्यातिथ्यं कृत्वा समुपवेश्य पिङ्गलकस्तदाहाराय पशुं हन्तुं चलितः। अत्रान्तरे सञ्जीवको वदति—'देव! अद्य हतमृगाणां मांसानि क्व?'। राजाह—'दमनककरटकौ जानीतः'। सञ्जीवको ब्रूते—'ज्ञायतां किमस्ति नास्ति वा।' सिंहो विमृश्याह—'नास्त्येव तत्'। सञ्जीवको ब्रूते—'कथ-मेतावन्मांसं ताभ्यां खादितम्?'। राजाह—'खादितं व्ययितमवधीरितं च। प्रत्यहमेष क्रमः।' सञ्जीवको ब्रूते—'कथं श्रीमद्देवपादानामगोचरेणैवं क्रियते?'। राजाह—'मदीयागोचरेणैव क्रियते।' अथ सञ्जीवको ब्रूते—'नैतदुचितम्।**

कुछ दिनों बाद उस सिंह का स्तब्धकर्ण नामक भाई उससे मिलने आया, तो भाई का यथोचित आदर-सत्कार करने के बाद पिंगलक उसे बिठाकर भोजन की खोज में जाने लगा। तब पास में बैठे सञ्जीवक ने पूछ लिया—महाराज! आज मारे गये मृगों का मांस कहां है? राजा ने कहा—दमनक व करटक जानें। सञ्जीवक बोला—तो पता कीजिये कि है या नहीं। सिंह ने कुछ सोचकर कहा—वह नहीं है। सञ्जीवक ने कहा—इतना सारा मांस उन दोनों ने कैसे खा लिया? राजा ने कहा—कुछ खाया होगा, कुछ बांट दिया होगा और कुछ फेंक दिया होगा। यही नित्यप्रति होता है। सञ्जीवक ने पूछा—महाराज आपकी पीठ पीछे वह ऐसा क्यों करते हैं? राजा ने उत्तर दिया—मेरे पीछे वह ऐसा ही करते हैं। सञ्जीवक ने कहा—यह तो उचित नहीं है।

**तथा चोक्तम्,—**

**नानिवेद्य प्रकुर्वीत भर्तुः किञ्चिदपि स्वयम्।**
**कार्यमापत्प्रतीकारादन्यत्र जगतीपते॥**

कहा भी गया है—हे राजन्! स्वामी की आज्ञा के बिना आपत्ति के उपाय को छोड़कर अन्य कोई भी काम अपने आप नहीं करना चाहिए।

**अन्यच्च,—**

**कमण्डलूपमोऽमात्यस्तनुत्यागो बहुग्रहः।**
**नृपते! किंक्षणो मूर्खो दरिद्रः किंवराटकः॥**

और हे राजन्! मन्त्री कमण्डलु के समान होते हैं, जो थोड़ा व्यय करता है और बहुत संग्रह करता है, परन्तु मूर्ख व्यक्ति समय के मूल्य को नहीं जानता तथा दरिद्र व्यक्ति कौड़ी को भी महत्त्वपूर्ण नहीं मानता।

**स ह्यमात्यः सदा श्रेयान् काकिनीं यः प्रवर्धयेत्।**
**कोशः कोशवतः प्राणाः प्राणाः प्राणा न भूपतेः॥**

एक-एक कौड़ी का संग्रह करके राज्य के कोश की वृद्धि करने वाला मन्त्री ही श्रेष्ठ होता है; क्योंकि राजा के लिए अपने प्राणों से भी अधिक कोश का महत्त्व होता है।

**किं चान्यैर्न कुलाचारैः सेव्यतामेति पूरुषः।**
**धनहीनः स्वपत्न्यापि त्यज्यते किं पुनः परैः?॥**

धन के अभाव में केवल आचरण और उच्च कुल होने पर भी आदर नहीं मिलता। धनहीन व्यक्ति की तो स्त्री भी उसे छोड़ने में संकोच नहीं करती। फिर औरों की तो कहना ही क्या?

**एतच्च राज्ञः प्रधानं दूषणम्—**

और यही राजा का प्रमुख दोष है—

**अतिव्ययोऽनपेक्षा च तथाऽर्जनमधर्मतः।**
**मोषणं दूरसंस्थानं कोशव्यसनमुच्यते॥**

आवश्यकता से अधिक व्यय करना, धन-सञ्चय की इच्छा न करना, अन्याय से तथा अधर्मपूर्वक धन एकत्र करना, किसी का धन छीन लेना तथा धन को अपने से दूर रखना— इसे कोश का व्यसन, अर्थात् दोष माना गया है;

**यतः,—**

**क्षिप्रमायमनालोच्य व्ययमानः स्ववाञ्छया।**
**परिक्षीयत एवासौ धनी वैश्रवणोपमः॥**

क्योंकि लाभ को बिना विचारे अपनी इच्छा से तुरन्त व्यय करने वाला कुबेर के समान धनवान् होने पर भी अवश्य दरिद्र हो जाता है।

**स्तब्धकर्णो ब्रूते—'शृणु भ्रातः! चिराश्रितावेतौ दमनक-करटकौ सन्धिविग्रहकार्याधिकारिणौ च कदाचिदर्थाधिकारे न नियोक्तव्यौ।**

स्तब्धकर्ण ने पिंगलक से कहा— भाई सुनो! ये दमनक और करटक बहुत दिनों से अपने आश्रय में रह रहे हैं, अतः मैं यह तो नहीं कहता कि इन्हें हटा दिया जाये, किन्तु इन्हें पड़ोसियों के साथ सन्धि एवं विग्रह के कार्य पर ही नियुक्त रखो, धन के मामलों पर इन्हें नियुक्त करना मुझे उचित नहीं लगता।

**अपरं च नियोगप्रस्तावे यन्मया श्रुतं तत्कथ्यते—**

और सुनो, ऐसे कार्य पर नियुक्ति के विषय में मैंने जो सुना है, वह कहता हूं—

**ब्राह्मणः क्षत्रियो बन्धुर्नाधिकारे प्रशस्यते।**
**ब्राह्मणः सिद्धमप्यर्थं कृच्छ्रेणापि न यच्छति॥**

ब्राह्मण, क्षत्रिय और भाई को अधिकार सौंपना उचित नहीं होता; क्योंकि अधिकार पाकर ब्राह्मण शीघ्र सिद्ध होने वाले कार्य को भी कठिन बना देता है।

**नियुक्तः क्षत्रियो द्रव्ये खड्गं दर्शयते ध्रुवम्।**
**सर्वस्वं ग्रसते बन्धुराक्रम्य ज्ञातिभावतः॥**

आर्थिक मामलों का अध्यक्ष बनने पर क्षत्रिय निश्चित ही राज्य को छीन लेने की इच्छा से तलवार दिखाने लगता है, जबकि भाई जाति के कारण राजा को घेरकर सारे धन का हरण कर लेता है।

**अपराधेऽपि निःशङ्को नियोगी चिरसेवकः।**
**स स्वामिनमवज्ञाय चरेच्च निरवग्रहः॥**

पुराना सेवक अपराध करने पर भी निर्भय बना रहता है और स्वामी की अवज्ञा करके बिना रोक-टोक काम करता रहता है।

**उपकर्ताऽधिकारस्थः स्वापराधं न मन्यते।**

उपकारं ध्वजीकृत्य सर्वमेवावलुम्पति॥

उपकार करने वाला व्यक्ति अधिकार पाकर अपने अपराध को कुछ भी नहीं गिनता और उपकार की आड़ में अपने सब पापों को छिपा लेता है।

उपांशुक्रीडितोऽमात्यः स्वयं राजायते यतः।
अवज्ञा क्रियते तेन सदा परिचयाद्ध्रुवम्॥

मन्त्री को राजा की सब गुप्त बातों का ज्ञान होता है, जिसके कारण वह राजा से भयभीत नहीं होता और निश्चय ही स्वामी का अनादर करता है।

अन्तर्दुष्टः क्षमायुक्तः सर्वानर्थकरः किल।
शकुनिः शकटारश्च दृष्टान्तावत्र भूपते!॥

हे राजन्! भीतर से दुष्ट, अर्थात् पीठ पीछे बुराई करने वाला तथा सम्मुख रहने पर उदार अथवा सबका हित साधने वाला मन्त्री अवश्य ही सब अनर्थों का करने वाला होता है। इस विषय में शकुनि और शकटार–इन दोनों के दृष्टान्त मौजूद हैं।

शकुनि की सलाह पर ही कौरवों और पाण्डवों में मतभेद उत्पन्न हुए थे और शकटार ने राजा नन्द के राजकोश को लूटकर अपना घर भर लिया था।

सदामात्यो न साध्यः स्यात्समृद्धः सर्व एव हि।
सिद्धानामयमादेश ऋद्धिश्चित्तविकारिणी॥

धन–सम्पन्न व्यक्ति को वित्तमन्त्री नहीं बनाना चाहिए; क्योंकि एक तो वह सम्पन्न होता है, दूसरे वह नीतिज्ञ होता है और तीसरे वह व्यवहारकुशल होता है, अतः अधिकारी बनकर अहंकारी भी हो जाता है। अतः राजा की साधारण–सी बात पर भी अपमानित अनुभव करने लगता है; क्योंकि ऐश्वर्य चित्त को बिगाड़ने वाला होता है–ऐसा नीतिज्ञों का मत है।

प्राप्तार्थग्रहणं द्रव्यपरीवर्तोऽनुरोधनम्।
उपेक्षा बुद्धिहीनत्वं भोगोऽमात्यस्य दूषणम्॥

प्राप्त धन को ठीक से न सहेजना, राज्य के धन की अदला–बदली करना, निरन्तर धन की मांग करते रहना, राज्यकार्यों में उदासीनता दिखाना, तीव्र बुद्धि न होना तथा परस्त्रियों के साथ भोग में लिप्त रहना–ये सब मन्त्रियों के दोष हैं।

नियोग्यर्थग्रहापायो राज्ञां नित्यपरीक्षणम्।
प्रतिपत्तिप्रदानं च तथा कर्मविपर्ययः॥

उपर्युक्त के अतिरिक्त मन्त्रियों में कुछ अन्य दोष भी होते हैं–जैसे राजा द्वारा सञ्चित धन का नाश करना, राजा की प्रतिदिन परीक्षा लेना, अर्थात् वह प्रसन्न है या अप्रसन्न, प्रतिदिन राजा को उसकी पसन्द की वस्तु देकर उसे अपने अनुकूल बनाये रखना तथा तुरन्त करने योग्य काम के प्रति आलस्य करना।

निपीडिता वमन्त्युच्चैरन्तःसारं महीपतेः।
दुष्टव्रणा इव प्रायो भवन्ति हि नियोगिनः॥

जिस प्रकार किसी फोड़े को अधिक दबाने से उसके भीतर भरा मवाद बाहर आ जाता है, उसी प्रकार अपने अधिकारियों को भी अत्यधिक दबाने से वे राजा के भेदों को सार्वजनिक कर देते हैं।

मुहुर्नियोगिनो बाध्या वसुधारा महीपते!।
सकृत्किं पीडितं स्नानवस्त्रं मुञ्चेद्द्रुतं पयः?॥

हे राजन्! अधिकारियों द्वारा एकत्र किये गये धन की बार-बार परीक्षा करानी चाहिए; क्योंकि स्नान का वस्त्र भी एक बार निचोड़ने पर सारे पानी को तुरन्त बाहर नहीं छोड़ देता।

**एतत्सर्वं यथावसरं ज्ञात्वा व्यवहर्तव्यम्।' सिंहो ब्रूते—'अस्ति तावदेवम्, किन्त्वेतौ सर्वथा न मम वचनकारिणौ।' स्तब्धकर्णो ब्रूते—'एतत्सर्वमनुचितं सर्वथा।**

राजा को अवसर देखकर ही व्यवहार करना चाहिए।

यह सुनकर सिंह बोला—तुम्हारा कथन उचित है, किन्तु वे दोनों—दमनक और करटक—मेरी बात सुनते ही नहीं हैं।

तब स्तब्धकर्ण ने कहा—यह तो सब प्रकार से अनुचित है;

**यतः,—**

आज्ञाभङ्गकरान् राजा न क्षमेत् स्वसुतानपि।
विशेषः को नु राज्ञश्च राज्ञश्चित्रगतस्य च॥

क्योंकि राजा को अपनी आज्ञा न मानने वाले पुत्रों को भी क्षमा नहीं करना चाहिए। ऐसा न करने पर पराक्रमी राजा और चित्रलिखित राजा में अन्तर ही क्या रह जाता है? ऐसा राजा किसी काम का नहीं होता।

स्तब्धस्य नश्यति यशो विषमस्य मैत्री
नष्टेन्द्रियस्य कुलमर्थपरस्य धर्मः।
विद्याफलं व्यसनिनः कृपणस्य सौख्यं
राज्यं प्रमत्तसचिवस्य नराधिपस्य॥

निष्क्रिय व्यक्ति का यश, चञ्चलचित्त व्यक्ति की मित्रता, अपनी इन्द्रियों पर नियन्त्रण न रखने वाले व्यक्ति का कुल, धन का लोभ करने वाले व्यक्ति का धर्म, द्यूत आदि व्यसनों में आसक्त व्यक्ति की विद्या, अर्थात् उसका शास्त्रज्ञान, कृपण का सुख तथा विवेकहीन मन्त्रियों वाले राजा का राज्य नष्ट हो जाता है।

**अपरं च,—**

तस्करेभ्यो नियुक्तेभ्यः शत्रुभ्यो नृपवल्लभात्।

नृपतिर्निजलोभाच्च प्रजा रक्षेत्पितेव हि॥

और भी—राजा को तस्करों से, सेवकों से, शत्रुओं से, अपने प्रिय मन्त्री से तथा अपने लोभ से पिता के समान प्रजा की रक्षा करनी चाहिए।

**भ्रातः! सर्वथाऽस्मद्वचनं क्रियताम्। व्यवहारोऽप्यस्माभिः कृत एव। अयं सञ्जीवकः सस्यभक्षकोऽर्थाधिकारे नियुज्यताम्।' एतद्वचनात्तथानुष्ठिते सति तदारभ्य पिङ्गलक-सञ्जीवकयोः सर्वबन्धुपरित्यागेन महता स्नेहेन कालोऽतिवर्तते। ततोऽनुजीविनामप्याहारदाने शैथिल्यदर्शनाद्दमनक करटकावन्योन्यं चिन्तयतः। तदाह दमनकः करटकम्—'मित्र किं कर्तव्यम्? आत्मकृतोऽयं दोषः। स्वयं कृतेऽपि दोषे परिदेवनमप्यनुचितम्।**

भैया! तुम मेरा कहना मानो। दमनक और करटक को तो तुम परख ही चुके हो, इस घास चरने वाले सञ्जीवक को अपना धनाध्यक्ष बना दो।

ऐसा करते ही, उसी दिन से पिंगलक और सञ्जीवक का समय आनन्द से व्यतीत होने लगा।

तब अपने आहार में शिथिलता देखकर दमनक और करटक आपस में चर्चा करने लगे। दमनक ने करटक से कहा—मित्र! अब हमें क्या करना चाहिए? यह सब अपने किये का ही फल है। अपने दोष पर पछताना भी तो उचित नहीं है।

**तथा चोक्तम्—**

**स्वर्णरेखामहं स्पृष्ट्वा बद्ध्वात्मानं च दूतिका।**
**आदित्सुश्च मणिं साधुः स्वदोषाद्दुःखिता इमे॥**

कहा भी गया है—जिस प्रकार स्वणरिखा को छूने वाला, किसी अन्य के स्थान पर अपने को बंधवाने वाली कुटनी तथा मणि लेने की इच्छा करने वाला साधु ये तीनों अपने ही दोष से दुखी हुए थे, उसी प्रकार हम भी अपने ही दोष के कारण दुखी हो रहे हैं।

**करटको ब्रूते—'कथमेतत्?'। दमनकः कथयति—**

करटक ने पूछा—यह कैसी कथा है? दमनक कहने लगा—

## कथा क्रम : छह

### (संन्यासी-बनिया, ग्वाला-ग्वालिन और नाई-नाइन की कथा)

**अस्ति काञ्चनपुरनाम्नि नगरे वीरविक्रमो राजा। तस्य धर्माधिकारिणा कश्चिन्नापितो वध्यभूमिं नीयमानः कन्दर्पकेतुनाम्ना परिव्राजकेन साधुद्वितीयकेन 'नायं हन्तव्यः' इत्युक्त्वा वस्त्राञ्चले धृतः। राजपुरुषा ऊचुः—**

'किमिति नायं वध्यः ?'। स आह—'श्रूयताम्।' "स्वर्णरेखामहं स्पृष्ट्वा" इत्यादि पठति। त आहुः—'कथमेतत् ?'। परिव्राजकः कथयति—'अहं सिंहलद्वीपे भूपतेर्जीमूतकेतोः पुत्रः कन्दर्पकेतुर्नाम। एकदा केलिकाननावस्थितेन मया पोतवणिङ्मुखाच्छ्रुतं—'यदत्र समुद्रमध्ये चतुर्दशयामाविर्भूतकल्पतरुतले रत्नावलीकिरणकर्बुरपर्यङ्के स्थिता सर्वालङ्कारभूषिता लक्ष्मीरिव वीणां वादयन्ती कन्या काचिद्दृश्यते' इति। ततोऽहं पोतवणिजमादाय पोतमारुह्य तत्र गतः। अनन्तरं तत्र गत्वा पर्यङ्केऽर्धमग्ना तथैव साऽवलोकिता। ततस्तल्लावण्यगुणाकृष्टेन मयापि तत्पश्चाज्झम्पो दत्तः। तदनन्तरं कनकपत्तनं प्राप्य सुवर्णप्रासादे तथैव पर्यङ्के स्थिता विद्याधरीभिरुपास्यमाना मयालोकिता। तयाप्यहं दूरादेव दृष्ट्वा सखीं प्रस्थवितः सादरं सम्भाषितः। तत्सख्या च मया पृष्ट्या समाख्यातम्—'एषा कन्दर्पकेलिनाम्नो विद्याधरचक्रवर्तिनः पुत्री रत्नमञ्जरी नाम प्रतिज्ञापिता विद्यते।' –"यः कनकपत्तनं स्वचक्षुषागत्य पश्यति स एव पितुरगोचरोऽपि मां परिणेष्यति" इति मनसः सङ्कल्पः। तदेनां गान्धर्वविवाहेन परिणयतु भवान्।' अथ तत्र वृत्ते गान्धर्वविवाहे तया सह रममाणस्तत्राहं तिष्ठामि। तत एकदा रहसि तयोक्तम्—'स्वामिन्! स्वेच्छया सर्वमिदमुपभोक्तव्यम्। एषा चित्रगता स्वर्णरेखा नाम विद्याधरी न कदाचित् स्प्रष्टव्या। पश्चादुपजातकौतुकेन मया स्वर्णरेखा स्वहस्तेन स्पृष्टा। तया चित्रगतयाप्यहं चरणपद्मेन ताडित आगत्य स्वराष्ट्रे पतितः। अथ दुःखार्तोऽहं परिव्राजितः पृथिवीं परिभ्रामयन्निमां नगरीमनुप्राप्तः। अत्र चातिक्रान्ते दिवसे गोपगृहे सुप्तः सन्नपश्यम्। प्रदोषसमये सुहृदां पालनं कृत्वा स्वगेहमागतो गोपः स्ववधूं दूत्या सह किमपि मन्त्रयन्तीमपश्यत्। ततस्तां गोपीं ताडयित्वा स्तम्भो बध्वा सुप्तः ततोऽर्धरात्र एतस्य नापितस्य वधूर्दूती पुनस्तां गोपीमुपेत्यावदत्—तव विरहानलदग्धोऽसौ स्मरशरजर्जरितो मुमूर्षुरिव वर्तते।

काञ्चनपुर नामक नगर में वीर विक्रम नामक एक राजा था। उसका धर्माधिकारी किसी नाई को वधस्थल पर ले जा रहा था। उसी समय अपने एक बनिये मित्र के साथ कन्दर्पकेतु नामक एक संन्यासी वहां आ पहुंचा। उसने नाई को अपने वस्त्र के पल्लू से छिपा लिया और कहा—यह मृत्युदण्ड का भागी नहीं है।

तब राजपुरुष ने पूछा—तुम यह कैसे कह सकते हो ?

कन्दर्पकेतु बोला—सुनिये! मैं सिंहलद्वीप के राजा जीमूतकेतु का पुत्र कन्दर्पकेतु हूं। मैं सुवर्णरेखा को छू लेने के अपराध के कारण दिव्यलोक से निकाल दिये जाने पर ही यहां आया हूं। मैंने सारी घटना अपनी आंखों से देखी

है, इसीलिए मैं इसे निरपराध बता रहा हूं।

धर्माधिकारी ने पूछा—यह क्या कथा है? इस पर कन्दर्पकेतु उसे यह कथा सुनाने लगा—

एक समय उपवन में क्रीड़ाविहार करते हुए नाव के एक व्यापारी के मुख से मैंने सुना कि वहां समुद्र के बीचोबीच चतुर्दशी के दिन कल्पवृक्ष निकलता है, जिसके नीचे रत्नों से झलकते हुए रंग-बिरंगे पलंग पर बैठी हुई तथा सब प्रकार के आभूषणों से भूषित लक्ष्मी के समान वीणा बजाती हुई कोई कन्या दिखाई देती है। यह सुनकर मैं व्यापारी को साथ लेकर और नाव पर सवार होकर वहां गया। वहां पहुंचकर मैंने सुवर्ण भवन में पलंग पर अर्धमग्न हुई उस सुन्दरी को देखा, जहां अनेक विद्याधरियां उसकी सेवा करने के लिए उसे घेरे बैठी थीं। मैं उसके सौन्दर्य और गुणों पर मुग्ध हो गया। उस सुन्दरी ने मुझे दूर से देखा और अपनी एक सखी को आदरपूर्वक मुझे बुलाने के लिए मेरे पास भेज दिया।

मैंने उसकी सखी से उसके विषय में पूछा, तो उसने बताया कि उसकी स्वामिनी अप्सराओं के चक्रवर्ती सम्राट् कन्दर्पकेलि की पुत्री रत्नमञ्जरी है। उसने यह प्रतिज्ञा की हुई है कि वह अपने पिता की अनुमित के बिना भी उसी युवक से विवाह करेगी, जो कनकपुर को अपनी आंखों से देखेगा। अतः मेरी स्वामिनी ने आपको अपना पति मान लिया है और वह आपसे गन्धर्व विवाह करने को तैयार है, अतः आप उसके साथ विवाह कर लीजिये।

रत्नमञ्जरी के रूप-सौन्दर्य पर मुग्ध होकर मैं तुरन्त ही विवाह करने पर राज़ी हो गया और सुखपूर्वक उसके साथ रमण करने लगा।

एक दिन रत्नमञ्जरी ने एकान्त में मुझसे कहा—आप अपनी इच्छानुसार यहां के सब पदार्थों का उपभोग करो, किन्तु इस चित्रलिखित सुवर्णरेखा नामक अप्सरा को भूलकर भी मत छूना।

एक दिन मैंने उत्सुकतावश सुवर्णरेखा को ज्योंही अपने हाथ से छुआ, त्योंही मैं उसके पैर की ठोकर खाकर अपने राज्य में आ गिरा। बाद में, अपने दुःख से दुखी होकर मैं संन्यासी बना घूमता-घूमता इस नगरी में आ पहुंचा हूं। यहां दिन डूबने पर एक ग्वाले के घर में सोते समय मैंने देखा कि जब ग्वाला अपने मित्रों का सत्कार करके वापस आया, तो उसने ग्वालिन को एक कुटनी के साथ गुप्त वार्तालाप करते देख लिया। तब ग्वाले ने क्रोध के आवेश में ग्वालिन को बुरी तरह से मारा-पीटा और उसे एक खम्भे से बांध दिया और स्वयं निश्चिन्त होकर सो गया।

इस घटना से मेरी नींद उड़ गयी और मैंने देखा कि आधी रात में वही कुटनी फिर लौट आयी और ग्वालिन से कहने लगी—तेरा प्रेमी तेरे विरह की

आग में जल रहा है और तुझसे मिलने के लिए तड़प रहा है।

**तथा चोक्तम्,—**

**रजनीचरनाथेन खण्डिते तिमिरे निशि।**
**यूनां मनांसि विव्याध दृष्ट्वा दृष्ट्वा मनोभवः॥**

कहा भी गया है—चन्द्रमा द्वारा रात्रि में अन्धकार दूर होने पर कामदेव देख-देखकर युवाओं के चित्त को अपने बाणों से व्याकुल कर देता है।

**तस्य तादृशीमवस्थामवलोक्य परिक्लिष्टमनास्त्वामनुवर्तितुमागता। तदहमत्रात्मानं बध्वा तिष्ठामि। त्वं तत्र गत्वा तं सन्तोष्य सत्वरमागमिष्यसि। तथाऽनुष्ठिते सति स गोपः प्रबुद्धोऽवदत्-'इदानीं त्वां पापिष्ठां जारान्तिकं नयामि'। ततो यदासौ न किञ्चिदपि ब्रूते तदा क्रुद्धो गोपः 'दर्पान्मम वचसि प्रत्युत्तरमपि न ददासि?' इत्युक्त्वा कोपेन तेन कर्तिकामादायास्या नासिका छिन्ना। तथा कृत्वा पुनः सुप्तो गोपो निद्रामुपगतः। अथागत्य गोपी दूतीमपृच्छत्—'का वार्ता?'। दूत्योक्तम्—'पश्य माम्। मुखमेव वार्तां कथयति।' अनन्तरं सा गोपी तथा कृत्वात्मानं बध्वा स्थिता इयं च दूती तां छिन्ननासिकां गृहीत्वा स्वगृहं प्रविश्य स्थिता। ततः प्रातरेवानेन नापितेन स्ववधूः क्षुरभाण्डं याचिता सती क्षुरमेकं प्रादात्। ततोऽसमग्रभाण्डे प्राप्ते समुपजातकोपोऽयं नापितस्तं क्षुरं दूरादेव गृहे क्षिप्तवान्॥ अथ कृतार्तरवेयं विनापराधेन मे नासिकाऽनेन छिन्नेत्युक्त्वा धर्माधिकारिसमीपमेनमानीतवती॥ सा च गोपी तेन गोपेन पुनः पृष्टोवाच—'अरे पाप! को मां महासतीं निरूपयितुं समर्थः? मम व्यवहारमकल्मषमष्टौ लोकपाला एव जानन्ति।**

उसकी ऐसी विषम दशा को देखकर मन में घबरायी हुई मैं तेरी एवज़ी करने के लिए तेरे पास आयी हूं। इसलिए मैं यहां अपने को बांध कर रहती हूं। तू वहां जाकर उसे सन्तुष्ट करके शीघ्र लौट आना।

इधर नींद से जागकर ग्वाला अपनी पत्नी को धमकाते हुए बोला—अरी पापिन! क्या मैं तुझ पापिन को तेरे यार के पास ले चलूं?

कुछ भी उत्तर न पाकर ग्वाला बोला—घमण्ड के कारण तू मेरी बात का उत्तर भी नहीं देती! यह कहते हुए उसने क्रोध में भरकर एक छुरी निकाली और उससे उसकी नाक काट डाली। यह सब करने के बाद ग्वाला पुनः सो गया। इसी बीच ग्वालिन अपने यार को सन्तुष्ट करके लौट आयी और उसने दूती से पूछा—क्या बात है? दूती ने कहा—मुझे देख ले, मुख ही सारी बात कह देता है।

फिर ग्वालिन ने अपने को दूती के स्थान पर बांध लिया और दूती कटी हुई नाक लेकर अपने घर में जा घुसी। प्रातःकाल होने पर जब नाई ने अपनी पत्नी से अपने सामान की पेटी मांगी, तो उसने एक उस्तरा निकालकर उसे दे दिया।

अधूरी पेटी को पाकर नाई को बड़ा क्रोध आया और उसने उस उस्तरे को दूर से ही घर में फेंक दिया। इस पर नाइन ने शोर मचा दिया कि इसने बिना अपराध मेरी नाक काट दी। यह कहती हुई वह अपने पति को धर्माधिकारी के पास ले आयी। उधर ग्वाले ने अपनी पत्नी से पूछा, तो वह बोली—अरे पापी! कौन मुझ महापतिव्रता का निरूपण कर सकता है? मेरे पापरहित व्यवहार को तो आठों लोकपाल भी जानते हैं।

**यतः,—**

**आदित्यचन्द्रावनिलोऽनलश्च**
**द्यौर्भूमिरापो हृदयं यमश्च।**
**अहश्च रात्रिश्च उभे च सन्ध्ये**
**धर्मश्च जानाति नरस्य वृत्तम्॥**

क्योंकि सूर्य, चन्द्रमा, पवन, अग्नि, आकाश, पृथ्वी, जल, हृदय, यम, दिन, रात, दोनों सन्ध्याएं तथा धर्म—ये मनुष्य के आचरण को जानते हैं।

**यद्यहं परम सती स्याम्, त्वां विहायान्यं न जाने, पुरुषान्तरं स्वप्नेऽपि न हि भजे, तेन धर्मेण छिन्नापि मम नासिकाऽच्छिन्नास्तु। मया त्वं भस्म कर्तुं शक्यसे। किन्तु स्वामी त्वम्। लोकभयादुपेक्षे। पश्य मन्मुखम्।' ततो यावदसौ गोपो दीपं प्रज्वाल्य तन्मुखमवलोकते तावदुन्नसं मुखमवलोक्य तच्चरणयोः पतितः—'धन्योऽयं यस्येदृशी भार्या परमसाध्वी' इति। योऽयमास्ते साधुरेतद्वृत्तान्तमपि कथयामि। अयं स्वगृहान्निर्गतो द्वादशवर्षैर्मलयोपकण्ठादिमां नगरीमनुप्राप्तः। अत्र वेश्यागृहे सुप्तः। तस्याः कुट्टन्या गृहद्वारि स्थापितकाष्ठघटितवेतालस्य मूर्धनि रत्नमेकमुत्कृष्टमास्ते। तत्र लुब्धेनानेन साधुना रात्रावुत्थाय रत्नं ग्रहीतुं यत्नः कृतः। तदा तेन वेतालेन सूत्रसञ्चारितबाहुभ्यां पीडितः सन्नार्तनादमयं चकार। पश्चादुत्थाय कुट्टन्योक्तम्—'पुत्र! मलयोपकण्ठादागतोऽसि। तत्सर्वरत्नानि प्रयच्छास्मै नो चेदनेन न त्यक्तव्योऽसि।' इत्थमेवायं चेटकः। ततोऽनेन सर्वरत्नानि समर्पितानि यथाऽयमपहृतसर्वस्वोऽस्मासु समागत्य मिलितः।' एतत्सर्वं श्रुत्वा राजपुरुषैर्न्यायेे धर्माधिकारी प्रवर्तितः। अनन्तरं तेन सा दूती गोपी च ग्रामाद्बहिर्निःसारिते। नापितश्च गृहं गतः। अतोऽहं ब्रवीमि—''स्वर्णरेखामहं स्पृष्ट्वा'' इत्यादि॥ अथ स्वयं कृतोऽयं दोषः। अत्र विलपनं नोचितम्। (क्षणं विमृश्य।) मित्र! यथाऽनयोः सौहार्दं मया कारितं तथा मित्रभेदोऽपि मया कार्यः।**

यदि मैं सच्ची पतिव्रता हूं, तेरे सिवा किसी अन्य को न जानती हूं तथा स्वप्न में भी परपुरुष का ध्यान न करती हूं, तो उस पातिव्रत्य धर्म के कारण मेरी

कटी हुई नाक बिना कटी हो जाये। मैं तुझे भस्म कर सकती हूं, परन्तु तू मेरा पति है और मैं संसार के भय से डरती हूं। मेरा मुख देख। फिर जब ग्वाले ने दीया जलाकर उसका मुख देखा, तो उसकी नाक को अक्षत देखकर वह उसके चरणों में गिर पड़ा और बोला—मुझे ऐसी पतिव्रता पत्नी का पति होने पर अपने को धन्य समझना चाहिए।

इस वृत्तान्त को सुनाकर संन्यासी ने कहा—अब मैं उस व्यापारी का वृत्तान्त भी सुनाता हूं। अपने घर से निकलकर बारह वर्ष बाद वह व्यापारी मलयाचल के पास इस नगरी में आया। यहां वह वेश्या के घर में सोया। उस कुटनी ने अपने घर के द्वार पर काठ का बना एक वेताल बैठाया हुआ था। उस वेताल के सिर में एक अनमोल रत्न था। लोभी व्यापारी ने रात को उठकर उस रत्न को लेने का प्रयास किया, तो उस वेताल ने सूत द्वारा चलायी गयी अपनी भुजाओं में उस व्यापारी को जकड़ लिया। वह चिल्लाया, तो वेश्या ने कहा—बेटा! तू मलय के पास से आया है, इसलिए अपने सब रत्न इसे दे दे, अन्यथा तुम्हारा छुटकारा होना असम्भव है। यह सेवक ऐसा ही है। तब उस व्यापारी ने अपने सब रत्न उसे दे दिये और अपना सर्वस्व खोकर हमारे साथ आ मिला है।

यह सुनकर राजपुरुषों ने न्याय करने के लिए धर्माधिकारी को नियुक्त कर दिया। उसने उस दूती और ग्वालिन को देश-निकाला दे दिया और निरपराध नाई को मुक्त कर दिया।

यह सब सुनाकर दमनक बोला—इसीलिए मैं कहता हूं कि स्वर्णरेखा को छूने-जैसे दुष्कर्म को करने पर पश्चात्ताप करना व्यर्थ है। इस पर विलाप करना उचित नहीं है।

कुछ देर विराम करने के पश्चात् दमनक ने कहना आरम्भ किया—हे मित्र! जिस प्रकार मैंने इन दोनों की मित्रता करायी थी, उसी प्रकार इन दोनों मित्रों में फूट भी कराऊंगा;

**यतः,—**

**अतथ्यान्यपि तथ्यानि दर्शयन्त्यतिपेशलाः।**
**समे निम्नोन्नतानीव चित्रकर्मविदो जनाः॥**

क्योंकि जिस प्रकार कोई कुशल चित्रकार समतल चित्रपट पर पर्वत, समुद्र, नदी, भवन आदि चित्र बनाकर उसे ऊंचा-नीचा करके दिखा देता है, उसी प्रकार चतुर व्यक्ति भी झूठी बातों को सच्चा कर दिखाते हैं।

**अपरं च,—**

**उत्पन्नेष्वपि कार्येषु मतिर्यस्य न हीयते।**
**स निस्तरति दुर्गाणि गोपी जारद्वयं यथा॥**

और भी देखें—

जिस मनुष्य की बुद्धि कार्य के उपस्थित होने पर भी क्षीण नहीं होती, वह मनुष्य संकटों से वैसे ही बच जाता है, जैसे एक ग्वालिन ने अपने दोनों यारों को बचा लिया था।

**करटकः पृच्छति—'कथमेतत्?'। दमनकः कथयति—**

करटक ने पूछा—यह कैसी कथा है? दमनक कहने लगा—

## कथा क्रम : सात

## (ग्वाला-व्यभिचारिणी ग्वालिन, कोतवाल और उसके पुत्र की कथा)

**अस्ति द्वारवत्यां पुर्यां कस्यचिद्गोपस्य वधूर्बन्धकी। सा ग्रामस्य दण्डनायकेन तत्पुत्रेण च समं रमते।**

द्वारावती नामक नगरी में एक ग्वाले की व्यभिचारिणी पत्नी उस नगरी के दण्डनायक और उसके पुत्र के साथ रमण किया करती थी।

**तथा चोक्तम्,—**

**नाग्निस्तृप्यति काष्ठानां नापगानां महोदधिः।**
**नान्तकः सर्वभूतानां न पुंसां वामलोचना॥**

और जैसा कहा गया है—कि जिस प्रकार अग्नि की काष्ठ से, समुद्र की नदियों से, मृत्यु की सब प्राणियों से तृप्ति नहीं होती, उसी प्रकार स्त्रियों की तृप्ति पुरुषों से नहीं होती।

**अन्यच्च,—**

**न दानेन न मानेन नार्जवेन न सेवया।**
**न शस्त्रेण न शास्त्रेण सर्वथा विषमाः स्त्रियः॥**

और भी देखें—स्त्रियों का दान से, सम्मान से, सीधेपन से, शस्त्र से और शास्त्र से वश में होना सबसे कठिन है;

**यतः,—**

**गुणाश्रयं कीर्तियुतं च कान्तं**
**पतिं रतिज्ञं सधनं युवानम्।**
**विहाय शीघ्रं वनिता व्रजन्ति**
**नरान्तरं शीलगुणादिहीनम्॥**

क्योंकि स्त्रियां सब गुणों से युक्त, यशस्वी, सुन्दर, कामकला-कुशल, धनवान् व यौवनसम्पन्न अपने पति को छोड़कर शील और गुण से रहित अन्य व्यक्ति के पास शीघ्र ही पहुंच जाती हैं।

**अपरं च,—**

न तादृशीं प्रीतिमुपैति नारी
विचित्रशय्यां शयितापि कामम्।
यथा हि दूर्वादिविकीर्णभूमौ
प्रयाति सौख्यं परकान्तसङ्गात्॥

और दूसरे—स्त्री को जैसा सुख तिनके आदि बिछी हुई धरती पर यार के साथ बैठकर प्राप्त होता है, वैसा सुख उसे अपने पति के साथ कोमल शय्या पर सोकर भी नहीं मिलता।

**अथ कदाचित्सा दण्डनायकपुत्रेण सह रममाणा तिष्ठति। अथ दण्डनायकोऽपि रन्तुं तत्रागतः। तमायान्तं दृष्ट्वा तत्पुत्रं कुशूले निक्षिप्य दण्डनायकेन सह तथैव क्रीडति। अनन्तरं तस्या भर्ता गोपो गोष्ठात्समागतः। तमालोक्य गोप्योक्तम्—'दण्डनायक! त्वं लगुडं गृहीत्वा कोपं दर्शयन्सत्वरं गच्छ। तथा तेनानुष्ठिते गोपेन गृहमागत्य भार्या पृष्टा—'केन कार्येण दण्डनायकः समागत्यात्र स्थितः?'। सा ब्रूते—'अयं केनापि कार्येण पुत्रस्योपरि क्रुद्धः। स च पलायमानोऽत्रागत्य प्रविष्टो मया कुशूले निक्षिप्य रक्षितः। तत्पित्रा चान्विष्यात्र न दृष्टः। अत एवायं दण्डनायकः क्रुद्ध एव गच्छति। ततः सा तत्पुत्रं कुशूलाद्बहिष्कृत्य दर्शितवती।**

वह किसी दिन दण्डनायक (कोतवाल) के पुत्र के साथ रमण कर रही थी कि इतने में ही दण्डनायक भी वहां आ पहुंचा। उसे आते देखकर उस ग्वालिन ने कोतवाल के पुत्र को कुठिले में छिपा दिया और कोतवाल के साथ रमण करने लगी। तत्पश्चात् उस ग्वालिन का पति घर में आ पहुंचा, तो उसे देखकर ग्वालिन कहने लगी—अरे कोतवाल! अपनी लकड़ी उठाओ और क्रोध से बड़बड़ाते हुए जल्दी-जल्दी बाहर चले जाओ। इस प्रकार क्रोधित कोतवाल को जाते देखकर ग्वाले ने पूछा—यह कोतवाल यहां क्यों बैठा हुआ था? तब ग्वालिन ने उत्तर दिया—यह किसी बात पर अपने बेटे से नाराज़ हो गया था, वह भागकर यहां आ पहुंचा, तो मैंने उसे कुठिले में छिपाकर बचा लिया। कोतवाल उसे ढूंढ़ नहीं सका, इसीलिए नाराज़ होकर जा रहा है। इसके पश्चात् उसने कोतवाल के पुत्र को कुठिले से बाहर निकाला और उसे अपने घर जाने को कहा।

**तथा चोक्तम्,—**

**आहारो द्विगुणः स्त्रीणां बुद्धिस्तासां चतुर्गुणा।
षड्गुणो व्यवसायश्च कामश्चाष्टगुणः स्मृतः॥**

कहा भी गया है—कि स्त्रियों का आहार दुगुना, बुद्धि चार गुनी, साहस छह गुना और उनकी कामेच्छा आठ गुना होती है।

**अतोऽहं ब्रवीमि—"उत्पन्नेष्वपि कार्येषु" इत्यादि।' करटको ब्रूते—'अस्त्वेवम्। किन्त्वनयोर्महानन्योन्यनिसर्गोपजातस्नेहः कथं भेदयितुं शक्यः?'**

इसीलिए मैं कहता हूं कि कार्य को सम्पन्न करने में आने वाली विघ्न-बाधाओं से न घबराने वाला अपने कार्य को सम्पन्न कर ही लेता है।

करटक ने कहा—ऐसा ही हो, परन्तु इन दोनों के इतने बढ़े हुए स्नेह को किस प्रकार तोड़ा जा सकता है?

**दमनको ब्रूते—'उपायः क्रियताम्। तथा चोक्तम्,—**

दमनक बोला—उपाय करने में क्या दोष है? कहा भी गया है—

**उपायेन हि यच्छक्यं न तच्छक्यं पराक्रमैः।**
**काक्या कनकसूत्रेण कृष्णसर्पो निपातितः॥**

कि उपाय करो। जो काम उपाय से हो सकता है, वह पराक्रम से नहीं हो सकता। एक कौवी ने उपाय करके ही सोने की एक माला से अपने शत्रु काले सांप को मरवा दिया था।

**करटकः पृच्छति—'कथमेतत्?' दमनकः कथयति—**

करटक ने पूछा—यह कैसी कथा है? दमनक कहने लगा—

## कथा क्रम : आठ
## (कौए-कौवी का जोड़ा और काले सांप की कथा)

**कस्मिंश्चित्तरौ वायसदम्पती निवसतः। तयोश्चापत्यानि तत्कोटरावस्थितेन कृष्णसर्पेण खादितानि। ततः पुनर्गर्भवती वायसी वायसमाह—'नाथ! त्यजतामयं तरुः। अत्रावस्थितकृष्णसर्पेणावयोः सन्ततिः सततं भक्ष्यते।**

किसी वृक्ष पर कौआ-कौवी का जोड़ा रहा करता था। उनके बच्चों को उसी वृक्ष की कोटर में रहने वाला एक सांप खा जाया करता था। उस बार कौवी जब गर्भवती हुई, तो कौए से कहने लगी—हे स्वामी! इस वृक्ष को छोड़ दो। इसमें रहने वाला काला सांप हमारे बच्चों को सदा खा जाया करता है;

**यतः,—**

**दुष्टा भार्या शठं मित्रं भृत्यश्चोत्तरदायकः।**
**ससर्पे च गृहे वासो मृत्युरेव न संशयः॥**

क्योंकि दुष्ट स्त्री, धूर्त मित्र, सामने से बोलने वाले सेवक का साथ तथा सांप वाले घर में रहना अपनी मौत को बुलावा देना होता है, इसमें संशय नहीं है।

**वायसो ब्रूते—'प्रिये! न भेतव्यम्। वारंवारं मयैतस्य महापराधः सोढः। इदानीं पुनर्न क्षन्तव्यः'। वायस्याह—'कथमेतेन बलवता सार्धं भवान्विग्रहीतुं**

समर्थः ?'। वायसो ब्रूते—'अलमनया शङ्कया।

कौआ बोला—प्रिये! डरना नहीं चाहिए। मैंने इसके अपराध को बार-बार सहा है, अब क्षमा नहीं करूंगा। कौवी बोली—ऐसे बलशाली के साथ तुम कैसे लड़ सकते हो? कौआ बोला—शंका मत करो;

यतः,—

बुद्धिर्यस्य बलं तस्य, निर्बुद्धेस्तु कुतो बलम्?।
पश्य सिंहो मदोन्मत्तः शशकेन निपातितः॥

क्योंकि बलवान् वही है, जिसके पास बुद्धि है। जिसके पास बुद्धि नहीं है, वह बलवान् कैसे हो सकता है? देखो! मद से उन्मत्त हुए सिंह को एक ख़रगोश ने मार डाला था।

वायसी विहस्याह—'कथमेतत्?'। वायसः कथयति—

कौवी ने हंसकर कहा—यह कैसी कथा है? तब कौआ कहने लगा—

## कथा क्रम : नौ
### (सिंह और बूढ़े ख़रगोश की कथा)

अस्ति मन्दरनाम्नि पर्वते दुर्दान्तो नाम सिंहः। स च सर्वदा पशूनां वधं कुर्वन्नास्ते। ततः सर्वैः पशुभिर्मिलित्वा स सिंहो विज्ञप्तः—मृगेन्द्र! किमर्थ-मेकदा बहुपशुघातः क्रियते? यदि प्रसादो भवति तदा वयमेव भवदाहाराय प्रत्यहमेकैकं पशुमुपढौकयामः।' ततः सिंहेनोक्तम्—'यद्येतदभिमतं भवतां तर्हि भवतु तत्। ततः प्रभृत्येकैकं पशुमुपकल्पितं भक्षयन्नास्ते। अथ कदाचिद्वृद्धशशकस्य वारः समायातः।

मन्दर नामक पर्वत पर दुर्दान्त नामक सिंह रहता था। वह सदा ही पशुओं का वध करता रहता था। तब सब पशुओं ने मिलकर उस सिंह से विनती की—राजन्! तुम एक साथ अनेक पशुओं की हत्या क्यों करते हो? यदि आप प्रसन्न हों, तो हम आपके भोजन के लिए प्रतिदिन एक पशु भिजवा दिया करेंगे। इस पर सिंह ने कहा—यदि तुम यही चाहते हो, तो यही सही। उस दिन से वह निश्चित किये हुए एक पशु को ही खाया करता था। फिर एक दिन एक बूढ़े ख़रगोश की बारी आयी।

सोऽचिन्तयत्—

त्रासहेतोर्विनीतिस्तु क्रियते जीविताशया।
पञ्चत्वं चेद्गमिष्यामि किं सिंहानुनयेन मे?॥

वह सोचने लगा—जीने की आशा से भय के कारण की, अर्थात् मारने वाले की विनती की जाती है, किन्तु जब मरना ही ठहरा, तो मुझे सिंह की विनती

से क्या काम ?

**तन्मन्दं मन्दं गच्छामि। 'ततः सिंहोऽपि क्षुधापीडितः कोपात्तमुवाच— 'कुतस्त्वं विलम्ब्य समागतोऽसि?'। शशकोऽब्रवीत्—'देव! नाहमपराधी। आगच्छन्पथि सिंहान्तरेण बलाद्धृतः। तस्याग्रे पुनरागमनाय शपथं कृत्वा स्वामिनं निवेदयितुमत्रागतोऽस्मि।' सिंहः सकोपमाह—'सत्वरं गत्वा दुरात्मानं दर्शय, क्व स दुरात्मा तिष्ठति?'। ततः शशकस्तं गृहीत्वा गभीर-कूपं दर्शयितुं गतः। तत्रागत्य 'स्वयमेव पश्यतु स्वामी' इत्युक्त्वा तस्मिन् कूपजले तस्य सिंहस्यैव प्रतिबिम्बं दर्शितवान्। ततोऽसौ क्रोधाध्मातो दर्पात्तस्योपर्यात्मानं निक्षिप्य पञ्चत्वं गतः। अतोऽहं ब्रवीमि—''बुद्धिर्यस्य'' इत्यादि'॥ वायस्याह—'श्रुतं मया सर्वम्। सम्प्रति यथा कर्तव्यं तद्ब्रूहि।' वायसोऽवदत्—'अत्रासन्ने सरसि राजपुत्रः प्रत्यहमागत्य स्नाति। स्नान-समये तदङ्गादवतारितं तीर्थशिलानिहितं कनकसूत्रं चञ्च्वा विधृत्यानीया-स्मिन्कोटरे धारयिष्यसि।' अथ कदाचित्स्नातुं जलं प्रविष्टे राजपुत्रे वायस्या तदनुष्ठितम्। अथ कनकसूत्रानुसरणप्रवृत्तैः राजपुरुषैस्तत्र तरुकोटरे कृष्णसर्पो दृष्टो व्यापादितश्च। अतोऽहं ब्रवीमि—''उपायेन हि यच्छक्यम्'' इत्यादि॥' करटको ब्रूते—'यद्येवं तर्हि गच्छ। शिवास्ते सन्तु पन्थानः।' ततो दमनकः पिङ्गलकसमीपं गत्वा प्रणम्योवाच—'देव! आत्ययिकं किमपि महाभयकारि कार्यं मन्यमानः समागतोऽस्मि।**

अतः मैं धीरे-धीरे चलता हूं। जब सिंह भूख के मारे झुंझलाकर उससे बोला—तू देर से क्यों आया ? तो ख़रगोश बोला—महाराज ! इसमें मेरा कोई दोष नहीं है। मार्ग में आते हुए मुझे एक अन्य सिंह ने बलपूर्वक पकड़ लिया था। उससे पुनः लौट आने की सौगन्ध खाकर आपको बताने के लिए यहां आया हूं। सिंह क्रोधित होते हुए बोला—शीघ्र चलकर मुझे दिखला कि वह दुष्ट कहां छिपा बैठा है ?

ख़रगोश उसे साथ लेकर एक गहरा कुआं दिखलाने के लिए ले गया। कुएं के पास पहुंचकर वह बोला—स्वामी ! आप ही देख लीजिये। यह कहकर उसने उस कुएं के जल में उसी सिंह की परछाईं दिखला दी, जिसे देखते ही वह सिंह क्रोध से दहाड़कर उसके ऊपर गिरकर मर गया।

इस कथा को सुनाकर कौआ अपनी पत्नी से बोला—इसीलिए मैं कहता हूं कि बुद्धि ही वास्तविक बल है, उसके सामने शारीरिक बल का कोई महत्त्व नहीं है।

कौवी बोली—मैंने सब सुन लिया, अब जो करना हो, वह कहो।

फिर कौआ बोला—यहां पास ही सरोवर में राजकुमार नित्यप्रति आकर

स्नान करता है। स्नान के समय उसके शरीर से उतारकर घाट पर धरे हुए सोने के हार को तुम अपनी चोंच से पकड़कर इस बिल में धर देना। फिर एक दिन राजकुमार के नहाने के लिए जल में उतरने पर कौवी ने वही किया। सैनिक सोने के हार के पीछे-पीछे भागे, तो उन्होंने हार को सांप के बिल में देखा। तब उन्होंने उस काले सांप को मार डाला। इसीलिए मैं कहता हूं कि जो उपाय से हो सकता है, वह पराक्रम से नहीं हो सकता।

करटक बोला—यदि ऐसा है, तो तुम चले जाओ। तुम्हारा मार्ग प्रशस्त हो।

फिर दमनक पिंगलक के पास पहुंचा और उसे प्रणाम करने के बाद बोला—महाराज! मैं आपको किसी महाविनाशकारी संकट से सावधान करने के लिए आया हूं;

**यतः,—**

**आपद्युन्मार्गगमने कार्यकालात्ययेषु च।**
**कल्याणवचनं ब्रूयादपृष्टोऽपि हितो नरः॥**

क्योंकि आपत्ति में, कुमार्ग से जाने पर तथा काम के समय को व्यर्थ जाता देखकर शुभचिन्तक व्यक्ति को बिना पूछे भी हितकर बात कह देनी चाहिए।

**अन्यच्च,—**

**भोगस्य भाजनं राजा, न राजा कार्यभाजनम्।**
**राजकार्यपरिध्वंसी मन्त्री दोषेण लिप्यते॥**

और दूसरे—राजा भोग का पात्र है, अर्थात् वह सुख भोगने के लिए है, कोई काम करने के लिए नहीं है, राजा के काम को बिगाड़ने वाला मन्त्री ही दोष का भागी होता है।

**तथा हि पश्य। अमात्यानामेष क्रमः,—**

और देखें—मन्त्रियों की यह रीति है—

**वरं प्राणपरित्यागः शिरसो वापि कर्तनम्।**
**न तु स्वामिपदावाप्तिपातकेच्छोरुपेक्षणम्॥**

मन्त्री को भले ही अपनी बलि देनी पड़े अथवा अपना सिर कटाना पड़े, परन्तु राजा के राज्य का हरण करने अथवा इस प्रकार की योजना बनाने अथवा उसमें सहयोग करने के अपराधी को दण्डित किये बिना नहीं छोड़ना चाहिए।

**पिङ्गलकः सादरमाह—'अथ भवान् किं वक्तुमिच्छति?'। दमनको ब्रूते—'देव! सञ्जीवकस्तवोपर्यसदृशव्यवहारीव लक्ष्यते। तथा चास्मत् सन्निधाने श्रीमद्देवपादानां शक्तित्रयनिन्दां कृत्वा राज्यमेवाभिलषति।' एतच्छ्रुत्वा पिङ्गलकः सभयं साश्चर्यं मत्वा तूष्णीं स्थितः। दमनकः पुनराह—'देव! सर्वामात्यपरित्यागं कृत्वैक एवायं यत्त्वया सर्वाधिकारी**

कृतः, स एव दोषः।

पिंगलक ने आदरपूर्वक कहा—तू कहना क्या चाहता है?

दमनक ने उत्तर दिया—यह सञ्जीवक आपके विरुद्ध काम करता-सा दिखाई देता है। वह मेरे सामने ही आपकी तीनों शक्तियों, अर्थात् प्रभुशक्ति, मन्त्रशक्ति तथा उत्साहशक्ति की निन्दा करके आपके राज्य को हड़पना चाहता है। यह सुनकर पिंगलक आश्चर्य और भय के कारण चुप हो गया।

दमनक फिर बोला—महाराज! आपने अन्य सब मन्त्रियों को छोड़कर केवल एक इसी को सर्वाधिकारी बना रखा है, यही आपका दोष है;

**यतः,—**

**अत्युच्छ्रिते मन्त्रिणि पार्थिवे च**
**विष्टभ्य पादावुपतिष्ठते श्रीः।**
**सा स्त्रीस्वभावादसहा भरस्य**
**तयोर्द्वयोरेकतरं जहाति॥**

क्योंकि राजा और मन्त्री के अधिक उन्नत हो जाने पर राज्यलक्ष्मी उनके चरणों में गिरकर दोनों की सेवा करती है और फिर स्त्री स्वभाववश उस भार को सहन न कर पाने से उन दोनों में से एक को छोड़ देती है।

**अपरं च,—**

**एकं भूमिपतिः करोति सचिवं राज्ये प्रमाणं यदा**
**तं मोहाच्छ्रयते मदः स च मदालस्येन निर्भिद्यते।**
**निर्भिन्नस्य पदं करोति हृदये तस्य स्वतन्त्रस्पृहा**
**स्वातन्त्र्यस्पृहया ततः स नृपतेः प्राणान्तिकं द्रुह्यति॥**

और भी देखें—जब राजा किसी एक को सर्वेसर्वा बना देता है, तब वह अभिमान से उन्मत्त हो जाता है और मदान्धतावश वह अपने कार्य में उतनी रुचि नहीं लेता, जितनी उसे लेनी चाहिए। इसके अतिरिक्त वह अपने सामने किसी अन्य को कुछ भी नहीं समझता। उसके हृदय में स्वतन्त्रता की अभिलाषा का उदय होने लगता है, अर्थात् वह स्वयं सर्वश्रेष्ठ होना चाहता है और फिर राजा के प्राणों तक का भी शत्रु बन जाता है।

**अन्यच्च,—**

**विषदिग्धस्य भक्तस्य दन्तस्य चलितस्य च।**
**अमात्यस्य च दुष्टस्य मूलादुद्धरणं सुखम्॥**

और भी देखें—विषयुक्त अन्न को, हिलते हुए दांत को तथा दुष्ट मन्त्री को जड़ से उखाड़ फेंकना चाहिए।

**किंच,—**

**यः कुर्यात्सचिवायत्तां श्रियं तद्व्यसने सति।**
**सोऽन्धवज्जगतीपालः सीदेत् सञ्चारकैर्विना॥**

और जो राजा राज्यलक्ष्मी को मन्त्री के अधीन कर देता है, वह उस मन्त्री के किसी संकट में पड़ जाने पर सहायकविहीन अन्धे व्यक्ति के समान दुःख पाता है।

**सर्वकार्येषु स्वेच्छातः प्रवर्तते। तदत्र प्रमाणं स्वामी। एतच्च जानासि।**

सर्वाधिकार प्राप्त हो जाने पर मन्त्री अपनी इच्छानुसार ही सारा कार्य करता है। आप स्वयं यह सब देख रहे हैं और आप यह भी जानते हैं—

**न सोऽस्ति पुरुषो लोके यो न कामयते श्रियम्।**
**परस्य युवतीं रम्यां सादरं नेक्षतेऽत्र कः?॥**

कि जिस प्रकार संसार में ऐसा कोई भी व्यक्ति नहीं है, जो लक्ष्मी को न चाहता हो अथवा दूसरे की सुन्दर स्त्री को देखने की इच्छा न करता हो, अर्थात् सब चाहते हैं।

**सिंहो विमृश्याह—'भद्र! यद्यप्येवं तथापि सञ्जीवकेन सह मम महान् स्नेहः।**

सिंह ने सोच-विचारकर कहा—हे शुभचिन्तक! यदि यह सच भी है, तो भी सञ्जीवक के साथ मेरा अत्यन्त स्नेह है।

**पश्य,—**

**कुर्वन्नपि व्यलीकानि यः प्रियः प्रिय एव सः।**
**अशेषदोषदुष्टोऽपि कायः कस्य न वल्लभः?॥**

जिस प्रकार अनेक दोषों के होने पर भी अपना शरीर किसे प्रिय नहीं लगता, इसी प्रकार अपने से प्रेम करने वाला व्यक्ति अनेक दोषों के होने पर भी प्रिय लगता है।

**अन्यच्च,—**

**अप्रियाण्यपि कुर्वाणो य प्रियः प्रिय एव सः।**
**दग्धमन्दिरसारेऽपि कस्य वह्नावनादरः?॥**

और भी देखें—जिस प्रकार सुन्दर मन्दिर में जलने वाली अग्नि सबको प्रिय लगती है, कोई भी उसका अनादर करना नहीं चाहता, उसी प्रकार अपना प्रिय करने वाला व्यक्ति सदैव प्रिय ही लगता है।

**दमनकः पुनरेवाह—'देव! स एवातिदोषः।**

दमनक ने फिर कहा—हे महाराज! यह प्यार ही अधिक दोष है;

**यतः,—**

**यस्मिन्नेवाधिकं चक्षुरारोहयति पार्थिवः।**

**सुतेऽमात्येऽप्युदासीने स लक्ष्म्या श्रीयते जनः॥**

क्योंकि राजा अपने पुत्र, मन्त्री अथवा जिस किसी साधारण व्यक्ति पर भी अपनी कृपादृष्टि करता है, लक्ष्मी उसी की सेवा करती है।

**शृणु देव!—**

**अप्रियस्यापि पथ्यस्य परिणामः सुखावहः।**
**वक्ता श्रोता च यत्रास्ति रमन्ते तत्र सम्पदः॥**

महाराज सुनें! अप्रिय, किन्तु हितकारी वस्तु का परिणाम अच्छा ही होता है। जहां अच्छा उपदेशक और अच्छा श्रोता हो, लक्ष्मी वहीं निवास करती है।

**त्वया च मूलभृत्यानपास्यायमागन्तुकः पुरस्कृतः। एतच्चानुचितं कृतम्।**

अपने पुराने सेवकों को छोड़कर इस नये आये हुए का सत्कार करके आपने अच्छा नहीं किया;

**यतः,—**

**मूलभृत्यान्परित्यज्य नागन्तून्प्रति मानयेत्।**
**नातः परतरो दोषो राज्यभेदकरो यतः॥**

क्योंकि पुराने कर्मचारियों को छोड़कर नये आये हुओं का सत्कार नहीं करना चाहिए। इससे बढ़कर राज्य में फूट डालने वाला अन्य कोई दोष नहीं है।

**सिंहो ब्रूते—'महदाश्चर्यम्। मया यदभयवाचं दत्त्वानीतः संवर्धितश्च। तत्कथं मह्यं द्रुह्यति?।'**

सिंह बोला—बड़ा आश्चर्य है! मैं जिसे अभयदान देकर लाया और जिसे इतनी प्रतिष्ठा दी, वह मुझसे वैर क्यों करेगा?

**दमनको ब्रूते—देव!**

**दुर्जनो नार्जवं याति सेव्यमानोऽपि नित्यशः।**
**स्वेदनाभ्यञ्जनोपायैः श्वपुच्छमिव नामितम्॥**

दमनक बोला—देव! जिस प्रकार गरम तेल की मालिश करने पर भी कुत्ते की पूंछ सीधी नहीं होती, उसी प्रकार नित्य आदर करने पर भी दुर्जन सीधा नहीं होता।

**अपरं च,—**

**स्वेदितो मर्दितश्चैव रज्जुभिः परिवेष्टितः।**
**मुक्तो द्वादशभिर्वर्षैः श्वपुच्छः प्रकृतिं गतः॥**

और दूसरे—तपायी गयी, मालिश की गयी, डोरी से लपेटी गयी तथा बारह वर्ष बाद खोली गयी कुत्ते की पूंछ टेढ़ी ही रहती है।

**अन्यच्च,—**

**वर्धनं वाथ सन्मानं खलानां प्रीतये कुतः?।**
**फलन्त्यमृतसेकेऽपि न पथ्यानि विषद्रुमाः॥**

जिस प्रकार अमृत से सींचे जाने पर भी विष-वृक्ष पर विष-फल ही लगते हैं, उसी प्रकार दुष्टों की प्रसन्नता के लिए उनका सम्मान आदि करने पर भी वे चाहकर भी अपनी दुष्टता को नहीं छोड़ सकते।

**अतोऽहं ब्रवीमि—**

इसलिए मैं कहता हूं—

**अपृष्टोऽपि हितं ब्रूयाद्यस्य नेच्छेत्पराभवम्।**
**एष एव सतां धर्मो विपरीतमतोऽन्यथा॥**

कि जिसका पराभव न देखना चाहें, ऐसे स्वामी के बिना पूछे भी उससे हितकारी बात कह देनी चाहिए। यही सज्जनों का धर्म है। इसके विपरीत अधर्म है।

**तथा चोक्तम्,—**

**स स्निग्धोऽकुशलान्निवारयति यस्तत्कर्म यन्निर्मलं**
**सा स्त्री याऽनुविधायिनी स मतिमान् यः सद्भिरभ्यर्च्यते।**
**सा श्रीर्या न मदं करोति स सुखी यस्तृष्णया मुच्यते**
**तन्मित्रं यदकृत्रिमं स पुरुषो यः खिद्यते नेन्द्रियैः॥**

कहा भी गया है—जो विपत्ति से उद्धार करता है, वही स्नेही है, जो दोषरहित है, वही सच्चा कर्म है, जो पति की आज्ञा में रहे, वही स्त्री है, सज्जन भी जिसका आदर करें, वही बुद्धिमान् है, जो अहंकार उत्पन्न न करे, वही सम्पत्ति है, जो तृष्णा से रहित है, वही सुखी है, जो निष्कपट है, वही मित्र है तथा जो इन्द्रियों के वशीभूत नहीं है, वही मनुष्य है।

**यदि सञ्जीवकव्यसनार्दितो विज्ञापितोऽपि स्वामी न निवर्तते तदीदृशि भृत्ये न दोषः।**

यदि सञ्जीवक के स्नेह के कारण आप जताने पर भी न मानें, तो मुझ सेवक पर कोई दोष नहीं होगा।

**तथा च,—**

**नृपः कामासक्तो गणयति न कार्यं न च हितं**
**यथेष्टं स्वच्छन्दः प्रविचरति मत्तो गज इव।**
**ततो मानध्मातः स पतति यदा शोकगहने**
**तदा भृत्ये दोषान्क्षिपति न निजं वेत्त्यविनयम्॥**

कहा भी गया है कि काम-भोग में आसक्त होने के कारण राजा अपने कार्य को उचित ढंग से नहीं करता और किसी के हितकारी वचनों को भी नहीं सुनता है। वह तो मदमस्त हाथी की भांति अपनी इच्छानुसार जो चाहता है, वही करता है

और जब अहंकार से ग्रस्त होकर शोक-सागर में गिर जाता है, तो अपने सेवकों को इसके लिए उत्तरदायी ठहराता है। तब भी अपने निकृष्ट आचरण को उत्तरदायी नहीं मानता।

**पिङ्गलकः (स्वगतम्),—**

पिंगलक ने मन-ही-मन सोचा—

**न परस्यापराधे परेषां दण्डमाचरेत्।**
**आत्मनावगतं कृत्वा बन्धनीयात्पूजयेच्च वा॥**

किसी के द्वारा अपराधी ठहराये जाने पर किसी प्रियजन को दण्डित नहीं करना चाहिए, अपितु स्वयं पड़ताल करके ही किसी को सम्मानित अथवा दण्डित करना चाहिए।

**तथा चोक्तम्,—**

**गुणदोषावनिश्चित्य विधिर्न ग्रहनिग्रहे।**
**स्वनाशाय यथा न्यस्तो दर्पात्सर्पमुखे करः॥**

कहा भी गया है—जिस प्रकार सांप के मुंह में अंगुली डालना अपनी मौत को बुलावा देना है, उसी प्रकार किसी के गुण-दोषों को जाने बिना उसे निर्दोष या दोषी ठहराकर पुरस्कृत करना अथवा दण्डित करना भी अनुचित है।

**प्रकाशं ब्रूते—'तदा सञ्जीवकः किं प्रत्यादिश्यताम्?'। दमनकः ससम्भ्रममाह—'देव! मा मैवम्। एतावता मन्त्रभेदो जायते।**

पिंगलक प्रकट रूप से बोला—तो सञ्जीवक को क्या उपदेश देना चाहिए?

दमनक ने घबराकर कहा—महाराज! ऐसा नहीं, इससे तो बात खुल जायेगी।

**तथा ह्युक्तम्,—**

**मन्त्रबीजमिदं गुप्तं रक्षणीयं यथा तथा।**
**मनागपि न भिद्येत तद्भिन्नं न प्ररोहति॥**

और कहा भी है कि गुप्त मन्त्ररूपी बीज की जिस प्रकार भी हो, रक्षा करनी चाहिए। वह तनिक भी प्रकट न हो, ऐसा प्रयास करना चाहिए; क्योंकि तनिक भी फूट जाने पर रहस्य का अपेक्षित परिणाम नहीं मिलता।

**किंच,—**

**आदेयस्य प्रदेयस्य कर्तव्यस्य च कर्मणः।**
**क्षिप्रमक्रियमाणस्य कालः पिबति तद्रसम्॥**

और भी देखें—लेन-देन को तथा अन्य कामों को निर्धारित समय पर न करने से इनका महत्त्व ही नष्ट हो जाता है, अर्थात् समय पर चूक जाने से काम बिगड़ जाता है।

**तदवश्यं समारब्धं महता प्रयत्नेन सम्पादनीयम्।**

अतः आरम्भ किये हुए कार्य को बड़े यत्नपूर्वक सिद्ध करना चाहिए;

**किंच,—**

**मन्त्रो योध इवाधीरः सर्वाङ्गैः संवृतैरपि।**
**चिरं न सहते स्थातुं परेभ्यो भेदशङ्कया॥**

क्योंकि जिस प्रकार डरपोक योद्धा कवच आदि से ढका रहने पर भी पराजय की आशंका से युद्ध-भूमि में देर तक नहीं ठहर सकता, उसी प्रकार गुप्त विचार भी शत्रु की आशंका से बहुत देर तक गुप्त नहीं रह पाता, अर्थात् प्रकट हो ही जाता है।

**यद्यसौ दृष्टदोषोऽपि दोषान्निवर्त्य सन्धातव्यस्तदतीवानुचितम्।**

यदि सञ्जीवक का दोष देख लेने पर भी आप उससे पुनः मेल करना चाहते हैं, तो मैं इसे उचित नहीं मानता;

**यतः,—**

**सकृद्दुष्टं तु यो मित्रं पुनः सन्धातुमिच्छति।**
**स मृत्युमेव गृह्णाति गर्भमश्वतरी यथा॥**

क्योंकि एक बार दुष्टता प्रमाणित हो जाने पर फिर से मेल करना खच्चरी द्वारा गर्भ धारण करने के समान अपनी मौत को बुलावा देना होता है।

**सिंहो ब्रूते—'ज्ञायतां तावत्किमस्माकमसौ कर्तुं समर्थः?'**

सिंह बोला—पहले यह तो पता कर लो कि वह हमारा क्या बिगाड़ सकता है?

**दमनक आह—'देव!**

दमनक बोला—महाराज!

**अङ्गाङ्गिभावमज्ञात्वा कथं सामर्थ्यनिर्णयः?।**
**पश्य टिट्टिभमात्रेण समुद्रो व्याकुलीकृतः॥**

किसी के शरीर और उस शरीरधारी के काम को जाने बिना उसके शारीरिक बल का पता लगाना सम्भव नहीं होता। देखिये, केवल एक टिटिहरी ने समुद्र को व्याकुल कर दिया था।

**सिंहः पृच्छति—'कथमेतत्?'**

सिंह ने पूछा— यह कैसी कथा है?

**दमनकः कथयति—**

दमनक कहने लगा—

## कथा क्रम : दस
### (टिटहरी-दम्पती और समुद्र की कथा)

**दक्षिणसमुद्रतीरे टिट्टिभदम्पती निवसतः। तत्र चासन्नप्रसवा टिट्टिभी भर्तारमाह—'नाथ! प्रसवयोग्यस्थानं निभृतमनुसन्धीयताम्।' टिट्टिभोऽवदत्—भार्ये! नन्विदमेव स्थानं प्रसूतियोग्यम्।' सा ब्रूते— 'समुद्रवेलया व्याप्यते स्थानमेतत्।' टिट्टिभोऽवदत्—'किमहं निर्बलः समुद्रेण निग्रहीतव्यः?'। टिट्टिभी विहस्याह—'स्वामिन्! त्वया समुद्रेण च महदन्तरम्।**

दक्षिण समुद्र के तट पर एक टिटिहरी-दम्पती रहते थे। अण्डे देने का समय आया, तो टिटिहरी ने अपने पति से कहा—स्वामी! अण्डे रखने के लिए किसी एकान्त स्थान की खोज करनी चाहिए। टिटिहरा बोला—प्रिये! यही स्थान अण्डे रखने के लिए अच्छा है। टिटिहरी ने कहा—यहां समुद्र की लहरें उछलकर आती हैं और अण्डों को बहाकर ले जाती हैं। टिटिहरे ने कहा—क्या मैं समुद्र से कम बलशाली हूं? टिटिहरी ने हंसकर कहा—स्वामी! तुम में और समुद्र में बड़ा अन्तर है।

**अथवा,—**

**पराभवं परिच्छेत्तुं योग्यायोग्यं च वेत्ति यः।**
**अस्तीह यस्य विज्ञानं कृच्छ्रेणापि न सीदति॥**

अथवा—इस संसार में पराभव का निर्णय करने के लिए जो उचित-अनुचित को समझता है तथा जिसे अपने बलाबल का समुचित ज्ञान है, वह विपत्ति में भी दुःख नहीं भोगता।

**अपि च,—**

**अनुचितकार्यारम्भः स्वजनविरोधो बलीयसि स्पर्धा।**
**प्रमदाजनविश्वासो मृत्योर्द्वाराणि चत्वारि॥**

और दूसरे—अनुचित काम का आरम्भ, अपने मित्रों से विरोध, बलवान् से बराबरी की इच्छा तथा स्त्रियों पर विश्वास—ये चारों मृत्यु के द्वार हैं।

**ततः कृच्छ्रेण स्वामिवचनात्सा तत्रैव प्रसूता। एतत्सर्वं श्रुत्वा समुद्रेणापि तच्छक्तिज्ञानार्थं तदण्डान्यपहृतानि। ततष्टिट्टिभी शोकार्ता भर्तारमाह—'नाथ! कष्टमापतितम्। तान्यण्डानि मे नष्टानि।' टिट्टिभोऽवदत्—'प्रिये! मा भैषीः।' इत्युक्त्वा पक्षिणां मेलकं कृत्वा पक्षिस्वामिनो गरुडस्य समीपं गतः। तत्र गत्वा सकलवृत्तान्तं टिट्टिभेन भगवतो गरुडस्य पुरतो निवेदितम्—'देव! समुद्रेणाहं स्वगृहावस्थितो विनापराधेनैव निगृहीतः।' ततस्तद्वचनमाकर्ण्य गरुत्मता प्रभुर्भगवन्नारायणः सृष्टिस्थितिप्रलय-**

**हेतुर्विज्ञप्तः। स समुद्रमण्डदानायादिदेश। ततो भगवदाज्ञां मौलौ निधाय समुद्रेण तान्यण्डानि टिट्टिभाय समर्पितानि। अतोऽहं ब्रवीमि—"अङ्गाङ्गि-भावमज्ञात्वा" इत्यादि'॥ राजाह—'कथमसौ ज्ञातव्यो द्रोहबुद्धिरिति?'। दमनको ब्रूते—'यदासौ सदर्पः शृङ्गाग्रप्रहरणाभिमुखश्चकितमिवागच्छति तदा ज्ञास्यसि स्वामी।' एवमुक्त्वा सञ्जीवकसमीपं गतः। तत्र गतश्च मन्दं मन्दमुपसर्पन् विस्मितमिवात्मानमदर्शयत्। सञ्जीवकेन सादरमुक्तम्—'भद्र! कुशलं ते?'। दमनको ब्रूते—'अनुजीविनां कुतः कुशलम्?**

फिर अपने पति के कहने पर टिटिहरी ने वहीं अण्डे दिये, तो टिटिहरे की गर्व से भरी बातें सुनकर समुद्र टिटिहरे के बलाबल को जांचने के लिए अण्डों को बहाकर ले गया। तब टिटिहरी शोकार्त होकर अपने पति से कहने लगी—स्वामी! बहुत कष्ट आ पड़ा है। मेरे वे अण्डे नष्ट हो गये। टिटिहरा बोला—प्रिये! डर मत। यह कहकर और अन्य पक्षियों को साथ लेकर वह पक्षियों के स्वामी गरुड़जी के पास जा पहुंचा और उनसे निवेदन किया—महाराज! समुद्र ने अपने घर में बैठे मुझ निरपराध को व्यर्थ ही सताया है।

उसकी बात सुनकर गरुड़जी ने सृष्टि, स्थिति और प्रलय के कारणभूत भगवान् नारायण को सारा हाल कह सुनाया। तब उन्होंने समुद्र को टिटिहरे के अण्डे उसे लौटाने की आज्ञा दे दी। भगवान् की आज्ञा को स्वीकार करके समुद्र ने टिटिहरे को उसके अण्डे सौंप दिये।

इसलिए मैं कहता हूं—किसी को बिना जाने उसके बलाबल की जानकारी नहीं लगायी जा सकती।

पिंगलक ने पूछा—यह कैसे मान लिया जाये कि सञ्जीवक मुझसे द्रोह करने लगा है?

दमनक ने कहा—जब वह अहंकारपूर्वक अपने सींगों की नोक को आगे बढ़ाकर आप पर प्रहार करने की इच्छा से निडर होकर आपके सम्मुख आये, तो आप उसके मन का भाव समझ जाइये।

पिंगलक से इस प्रकार कहकर दमनक सञ्जीवक के पास गया और वहां पहुंचकर धीरे-धीरे उसके पास खिसकते-खिसकते उसने अपने मुंह को मलिन-सा बना लिया।

तब सञ्जीवक ने आदरपूर्वक उससे पूछा—मित्र! कुशल तो है?

दमनक ने कहा—सेवकों के भाग्य में कुशल कहां?

**यतः,—**

**सम्पत्तयः पराधीनाः सदा चित्तमनिर्वृतम्।**
**स्वजीवितेऽप्यविश्वासस्तेषां ये राजसेवकाः॥**

क्योंकि राजा के सेवकों की सम्पत्ति तो पराधीन होती है, उनका मन सदा दुखी ही रहता है। फिर युद्ध की आशंका भी सदा सिर पर मंडराती रहती है। उन्हें तो अपने जीवन का भी भरोसा नहीं रहता।

**अन्यच्च,—**

**कोऽर्थान्प्राप्य न गर्वितो विषयिणः,**
**कस्यापदोऽस्तं गताः ?।**
**स्त्रीभिः कस्य न खण्डितं भुवि मनः,**
**को वाऽस्ति राज्ञां प्रियः ?।**
**कः कालस्य भुजान्तरं न च गतः,**
**कोऽर्थी गतो गौरवं ?**
**को वा दुर्जनवागुरासु पतितः**
**क्षेमेण यातः पुमान् ? ॥**

और दूसरे—कौन व्यक्ति धन प्राप्त करके अहंकार से ग्रस्त नहीं होता ? किस कामवासना के शिकार को विपत्ति नहीं घेरती ? स्त्रियों ने किसका मन नहीं डिगाया ? राजाओं को कौन प्रिय लगता है ? कौन व्यक्ति काल की भुजाओं में नहीं गया ? किस याचक का सम्मान हुआ है ? कौन व्यक्ति दुर्जनों के कपट में फंसकर सकुशल आया है ?

**सञ्जीवकेनोक्तम्—'सखे! ब्रूहि किमेतत् ?'।**

सञ्जीवक ने कहा—मित्र ! बताओ तो सही, क्या बात है ?

**दमनक आह—'किं ब्रवीमि मन्दभाग्य ?**

दमनक ने कहा—मैं मन्दभागी क्या कहूं ?

**पश्य,—**

**मज्जन्नपि पयोराशौ लब्ध्वा सर्पावलम्बनम्।**
**न मुञ्चति न चादत्ते तथा मुग्धोऽस्मि सम्प्रति ॥**

देखो—जिस प्रकार समुद्र में डूबता हुआ मनुष्य सांप का सहारा पाकर भी न उसे छोड़ सकता है और न उसे पकड़े रह सकता है, उसी प्रकार मैं भी इस समय मूढ़ हो गया हूं। कुछ समझ में नहीं आता कि क्या करूं ?

**यतः,—**

**एकत्र राजविश्वासो नश्यत्यन्यत्र बान्धवः।**
**किं करोमि क्व गच्छामि पतितो दुःखसागरे ॥**

क्योंकि एक ओर राजा का विश्वास और दूसरी ओर बान्धव का विनाश होता है। क्या करूं, कहां जाऊं ? इसी दुःखसागर में पड़ा हूं।

**इत्युक्त्वा दीर्घं निःश्वस्योपविष्टः। सञ्जीवको ब्रूते—'मित्र! तथापि**

**सविस्तरं मनोगतमुच्यताम्।' दमनकः सुनिभृतमाह—'यद्यपि राजविश्वासो न कथनीयस्तथापि भवानस्मदीयप्रत्ययादागतः। मया परलोकार्थिनावश्यं तव हितमाख्येयम्। शृणु। अयं स्वामी तवोपरि विकृतबुद्धी रहस्युक्तवान्—'सञ्जीवकमेव हत्वा स्वपरिवारं तर्पयामि।' एतच्छ्रुत्वा सञ्जीवकः परं विषादमगमत्। दमनकः पुनराह—'अलं विषादेन। प्राप्तकालकार्यमनुष्ठीयताम्।' सञ्जीवकः क्षणं विमृश्याह स्वगतम्—'सुष्ठु खल्विदमुच्यते किं वा दुर्जनचेष्टितं, न वेत्येतद्व्यवहारान्निर्णेतुं न शक्यते।**

यह कहकर वह लम्बी सांस भर कर बैठ गया। तब सञ्जीवक बोला—मित्र! फिर भी, मन की बात तो कहो। दमनक बहुत छिपते-छिपाते बोला—यद्यपि राजा की गुप्त बात को प्रकट नहीं करना चाहिए, तथापि तुम मेरे भरोसे ही यहां आये हो। अत: परलोक की अभिलाषा के डर से मुझे तुम्हारे हित की बात अवश्य कहनी चाहिए। सुनो! तुम पर क्रोधित होकर स्वामी ने कहा है कि सञ्जीवक को मारकर मैं अपने परिवार को समर्पित करूंगा।

यह सुनकर सञ्जीवक को बहुत दु:ख हुआ। दमनक बोला— दुखी मत हो, अवसर के अनुसार काम करो। मन-ही-मन क्षण-भर विचारकर सञ्जीवक कहने लगा—यह ठीक कह रहा है। यह काम दुर्जन का है, यह उसके व्यवहार से निश्चित नहीं हो सकता।

**यतः,—**

**दुर्जनगम्या नार्यः प्रायेणापात्रभृद्भवति राजा।**
**कृपणानुसारि च धनं मेघो गिरिजलधिवर्षी च॥**

देखिये—स्त्रियां प्राय: दुर्जनों के चंगुल में फंस जाती हैं, राजा प्राय: कुपात्रों को ही गले लगाते हैं, धन प्राय: कंजूस व्यक्ति के पास ही जाता है, मेघ प्राय: पर्वतों और समुद्रों पर ही बरसते हैं।

**कश्चिदाश्रयसौन्दर्याद्धत्ते शोभामसज्जनः।**
**प्रमदालोचनन्यस्तं मलीमसमिवाञ्जनम्॥**

जिस प्रकार काला होने पर भी अञ्जन सुन्दर स्त्रियों के नेत्रों में लग जाने पर शोभा पाता है, उसी प्रकार कोई-कोई दुर्जन भी किसी उत्तम व्यक्ति का आश्रय पाकर भला प्रतीत होने लगता है।

**तत्र विचिन्त्योक्तम्—'कष्टं किमिदमापतितम्?।**

उसने विचारकर कहा—यह क्या कष्ट आ पड़ा?

**यतः,—**

**आराध्यमानो नृपतिः प्रयत्ना-**
**न्न तोषमायाति किमत्र चित्रम्?।**

अयं त्वपूर्वप्रतिमाविशेषो
य: सेव्यमानो रिपुतामुपैति ॥

क्योंकि राजा बड़े यत्न से सेवा करने पर भी प्रसन्न नहीं होता, इसमें क्या आश्चर्य है? यह एक ऐसे देवता की मूर्ति है, जो सेवा करने पर भी शत्रुता ही करता है।

**तदयमशक्यार्थ: प्रमेय:।**

अत: राजाओं के मन का भेद जानना असम्भव होता है।

**पश्य,—**

**निमित्तमुद्दिश्य हि य: प्रकुप्यति**
**ध्रुवं स तस्यापगमे प्रसीदति।**
**अकारणद्वेषि मनस्तु यस्य वै**
**कथं जनस्तं परितोषयिष्यति ॥**

देखो, किसी कारण विशेष के होने पर क्रोध करने वाला व्यक्ति उस कारण के नष्ट हो जाने पर अवश्य प्रसन्न हो जाता है, किन्तु जिसका मन बिना किसी कारण ही वैर बांध ले, उसको कोई कैसे प्रसन्न कर सकता है?

**किं मयापकृतं राज्ञ: ? अथवा निर्निमित्तापकारिणश्च भवन्ति राजान:।'**

मैंने राजा का क्या अपकार किया? राजा बिना कारण ही अपकार करने वाले होते हैं।

**दमनको ब्रूते—'एवमेतत्, शृणु—**

दमनक बोला—ऐसा है, सुनो—

**विज्ञै: स्निग्धैरुपकृतमपि द्वेष्यतामेति कश्चित्**
**साक्षादन्यैरपकृतमपि प्रीतिमेवोपयाति।**
**चित्रं चित्रं किमथ चरितं नैकभावाश्रयाणां**
**सेवाधर्म: परमगहनो योगिनामप्यगम्य: ॥**

कुछ व्यक्ति विद्वानों और मित्रों के द्वारा उपकार किये जाने पर शत्रुता करते हैं और शत्रुओं के द्वारा अपकार किये जाने पर प्रसन्न होते हैं। जिनके चित्त अव्यवस्थित होते हैं, उनका चरित्र भी बड़ा अद्भुत् होता है। सेवा का काम तो योगी भी नहीं कर सकते।

**अन्यच्च,—**

**कृतशतमसत्सु नष्टं सुभाषितशतं न नष्टमबुधेषु।**
**वचनशतमवचनकरे बुद्धिशतमचेतने नष्टम् ॥**

और भी देखें—दुष्टों पर किये सैकड़ों उपकार नष्ट हो जाते हैं, मूर्खों के सामने अच्छे-अच्छे उपदेश नष्ट हो जाते हैं, हितकारी वचनों को न मानने वालों के सामने सैकड़ों वचन नष्ट हो जाते हैं और महामूर्खों के सामने सैकड़ों मस्तिष्क

नष्ट हो जाते हैं।

**किंच,—**

**चन्दनतरुषु भुजङ्गा जलेषु कमलानि तत्र च ग्राहाः।**
**गुणघातिनश्च भोगे खला न च सुखान्यविघ्नानि॥**

और भी देखें—चन्दन के वृक्षों पर सर्प, जल में कमल के साथ ही उसी में मगर आदि भी होते हैं। इसी प्रकार राजाओं के साथ सुख-भोग के साथ ही उनका कोपभाजन बनना इस तथ्य का बोध कराता है कि विषय-भोग में गुणों का नाश करने वाले दुर्जन भी होते हैं।

**अन्यच्च,—**

**मूलं भुजङ्गैः कुसुमानि भृङ्गैः**
**शाखाः प्लवङ्गैः शिखराणि भल्लैः।**
**नास्त्येव तच्चन्दनपादपस्य**
**यन्नाश्रितं दुष्टतरैश्च हिंस्रैः॥**

और भी देखें—चन्दन की जड़ों में सर्पों ने, तो पुष्पों पर भंवरों ने डेरा डाल रखा है, शाखाओं पर वानरों ने अपना अधिकार कर रखा है, तो शिखरों पर भाले-बर्छी जैसे भयंकर चींटियों ने अपना निवास बना रखा है, इसी प्रकार चन्दन वृक्ष पर एक भी स्थान ऐसा नहीं, जो दुष्ट हिंसक जन्तुओं से घिरा न हो।

**अयं तावत्स्वामी वाचि मधुरो विषहृदयो ज्ञातः।**

मुझे तो यह स्वामी मुंह का मीठा और पेट का कपटी लगता है।

**यतः,—**

**दूरादुच्छ्रितपाणिरार्द्रनयनः प्रोत्सारितार्धासनो**
**गाढालिङ्गनतत्परः प्रियकथाप्रश्नेषु दत्तादरः।**
**अन्तर्भूतविषो बहिर्मधुमयश्चातीव मायापटुः**
**को नामायमपूर्वनाटकविधिर्यः शिक्षितो दुर्जनैः॥**

दूर से देखकर हाथ उठाना, अपने नेत्रों को प्रेम रस से रसीला बना लेना, अपने साथ आधे आसन पर बैठाना, भली प्रकार से मिलना, कुशल-मंगल आदि पूछना—ये सब माया से भरी बातें दुर्जनों को कहां से सीखने को मिल जाती हैं? समझ में नहीं आता कि यह कैसा नाटकीय व्यवहार है, जो दुर्जनों ने सीख लिया है?

**तथा हि,—**

**पोतो दुस्तरवारिराशितरणे दीपोऽन्धकारागमे**
**निर्वाते व्यजनं मदान्धकरिणां दर्पोपशान्त्यै सृणिः।**
**इत्थे तद्भुवि नास्ति यस्य विधिना नोपायचिन्ता कृता**

**मन्ये दुर्जनचित्तवृत्तिहरणे धातापि भग्नोद्यतः॥**

और—दुस्तर समुद्र को पार करने के लिए नाव, अन्धकार के आने पर दीपक, वायुरहित समय में पंखा तथा मदमस्त हाथी का अहंकार दूर करने के लिए अंकुश की व्यवस्था की है, उसी प्रकार इस संसार में ब्रह्माजी ने प्रत्येक विषय के उपाय की चिन्ता न की हो, ऐसी बात नहीं है, परन्तु मैं यह मानता हूं कि दुर्जनों की चित्तवृत्ति दूर करने में विधाता का प्रयत्न भी विफल हो गया।

**सञ्जीवकः पुनर्निःश्वस्य—'कष्टं भोः! कथमहं सस्यभक्षकः सिंहेन निपातयितव्यः?**

सञ्जीवक लम्बी सांस लेकर बोला—अरे! बड़े कष्ट की बात है, सिंह मुझ घास चरने वाले को क्यों मारेगा?

**यतः,—**

**ययोरेव समं वित्तं ययोरेव समं बलम्।**
**तयोर्विवादो मन्तव्यो नोत्तमाधमयोः क्वचित्॥**

क्योंकि समान धन और समान बल वाले प्राणियों में ही वैर-विरोध अच्छा लगता है। उत्तम और अधम की शत्रुता तो विषम होने के कारण अवाञ्छनीय होती है।

**(पुनर्विचिन्त्य) केनायं राजा ममोपरि विकारितो न जाने। भेदमुपगताद्राज्ञः सदा भेतव्यम्।**

(फिर कुछ सोचकर) बोला—मैं नहीं जानता कि इस सिंह को किसने मेरे विरुद्ध पट्टी पढ़ायी है, किन्तु अब यह रुष्ट हो गया है, तो मुझे इससे डरना और सावधान रहना ही चाहिए।

**यतः,—**

**मन्त्रिणा पृथिवीपालचित्तं विघटितं क्वचित्।**
**वलयं स्फटिकस्येव को हि सन्धातुमीश्वरः?॥**

जिस प्रकार कांच की चूड़ी को टूट जाने पर जोड़ा नहीं जा सकता, उसी प्रकार किसी कारणवश मन्त्री से रुष्ट राजा के चित्त को अनुकूल बनाना भी असम्भव है।

**अन्यच्च,—**

**वज्रं च राजतेजश्च द्वयमेवातिभीषणम्।**
**एकमेकत्र पतति पतत्यन्यत् समन्ततः॥**

और भी देखें—वज्र तथा राजा का तेज—ये दोनों ही भयंकर होते हैं, फिर भी राजा का तेज अधिक भयंकर होता है; क्योंकि वज्र तो एक स्थान पर ही गिरता है, परन्तु राजा का तेज तो चारों ओर फैल जाता है।

**ततः संग्रामे मृत्युरेव वरम्। इदानीं तदाज्ञानुवर्तनमयुक्तम्।**

फिर संग्राम में मरना ही अच्छा है। अब उसकी आज्ञा मानना उचित नहीं है।

**यतः,—**

**मृतः प्राप्नोति वा स्वर्गं शत्रुं हत्वा सुखानि वा।**
**उभावपि हि शूराणां गुणावेतौ सुदुर्लभौ॥**

क्योंकि युद्ध में मृत्यु होने पर स्वर्ग की प्राप्ति होती है और जीवित रहने पर शत्रु पर विजय-प्राप्ति का आनन्द मिलता है। इसलिए ये दोनों ही गुण परम दुर्लभ हैं।

**युद्धकालश्चायम्,—**

और यह समय लड़ने का ही है।

**यत्रायुद्धे ध्रुवं मृत्युर्युद्धे जीवितसंशयः।**
**तमेव कालं युद्धस्य प्रवदन्ति मनीषिणः॥**

जब युद्ध न करने पर भी मृत्यु आनी ही है और युद्ध न करने पर भी जीवन की कोई आशा नहीं है, तो इस समय युद्ध को ही विद्वानों ने उचित समय बताया है।

**यतः,—**

**अयुद्धे हि यदा पश्येन्न किञ्चिद्धितमात्मनः।**
**युध्यमानस्तदा प्राज्ञो म्रियते रिपुणा सह॥**

और भी—जब युद्ध न करने पर भी व्यक्ति अपना कोई हित नहीं देखता, तो वह विद्वान् शत्रु के साथ लड़कर मर जाता है।

**जये च लभते लक्ष्मीं मृतेनापि सुराङ्गनाम्।**
**क्षणविध्वंसिनः कायः, का चिन्ता मरणे रणे?'॥**

विजय मिलने पर राज्यलक्ष्मी की प्राप्ति होती है और मरने पर स्वर्ग मिलता है। यह काया क्षणभंगुर है, तो संग्राम में मरने की क्या चिन्ता है?

**एतच्चिन्तयित्वा सञ्जीवक आह—'भो मित्र! कथमसौ मां जिघांसुर्ज्ञातव्यः?'। दमनको ब्रूते—'यदसौ पिङ्गलकः समुन्नतलाङ्गूल उन्नतचरणौ विवृतास्यस्त्वां पश्यति तदा त्वमेव स्वविक्रमं दर्शयिष्यसि।**

यह सोचकर सञ्जीवक बोला—हे मित्र! मुझे यह कैसे पता चलेगा कि वह मुझे मारने वाला है?

तब दमनक ने कहा—जब पिंगलक अपनी पूंछ को धरती पर पटके, अपने पञ्जे ऊंचे करके और अपना मुंह फाड़कर तुम्हारी ओर देखे, तो तुम समझ लेना और अपने पराक्रम का प्रदर्शन करना;

**यतः,—**

**बलवानपि निस्तेजाः कस्य नाभिभवास्पदम्?।**
**निःशङ्कं दीयते लोकैः पश्य भस्मचये पदम्॥**

क्योंकि जिस प्रकार राख बनी हुई आग पर सभी निर्भय होकर पांव रखते हैं, उसी प्रकार बलवान् के तेजहीन हो जाने पर उसे कोई भी पराजित कर सकता है।

**किन्तु सर्वमेतत्सुगुप्तमनुष्ठातव्यम्। नो चेन्न त्वं नाहम्' इत्युक्त्वा दमनकः करटकसमीपं गतः। करटकेनोक्तम्—'किं निष्पन्नम्?' दमनकेनोक्तम्—'निष्पन्नोऽसावन्योन्यभेदः।' करटको ब्रूते—'कोऽत्र सन्देहः?**

परन्तु यह बात गुप्त रखने योग्य है। इस बात के प्रकट हो जाने पर हम दोनों की जीवन-लीला ख़तरे में है। यह कहते हुए वह करटक के पास गया, तो उसने पूछा—क्या हुआ? दमनक बोला—दोनों में फूट डलवा दी है। करटक बोला—इसमें क्या सन्देह है?

**यतः,—**

**बन्धुः को नाम दुष्टानां कुप्यते को न याचितः।**
**को न दृप्यति वित्तेन कुकृत्ये को न पण्डितः?॥**

क्योंकि दुष्टों का कौन अपना होता है, मांगने पर कौन क्रोधित नहीं होता, धन पाकर किसे अहंकार नहीं होता और दुष्कर्म करने में कौन व्यक्ति सिद्धहस्त नहीं होता?

**अन्यच्च,—**

**दुर्वृत्तः क्रियते धूर्तैः श्रीमानात्मविवृद्धये।**
**किं नाम खलसंसर्गः कुरुते नाश्रयाशवत्॥**

और भी देखें—अपनी स्वार्थसिद्धि के लिए दुष्ट व्यक्ति धनवानों को कुमार्ग पर डाल देते हैं। इसलिए दुष्ट का संग-साथ अग्नि के समान क्या-क्या नहीं करता? वह तो सारे अनर्थों की जड़ है।

**ततो दमनकः पिङ्गलकसमीपं गत्वा 'देव! समागतोऽसौ पापाशयः। ततः सज्जीभूय स्थीयताम्' इत्युक्त्वा पूर्वोक्ताकारं कारयामास। सञ्जीवकोऽप्यागत्य तथाविधं विकृताकारं सिंहं दृष्ट्वा स्वानुरूपं विक्रमं चकार। ततस्तयोर्युद्धे सञ्जीवकः सिंहेन व्यापादितः।**

इसके पश्चात् दमनक ने पिंगलक के पास जाकर कहा—महाराज! वह पापी आ पहुंचा है, इसलिए आप संभलकर बैठ जाइये। यह कहकर उसने पिंगलक को पहले बताये आकार में बिठा दिया। तब सञ्जीवक ने भी आकर सिंह को वैसे ही बदली हुई मुद्रा में बैठा देखा, तो उसने भी अपना पराक्रम दिखाया। तब उन दोनों के युद्ध में पिंगलक ने सञ्जीवक को मार डाला।

**अथ सञ्जीवकं सेवकं पिङ्गलको व्यापाद्य विश्रान्तः सशोक इव**

**तिष्ठति। ब्रूते च—'किं मया दारुणं कर्म कृतम्?**

अपने विश्वस्त मित्र सञ्जीवक का वध करने के पश्चात् थका हुआ और शोक का मारा हुआ पिंगलक उदास होकर बैठ गया और अपने-आप से बोला—मैंने यह कैसा दुष्कर्म किया है?

**यतः,—**

**परैः सम्भुज्यते राज्यं स्वयं पापस्य भाजनम्।**
**धर्मातिक्रमतो राजा सिंहो हस्तिवधादिव॥**

जिस प्रकार हाथी का वध तो सिंह करता है, परन्तु उसे अन्य पशु ही खाते हैं, उसी प्रकार राजा की कमाई को दूसरे लोग खा जाते हैं, परन्तु पाप का भागी राजा ही बनता है।

**अपरं च,—**

**भूम्येकदेशस्य गुणान्वितस्य**
**भृत्यस्य वा बुद्धिमतः प्रणाशः।**
**भृत्यप्रणाशो मरणं नृपाणां**
**नष्टापि भूमिः सुलभा, न भृत्याः॥**

और भी देखें—राज्य के एक भूखण्ड अथवा बुद्धिमान् एवं गुणी सेवक—इन दोनों में से राजा को सेवक का नष्ट होना मृत्यु के समान प्रतीत होता है; क्योंकि धरती को पुनः प्राप्त किया जा सकता है, किन्तु गुणी सेवक नहीं मिल सकते।

**दमनको ब्रूते—'स्वामिन्! कोऽयं नूतनो न्यायो यदरातिं हत्वा सन्तापः क्रियते?**

दमनक बोला—स्वामी! यह कौन-सा न्याय है कि आप शत्रु को मारकर भी पछता रहे हैं?

**तथा चोक्तम्,—**

**पिता वा यदि वा भ्राता पुत्रो वा यदि वा सुहृत्।**
**प्राणच्छेदकरा राज्ञा हन्तव्या भूतिमिच्छता॥**

जैसा कहा गया है—सम्पत्ति के इच्छुक राजा को अपने प्राणों का नाश करने वाले पिता, भाई, पुत्र अथवा मित्र को भी मार डालना चाहिए।

**अपि च,—**

**धर्मार्थकामतत्त्वज्ञो नैकान्तकरुणो भवेत्।**
**न हि हस्तस्थमप्यन्नं क्षमावान् भक्षितुं क्षमः॥**

और यह भी कि धर्म, अर्थ, काम और मोक्ष—इन चारों का रहस्य जानने वाले व्यक्ति को भी अत्यन्त दयालु नहीं होना चाहिए; क्योंकि क्षमाशील व्यक्ति अपने हाथ में आये हुए अन्न को भी अपने मुंह में नहीं डाल सकता।

किंच,—

क्षमा शत्रौ च मित्रे च यतीनामेव भूषणम्।
अपराधिषु सत्त्वेषु नृपाणां सैव दूषणम्॥

और भी—शत्रु तथा मित्र को समान भाव से क्षमा करना केवल तपस्वियों का आभूषण होता है, किन्तु राजाओं द्वारा अपराधियों को क्षमा करना उनका दूषण कहलाता है।

अपरं च,—

राज्यलोभादहङ्कारादिच्छतः स्वामिनः पदम्।
प्रायश्चित्तं तु तस्यैकं जीवोत्सर्गो न चापरम्॥

और दूसरे—राज्य के लोभ से अथवा अहंकार से स्वामी के पद को चाहने वाले सेवक को प्राणदण्ड देना ही उसके लिए एकमात्र प्रायश्चित्त है।

अन्यच्च,—

राजा घृणी ब्राह्मणः सर्वभक्षः
स्त्री चावशा दुष्प्रकृतिः सहायः।
प्रेष्यः प्रतीपोऽधिकृतः प्रमादी
त्याज्या इमे यश्च कृतं न वेत्ति॥

और कहा भी गया है कि अत्यन्त दयालु राजा, सर्वभक्षी, अर्थात् लोभी ब्राह्मण, पति के वश में न रहने वाली स्त्री, दुष्ट स्वभाव वाला सहायक, सामने से उत्तर देने वाला सेवक, असावधान अधिकारी तथा पराये उपकार को न मानने वाला व्यक्ति—ये सब त्याग देने योग्य होते हैं।

विशेषतश्च,—

सत्यानृता सपरुषा प्रियवादिनी च
हिंस्रा दयालुरपि चार्थपरा वदान्या।
नित्यव्यया प्रचुररत्नधनागमा च
वाराङ्गनेव नृपनीतिरनेकरूपा॥

विशेषतः राजनीति कभी सच्ची, कभी झूठी, कभी कठोर, कभी नरम, कभी हिंसक, कभी दयालु, कभी धन लेने वाली, कभी उदार, कभी सदा व्यय करने वाली, कभी अनेक रत्नों और धन को एकत्र करने वाली वेश्या के समान अनेक प्रकार की होती है।

इति दमनकेन सन्तोषितः पिङ्गलकः स्वां प्रकृतिमापन्नः सिंहासने समुपविष्टः। दमनकः प्रहृष्टमनाः 'विजयतां महाराजः, शुभमस्तु सर्वजगताम्' इत्युक्त्वा यथासुखमवस्थितः।

इस प्रकार जब दमनक ने सन्तोष दिलाया, तो पिंगलक का मन शान्त हो

गया और वह सिंहासन पर जा बैठा। दमनक भी प्रसन्न होकर 'जय हो महाराज की' 'सारे संसार का कल्याण हो' ऐसा कहता हुआ आनन्दपूर्वक रहने लगा।

**विष्णुशर्मोवाच—'सुहृद्भेदः श्रुतस्तावद्भवद्भिः।' राजपुत्रा ऊचुः—'भवत्प्रसादाच्छ्रुतः। सुखिनो भूता वयम्।'**

विष्णु शर्मा बोले—आपने सुहृद्‌भेद—दो मित्रों में फूट डालना—सुना?

राजकुमार बोले—आपकी कृपा से हमने सब सुना और हम बहुत सुखी हुए।

**विष्णुशर्माऽब्रवीत्—'अपरमपीदमस्तु—**

**सुहृद्भेदस्तावद्भवतु भवतां शत्रुनिलये**
**खलः कालाकृष्टः प्रलयमुपसर्पत्वहरहः।**
**जनो नित्यं भूयात् सकलसुखसम्पत्तिवयतिः**
**कथारामे रम्ये सततमिह बालोऽपि रमताम्॥**

विष्णु शर्मा बोले—तुम्हारे शत्रुओं के घरों में आपस में मित्र बने लोगों में फूट पड़े, दुष्ट लोग मृत्यु का ग्रास बनें, तुम्हारे राज्य में सदा सुख और सम्पत्ति की खान रहे और इस रमणीय हितोपदेश के उपवन में बालक सदा विहार करें।

*॥ सुहृद्‌भेद (द्वितीय अध्याय) समाप्त॥*

## तीसरा अध्याय

# विग्रह

**पुनः कथारम्भकाले राजपुत्रा ऊचुः—'आर्य! राजपुत्रा वयम्। तद्विग्रहं श्रोतुं नः कुतूहलमस्ति।' विष्णुशर्मणोक्तम्—'यदेव भवद्भ्यो रोचते कथयामि। विग्रहः श्रूयतां यस्यायमाद्यः श्लोकः—**

फिर कथा आरम्भ करते समय राजपुत्रों ने कहा—गुरुजी! हम राजपुत्र हैं। अतः विग्रह सुनने का कुतूहल है। विष्णु शर्मा ने कहा—जो तुम्हें अच्छा लगे, मैं वही कहता हूं। विग्रह सुनो, जिसका प्रथम श्लोक है—

**हंसैः सह मयूराणां विग्रहे तुल्यविक्रमे।**
**विश्वास्य वञ्चिता हंसाः काकैः स्थित्वाऽरिमन्दिरे॥**

हंसों के साथ मोरों के समान पराक्रम के युद्ध में कौओं ने शत्रु के गढ़ में रहकर और विश्वास पैदा करके हंसों को ठग लिया।

**राजपुत्रा ऊचुः—'कथमेतत्?'। विष्णुशर्मा कथयति—**

राजपुत्रों ने कहा—यह कैसी कथा है? विष्णु शर्मा कहने लगे—

### कथा क्रम : एक

### (राजहंस, मोर और उनके मन्त्री आदि की कथा)

**अस्ति कर्पूरद्वीपे पद्मकेलिनामधेयं सरः। तत्र हिरण्यगर्भो नाम राजहंसः प्रतिवसति। स च सर्वैर्जलचरपक्षिभिर्मिलित्वा पक्षिराज्येऽभिषिक्तः।**

कर्पूरद्वीप में पद्मकेलि नामक एक सरोवर है। वहां हिरण्यगर्भ नामक एक राजहंस रहता था। सब पक्षियों ने मिलकर उसे पक्षियों के राजा के पद पर अभिषिक्त कर दिया था।

**यतः,—**

**यदि न स्यान्नरपतिः सम्यङ्नेता ततः प्रजा।**
**अकर्णधारा जलधौ विप्लवेतेह नौरिव॥**

क्योंकि यदि संसार में अच्छा प्रजापालक राजा न हो, तो प्रजा समुद्र में कर्ण-

धार(केवट) से रहित नाव के समान डूब जाती है।

**अपरं च,—**

**प्रजां संरक्षति नृपः सा वर्धयति पार्थिवम्।**
**वर्धनाद्रक्षणं श्रेयस्तदभावे सदप्यसत्॥**

और दूसरे—राजा ही प्रजा की रक्षा करता है और प्रजा कर आदि देकर राजा को समृद्ध बनाती है। समृद्धि की अपेक्षा रक्षा का महत्त्व कहीं अधिक है; क्योंकि रक्षा के बिना समृद्ध होना भी न होने के समान है।

**एकदाऽसौ राजहंसः सुविस्तीर्णकमलपर्यङ्के सुखासीनः परिवार-परिवृतस्तिष्ठति। ततः कुतश्चिद्देशादागत्य दीर्घमुखो नाम वकः प्रणम्योप-विष्टः। राजोवाच—'दीर्घमुख! देशान्तरादागतोऽसि। वार्तां कथय।' स ब्रूते—'देव! अस्ति महती वार्ता। तां वक्तुं सत्वरमागतोऽहम्। श्रूयताम्,—अस्ति जम्बुद्वीपे विन्ध्यो नाम गिरिः। तत्र चित्रवर्णो नाम मयूरः पक्षिराजो निवसति। तस्यानुचरैश्चरद्भिः पक्षिभिरहं दग्धारण्यमध्ये चरन्नवलोकितः पृष्टश्च—'कस्त्वम्? कुतः समागतोऽसि?' तदा मयोक्तम्—'कर्पूरद्वीपस्य राजचक्रवर्तिनो हिरण्यगर्भस्य राजहंसस्यानुचरोऽहम्। कौतुकाद्देशान्तरं द्रष्टुमागतोऽस्मि।' एतच्छ्रुत्वा पक्षिभिरुक्तम्—'अनयोर्देशयोः को देशो भद्रतरो राजा च?'। मयोक्तम्— 'आः! किमेवमुच्यते? महदन्तरम्। यतः कर्पूरद्वीपः स्वर्ग एव, राजहंसश्च द्वितीयः स्वर्गपतिः। अत्र मरुस्थले पतिता यूयं किं कुरुथ? अस्मद्देशे गम्यताम्।' ततोऽस्मद्वचनमाकर्ण्य सर्वे सकोपा बभूवुः।**

एक दिन राजहंस सुन्दर बिछे हुए कमलासन पर सुखपूर्वक बैठा हुआ था और चारों ओर उसका परिवार भी बैठा था। तभी किसी दूर देश से आया दीर्घमुख नामक एक बगुला उसे प्रणाम करके बैठ गया। राजा बोला—हे दीर्घमुख! तू किस प्रदेश से आया है? समाचार सुना। वह बोला—देव! एक बड़ी बात है। मैं उसे सुनाने के लिए ही तुरन्त आया हूं। सुनिये! जम्बूद्वीप में विन्ध्य नामक एक पर्वत है, जहां चित्रवर्ण नामक मोरों का राजा रहता है। उसके अनुचर पक्षियों ने मुझे दग्ध नामक वन में चुगते हुए देखा और पूछा—तू कौन है और कहां से आया है? तब मैंने कहा—मैं कर्पूरद्वीप के चक्रवर्ती राजा हिरण्यगर्भ राजहंस का अनुचर हूं और नये स्थान को देखने की इच्छा से यहां आया हूं। यह सुनकर पक्षियों ने कहा—दोनों देशों में से कौन-सा देश तथा राजा अच्छा है? मैंने कहा—ऐसा क्यों कहते हो? दोनों में बहुत अन्तर है; क्योंकि कर्पूरद्वीप तो स्वर्ग है और राजहंस मानो दूसरा इन्द्र है। तुम इस मरुस्थल में पड़े हुए क्या करते हो? हमारे देश में चलो। तब मेरी बात सुनकर वे सब क्रोधित हो गये।

तथा चोक्तम्,—

पयःपानं भुजङ्गानां केवलं विषवर्धनम्।
उपदेशो हि मूर्खाणां प्रकोपाय न शान्तये॥

जैसा कहा गया है—सांपों को दूध पिलाना केवल उनके विष को बढ़ाना है, इसी प्रकार मूर्खों को उपदेश देना उनके क्रोध को बढ़ाने वाला होता है, शान्ति के लिए नहीं।

अन्यच्च,—

विद्वानेवोपदेष्टव्यो नाविद्वांस्तु कदाचन।
वानरानुपदिश्याथ स्थानभ्रष्टा ययुः खगाः॥

और दूसरे—उपदेश केवल बुद्धिमानों को ही देना चाहिए, मूर्ख को नहीं। बन्दरों को उपदेश देने से पक्षियों को अपना स्थान छोड़कर भागना पड़ा था।

राजोवाच—'कथमेतत्?'। दीर्घमुखः कथयति—

राजा बोला—यह कैसी कथा है? दीर्घमुख कहने लगा—

## कथा क्रम : दो
### (पक्षियों और बन्दरों की कथा)

अस्ति नर्मदातीरे विशालः शाल्मलीतरुः। तत्र निर्मितनीडक्रोडे पक्षिणो निवसन्ति सुखेन। अथैकदा वर्षासु नीलपटलैरावृते नभस्तले धारासारैर्महती वृष्टिर्बभूव। ततो वानरांश्च तरुतलेऽवस्थिताञ्शीताकुलान् कम्पमानानवलोक्य कृपया पक्षिभिरुक्तम्—'भो भो वानराः! शृणुत,—

नर्मदा के तट पर सेमर का एक बड़ा वृक्ष है। उस पर पक्षी घोंसला बनाकर उसके भीतर सुखपूर्वक रहा करते थे। फिर एक दिन बरसात में नीले-नीले बादलों से आकाशमण्डल के छा जाने पर बड़ी-बड़ी बूंदों से मूसलाधार मेघ बरसने लगा और फिर वृक्ष के नीचे बैठे हुए बन्दरों को ठण्ड के मारे थर-थर कांपते हुए देखकर पक्षियों ने दया के विचार से उनसे कहा—अरे भाई बन्दरो! सुनो—

अस्माभिर्निर्मिता नीडाश्चञ्चुमात्राहृतैस्तृणैः।
हस्तपादादिसंयुक्ता यूयं किमिति सीदथ?॥

हमने केवल अपनी चोंचों से इकट्ठे किये हुए तिनकों से घोंसले बनाये हैं, तुम हाथ-पांव आदि से युक्त होकर ऐसा दुःख क्यों भोगते हो?

तच्छ्रुत्वा वानरैर्जातामर्षैरालोचितम्—'अहो! निर्वातनीडगर्भावस्थिताः सुखिनः पक्षिणोऽस्मान्निन्दन्ति। भवतु तावद्वृष्टेरुपशमः।' अनन्तरं शान्ते पानीयवर्षे तैर्वानरैर्वृक्षमारुह्य सर्वे नीडा भग्नास्तेषामण्डानि चाधः

पातितानि। अतोऽहं ब्रवीमि—"विद्वानेवोपदेष्टव्यः" इत्यादि।' राजोवाच—'ततस्तैः किं कृतम्?' वकः कथयति—'ततस्तैः पक्षिभिः कोपादुक्तम्—'केनासौ राजहंसो राजा कृतः?'। ततो मयोपजातकोपेनोक्तम्—'युष्मदीयमयूरः केन राजा कृतः?' एतच्छ्रुत्वा ते सर्वे मां हन्तुमुद्यताः। ततो मयापि स्वविक्रमो दर्शितः।

यह सुनकर बन्दरों ने सोचा—अरे! पवनरहित घोंसलों के भीतर बैठे हुए ये सुखी पक्षी हमारी निन्दा करते हैं, तो करने दो। वर्षा थमने पर हम इन्हें देख लेंगे। जब वर्षा थम गयी, तो बन्दर वृक्ष पर चढ़ गये और सारे घोंसले तोड़ डाले तथा उनमें रखे पक्षियों के अण्डे नीचे गिरा दिये। इसीलिए मैं कहता हूं कि बुद्धिमानों को ही उपदेश करना चाहिए।

राजहंस ने पूछा—तब उन्होंने क्या किया?

बगुला कहने लगा—तब उन पक्षियों ने क्रोध से कहा, किसने इस राजहंस को राजा बनाया है? तब मैंने झुंझलाकर कहा—तुम्हारे मोर को किसने राजा बनाया है? यह सुनकर वे सब मुझे मारने को तैयार हो गये। तब मैंने भी उन्हें अपना पराक्रम दिखाया;

**यतः,—**

**अन्यदा भूषणं पुंसां क्षमा लज्जेव योषिताम्।**
**पराक्रमः परिभवे वैयात्यं सुरतेष्विव॥**

क्योंकि रतिकाल को छोड़कर लज्जा स्त्रियों का जैसा भूषण है, वैसा ही पराजय से भिन्न समय में क्षमा पुरुष का भूषण है तथा पराभव के समय में और रतिकाल में स्त्रियों की भांति निर्लज्जता के समान पराक्रम ही प्रशंसा के योग्य है।

**राजा विहस्याह—**

**आत्मनश्च परेषां च यः समीक्ष्य बलाबलम्।**
**अन्तरं नैव जानाति स तिरस्क्रियतेऽरिभिः॥**

राजा हंसकर बोला—जो अपनी और शत्रु की निर्बलता और सबलता का विचार करके अन्तर नहीं जानता, शत्रु उसका तिरस्कार करते हैं। इसका आशय यह है कि अपना और शत्रु का बलाबल जानना अत्यावश्यक है।

**अन्यच्च,—**

**सुचिरं हि चरन्नित्यं क्षेत्रे सस्यमबुद्धिमान्।**
**द्वीपिचर्मपरिच्छन्नो वाग्दोषाद्गर्दभो हतः॥**

और दूसरे—जैसे अनाज के खेत में बहुत दिनों तक नित्य अनाज चरता हुआ मूर्ख गधा बाघ की खाल ओढ़कर भी अपनी वाणी के दोष से मारा गया, वैसे ही अपने और शत्रु का बलाबल न जाने बिना लड़ने वाला भी मारा जाता है।

**वकः पृच्छति—'कथमेतत्?'।**
बगुले ने पूछा—यह कैसी कथा है?
**राजा कथयति—**
राजा कहने लगा—

## कथा क्रम : तीन
## (गधा और खेत के रखवाले की कथा)

**अस्ति हस्तिनापुरे विलासो नाम रजकः। तस्य गर्दभोऽतिवाहनाद्दुर्बलो मुमूर्षुरिवाभवत्। ततस्तेन रजकेनासौ व्याघ्रचर्मणा प्रच्छाद्यारण्यसमीपे सस्यक्षेत्रे नियुक्तः। ततो दूरात्तमवलोक्य व्याघ्रबुद्ध्या क्षेत्रपतयः सत्वरं पलायन्ते। अथैकदा केनापि सस्यरक्षकेण धूसरकम्बलकृततनुत्राणेन धनुःकाण्डं सज्जीकृत्यानतकायेनैकान्ते स्थितम्। तं च दूराद्दृष्ट्वा गर्दभः पुष्टाङ्गो यथेष्टसस्यभक्षणजातबलो गर्दभोऽयमिति मत्वोच्चैः शब्दः कुर्वाणस्तदभिमुखं धावितः। सस्यरक्षकेण चीत्कारशब्दान्निश्चित्य गर्दभोऽयमिति लीलयैव व्यापादितः। अतोऽहं ब्रवीमि—"सुचिरं हि चरन्नित्यम्" इत्यादि'॥ दीर्घमुखो ब्रूते—ततः पक्षिभिरुक्तम्—'अरे पाप दुष्ट वक! अस्माकं भूमौ चरन्नस्माकं स्वामिनमधिक्षिपसि? तन्न क्षन्तव्यमिदानीम्' इत्युक्त्वा सर्वे मां चञ्चुभिर्हत्वा सकोपा ऊचुः—'पश्य रे मूर्ख! स हंसस्तव राजा सर्वथा मृदुः। तस्य राज्याधिकारो नास्ति। यत एकान्तमृदुः करतलस्थमप्यर्थं रक्षितुमक्षमः स कथं पृथिवीं शास्ति? राज्यं वा तस्य किम्? किन्तु त्वं च कूपमण्डूकः। तेन तदाश्रयमुपदिशसि।**

हस्तिनापुर में विलास नाम का एक धोबी रहता था। उसका गधा अधिक बोझ ढोने और उचित भोजन न मिलने के कारण बहुत दुर्बल हो गया था। धोबी ने उसे बाघ की खाल ओढ़ाकर पास ही अनाज के खेत में छोड़ दिया। उसे दूर से ही देखकर और बाघ समझकर खेत वाले तुरन्त भाग जाते थे। एक दिन खेत का कोई रखवाला धूसर रंग का कम्बल ओढ़कर और धनुष पर बाण चढ़ाकर व शरीर को सिकोड़कर एकान्त में बैठ गया। उधर मनमाना अन्न खाकर बलवान् बना गधा जब उधर आया, तो उसे गधा समझकर ढेंचू-ढेंचू करने लगा। तब खेत के रखवाले ने रेंकने का शब्द सुनकर और उसे गधा जानकर सहज में ही मार डाला। इसलिए मैं कहता हूं कि अपने और अपने शत्रु के बलाबल की जानकारी लिये बिना कोई भी झञ्झट मोल नहीं लेना चाहिए।

दीर्घमुख बोला—पक्षियों ने फिर कहा कि अरे पापी दुष्ट बगुले! तू हमारी ही भूमि पर चुगकर हमारे ही स्वामी की निन्दा करता है? इसलिए अब क्षमा

करने के योग्य नहीं है। यह कहते हुए उन सबने मुझे अपनी चोंचों से मारा और क्रोधित होकर बोले—अरे मूर्ख! देख, वह हंस तेरा राजा सब प्रकार से भोला है, इसलिए वह राज्य करने के योग्य नहीं है। ऐसा भोला तो हाथ में आये हुए धन की भी रक्षा नहीं कर सकता। वह पृथ्वी का राज्य कैसे करता है? उसका राज्य भी क्या है? तू भी कुएं का मेढक है, इसीलिए उसके आश्रय का उपदेश कर रहा है।

**शृणु,—**

**सेवितव्यो महावृक्षः फलच्छायासमन्वितः।**
**यदि दैवात्फलं नास्ति च्छाया केन निवार्यते?॥**

सुन—फल और छाया से युक्त बड़े वृक्ष की ही सेवा करनी चाहिए। यदि ऐसे वृक्ष पर फल नहीं है, तो छाया को कौन दूर कर सकता है?

**अन्यच्च,—**

**हीनसेवा न कर्तव्या कर्तव्यो महदाश्रयः।**
**पयोऽपि शौण्डिकीहस्ते वारुणीत्यभिधीयते॥**

और दूसरे—नीच की सेवा नहीं करनी चाहिए, सदा बड़े व्यक्ति का ही आश्रय लेना चाहिए। जिस प्रकार कलारिन के हाथ में दूध के पात्र को भी लोग शराब ही समझते हैं, उसी प्रकार छोटे व्यक्ति का सहारा लेने वाले की उपेक्षा करते हैं।

**अन्यच्च,—**

**महानप्यल्पतां याति निर्गुणे गुणविस्तरः।**
**आधाराधेयभावेन गजेन्द्र इव दर्पणे॥**

और भी देखें—जिस प्रकार बड़े हाथी को भी दर्पण में देखने पर उसका आकार छोटा दिखाई देता है, उसी प्रकार गुणहीन व्यक्ति के गुणों को बढ़ा-चढ़ाकर बताने से कोई लाभ नहीं होता।

**विशेषतश्च,—**

**व्यपदेशेऽपि सिद्धिः स्यादतिशक्ते नराधिपे।**
**शशिनो व्यपदेशेन शशकाः सुखमासते॥**

और जिस प्रकार चन्द्रमा के बहाने से ख़रगोश सुख से रहने लगे थे, उसी प्रकार विशेष करके राजा के शक्तिशाली होने पर उसकी आड़ में सभी आश्रितों के काम सहज में ही बन जाते हैं।

**मयोक्तम्—'कथमेतत्?'।**

मैंने कहा—यह कथा कैसी है?

**पक्षिणः कथयन्ति—**

पक्षी कहने लगे—

## कथा क्रम : चार

### (हाथियों का झुण्ड और बूढ़े ख़रगोश की कथा)

**'कदाचिदपि वर्षासु वृष्टेरभावात्तृषार्तो गजयूथो यूथपतिमाह—'नाथ! कोऽभ्युपायोऽस्माकं जीवनाय? नास्ति क्षुद्रजन्तूनां निमज्जनस्थानम्। वयं च निमज्जनस्थानाभावान्मृतार्हा इव। किं कुर्मः? क्व यामः?'। ततो हस्तिराजो नातिदूरं गत्वा निर्मलं ह्रदं दर्शितवान्। ततो दिनेषु गच्छत्सु तत्तीरावस्थिता गजपादाहतिभिश्चूर्णिताः क्षुद्रशशकाः।' अनन्तरं शिलीमुखो नाम शशकश्चिन्तयामास—'अनेन गजयूथेन पिपासाकुलितेन प्रत्यहमत्रागन्तव्यम्। अतो विनश्यत्यस्मत्कुलम्।' ततो विजयो नाम वृद्धशशकोऽवदत्—'मा विषीदत। मयात्र प्रतीकारः कर्तव्यः।' ततोऽसौ प्रतिज्ञाय चलितः। गच्छता च तेनालोचितम्—'कथं गजयूथसमीपे स्थित्वा वक्तव्यम्?**

एक समय वर्षा ऋतु में वर्षा न होने पर प्यास के मारे हाथियों का झुण्ड अपने स्वामी से कहने लगा—स्वामी! अब आपने हमारे जीवित रहने का कौन-सा उपाय सोचा है? छोटे-छोटे जन्तुओं को नहाने के लिए भी पानी उपलब्ध नहीं है। जल के अभाव में हम मरे हुओं के समान हो गये हैं। क्या करें, कहां जायें?

हाथियों के राजा ने अपने आश्रितों को पास का एक सरोवर दिखा दिया। कुछ दिन बाद उस सरोवर के तट पर रहने वाले छोटे-छोटे ख़रगोश हाथियों के पैरों तले आने से मारे गये। तब शिलीमुख नामक एक ख़रगोश सोचने लगा—प्यासे हाथियों का झुण्ड तो यहां नित्य ही जल पीने के लिए आयेगा, अतः हमारा कुल ही नष्ट हो जायेगा। फिर विजय नामक एक बूढ़े ख़रगोश ने कहा—घबराओ मत, मैं इसका उपाय करूंगा। वह प्रतिज्ञा करके चला गया और चलते-चलते उसने सोचा कि इन हाथियों के झुण्ड के पास खड़े होकर बातचीत करनी चाहिए;

**यतः,—**

**स्पृशन्नपि गजो हन्ति जिघ्रन्नपि भुजङ्गमः।**
**पालयन्नपि भूपालः प्रहसन्नपि दुर्जनः॥**

क्योंकि स्पर्श करते हुए भी हाथी, सूंघते हुए भी सांप, रक्षा करते हुए भी राजा और हंसते हुए भी दुर्जन अपने शिकार को मार डालता है।

**अतोऽहं पर्वतशिखरमारुह्य यूथनाथं संवादयामि।' तथाऽनुष्ठिते यूथनाथ उवाच—'कस्त्वम्?, कुतः समायातः?'। स ब्रूते—'शशकोऽहम्। भगवता चन्द्रेण भवदन्तिकं प्रेषितः।' यूथपतिराह—'कार्यमुच्यताम्।'**

इसलिए मैं पहाड़ की चोटी पर बैठकर हाथियों के झुण्ड के स्वामी से बात

करूं। ऐसा करने पर झुण्ड का स्वामी बोला—तू कौन है? कहां से आया है? उसने कहा—मैं ख़रगोश हूं। भगवान् चन्द्रमा ने मुझे आपके पास भेजा है। झुण्ड के स्वामी ने कहा—क्या काम है, बोल।

**विजयो ब्रूते—**

**उद्यतेष्वपि शस्त्रेषु दूतो वदति नान्यथा।**
**सदैवावध्यभावेन यथार्थस्य हि वाचकः॥**

विजय बोला—मारने के लिए शस्त्र उठाने पर भी दूत अनुचित नहीं कहता। अतः अवध्य होने के कारण वह हर समय निश्चय करके सच्ची बात ही बोलने वाला होता है।

**तदहं तदाज्ञया ब्रवीमि। शृणु, यदेते चन्द्रसरोरक्षकाः शशकास्त्वया निःसारितास्तदनुचितं कृतम्। ते शशकाश्चिरमस्माकं रक्षिताः। अत एव मे शशाङ्क इति प्रसिद्धिः।' एवमुक्तवति दूते यूथपतिर्भयादिदमाह— 'प्रणिधेहि। इदमज्ञानतः कृतम्। पुनर्न कर्तव्यम्।' दूत उवाच—'यद्येवं तदत्र सरसि कोपात्कम्पमानं भगवन्तं शशाङ्कं प्रणम्य प्रसाद्य गच्छ।' ततो रात्रौ यूथपतिं नीत्वा जले चञ्चलं चन्द्रबिम्बं दर्शयित्वा यूथपतिः प्रणामं कारितः। उक्तं च तेन—'देव! अज्ञानादनेनापराधः कृतः, ततः क्षम्यताम्। नैवं वारान्तरं विधास्यते' इत्युक्त्वा प्रस्थापितः। अतोऽहं ब्रवीमि—''व्यपदेशेऽपि सिद्धिः स्यात्'' इति। ततो मयोक्तम्—'स एवास्मत्प्रभुः राजहंसो महाप्रतापोऽतिसमर्थः। त्रैलोक्यस्यापि प्रभुत्वं तत्र युज्यते, किं पुनः राज्यम्?' इति। तदाऽहं तैः पक्षिभिः 'दुष्ट! कथमस्मद्भूमौ चरसि?' इत्यभिधाय राज्ञश्चित्रवर्णस्य समीपं नीतः। ततो राज्ञः पुरो मां प्रदर्श्य तैः प्रणम्योक्तम्—'देव! अवधीयतामेष दुष्टो वको यदस्मद्देशे चरन्नपि देवपादानधिक्षिपति।' राजाह—'कोऽयम्? कुतः समायातः?'। त ऊचुः—'हिरण्यगर्भनाम्नो राजहंसस्यानुचरः कर्पूरद्वीपादागतः?'। अथाहं गृध्रेण मन्त्रिणा पृष्टः— 'कस्तत्र मुख्यो मन्त्री?' इति। मयोक्तम्—'सर्वशास्त्रार्थपारगः सर्वज्ञो नाम चक्रवाकः।' गृध्रो ब्रूते—'युज्यते, स्वदेशजोऽसौ।'**

इसलिए मैं उनकी आज्ञा से कहता हूं, सुनिये। चन्द्रमा ने कहा है कि मेरे द्वारा नियुक्त इस सरोवर के कुछ रखवालों को तुमने अपने पैरों से कुचलकर मार डाला है और कुछ को भगा दिया है। उन शशकों (ख़रगोशों) की रक्षा का भार मैंने उठा रखा है, इसीलिए मेरा नाम 'शशांक' प्रसिद्ध है।

दूत के इतना कहते ही यूथपति भयातुर होकर बोला—सोच लो, यह बात अनजानपन की है। फिर नहीं करूंगा।

दूत ने कहा—यदि ऐसा है, तो इस सरोवर में कांपते हुए भगवान् चन्द्रमा

को प्रणाम कर और उन्हें प्रसन्न करके चला जा।

फिर रात में झुण्ड के स्वामी को ले जाकर और जल में हिलते हुए चन्द्रमा को दिखलाकर झुण्ड के स्वामी से प्रणाम कराया और बोला—हे महाराज! इसने भूल से अपराध किया है, इसलिए इसे क्षमा कीजिये, फिर दूसरी बार नहीं करेगा। यह कहकर उसे विदा किया।

इसलिए मैं कहता हूं कि छल से भी काम सिद्ध हो जाता है।

फिर मैंने कहा—वह हमारा स्वामी राजहंस तो बड़ा प्रतापी और सामर्थ्यवान् है। तीनों लोकों का प्रभु होने के योग्य है। फिर यह छोटा-सा राज्य क्या है?

यह सुनकर वे पक्षी मुझे यह कहकर अपने राजा चित्रवर्ण के पास ले गये—'हे दुष्ट! तू हमारी भूमि में क्यों रहता है?' फिर राजा के सामने मुझे दिखलाकर उन्होंने उसे प्रणाम करके कहा—महाराज! ध्यान देकर सुनिये। यह दुष्ट बगुला हमारे देश में रहते हुए भी आपकी निन्दा करता है।

राजा बोला—यह कौन है, कहां से आया है?

वे कहने लगे—यह कर्पूरद्वीप के राजा हिरण्यगर्भ राजहंस का अनुचर है।

फिर मन्त्री गिद्ध ने पूछा—वहां मुख्यमन्त्री कौन है?

मैंने कहा—सब शास्त्रों को पढ़ा हुआ सर्वज्ञ नामक चकवा है।

गिद्ध बोला—ठीक है, वह हमारे ही देश का है।

**यतः,—**

**स्वदेशजं कुलाचारं विशुद्धमुपधाशुचिम्।**
**मन्त्रज्ञमव्यसनिनं व्यभिचारविवर्जितम्॥**
**अधीतव्यवहारार्थे मौलं ख्यातं विपश्चितम्।**
**अर्थस्योत्पादकं चैव विदध्यान्मन्त्रिणं नृपः॥**

क्योंकि स्वदेशी, कुल की रीति में निपुण, धर्मशील, अर्थात् रिश्वत आदि न लेने वाला, विचार करने में चतुर, द्यूत, पान आदि व्यसन तथा व्यभिचार से रहित, युद्ध आदि व्यवहार को जानने वाला, कुलीन, विख्यात विद्वान् तथा धन का अर्जन करने वाला ही राज्य का मन्त्री होने के योग्य होता है।

**अत्रान्तरे शुकेनोक्तम्—'देव! कर्पूरद्वीपादयो लघुद्वीपा जम्बुद्वीपान्तर्गता एव। तत्रापि देवपादानामेवाधिपत्यम्'। ततो राज्ञाप्युक्तम्— 'एवमेव।**

इस बीच तोता बोला—महाराज! कर्पूरद्वीप आदि छोटे-छोटे द्वीप जम्बूद्वीप के ही भाग हैं और उन सब द्वीपों पर आपका ही आधिपत्य है। राजा ने भी तोते का समर्थन करते हुए कहा—हां, तुम ठीक कह रहे हो।

**यतः,—**

**राजा मत्तः शिशुश्चैव प्रमादी धनगर्वितः।**

**अप्राप्यमपि वाञ्छन्ति किं पुनर्लभ्यतेऽपि यत्॥**

कहा भी गया है कि ये पांच—राजा, विक्षिप्त, बालक, प्रमादी तथा धन का अहंकारी—न मिलने वाली वस्तु को भी पाने की इच्छा करते हैं, फिर सहज ही प्राप्त होने वाली वस्तु का तो कहना ही क्या?

**ततो मयोक्तम्—'यदि वचनमात्रेणैवाधिपत्यं सिद्धति तदा जम्बुद्वीपेऽप्यस्मत्प्रभोर्हिरण्यगर्भस्य स्वाम्यमस्ति।' शुको ब्रूते—'कथमत्र निर्णयः?'। मयोक्तम्—'संग्राम एव।' राज्ञा विहस्योक्तम्—'स्वस्वामिनं गत्वा सज्जीकुरु।' तदा मयोक्तम्—'स्वदूतोऽपि प्रस्थाप्यताम्।' राजोवाच—'कः प्रयास्यति दौत्येन? यत एवं भूतो दूतः कार्यः,—**

फिर मैंने कहा—यदि केवल कहने से ही काम हो जाता हो, तो मैं भी कह सकता हूं कि सारे जम्बूद्वीप पर हमारे राजा हिरण्यगर्भ का ही शासन है। तोता बोला—इसका निर्णय कैसे हो? मैंने कहा—निर्णय का आधार तो युद्ध ही है। राजा ने हंसकर कहा—तो जा, अपने स्वामी को युद्ध के लिए तैयार कर। मैंने कहा—यदि आप सचमुच तैयार हैं और युद्ध से ही निर्णय करना चाहते हैं, तो अपने दूत को मेरे साथ भेज दीजिये। राजा ने पूछा—अरे भाई! दूत बनकर कौन जायेगा? वास्तव में, निम्नोक्त गुणसम्पन्न व्यक्ति को ही दूत बनाकर भेजना चाहिए।

**भक्तो गुणी शुचिर्दक्षः प्रगल्भोऽव्यसनी क्षमी।**
**ब्राह्मणः परमर्मज्ञो दूतः स्यात्प्रतिभानवान्॥**

स्वामिभक्त, गुणी, पवित्र आचरण वाला, कार्य में चतुर, बोल-चाल में निपुण, द्यूत, पान आदि व्यसन से रहित, क्षमाशील, ब्राह्मण, शत्रु का भेद जानने वाले और बुद्धिमान् को ही दूत बनाना चाहिए;

**गृध्रो वदति—'सन्त्येव दूता बहवः। किन्तु ब्राह्मण एव कर्तव्यः।**

गृद्ध बोला—दूत तो बहुत हैं, परन्तु ब्राह्मण को ही दूत बनाना चाहिए;

**यतः,—**

**प्रसादं कुरुते पत्युः सम्पत्तिं नाभिवाञ्छति।**
**कालिमा कालकूटस्य नापैतीश्वरसङ्गमात्॥**

क्योंकि वह स्वामी को प्रसन्न करता है, सम्पत्ति नहीं चाहता और जैसे महादेवजी को विष का कालापन नहीं व्यापता, वैसे ही ब्राह्मण की प्रकृति भी नहीं बदलती।

**राजाह—'ततः शुक एव व्रजतु। शुक! त्वमेवानेन सह गत्वास्मदभिलषितं ब्रूहि।' शुको ब्रूते—'यथाज्ञापयति देवः। किन्त्वयं दुर्जनो वकः। तदनेन सह न गच्छामि॥**

राजा बोला—फिर तोता ही जाये। हे तोते! तू इसके साथ वहां जाकर हमारा सन्देश कह दे। तोता बोला—जो आज्ञा महाराज की, परन्तु यह बगुला दुष्ट है,

अतः मैं इसके साथ नहीं जाऊंगा।

**तथा चोक्तम्,—**

**खलः करोति दुर्वृत्तं नूनं फलति साधुषु।**
**दशाननोऽहरत्सीतां बन्धनं स्यान्महोदधेः॥**

जिस प्रकार सीताजी को रावण हरकर ले गया, परन्तु पुल समुद्र पर बांधा गया, उसी प्रकार दुष्ट व्यक्ति जो बुराई करता है, वह बुराई साधुजनों पर अपना प्रभाव डालती है, अर्थात् उन्हें दुःख भुगतना पड़ता है।

**अपरं च,—**

**न स्थातव्यं न गन्तव्यं दुर्जनेन समं क्वचित्।**
**काकसङ्गाद्धतो हंसस्तिष्ठन् गच्छंश्च वर्तकः॥**

और दूसरे—दुष्ट के साथ न तो कभी बैठना चाहिए और न कभी जाना ही चाहिए। दुष्ट कौवे के साथ बैठने और जाने के कारण बेचारे हंस और बटेर मारे गये।

**राजोवाच—'कथमेतत्?'।**

राजा बोला—यह कथा कैसी है?

**शुकः कथयति—**

तोता कहने लगा—

## कथा क्रम : पांच
## (हंस, कौआ और एक पथिक की कथा)

**अस्त्युज्जयिनीवर्त्मप्रान्तरे प्लक्षतरुः। तत्र हंसकाकौ निवसतः। कदाचिद्ग्रीष्मसमये परिश्रान्तः कश्चित्पथिकस्तत्र तरुतले धनुःकाण्डं सन्निधाय सुप्तः। तत्र क्षणान्तरे तन्मुखाद्वृक्षच्छायापगता। ततः सूर्यतेजसा तन्मुखं व्याप्तमवलोक्य तद्वृक्षस्थितेन हंसेन कृपया पक्षौ प्रसार्य पुनस्तन्मुखे छाया कृता। ततो निर्भरनिद्रासुखिना तेन मुखव्यादानं कृतम्। अथ परसुखमसहिष्णुः स्वभावदौर्जन्येन स काकस्तस्य मुखे पुरीषोत्सर्गं कृत्वा पलायितः। ततो यावदसौ पान्थ उत्थायोर्ध्वं निरीक्षते, तावत्तेनावलोकितो हंसः काण्डेन हतो व्यापादितः॥ वर्तककथामपि कथयामि—**

उज्ज्रयिनी के मार्ग में पाकड़ का एक वृक्ष था। उस पर हंस और कौआ रहते थे। एक दिन गरमी के समय एक थका हुआ पथिक उस वृक्ष के नीचे धनुष बाण रखकर सो गया। कुछ ही देर में उसके मुख पर से वृक्ष की छाया हट गयी। फिर सूर्य के तेज से उसके मुख को तपा हुआ देखकर उस वृक्ष पर बैठे हुए हंस ने अपने पंखों को पसार कर उसके मुख पर छाया कर दी। गहरी नींद में उस पथिक

का मुंह खुल गया। पराये सुख को न सहने वाला कौआ अपने दुष्ट स्वभाव के कारण उस पथिक के मुंह में बीट करके उड़ गया। पथिक ने ऊपर को मुंह करके देखा, तो उसे हंस दिखाई दे गया। उसने बाण मारा, तो वह हंस मर गया। अब मैं बटेर की कथा भी कहता हूं।

## कथा क्रम : छह
### (कौआ, बटेर और ग्वाले की कथा)

**एकदा भगवतो गरुडस्य यात्राप्रसंगेन सर्वे पक्षिणः समुद्रतीरं गताः। ततः काकेन सह वर्तकश्चलितः। अथ गोपालस्य गच्छतो दधिभाण्डाद्वारंवारं तेन काकेन दधि खाद्यते। ततो यावदसौ दधिभाण्डं भूमौ निधायोर्ध्वमवलोकते तावत्तेन काकवर्तकौ दृष्टौ। ततस्तेन खेदितः काकः पलायितः। वर्तकः स्वभावनिरपराधो मन्दगतिस्तेन प्राप्तो व्यापादितः। अतोऽहं ब्रवीमि—''न स्थातव्यं न गन्तव्यम्''इत्यादि॥ ततो मयोक्तम्—'भ्रातः शुक! किमेवं ब्रवीषि? मां प्रति यथा श्रीमद्देवस्तथा भवानपि।' शुकेनोक्तम्—'अस्त्वेवम्।**

एक बार गरुड़जी की यात्रा में सब पक्षी समुद्र के तट पर पहुंचे। तब कौए के साथ एक बटेर भी चला। तब साथ चलते एक ग्वाले की हांडी में से कौआ बार-बार दही खाने लगा। उसने जब दही की हांडी को धरती पर रखकर ऊपर को देखा, तो उसको कौआ और बटेर दिखाई दिये। ग्वाले ने पत्थर उठाकर निशाना साधा, तो कौआ तेज़ी से उड़ने के कारण बच गया, परन्तु मन्दगति से उड़ने वाला बटेर पत्थर लगने के कारण धरती पर गिर पड़ा और मारा गया। इसीलिए मैं कहता हूं कि दुष्ट के साथ न बैठना चाहिए और न जाना ही चाहिए।

बगुला बोला—यह सब सुनकर मैंने कहा—भाई तोते! ऐसा क्यों कहते हो? मेरे लिए तो आप मेरे स्वामी के समान ही आदरणीय हो। तोता बोला—तुम कुछ भी कहो, किन्तु सत्य तो यह है—

**दुर्जनैरुच्यमानानि सम्मतानि प्रियाण्यपि।**
**अकालकुसुमानीव भयं सञ्जनयन्ति हि॥**

कि दुष्टों के मुख से निकले वचन कितने ही मधुर एवं प्रिय क्यों न हों, वे बिन मौसम खिलने वाले फूलों की भांति किसी भावी संकट की सूचना देने वाले ही होते हैं।

**दुर्जनत्वं च भवतो वाक्यादेव ज्ञातं यदनयोर्भूपालयोर्विग्रहे भवद्वचनमेव निदानम्।**

तुम्हारी दुष्टता तुम्हारे शब्दों से ही दिखाई दे रही है। सत्य तो यह है कि तुम्हारे

वचन के कारण ही इन दोनों राजाओं में युद्ध की सम्भावना बन गयी है।

**पश्य,—**

**प्रत्यक्षेऽपि कृते दोषे मूर्खः सान्त्वेन तुष्यति।**
**रथकारो निजां भार्यां सजारां शिरसाऽकरोत्॥**

देखो—जिस प्रकार एक बढ़ई ने यारसहित अपनी पत्नी को अपने सिर पर उठा लिया था, उसी प्रकार मूर्ख व्यक्ति अपने सामने हो रहे दोष को देख लेने पर भी मीठे वचनों से प्रसन्न हो जाता है।

**राज्ञोक्तम्—'कथमेतत्?'**

राजा बोला—यह कैसी कथा है?

**शुकः कथयति—**

तोता कहने लगा—

## कथा क्रम : सात

### (एक बढ़ई और उसकी कुलटा पत्नी की कथा)

**'अस्ति यौवनश्रीनगरे मन्दमतिर्नाम रथकारः। स च स्वभार्यां बन्धकीं जानाति। जारेण समं स्वचक्षुषा नैकस्थाने पश्यति। ततोऽसौ रथकारः 'अहमन्यं ग्रामं गच्छामि' इत्युक्त्वा चलितः। कियद्दूरं गत्वा पुनरागत्य पर्यङ्कतले स्वगृहे निभृतं स्थितः। अथ 'रथकारो ग्रामान्तरं गतः' इत्युपजात-विश्वासः स जारः सन्ध्याकाल एवागतः। पश्चात्तेन समं तस्मिन्पर्यङ्के क्रीडन्ती पर्यङ्कतलस्थितस्य भर्तुः किञ्चिदङ्गस्पर्शात्स्वामिनं मायाविनमिति विज्ञाय विषण्णाऽभवत्। ततो जारेणोक्तम्—'किमिति त्वमद्य मया सह निर्भरं न रमसे? विस्मितेव प्रतिभासि मे त्वम्'। तयोक्तम्—'अनभिज्ञोऽसि। मम प्राणेश्वरो येन ममाकौमारं सख्यं सोऽद्य ग्रामान्तरं गतः। तेन विना सकलजनपूर्णोऽपि ग्रामो मां प्रत्यरण्यवद्भाति। 'किं भावि, तत्र परस्थाने, किं खादितवान्, कथं वा प्रसुप्तः' इत्यस्मद्धृदयं विदीर्यते।' जारो ब्रूते—'तव किमेवं स्नेहभूमी रथकारः?' बन्धक्यवदत्—'रे बर्बर! किं वदसि?**

यौवनश्री नगर में मन्दमति नामक एक रथकार (बढ़ई) रहता था। उसे अपनी पत्नी के कुलटा होने की पक्की जानकारी थी, किन्तु प्रयत्न करने पर भी वह उसे उसके यार के साथ रंगे हाथों कभी पकड़ नहीं सका था। एक बार उसने अपने मन में एक योजना बनायी और वह अपनी पत्नी से बोला—मैं दूसरे गांव में जा रहा हूं और दिन छिपने के बाद देर रात तक ही घर वापस लौटूंगा। यह कहकर वह घर से निकल गया, किन्तु अपनी योजनानुसार वह रास्ते से ही लौटकर चोरी से अपने घर में चारपाई के नीचे छिपकर बैठ गया। फिर इस विश्वास पर

कि 'बढ़ई दूसरे गांव को गया है' उसकी पत्नी का यार दिन ढलते ही आ पहुंचा। अपने यार के पलंग पर बैठ जाने पर वह कुलटा रमण के लिए ज्योंही पलंग पर चढ़ने लगी, त्योंही उसका पांव पलंग के नीचे छिपे बैठे अपने पति की देह से छू गया। बस, कुलटा उदास हो गयी, किन्तु तुरन्त संभल गयी और लगी त्रियाचरित्र का प्रदर्शन करने। जब उसके यार ने पूछा—क्या बात है? तू मेरे साथ रमण क्यों नहीं करती? तू मुझे कुछ अनमनी-सी लगती है, तो वह कुलटा बोली—तू नहीं जानता। मेरा प्राणप्यारा—जिसके साथ मेरी बचपन की प्रीति है—आज दूसरे गांव को गया हुआ है। उसके बिना मुझे सब लोगों से भरा हुआ यह गांव भी जंगल-सा लग रहा है। क्या होनहार है? वहां दूसरे स्थान में उसने क्या खाया होगा, कैसे सोया होगा, यह सोचकर मेरा हृदय फटा जा रहा है। यार ने कहा—क्या तेरा बढ़ई तुझे इतना स्नेह करता है? कुलटा बोली—अरे धूर्त! तू क्या पूछता है?

**शृणु,—**

**परुषाण्यपि या प्रोक्ता दृष्टा या क्रोधचक्षुषा।**
**सुप्रसन्नमुखी भर्तुः सा नारी धर्मभागिनी॥**

सुन—पुरुष अपनी स्त्री से चाहे जितने भी कठोर वचन कहे या उसे क्रोध भरी आंख से देखे, परन्तु जो स्त्री पति के सामने अपने मुख को प्रसन्न रखे, वही सच्ची धर्माधिकारिणी होती है।

**अपरं च,—**

**नगरस्थो वनस्थो वा पापो वा यदि वा शुचिः।**
**यासां स्त्रीणां प्रियो भर्ता तासां लोका महोदयाः॥**

और दूसरे नगर में रहे अथवा वन में रहे, पापी हो अथवा पुण्यात्मा हो, जिन स्त्रियों को अपना पति प्यारा होता है, संसार में वे ही भाग्यवान् होती हैं।

**अन्यच्च,—**

**भर्ता हि परमं नार्यां भूषणं भूषणैर्विना।**
**एषा विरहिता तेन शोभनापि न शोभना॥**

और सुन—स्त्री का सर्वोत्तम आभूषण उसका पति है। पति से रहित रूपवती स्त्री भी कुरूपा है।

**त्वं जारः पापमतिः। मनोलौल्यात्पुष्पताम्बूलसदृशः कदाचित्सेव्यसे कदाचिन्न सेव्यसे च। स च स्वामी मां विक्रेतुं देवेभ्यो ब्राह्मणेभ्योऽपि दातुमीश्वरः। किं बहुना, तस्मिञ्जीवति जीवामि, तन्मरणे चानुमरणं करिष्यामीति प्रतिज्ञा वर्तते।**

अरे! तू तो पापबुद्धि वाला यार है। चित्त के चञ्चल होने पर पुष्प या ताम्बूल के समान है। कभी खा लिया जाता है और कभी नहीं खाया जाता। वह मेरा पति

मुझे बेचने के लिए अथवा देवता व ब्राह्मणों को दान में देने के लिए भी समर्थ है। उसके जीवित रहते ही मैं जीवित हूं और उसके मर जाने पर उसके साथ सती होना अपना धर्म समझती हूं; यह मेरी प्रतिज्ञा है;

**यतः,—**

**तिस्रः कोट्योऽर्धकोटी च यानि लोमानि मानवे।**
**तावत्कालं वसेत्स्वर्गे भर्तारं याऽनुगच्छति॥**

क्योंकि अपने पति की आज्ञा में रहने वाली तथा अपने सतीत्व का दृढ़ता से पालन करने वाली स्त्री अपने शरीर के साढ़े तीन करोड़ रोमों जितने वर्ष तक स्वर्ग में निवास करती है।

**अन्यच्च,—**

**व्यालग्राही यथा व्यालं बलादुद्धरते बिलात्।**
**तद्वद्धर्तारमादाय स्वर्गलोके महीयते॥**

और दूसरे—जिस प्रकार मदारी अपने मन्त्र के प्रभाव से सांप को बिल में से खींच लेता है, उसी प्रकार पातिव्रत्य के प्रभाव से स्त्री भी पति को स्वर्गलोक में ले जाकर सुख भोगती है।

**अपरं च,—**

**चितौ परिष्वज्य विचेतनं पतिं**
**प्रिया हि या मुञ्चति देहमात्मनः।**
**कृत्वापि पापं शतसंख्यमप्यसौ**
**पतिं गृहीत्वा सुरलोकमाप्नुयात्॥**

और सुन—पति की मृत्यु पर उसके शव को अपनी गोद में रखकर उसके साथ चिता में जल जाने वाली स्त्री अपने जन्म-जन्मान्तर में किये पापों से मुक्त होकर पति के साथ अनन्तकाल तक सुख भोगती है।

**एतत्सर्वं श्रुत्वा स रथकारोऽवदत्—'धन्योऽहं यस्येदृशी प्रियवादिनी स्वामिवत्सला भार्या' इति मनसि निधाय तां खट्वां स्त्रीपुरुषसहितां मूर्ध्नि कृत्वा सानन्दं ननर्त। अतोऽहं ब्रवीमि—"प्रत्यक्षेऽपि कृते दोषे" इत्यादि॥ ततोऽहं तेन राज्ञा यथाव्यवहारं सम्पूज्य प्रस्थापितः। शुकोऽपि मम पश्चादागच्छन्नास्ते। एतत्सर्वं परिज्ञाय यथाकर्तव्यमनुसन्धीयताम्।' चक्रवाको विहस्याह—'देव! वकेन तावद्देशान्तरमपि गत्वा यथाशक्ति राजकार्यमनुष्ठितम्। किन्तु देव! स्वभाव एष मूर्खाणाम्।**

यह सब सुनकर बढ़ई बोला—मैं धन्य हूं, जो मेरी स्त्री ऐसी मिष्टभाषी व अपने स्वामी से प्यार करने वाली है। अपने मन में यह विचारकर वह चारपाईसहित उन दोनों को अपने सिर पर रखकर नाचने लगा। इसलिए मैं कहता हूं कि प्रत्यक्ष

रूप से दोष के प्रकट हो जाने पर भी धूर्त लोग दूसरों को मूर्ख बनाने में सफल हो जाते हैं। तत्पश्चात् उस राजा ने अपने रीति-रिवाजों के अनुसार तिलक करके मुझे विदा कर दिया। तोता भी मेरे पीछे-पीछे आ रहा है। यह सब बात जानकर अब आप जो भी करना चाहें, करें। चकवे ने हंसकर कहा—महाराज! बगुले ने उस प्रदेश में जाकर अपनी शक्ति-भर राजकार्य किया, परन्तु महाराज! मूर्खों का स्वभाव ही ऐसा होता है;

**यतः,—**

**शतं दद्यान्न विवदेदिति विज्ञस्य सम्मतम्।**
**विना हेतुमपि द्वन्द्वमेतन्मूर्खस्य लक्षणम्॥**

क्योंकि बुद्धिमानों का मत है कि अपनी सैकड़ों की हानि कर ले, किन्तु विवाद न करे। बिना कारण कलह कर बैठना मूर्खता का लक्षण है।

**राजाह—'किमतीतोपालम्भनेन? प्रस्तुतमनुसन्धीयताम्।' चक्रवाको ब्रूते—'देव! विजने ब्रवीमि।**

राजा बोला—जो हो गया, उसके उलाहने से क्या लाभ है? अब जो करना है, वह करो।

चकवा बोला—महाराज! मैं एकान्त में कहूंगा;

**यतः,—**

**वर्णाकारप्रतिध्वानैर्नेत्रवस्त्रविकारतः।**
**अप्यूहन्ति मनो धीरास्तस्माद्रहसि मन्त्रयेत्॥**

क्योंकि रंग, रूप, चेष्टा, स्वर, नेत्र और मुख—इनके बदलने से चतुर व्यक्ति मन की बात जान लेते हैं। इसलिए गुप्त वार्ता एकान्त में ही करनी चाहिए।

**राजा मन्त्री च तत्र स्थितौ। अन्येऽन्यत्र गताः। चक्रवाको ब्रूते—'देव! अहमेवं जानामि। कस्याप्यस्मन्नियोगिनः प्रेरणया वकेनेदमनुष्ठितम्।**

राजा और मन्त्री वहीं रहे। अन्य सब दूसरे स्थान पर चले गये। चकवा बोला—महाराज! मैं यह जानता हूं कि बगुले ने यह सब हमारे किसी सेवक के सिखाये पर ही किया है;

**यतः,—**

**वैद्यानामातुरः श्रेयान् व्यसनी यो नियोगिनाम्।**
**विदुषां जीवनं मूर्खः सद्वर्णो जीवनं सताम्॥**

क्योंकि वैद्यों को समर्थ रोगी से लाभ होता है, सेवकों को द्यूतपानादि व्यसन करने वाले राजा से लाभ होता है, विद्वानों को मूर्खों से लाभ होता है और सत्पुरुषों का जीवन तो उत्तम वर्ण वालों का साथ होता है।

**राजाऽब्रवीत्—'भवतु। कारणमत्र पश्चान्निरूपणीयम्। सम्प्रति यत्कर्तव्यं**

**तन्निरूप्यताम्।' चक्रवाको ब्रूते—'देव! प्रणिधिस्तावत्प्रहीयताम्। तत-स्तदनुष्ठानं बलाबलं च जानीमः।**

राजा बोला—जो कुछ भी हो, इसमें जो कारण है, उसका निर्णय बाद में कर लिया जायेगा, अब जो करना है, वह करो। चकवा बोला—महाराज! पहले किसी भेदिये को भेजिये, फिर उसका काम और बलाबल जानें।

**तथा हि,—**

**भवेत्स्वपरराष्ट्राणां कार्याकार्यावलोकने।**
**चारचक्षुर्महीभर्तुर्यस्य नास्त्यन्ध एव सः॥**

कहा भी है कि राजाओं का अपने तथा शत्रु के राज्य के अच्छे तथा बुरे कामों को देखने के लिए भेदिया ही नेत्र का काम करता है। जिसके पास भेदिया नहीं होता, वह राजा अन्धा होता है।

**स च द्वितीयं विश्वासपात्रं गृहीत्वा यातु। तेनासौ स्वयं तत्रावस्थाय द्वितीयं तत्रत्यमन्त्रकार्यं सुनिभृतं निश्चित्य निगद्य प्रस्थापयति।**

भेदिये के साथ एक अन्य विश्वस्त साथी भी होना चाहिए, ताकि वह गुप्तचर वहीं बना रहे और अपने उस साथी के द्वारा वहां की सारी जानकारी हमारे पास यहां भेजता रहे।

**तथा चोक्तम्,—**

**तीर्थाश्रमसुरस्थाने शास्त्रविज्ञानहेतुना।**
**तपस्विव्याजनोपेतैः स्वचरैः सह संवदेत्॥**

जैसा कहा गया है—तीर्थों, आश्रमों और देवस्थानों में शास्त्र-ज्ञान की प्राप्ति का बहाना बनाकर छल से तपस्वियों का रूप धारण किये हुए अपने भेदियों के द्वारा राजा को शत्रु के राज्य का भेद जानना चाहिए।

**गूढचारश्च यो जले स्थले चरति। ततोऽसावेव वको नियुज्यताम्। एतादृश एव कश्चिद्वको द्वितीयत्वेन प्रयातु। तद्गृहलोकाश्च राजद्वारे तिष्ठन्तु, किन्तु देव! एतदपि सुगुप्तमनुष्ठातव्यम्।**

सफल गुप्तचर वही होता है, जो जल व थल में समान रूप से जा सकता है। मेरे विचार से आपको इस बगुले को ही अपना गुप्तचर बनाना चाहिए और इसके साथ एक अन्य बगुले को भेजिये, जिससे कुछ कर्मचारी द्वार पर रहें, ताकि उन्हें समय-समय पर आवश्यक निर्देश के साथ हमारे पास भिजवाया जा सके। किन्तु महाराज! यह सब गुप्त रीति से करना होगा। किसी तीसरे को इसकी भनक भी नहीं पड़नी चाहिए।

**यतः,—**

**षट्कर्णो भिद्यते मन्त्रस्तथा प्राप्तश्च वार्तया।**

**इत्यात्मना द्वितीयेन मन्त्रः कार्यो महीभृता॥**

क्योंकि छह कानों में गुप्त भेद जाने से तथा दूसरों को विदित हुई बात खुल जाती है, इसलिए राजा को केवल मन्त्री से ही एकान्त में बात करनी चाहिए।

**पश्य,—**

**मन्त्रभेदेऽपि ये दोषा भवन्ति पृथिवीपतेः।**
**न शक्यास्ते समाधातुमिति नीतिविदां मतम्॥**

देखो—हे राजन्! मन्त्र का भेद खुल जाने पर जो बुराइयां होती हैं, वे सुधर नहीं सकतीं—ऐसा नीतिज्ञों का मत है।

**राजा विमृश्योवाच—'प्राप्तस्तावन्मयोत्तमः प्रणिधिः।' मन्त्री ब्रूते—'तदा संग्रामविजयोऽपि प्राप्तः।'**

राजा ने विचारकर कहा—मुझे भेदिया तो उत्तम मिल गया।

मन्त्री बोला— तो युद्ध में जीत भी मिल गयी।

**अत्रान्तरे प्रतीहारः प्रविश्य प्रणम्योवाच—'देव! जम्बूद्वीपादागतो द्वारि शुकस्तिष्ठति।' राजा चक्रवाकमालोकते। चक्रवाकेणोक्तम्— 'तावद्गत्वावासे तिष्ठतु पश्चादानीय द्रष्टव्यः।' प्रतीहारस्तमावासस्थानं नीत्वा गतः। राजाह—'विग्रहस्तावत्समुपस्थितः'। चक्रो ब्रूते—देव! प्रागेव विग्रहो न विधिः।**

इसी बीच द्वारपाल ने आकर प्रणाम किया और कहा—महाराज! जम्बूद्वीप से आया हुआ तोता द्वार पर बैठा है। राजा ने चकवे की ओर देखा, तो चकवा बोला—पहले उसे डेरे पर ठहराओ, उसके बाद उसे मेरे पास लाकर दिखलाना।

मन्त्री के आदेश पर द्वारपाल उसे डेरे पर ले गया।

राजा कहने लगा—युद्ध द्वार पर आ पहुंचा है।

मन्त्री ने कहा—महाराज! पहले से ही किसी परिणाम पर पहुंचना उचित नहीं।

**यतः,—**

**स किंभृत्यः स किंमन्त्री य आदावेव भूपतिम्।**
**युद्धोद्योगं स्वभूत्यागं निर्दिशत्यविचारितम्॥**

क्योंकि भली प्रकार सोच-विचार किये बिना स्वामी को युद्ध के लिए तैयार रहने तथा आत्मरक्षा के लिए अपनी धरती का त्याग करने की सलाह देने वाले सेवक और मन्त्री निकृष्ट कोटि के होते हैं।

**अपरं च,—**

**विजेतुं प्रयतेतारीन्न युद्धेन कदाचन!**
**अनित्यो विजयो यस्माद्दृश्यते युध्यमानयोः॥**

और भी देखें—बुद्धिमान् मन्त्री अपने स्वामी को युद्ध में पहल करने की सलाह कभी नहीं देता; क्योंकि दो योद्धाओं में युद्ध छिड़ जाने पर एक को तो पराजय का मुंह देखना ही होता है। अतः जीत किसकी होगी, यह निश्चित रूप से नहीं कहा जा सकता।

**अन्यच्च,—**

**साम्ना दानेन भेदेन समस्तैरथवा पृथक्।**
**साधितुं प्रयतेतारीन्न युद्धेन कदाचन॥**

और दूसरे, शत्रु को वश में करने के लिए सर्वप्रथम साम, दान, दण्ड और भेद में से किसी एक उपाय का अथवा चारों उपायों का प्रयोग करना चाहिए। सभी उपायों के विफल रहने पर भी युद्ध के विषय में कभी नहीं सोचना चाहिए।

**अपरं च,—**

**सर्वं एव जनः शूरो ह्यनासादितविग्रहः।**
**अदृष्टपरसामर्थ्यः सदर्पः को भवेन्न हि॥**

और भी देखिये—युद्ध में गये बिना सभी शूर हैं; क्योंकि शत्रु के सामर्थ्य को जाने बिना ऐसा कौन है, जो घमण्ड न करे?

**किंच,—**

**न तथोत्थाप्यते ग्रावा प्राणिभिर्दारुणा यथा।**
**अल्पोपायान्महासिद्धिरेतन्मन्त्रफलं महत्॥**

पत्थर की जिस भारी शिला को लोग मिलकर भी नहीं उठा सकते, उसी को क्रेन द्वारा आसानी से उठा लिया जाता है। इससे यह सिद्ध होता है कि जो काम बल-पराक्रम द्वारा नहीं किया जा सकता, उसे उपाय द्वारा किया जा सकता है।

**किन्तु विग्रहमुपस्थितं विलोक्य व्यवह्रियताम्।**

राजा ने कहा—इस समय युद्ध पर विचार कीजिये—

**यतः,—**

**यथा कालकृतोद्योगात्कृषिः फलवती भवेत्।**
**तद्वन्नीतिरियं देव! चिरात्फलति रक्षणात्॥**

जिस प्रकार उचित समय पर उद्योग करने (हल चलाने, बीज बोने तथा सिंचाई आदि करने) से खेती की वृद्धि होती है, उसी प्रकार राजनीति भी समय आने पर और बहुत समय तक रक्षा करने पर ही फलीभूत होती है।

**अपरं च,—**

**महतो दूरभीरुत्वमासन्ने शूरता गुणः।**
**विपत्तौ च महांल्लोके धीरतामनुगच्छति॥**

और भी देखें—संसार में बुद्धिमान् व्यक्ति आपत्ति से दूर से ही डरते हैं और पास आने पर अपनी वीरता का गुण प्रदर्शित करते हैं, जबकि महापुरुष विपत्ति में धीरज रखते हैं।

**अन्यच्च,—**

**प्रत्यूहः सर्वसिद्धीनामुत्तापः प्रथमः किल।**
**अतिशीतलमप्यम्भः किं भिनत्ति न भूभृतः?॥**

और दूसरे—किसी की बात को न सहना सफलता के मार्ग की प्रमुख बाधा है। जिस प्रकार ठण्डा जल पहाड़ को भी उखाड़ फेंकता है, उसी प्रकार व्यक्ति को ठण्डे दिल से दूसरे की बात को सुन लेना चाहिए; क्योंकि इस प्रकार वह सिद्धि प्राप्त कर सकता है।

**विशेषतश्च महाबलोऽसौ चित्रवर्णो राजा।**

और विशेष करके वह चित्रवर्ण राजा बहुत बलवान् है।

**यतः,—**

**बलिना सह योद्धव्यमिति नास्ति निदर्शनम्।**
**तद्युद्धं हस्तिना सार्धं नराणां मृत्युमावहेत्॥**

इसलिए बलवान् के साथ लड़ना वीरता का चिह्न नहीं है। मनुष्य का हाथी के साथ लड़ना अपनी मौत को बुलावा देना ही है।

**अन्यच्च,—**

**स मूर्खः कालमप्राप्य योऽपकर्तरि वर्तते।**
**कलिर्बलवता सार्धं कीटपक्षोद्यमो यथा॥**

और दूसरे—जो अवसर के बिना अपने शत्रु से भिड़ जाता है, वह मूर्ख है; क्योंकि बलवान् के साथ कलह करना चींटी के पर निकलने के समान है;

**किंच,—**

**कौर्मं सङ्कोचमास्थाय प्रहारमपि मर्षयेत्।**
**प्राप्तकाले तु नीतिज्ञ उत्तिष्ठेत्क्रूरसर्पवत्॥**

क्योंकि नीतिज्ञ व्यक्ति को विवशता समझकर कछुए के समान अपना मुंह सिकोड़ लेने के समान शत्रु के प्रहार को सहन कर लेना चाहिए और अवसर मिलते ही उस पर सांप की भांति पलटकर वार करना चाहिए।

**महत्यल्पेऽप्युपायज्ञः सममेव भवेत्क्षमः।**
**समुन्मूलयितुं वृक्षांस्तृणानीव नदीरयः॥**

जिस प्रकार नदी का वेग तिनकों और बड़े-बड़े वृक्षों को एक-समान उखाड़ फेंकता है, उसी प्रकार नीतिज्ञ व्यक्ति भी छोटे-बड़े सभी शत्रुओं को नष्ट कर देता है।

**अतस्तद्दूतोऽप्याश्वास्य तावद्ध्रियतां यावद्दुर्गः सज्जीक्रियते।**

इसलिए आप उस दूत को विश्वास दिलाकर तब तक रोके रखिये, जब तक हमारा दुर्ग और हमारी सेना पूरी तरह से तैयार नहीं हो जाते।

**यतः,—**

**एकः शतं योधयति प्रकारस्थो धनुर्धरः।**
**शतं शतसहस्त्राणि तस्माद्दुर्गं विशिष्यते॥**

युद्ध में दुर्ग का महत्त्व बहुत अधिक होता है; क्योंकि दुर्ग पर बैठा एक सैनिक सैकड़ों योद्धाओं से लड़ सकता है और सैकड़ों योद्धा दुर्ग की दीवारों के सहारे लाखों योद्धाओं से लोहा ले सकते हैं। इस प्रकार दुर्ग को युद्ध में एक बलवत्तर साधन माना गया है।

**किंच,—**

**अदुर्गो विषयः कस्य नारेः परिभवास्पदम्।**
**अदुर्गोऽनाश्रयो राजा पोतच्युतमनुष्यवत्॥**

और दुर्गरहित राजा का शत्रु से पराजित होना अवश्यम्भावी हो जाता है; क्योंकि दुर्गरहित राजा नाव से गहरे जल में गिरे व्यक्ति के समान आश्रयविहीन होता है।

**दुर्गं कुर्यान्महाखातमुच्चप्राकारसंयुतम्।**
**सयन्त्रं सजलं शैलसरिन्मरुवनाश्रयम्॥**

दुर्ग का निर्माण किसी पर्वत, नदी, निर्जन प्रदेश या गहरी खाई के पास अथवा किसी ऊंचे व पथरीले टीले पर ही करना चाहिए और वहां जल, अन्न, तोप, गोले तथा अन्य आवश्यक सामग्री का भण्डारण भी करना चाहिए।

**विस्तीर्णताऽतिवैषम्यं रसधान्येध्मसंग्रहः।**
**प्रवेशश्चापसारश्च सप्तैता दुर्गसम्पदः॥**

दुर्ग में निम्नोक्त समग्रियों की व्यवस्था भली-भांति होनी चाहिए—दुर्ग ख़ूब लम्बा-चौड़ा होना चाहिए, उसका कुछ भाग बहुत ऊंचा और कुछ भाग बहुत नीचा होना आवश्यक है तथा उसमें अन्न, जल व ईंधन की पर्याप्त व्यवस्था भी होनी चाहिए।

**राजाह—'दुर्गानुसन्धाने को नियुज्यताम्?'।**

राजा बोला—दुर्ग बनवाने के लिए किसे नियुक्त करना चाहिए?

**चक्रो ब्रूते—**

**यो यत्र कुशलः कार्ये तं तत्र विनियोजयेत्।**
**कर्मस्वदृष्टकर्मा यः शास्त्रज्ञोऽपि विमुह्यति॥**

चकवा बोला—जो जिस काम में निपुण हो, उसे वही काम सौंपना चाहिए; क्योंकि जिसको काम का अनुभव नहीं होता, ऐसा व्यक्ति बुद्धिमान् होता हुआ भी

समय पड़ने पर गड़बड़ा सकता है।

**तदाहूयतां सारसः।' तथानुष्ठिते सत्यागतं सारसमालोक्य राजोवाच— 'भो सारस! त्वं सत्वरं दुर्गमनुसन्धेहि।' सारसः प्रणम्योवाच— 'देव! दुर्गं तावदिदमेव चिरात्सुनिरूपितमास्ते महत्सरः। किन्त्वत्र मध्यवर्तिद्वीपे द्रव्यसंग्रहः क्रियताम्।**

इसलिए सारस को बुलाओ। तब सारस को आया देखकर राजा ने उसे आदेश देते हुए कहा—तुम शीघ्र ही दुर्ग का निर्माण करो। सारस ने राजा को प्रणाम करते हुए कहा—महाराज! मेरा सुझाव है कि दुर्ग बनवाने से पहले यहां एक सरोवर का निर्माण करना आवश्यक है। जब तक कार्य आरम्भ हो, तब तक द्वीप में आवश्यक सामग्री का भण्डारण कर लिया जाये।

**यतः,—**

**धान्यानां संग्रहो राजन्नुत्तमः सर्वसंग्रहात्।**
**निक्षिप्तं हि मुखे रत्नं न कुर्यात्प्राणधारणम्॥**

हे राजन्! सब पदार्थों के संग्रह की अपेक्षा अन्न का संग्रह करना सर्वश्रेष्ठ होगा; क्योंकि रत्नों से भूख नहीं मिटती, अर्थात् धन हमारे प्राणों की रक्षा नहीं कर सकता, उसके लिए तो अन्न ही आवश्यक होता है।

**किं च,—**

**ख्यातः सर्वरसानां हि लवणो रस उत्तमः।**
**गृहीतं च विना तेन व्यञ्जनं गोमयायते॥**

और भी देखें—रस वाले पदार्थों में लवण, अर्थात् नमक को सर्वाधिक उत्तम माना जाता है, जिसके बिना भोजन गोबर के समान (स्वादहीन) लगता है।

**राजाह—'सत्वरं गत्वा सर्वमनुतिष्ठ।' पुनः प्रविश्य प्रतीहारो ब्रूते— 'देव! सिंहलद्वीपादागतो मेघवर्णो नाम वायसः सपरिवारो द्वारि तिष्ठति। देवपादं द्रष्टुमिच्छति।' राजाह—'काकाः पुनः सर्वज्ञा बहुद्रष्टारश्च। तद्भवति संग्राह्य इत्यनुवर्तते।' चक्रो ब्रूते—'देव! अस्त्येवम्। किन्तु काकः स्थलचरः। तेनास्मद्विपक्षे नियुक्तः कथं संग्राह्यः?**

राजा बोला—शीघ्र जाकर सारी तैयारी करो। तभी द्वारपाल ने आकर कहा—महाराज! सिंहलद्वीप से आया मेघवर्ण नामक कौआ परिवारसहित द्वार पर बैठा हुआ है और महाराज का दर्शन करना चाहता है। राजा ने कहा—कौआ तो दूरदर्शी होता है। उसे उचित-अनुचित का पर्याप्त ज्ञान होता है। अतः उसे अपने पक्ष में मिलाना उचित ही प्रतीत होता है।

चकवा बोला—देव! यह ठीक है, परन्तु कौआ पृथ्वी पर घूमने वाला होता है। फिर वह हमारे शत्रुपक्ष का भी हो सकता है। उसे अपने पक्ष में कैसे रखा जा

सकता है?

**तथा चोक्तम्,—**

**आत्मपक्षं परित्यज्य परपक्षेषु यो रतः।**
**स परैर्हन्यते मूढो नीलवर्णशृगालवत्॥**

कहा भी गया है—जो अपने साथियों को छोड़कर शत्रुपक्ष से जा मिलता है, वह मूर्ख नीलवर्ण सियार की भांति शत्रु के हाथों मारा जाता है।

**राजोवाच—'कथमेतत्?'**

राजा ने पूछा—यह कैसी कथा है?

**मन्त्री कथयति—**

मन्त्री कहने लगा—

## कथा क्रम : आठ
## (नीलवर्ण गीदड़ की मृत्यु की कथा)

**'अस्त्यरण्ये कश्चिच्छृगालः स्वेच्छया नगरोपान्ते भ्राम्यन्नीलीभाण्डे पतितः। पश्चात्तत उत्थातुमसमर्थः प्रातरात्मानं मृतवत्सन्दर्श्य स्थितः। अथ नीली-भाण्डस्वामिना मृत इति ज्ञात्वा तस्मात्समुत्थाप्य दूरे नीत्वापसारित-स्तस्मात्पलायितः। ततोऽसौ वनं गत्वा स्वकीयमात्मानं नीलवर्णमवलोक्या-चिन्तयत्—'अहमिदानीमुत्तमवर्णः। तदाऽहं स्वकीयोत्कर्षं किं न साधयामि?' इत्यालोच्य शृगालानाहूय तेनोक्तम्—'अहं भगवत्या वन-देवतया स्वहस्तेनारण्यराज्ये सर्वौषधिरसेनाभिषिक्तः। तदद्यारभ्यारण्ये-ऽस्मदाज्ञया व्यवहारः कार्यः।' शृगालाश्च तं विशिष्टवर्णमवलोक्य साष्टाङ्गपातं प्रणम्योचुः—'यथाज्ञापयति देवः।' इत्यनेनैव क्रमेण सर्वेष्वरण्यवासिष्वाधिपत्यं तस्य बभूव। ततस्तेन स्वज्ञातिभिरावृतेनाधिक्यं साधितम्। ततस्तेन व्याघ्रसिंहादीनुत्तमपरिजनान्प्राप्य सदसि शृगाला-नवलोक्य लज्जमानेनावज्ञया स्वज्ञातयः सर्वे दूरीकृताः। ततो विषण्णाञ्शृगालानवलोक्य केनचिद्वृद्धशृगालेनैतत्प्रतिज्ञातम्—'मा विषीदत। यदनेनाभिज्ञेन नीतिविदो मर्मज्ञा वयं स्वसमीपात्परिभूता-स्तद्यथाऽयं नश्यति तथा विधेयम्। यतोऽमी व्याघ्रादयो वर्णमात्रविप्रलब्धाः शृगालमज्ञात्वा राजानमिमं मन्यन्ते। तद्यथायं परिचितो भवति तथा कुरुत। तत्र चैवमनुष्ठेयम् यतः सर्वे सन्ध्यासमये सन्निधाने महारावमेकदैव करिष्यथ। ततस्तं शब्दमाकर्ण्य जातिस्वभावात्तेनापि शब्दः कर्तव्यः।' ततस्तथानुष्ठिते सति तद्वृत्तम्।**

एक समय की बात है कि नगर के आस-पास घूमता हुआ एक सियार

रंगरेज के रंग से भरे बरतन में गिर पड़ा। वह उसमें से निकल नहीं सका और प्रातःकाल मर गये के समान अकड़कर उसी में पड़ा रहा। रंगरेज ने उसे मरा हुआ जानकर बरतन में से निकाला और दूर ले जाकर फेंक दिया। तब वह वहां से भाग निकला। वन में पहुंचने पर उसने अपनी देह को नीले रंग में रंगा हुआ देखा, तो सोचा कि अब मैं उत्तम वर्ण का हो गया हूं, तो अपनी प्रभुता ही क्यों न करूं?

यह सोचकर उसने अन्य सियारों को बुलाकर उनसे कहा—भगवती वनदेवी ने अपने हाथ से वन के राज्य पर सब ओषधियों के रस से मेरा राजतिलक किया है, अतः आज से तुम सबको मेरी आज्ञा से ही काम करना चाहिए। तब सब सियार उसके उत्तम वर्ण को देखकर उसे साष्टांग प्रणाम करके बोले—जो महाराज की आज्ञा।

इस प्रकार क्रम-क्रम से सारे वन में उसका राज्य फैल गया। कुछ दिनों पश्चात् उसने अपने मन्त्रिमण्डल का गठन करने की सोची। उसने व्याघ्र व सिंह आदि पशुओं को तो उसमें सम्मिलित कर लिया,परन्तु अपने जाति-भाई सियारों को न पूछा। तब सारे सियारों को दुखी देखकर एक बूढ़े सियार ने उनसे कहा—तुम चिन्ता मत करो। इस मूर्ख ने नीति और भेद के ज्ञाता हम सबकी उपेक्षा की है, अतः इसका दण्ड इसे शीघ्र ही दिया जायेगा। अब तो जैसे भी हो, इसे नष्ट करना ही चाहिए। इसका एक सरल उपाय यह है कि सन्ध्या के समय हम सब सियार एक स्थान पर एकत्र होकर 'हुआं-हुआं' की आवाज़ तब तक निकालते रहेंगे, जब तक यह दुष्ट हमारे स्वर में अपना स्वर न मिला दे। तब इसके भी 'हुआं-हुआं' करते ही व्याघ्र और सिंह आदि को इसके सियार होने का पता चल जायेगा और वन के अन्य पशु भी जान जायेंगे कि यह सियार है और अपने नीले रंग की आड़ में इसने सबको मूर्ख बना रखा है।

वृद्ध सियार की बात सुनकर सभी सियारों ने वही किया। तब अपने भाई-बन्धुओं को चिल्लाते हुए सुनकर वह राजा बना सियार भी 'हुआं-हुआं' करने लगा, जिसे सुनते ही सभी पशुओं के आगे उसकी पोल खुल गयी;

**यतः,—**

**यः स्वभावो हि यस्यास्ति स नित्यं दुरतिक्रमः।**
**श्वा यदि क्रियते राजा स किं नाश्नात्युपानहम्?॥**

क्योंकि जिसका जैसा स्वभाव होता है, उसे छोड़ना बहुत कठिन होता है। यदि कुत्ते को राजा बना दिया जाये, तो क्या वह जूते को चबाना छोड़ देगा?

**ततः शब्दादभिज्ञाय स व्याघ्रेण हतः।**

तब उसकी आवाज़ को पहचानकर बाघ ने उसे मार डाला।

**तथा चोक्तम्,—**

**छिद्रं मर्म च वीर्यं च सर्वं वेत्ति निजो रिपुः।**
**दहत्यन्तर्गतश्चैव शुष्कं वृक्षमिवानलः॥**

कहा भी गया है—जिस प्रकार भीतर घुसकर अग्नि सूखे वृक्ष को भस्म कर देती है, उसी प्रकार अपना शत्रु, अर्थात् भेदिया भी हमारे छिद्र, मर्म और पराक्रम को जानता है और नाश कर देता है।

**अतोऽहं ब्रवीमि—''आत्मपक्षं परित्यज्य' इत्यादि॥' राजाह—'यद्येवं तथापि दृश्यतां तावदयं दूरादागतः। तत्संग्रहे विचारः कार्यः'। चक्रो ब्रूते—'देव! प्रणिधिः प्रहितो दुर्गश्च सज्जीकृतः। अतः शुकोऽप्यानीय प्रस्थाप्यताम्।**

इसीलिए मैं कहता हूं कि अपने पक्ष को त्यागकर आया हुआ प्राणी अपने ही बन्धुओं के द्वारा मार डाला जाता है।

राजा बोला—यदि यह बात है, तो भी इस दूर से आये हुए प्राणी को देखना चाहिए और उसे ठहराना चाहिए।

चकवा बोला—महाराज! भेदियों को भी विदा कर दिया और दुर्ग का निर्माण भी हो रहा है, अब तो तोते को भी लाकर बिठा लेना चाहिए।

**यतः,—**

**नन्दं जघान चाणक्यस्तीक्ष्णदूतप्रयोगतः।**
**तद्दूरान्तरितं दूतं पश्येद्धीरसमन्वितः॥**

क्योंकि चतुर दूत के माध्यम से ही चाणक्य ने नन्द का वध किया था, अतः राजा को मन्त्रियोंसहित दूत को दूर से ही देखना चाहिए।

**ततः सभां कृत्वाहूतः शुकः काकश्च। शुकः किञ्चिदुन्नतशिरा दत्तासन उपविश्य ब्रूते—'भो हिरण्यगर्भ! महाराजाधिराजः श्रीमच्चित्रवर्णस्त्वां समाज्ञापयति—'यदि जीवितेन श्रिया वा प्रयोजनमस्ति तदा सत्वरमागत्यास्मच्चरणौ प्रणम। न चेदवस्थातुं स्थानान्तरं चिन्तय।' राजा सकोपमाह—'आः! कोऽप्यस्माकं पुरतो नास्ति य एनं गलहस्तयति?'। उत्थाय मेघवर्णो ब्रूते—'देव! आज्ञापय। हन्मि दुष्टं शुकम्।' सर्वज्ञो राजानं काकं च सान्त्वयन्ब्रूते—'शृणु तावत्।**

तब सभा बुलाकर तोते और कौए को बुलाया। तोता अपने सिर को ऊंचा करके दिये हुए आसन पर बैठ गया और बोला—हे हिरण्यगर्भ! महाराजाधिराज चित्रवर्ण ने तुम्हें यह आज्ञा दी है कि यदि तुम्हें अपने प्राण प्यारे हैं अथवा लक्ष्मी से मोह है, तो शीघ्र आकर हमारे चरणों में प्रणाम करो, अन्यथा किसी अन्य स्थान पर रहने का प्रबन्ध करो।

तब राजा ने झुंझलाकर कहा—अरे! कोई हमारे सामने नहीं है, जो इसका

गला पकड़कर इसे बाहर निकाले।

तब मेघवर्ण उठकर बोला—महाराज! आज्ञा दें, तो इस तोते को मार डालूं।

चकवे ने राजा और कौए को शान्त करते हुए कहा—पहले आप शान्त रहकर दूत की बात तो सुन लीजिये।

**न सा सभा यत्र न सन्ति वृद्धा**
**वृद्धा न ते ये न वदन्ति धर्मम्।**
**धर्मः स नो यत्र न सत्यमस्ति**
**सत्यं न तद्यच्छलमभ्युपैति॥**

वृद्धजनों से रहित सभा सभा नहीं कहलाती। धर्म का मर्म जानने वाले ही वृद्ध कहलाते हैं। धर्म का आधार सत्य है और सत्यविहीन धर्म का कोई महत्त्व नहीं होता और जो छल से युक्त है, वह सत्य नहीं है।

**यतो धर्मश्चैषः,—**

क्योंकि सच्चा धर्म यह है—

**दूतो म्लेच्छोऽप्यवध्यः स्याद्राजा दूतमुखो [illegible]ः।**
**उद्यतेष्वपि शस्त्रेषु दूतो वदति ना[illegible]।**

कि दूत हीन जाति का होने पर भी अवध्य होता है; क्योंकि व[illegible]जा का मुख होता है, जो शस्त्र उठाने पर भी अन्यथा कभी नहीं कहता।

**किं च,—**

**स्वापकर्षं परोत्कर्षं दूतोक्तैर्मन्यते तु कः?।**
**सदैवावध्यभावेन दूतः सर्वं हि जल्पति॥**

और दूत की बातों से अपने अपकर्ष और शत्रु के उत्कर्ष को कौन मानता है? दूत तो सदा 'मैं नहीं मारा जाऊंगा' की भावना से ही सब कुछ कहता है।

**ततो राजा काकश्च स्वां प्रकृतिमापन्नौ। शुकोऽप्युत्थाय चलितः। पश्चाच्चक्रवाकेणानीय प्रबोध्य कनकालङ्कारादिकं दत्त्वा सम्प्रेषितो ययौ। शुकोऽपि विन्ध्याचलराजानं प्रणतवान्। राजोवाच—'शुक! का वार्ता? कीदृशोऽसौ देशः?'। शुको ब्रूते—'देव! संक्षेपादियं वार्ता। सम्प्रति युद्धोद्योगः क्रियताम्। देशश्चासौ कर्पूरद्वीपः स्वर्गैकदेशो राजा च द्वितीयः स्वर्गपतिः कथं वर्णयितुं शक्यते?'। ततः सर्वाञ्शिष्टानाहूय राजा मन्त्रयितुमुपविष्टः। आह च—'सम्प्रति कर्तव्यविग्रहे यथा कर्तव्यमुपदेशं ब्रूते। विग्रहः पुनरवश्यं कर्तव्यः।**

चकवे का कथन सुनकर राजा और कौआ शान्त व सामान्य हो गये। तोता भी उठकर चल दिया, तो चकवे ने तोते को बुलाकर उसका अभिनन्दन किया और भेंट में स्वर्णाभूषण देकर प्रसन्नभाव से उसे विदा किया।

वहां से चलकर तोता अपने स्वामी के पास पहुंचा और उसे दण्डवत् प्रणाम किया। फिर राजा ने उससे पूछा—हे तोते! क्या समाचार है? वह कैसा देश है?

तोते न कहा—महाराज! संक्षेप में कहूं, तो युद्ध की तैयारी कीजिये। कर्पूरद्वीप का राजा दूसरा इन्द्र है और कर्पूरद्वीप स्वर्ग का टुकड़ा है। उसका वर्णन कैसे किया जा सकता है?

दूत से सारा हाल सुनकर राजा ने अपने सभासदों को बुलाकर उनके साथ विचार-विमर्श किया। राजा बोला—अब युद्ध करना है, उसमें जो कुछ करना है, वह कहो। युद्ध तो करना ही है।

**तथा चोक्तम्,—**

**असन्तुष्टा द्विजा नष्टाः सन्तुष्टाश्च महीभुजः।**
**सलज्जा गणिका नष्टा निर्लज्जाश्च कुलस्त्रियः॥**

कहा भी गया है—कि असन्तोषी ब्राह्मण, सन्तोषी राजा, लज्जावती वेश्या और निर्लज्ञा कुलवधू—ये चारों नष्ट हो जाते हैं।

**दूरदर्शी नाम गृध्रो ब्रूते—'देव! व्यसनितया विग्रहो न विधिः।**

दूरदर्शी नाम [illegible] गृद्ध बोला—महाराज! बिना किसी कारण युद्ध करने की सलाह मैं नहीं दे[illegible]।

**यतः,—**

**मित्रामात्यसुहृद्वर्गा यदा स्युर्दृढभक्तयः।**
**शत्रूणां विपरीताश्च कर्तव्यो विग्रहस्तदा॥**

क्योंकि मित्र, मन्त्री और सभी सभासद जब अपने शुभचिन्तक हों और शत्रु के विरुद्ध हों, तभी युद्ध करना चाहिए।

**अन्यच्च,—**

**भूमिर्मित्रं हिरण्यं च विग्रहस्य फलं त्रयम्।**
**यदैतन्निश्चितं भावि कर्तव्यो विग्रहस्तदा॥**

और भी सुनिये—राज्य, मित्र और स्वर्ण, अर्थात् धन-सम्पत्ति—ये तीन कारण ही युद्ध के तीन उद्देश्य होते हैं।

**राजाह—'मद्बलं तावदवलोकयतु मन्त्री। तदेतेषामुपयोगो ज्ञायताम्। एवमाहूयतां मौहूर्तिकः। निर्णीय च शुभलग्नं ददातु।' मन्त्री ब्रूते—'तथा हि सहसा यात्राकरणमनुचितम्।**

राजा बोला—मन्त्री पहले मेरी सेना को देखें, उसके पश्चात् युद्ध के प्रति सैनिकों की योग्यता को समझें, फिर किसी ज्योतिषी को बुलवाकर अच्छा-सा मुहूर्त निकलवायें, तब युद्ध के लिए प्रयाण करें।

मन्त्री बोला—फिर भी बिना सोचे-समझे यात्रा करना उचित नहीं होता।

**यतः,—**

**विशन्ति सहसा मूढा येऽविचार्य द्विषद्बलम्।**
**खड्गधारापरिष्वङ्गं लभन्ते ते सुनिश्चितम्॥**

जो मूर्ख शत्रु के बलाबल का विचार किये बिना ही युद्ध करना चाहते हैं, वे अवश्य ही शत्रु के खड्ग की धार से घाव खा बैठते हैं।

**राजाह—'मन्त्रिन्! ममोत्साहभङ्गः सर्वथा मा कृथाः। विजिगीषुर्यथा परभूमिमाक्रामति तथा कथय।' गृध्रो ब्रूते—'तत्कथयामि। किन्तु तदनुष्ठित-मेव फलप्रदम्।**

राजा ने कहा—मन्त्री! तुम मेरे उत्साह को इस प्रकार भंग मत करो। जिस प्रकार विजय की इच्छा करने वाला शत्रु पर चढ़ाई करके उसके राज्य को घेर लेता है, तुम उसी प्रकार की बातें कहो।

गिद्ध बोला— महाराज! मैं वह उपाय भी बताता हूं। उसी प्रकार काम करने से लाभ होता है।

**तथा चोक्तम्,—**

**किं मन्त्रेणाननुष्ठानाच्छास्त्रवित्पृथिवीपतेः।**
**न ह्यौषधपरिज्ञानाद्व्याधेः शान्तिः क्वचिद्भवेत्॥**

कहा भी गया है कि जिस प्रकार औषध का नाम जान लेने मात्र से रोग से छुटकारा नहीं मिलता, उसी प्रकार बिना आचरण किये, केवल शास्त्र का ज्ञाता होने वाले राजा के परामर्श से कुछ नहीं होता।

**राजादेशश्चानतिक्रमणीयः। यथाश्रुतं तन्निवेदयामि।**

फिर भी राजा की आज्ञा का अतिक्रमण नहीं करना चाहिए, इसलिए जैसा मैंने सुना है, मैं वही कह रहा हूं।

**शृणु,—**

**नद्यद्रिवनदुर्गेषु यत्र यत्र भयं नृप!।**
**तत्र तत्र च सेनानीर्यायाव्यूहीकृतैर्बलैः॥**

सुनिये—हे राजन्! नदी, पर्वत, वन तथा दुर्ग—जहां भी भय की सम्भावना हो, वहां सेनापति को व्यूह रचना करके सेना को आगे बढ़ाना चाहिए।

**बलाध्यक्षः पुरो यायात्प्रवीरपुरुषान्वितः।**
**मध्ये कलत्रं स्वामी च कोशः फल्गु च यद्बलम्॥**

सेनापति को बड़े-बड़े योद्धओं के साथ स्वयं सबसे आगे चलना चाहिए। उसके पीछे स्वयं राजा, कोश, स्त्रियां और दुर्बल सेना चले।

**पार्श्वयोरुभयोरश्वा अश्वानां पार्श्वतो रथाः।**
**रथानां पार्श्वयोर्नागा नागानां च पदातयः॥**

इस सेना के दोनों ओर आस-पास अश्व, अश्वों के पीछे रथ, रथों के दोनों ओर गज तथा गजों के दोनों ओर पैदल सैनिक होने चाहिए।

**पश्चात्सेनापतिर्यायात्खिन्नानाश्वासयञ्छनैः।**
**मन्त्रिभिः सुभटैर्युक्तः प्रतिगृह्य बलं नृपः॥**

सेनापति पीछे आने वाले साहसहीन सैनिकों की हिम्मत बढ़ाता चले। स्वयं राजा अपने मन्त्रियों तथा शूरवीर सैनिकों को साथ लेकर चले।

**समेयाद्विषमं नागैर्जलाढ्यं समहीधरम्।**
**सममश्वैर्जलं नौभिः सर्वत्रैव पदातिभिः॥**

ऊंची-नीची भूमि पर, कीचड़ तथा गड्ढों वाले स्थान पर जाने के लिए हाथियों का, समतल भूमि पर घोड़ों का तथा पानी में नावों का प्रयोग करना चाहिए। सब स्थानों पर पैदल सैनिकों को साथ में रखना चाहिए।

**हस्तिनां गमनं प्रोक्तं प्रशस्तं जलदागमे।**
**तदन्यत्र तुरङ्गाणां पत्तीनां सर्वदैव हि॥**

वर्षा ऋतु में राजा को हाथियों को काम में लाना चाहिए तथा अन्य ऋतुओं में घोड़ों और पैदल सैनिकों का प्रयोग करना सदा ही श्रेष्ठ माना गया है।

**शैलेषु दुर्गमार्गेषु विधेयं नृप! रक्षणम्।**
**स्वयोधैः रक्षितस्यापि शयनं योगनिद्रया॥**

हे राजन्! पर्वतों तथा ऊबड़-खाबड़ मार्गों में यात्रा करते हुए राजा को अपनी रक्षा का विशेष ध्यान रखना चाहिए। इसके साथ ही अपने सैनिकों द्वारा रक्षा किये जाने पर भी राजा को कपटनिद्रा ही लेनी चाहिए, अर्थात् सोते समय भी अपनी रक्षा की चिन्ता करते रहना चाहिए।

**नाशयेत्कर्षयेच्छत्रून् दुर्गकण्टकमर्दनैः।**
**परदेशप्रवेशे च कुर्यादाटविकान्पुरः॥**

यदि शत्रु का विनाश करते हुए राजा को अपना दुर्ग गिराना पड़े अथवा अपनी सेना के व्यूह की रचना को भंग करना पड़े, तो भी संकोच नहीं करना चाहिए। इसके अतिरिक्त उसे शत्रु के देश में प्रवेश करने से पहले वनवासी भीलों से भी न केवल सम्पूर्ण जानकारी प्राप्त करनी चाहिए, अपितु उन्हें सेना के पथ-प्रदर्शन का दायित्व भी सौंप देना चाहिए।

**यत्र राजा तत्र कोशो विना कोशान्न राजता।**
**स्वभृत्येभ्यस्ततो दद्यात् को हि दातुर्न युध्यते?॥**

राजा को अपना कोश सदा अपने अधिकार में ही रखना चाहिए; क्योंकि कोश के बिना राजा राजा ही नहीं रहता। इसके साथ ही उसे अपने कर्मचारियों तथा सैनिकों को उनके वेतन का भुगतान भी यथासमय कर देना चाहिए। ऐसे

राजा के लिए सभी अपना बलिदान देने के लिए तैयार रहते हैं;

**यतः,—**

**न नरस्य नरो दासो दासस्त्वर्थस्य भूपते!।**
**गौरवं लाघवं वाऽपि धनाधननिबन्धनम्॥**

क्योंकि हे राजन्! यह एक सर्वजनविदित सत्य है कि मनुष्य मनुष्य का दास नहीं होता, मनुष्य धन का दास होता है। राजा की महत्ता उसके धन की प्रचुरता के कारण ही होती है। धन के अभाव में वह तुच्छ हो जाता है।

**अभेदेन च युध्येत रक्षेच्चैव परस्परम्।**
**फल्गु सैन्यं च यत्किञ्चिन्मध्ये व्यूहस्य कारयेत्॥**

राजन्! आपस में मिलकर युद्ध करना चाहिए तथा एक-दूसरे की रक्षा करनी चाहिए। यदि कुछ सैनिक बलहीन हों, तो उन्हें व्यूह के बीच में रखना चाहिए।

**पदातींश्च महीपालः पुरोऽनीकस्य योजयेत्।**
**उपरुध्यारिमासीत राष्ट्रं चास्योपपीडयेत्॥**

शत्रु के राज्य में लूटपाट करने तथा उसे घेरे रखने के लिए राजा को पैदल सैनिकों को आगे रखना चाहिए।

**स्यन्दनाश्वैः समे युध्येदनूपे नौद्विपैस्तथा।**
**वृक्षगुल्मावृते चापैरसिचर्मायुधैः स्थले॥**

राजा को समतल भूमि में रथों और घोड़ों पर सवार सैनिकों को, जलमय स्थान पर गजों तथा नावों पर सवार सैनिकों को, वृक्षों अथवा झाड़ियों से ढके हुए स्थान में धनुष-बाणों से युद्ध करने वाले सैनिकों को तथा खर-पतवार से ढके स्थान पर ढाल-तलवार से युद्ध करने वाले सैनिकों को आगे रखना चाहिए।

**दूषयेच्चास्य सततं यवसान्नोदकेन्धनम्।**
**भिन्द्याच्चैव तडागानि प्राकारान्परिखांस्तथा॥**

शत्रु को दुर्बल करने के लिए उसके अन्न, जल तथा ईंधन आदि के भाण्डार को नष्ट कर देना चाहिए तथा उसके द्वारा बनवाये गये सरोवरों, परकोटों एवं खाइयों आदि को तोड़ देना चाहिए।

**बलेषु प्रमुखो हस्ती न तथाऽन्यो महीपतेः।**
**निजैरवयवैरेव मातङ्गोऽष्टायुधः स्मृतः॥**

राजा को यह सदा स्मरण रखना चाहिए कि सेना में हाथियों के समान घोड़े श्रेष्ठ नहीं होते। हाथी अपने चार पैरों, दो दांतों तथा एक पूंछ और एक सूंड होने के कारण अष्टायुध कहलाता है। वह अपने आठों अंगों से काम लेने के कारण ही सर्वश्रेष्ठ कहलाता है।

बलमश्वस्य सैन्यानां प्राकारो जङ्गमो यतः।
तस्मादश्वाधिको राजा विजयी स्थलविग्रहे॥

सेनाओं के मध्य में जिस राजा के पास बड़ी संख्या में अश्वसेना है, वह राजा स्थलयुद्ध में अवश्य ही विजयी होता है; क्योंकि घोड़ों पर सवार सैनिक सेना का परकोटा होते हैं।

**तथा चोक्तम्,—**

युध्यमाना हयारूढा देवानामपि दुर्जयाः।
अपि दूरस्थितास्तेषां वैरिणो हस्तवर्तिनः॥

कहा भी गया है—कि घुड़सवार सैनिकों को देवता भी नहीं जीत सकते; क्योंकि उन्हें दूर के शत्रु भी अपने हाथ के पास दिखाई देते हैं।

प्रथमं युद्धकारित्वं समस्तबलपालनम्।
दिङ्मार्गाणां विशोधित्वं पत्तिकर्म प्रचक्षते॥

अपनी चतुरंगिणी सेना की रक्षा करना युद्ध में विजय प्राप्त करने की पहली शर्त है तथा किसी भी दिशा में आने-जाने के लिए मार्ग बनाने का काम पैदल सेना का है।

स्वभावशूरमस्त्रज्ञमविरक्तं जितश्रमम्।
प्रसिद्धक्षत्रियप्रायं बलं श्रेष्ठतमं विदुः॥

स्वभाव से शूरवीर, अस्त्र चलाने में दक्ष, युद्ध में पीठ न दिखाने वाले, परिश्रम करने वाले तथा वीरता में प्रसिद्ध क्षत्रियों के समान सेना को विद्वज्जन सर्वोत्तम कहते हैं।

यथा प्रभुकृतान्मानाद्युध्यन्ते भुवि मानवाः।
न तथा बहुभिर्दत्तैर्द्रविणैरपि भूपते!॥

हे राजन्! पृथ्वी पर स्वामी द्वारा सम्मान करने से जिस प्रकार सैनिक युद्ध करते हैं, वैसा अतुल धन पाकर भी नहीं करते।

वरमल्पबलं सारं न कुर्यान्मुण्डमण्डलीम्।
कुर्यादसारभङ्गो हि सारभङ्गमपि स्फुटम्॥

कायरों की मण्डली, अर्थात् बलहीन सेना की अपेक्षा थोड़ी, परन्तु शक्तिशाली सेना अच्छी होती है; क्योंकि दुर्बलों का पीठ दिखाकर युद्ध से भागना बलवान् सेना के उत्साह को भी भंग कर देता है, अर्थात् कायर सेना के भागने पर कभी-कभी वीर सैनिक भी भागने लगते हैं।

अप्रसादोऽनधिष्ठानं देयांशहरणं च यत्।
कालयापोऽप्रतीकारस्तद्वैराग्यस्य कारणम्॥

सैनिकों पर अकारण अप्रसन्न होना, उन्हें अधिकारों से वञ्चित करना, सैनिकों

द्वारा लूटे हुए धन को अपने अधीन कर लेना, उन्हें समय पर वेतन न देना या टालमटोल करना, सैनिकों में विद्रोह होने पर उसको शान्त करने का उपाय न करने पर सैनिक राजा के प्रति सम्मान, विश्वास तथा समर्पण की भावना से काम नहीं करते।

**आपीडयन्बलं शत्रोर्जिगीषुरतिशोषयेत्।**
**सुखसाध्यं द्विषां सैन्यं दीर्घयानप्रपीडितम्॥**

विजय के इच्छुक राजा को चाहिए कि अपने सैनिकों को आवश्यक विश्राम अवश्य दे, उसके उपरान्त ही उन्हें युद्ध करने का आदेश देना चाहिए; क्योंकि लम्बी यात्रा करके थकी हुई सेना को शत्रुसेना सहज ही परास्त कर सकती है।

**दायादादपरो मन्त्रो नास्ति भेदकरो द्विषाम्।**
**तस्मादुत्थापयेद्यत्नाद्दायादं तस्य विद्विषः॥**

शत्रु के भाई-बन्धुओं को फोड़कर अपनी ओर मिलाने से बढ़कर अन्य कोई मन्त्र नहीं है, अतः शत्रु के दायाद आदि को अपनी ओर मिलाने का प्रयास करना चाहिए।

**सन्धाय युवराजेन यदि वा मुख्यमन्त्रिणा।**
**अन्तःप्रकोपनं कार्यमभियोक्तुः स्थिरात्मनः॥**

बुद्धिमान् राजा को चाहिए कि वह शत्रु राजा के युवराज अथवा उसके मुख्यमन्त्री को फोड़कर अपनी ओर मिला ले। इस प्रकार उसके घर में फूट डलवाकर अपने घर में बैठे-बैठे ही विजय प्राप्त कर लेनी चाहिए।

**क्रूरं मित्रं रणे चापि भङ्गं दत्त्वा विघातयेत्।**
**अथवा गोग्रहाकृष्ट्या तल्लक्ष्याश्रितबन्धनात्॥**

युद्ध में विजय प्राप्त कर लेने पर अपने क्रूर शत्रु को मार डालना चाहिए अथवा जिस प्रकार गाय को खींचकर बांधते हैं, उसी प्रकार शत्रु के सहायकों को पशु के समान बांधकर मार डालना चाहिए।

**स्वराज्ये वासयेद्राजा परदेशावगाहनात्।**
**अथवा दानमानाभ्यां वासितं धनदं हि तत्॥**

विजयी राजा को चाहिए कि शत्रु के राज्य से लोगों को पकड़कर अपने राज्य में बसा ले; क्योंकि धन अथवा आदर से बसाया हुआ राज्य ही धनप्रदायक होता है।

**राजाह—'आः! किं बहुनोदितेन?**

राजा बोला—इतनी अधिक बातों का क्या अर्थ है?

**आत्मोदयः परग्लानिर्द्वयं नीतिरितीयती।**
**तद्दूरीकृत्य कृतिभिर्वाचस्पत्यं प्रतीयते॥**

नीति तो यही है कि अपना लाभ और शत्रु की हानि हो। बुद्धिमान् व्यक्ति इसी के द्वारा अपनी चतुराई प्रकट करते हैं।

**मन्त्रिणा विहस्योच्यते—'सर्वमेतद्विशेषतश्चोच्यते।**

मन्त्री ने हंसकर कहा—यह तो आपने सबसे विशिष्ट बात कही।

**किन्तु,—**

**अन्यदुच्छृङ्खलं सत्त्वमन्यच्छास्त्रनियन्त्रितम्।**
**समानाधिकरण्यं हि तेजस्तिमिरयोः कुतः?॥**

फिर भी यह विचारणीय है कि निरंकुश और नियन्त्रित नीति पर चलने वालों में इतना ही अन्तर है, जितना चांदनी और अन्धकार के एक ही स्थान पर होने में है, जो कभी नहीं हो सकता।

**तत उत्थाय राजा मौहूर्तिकावेदितलग्ने प्रस्थितः।**

इसके उपरान्त राजा उठकर ज्योतिषी द्वारा बतलाये हुए लग्न में युद्ध के लिए चल दिया।

**अथ प्रहितप्रणिधिर्हिरण्यगर्भमागत्योवाच—'देव! समानतप्रायो राजा चित्रवर्णः। सम्प्रति मलयपर्वताधित्यकायां समावासितकटकोऽनुवर्तते। दुर्गशोधनं प्रतिक्षणमनुसन्धातव्यम्, यतोऽसौ गृध्रो महामन्त्री। किं च केनचित्सह तस्य विश्वासकथाप्रसङ्गेनैव तदिङ्गितमवगतं मया यदनेन कोऽप्यस्मद्दुर्गे प्रागेव नियुक्तः।' चक्रो ब्रूते—'देव! काक एवासौ सम्भवति।' राजाह—'न कदाचिदेतत्। यद्येवं तदा कथं तेन शुकस्याभिभवोद्योगः कृतः? अपरं च। शुकस्यागमनात्तस्य विग्रहोत्साहः। स चिरादत्रास्ते।' मन्त्री ब्रूते—'तथाप्यागन्तुः शङ्कनीयः।' राजाह—'आगन्तुका हि कदाचिदुपकारका दृश्यन्ते।**

फिर भेजे हुए दूत ने आकर हिरण्यगर्भ से कहा—महाराज! राजा चित्रवर्ण यहां आ पहुंचा है। अब उसने मलयपर्वत की ऊंची भूमि पर अपनी सेना को ठहराया हुआ है। दुर्ग की देखभाल प्रतिक्षण करते रहनी चाहिए; क्योंकि शत्रु के महामन्त्री गिद्ध की किसी के साथ विश्वास की बातचीत से मैंने उसकी चेष्टा जान ली है। उसने हमारे दुर्ग में पहले से ही किसी-न-किसी को लगा रखा होगा। चकवा बोला—महाराज! वह कौआ ही उसका भेदिया प्रतीत होता है। राजा ने कहा—नहीं, मुझे वह सन्दिग्ध नहीं लगता। यदि ऐसा होता, तो वह अपने पक्ष के तोते का इस प्रकार वध नहीं करता। तोते के आने से ही उसे युद्ध करने का साहस हुआ है। वह यहां बहुत दिनों से रह रहा है।

मन्त्री ने कहा—फिर भी बाहर से आने वाले पर आंख मूंदकर विश्वास नहीं करना चाहिए।

राजा बोला—मैं तुमसे सहमत नहीं हूं। बाहर से आने वाले कभी-कभी बहुत उपकारी भी सिद्ध होते हैं।

**शृणु,—**

**परोऽपि हितवान् बन्धुर्बन्धुरप्यहितः परः।**
**अहितो देहजो व्याधिर्हितमारण्यमौषधम्॥**

सुनो, जिस प्रकार देह में उत्पन्न हुआ रोग अहितकारी होता है और वन में उत्पन्न हुई ओषधि हितकारी सिद्ध होती है, उसी प्रकार हितकारी शत्रु भी बन्धु होता है और अहितकारी बन्धु भी शत्रु होता है।

**अपरं च,—**

**आसीद्वीरवरो नाम शूद्रकस्य महीभृतः।**
**सेवकः स्वल्पकालेन स ददौ सुतमात्मनः॥**

और फिर—शूद्रक नामक राजा के बाहर से आये वीरवर नामक सेवक ने कुछ ही समय सेवा करते हुए अपने पुत्र की बलि दे दी।

**चक्रः पृच्छति—'कथमेतत्?'।**

चकवे ने पूछा—यह कैसी कथा है?

**राजा कथयति—**

राजा कहने लगा—

## कथा क्रम : नौ

## (राजकुमार वीरवर द्वारा अपने पुत्र का बलिदान देना)

**अहं पुरा शूद्रकस्य राज्ञः क्रीडासरसि कर्पूरकेलिनाम्नो राजहंसस्य पुत्र्या कर्पूरमञ्जर्या सहानुरागवानभवम्। तत्र वीरवरो नाम महाराजपुत्रः कुतश्चिद्देशादागत्य राजद्वारमुपगम्य प्रतीहारमुवाच—'अहं तावद्वेतनार्थी राजपुत्रः। राजदर्शनं कारय।' ततस्तेनासौ राजदर्शनं कारितो ब्रूते—'देव! यदि मया सेवकेन प्रयोजनमस्ति तदास्मद्वर्तनं क्रियताम्।' शूद्रक उवाच—किं ते वर्तनम्?'। वीरवरो ब्रूते—'प्रत्यहं सुवर्णपञ्चशतानि देहि।' राजाह—'का ते सामग्री?'। वीरवरो ब्रूते—'द्वौ बाहू तृतीयश्च खड्गः।' राजाह—'नैतच्छक्यम्।' तच्छ्रुत्वा वीरवरश्चलितः। अथ मन्त्रिभिरुक्तम्—'देव! दिनचतुष्टयस्य वर्तनं दत्त्वा ज्ञायतामस्य स्वरूपं किमुपयुक्तोऽयमेतावद्वर्तनं गृह्णात्यनुपयुक्तो वेति'। ततो मन्त्रिवचनादाहूय वीरवराय ताम्बूलं दत्त्वा पञ्चशतानि सुवर्णानि दत्तानि। तद्विनियोगश्च राज्ञा सुनिभृतं निरूपितः। तदर्धं वीरवरेण देवेभ्यो ब्राह्मणेभ्यो दत्तम्। स्थितस्यार्धं दुःखितेभ्यः, तदवशिष्टं भोज्यव्ययविलासव्ययेन। एतत्सर्वं नित्यकृत्यं कृत्वा राजद्वारमहर्निशं खड्गपाणिः**

सेवते। यदा च राजा स्वयं समादिशति तदा स्वगृहमपि याति।

एक समय मैं शूद्रक नामक राजा की सुपुत्री कर्पूरकेलि के सौन्दर्य पर आसक्त होकर उसके साथ क्रीड़ा सरोवर में रहता था। कुछ दिनों पश्चात् वहां वीरवर नामक एक राजकुमार महाराज शूद्रक की ड्योढ़ी पर आया और द्वारपाल से बोला—मैं राजकुमार हूं और नौकरी चाहता हूं। मुझे महाराज से मिलना है। द्वारपाल से सूचना पाकर महाराज शूद्रक ने उस राजकुमार को बुलाकर उससे पूछा—तुम क्या काम कर सकते हो और कितना वेतन लोगे?

वीरवर ने उत्तर दिया—मेरी मांग प्रतिदिन पांच सौ स्वर्ण मुद्राएं हैं और मैं आपके किस काम आ सकता हूं, इसका उत्तर समय ही देगा।

महाराज शूद्रक ने आश्चर्यचकित होकर पूछा—तुम्हारे पास कौन से शस्त्रात्र हैं?

वीरवर ने उत्तर दिया—दो बाज़ू और एक खड्ग ही मेरे शस्त्रास्त्र हैं।

महाराज शूद्रक को वीरवर की मांग उचित नहीं लगी, तो वीरवर वापस लौट गया। तब मन्त्रियों ने राजा से निवेदन किया—महाराज! चार दिन का वेतन देकर इसकी परीक्षा कर लेने में क्या हानि है?

तब मन्त्रियों की बात को गौरव देते हुए महाराज शूद्रक ने वीरवर को वापस बुलाया और उसे उस दिन का वेतन अग्रिम दे दिया। उसके पश्चात् राजा ने उस पर गुप्त रूप से निगाह रखना आरम्भ कर दिया।

वीरवर ने राजा से प्राप्त वेतन का आधा भाग देवों और ब्राह्मणों को दान में दे दिया, चौथाई भाग दुखी लोगों में बांट दिया और शेष चौथाई भाग अपनी पत्नी को घर-ख़र्च के लिए दे दिया। उसके पश्चात् वीरवर भोजन आदि से निवृत्त होकर राजमहल की रखवाली करने लगा। राजा से अनुमति लेकर ही वह घर जाता और नित्यकर्म आदि से निबटकर राजद्वार पर पहुंच जाता।

**अथैकदा कृष्णचतुर्दश्यां रात्रौ राजा सकरुणं क्रन्दनध्वनिं शुश्राव। शूद्रक उवाच—'कः कोऽत्र द्वारि?'। तेनोक्तम्—'देव! अहं वीरवरः।' राजोवाच—'क्रन्दनानुसरणं क्रियताम्।' वीरवरो—यथाज्ञापयति देवः' इत्युक्त्वा चलितः। राज्ञा च चिन्तितम्—'नैतदुचितम्। अयमेकाकी राजपुत्रो मया सूचिभेद्ये तमसि प्रेरितः। तदनु गत्वा किमेतदिति निरूपयामि।' ततो राजापि खड्गमादाय तदनुसरणक्रमेण नगराद्बहिर्निर्जगाम। गत्वा च वीरवरेण सा रुदती रूपयौवनसम्पन्ना सर्वालङ्कारभूषिता काचित्स्त्री दृष्टा। पृष्टा च—'का त्वम्? किमर्थं रोदिषि?' स्त्रियोक्तम्—'अहमेतस्य शूद्रकस्य राज्यलक्ष्मीः। चिरादेतस्य भुजच्छायायां महता सुखेन विश्रान्ता। इदानीमन्यत्र गमिष्यामि।' वीरवरो ब्रूते—'यत्रापायः सम्भवति तत्रोपायोऽप्यस्ति।**

**तत्कथं स्यात्पुनरिहावलम्बनं भवत्याः ?'। लक्ष्मीरुवाच—'यदि त्वमात्मनः पुत्रं शक्तिधरं द्वात्रिंशल्लक्षणोपेतं भगवत्याः सर्वमङ्गलाया उपहारीकरोषि तदाहं पुनरत्र सुचिरं निवसामि' इत्युक्त्वाऽदृश्याऽभवत्।**

इस प्रकार गुप्त रूप से वीरवर के क्रियाकलाप पर दृष्टि रखते हुए राजा को कृष्णपक्ष की चतुर्दशी की रात में किसी स्त्री के रोने की आवाज़ सुनाई दी। राजा ने तुरन्त वीरवर को बुलाया और उससे कहा—इस समय द्वार पर कौन है? वीरवर ने उत्तर दिया—मैं हूं महाराज। आज्ञा करें देव!

राजा ने आदेश दिया—यह रोने की आवाज़ कहां से आ रही है और कौन किसलिए रो रहा है? इन बातों का तुरन्त पता लगाओ और हमें सूचित करो। वीरवर ने 'जो आज्ञा' कहकर प्रणाम किया और चल दिया।

वीरवर के जाने पर महाराज यह सोचकर चिन्तित हो उठे कि मैंने राजकुमार को अंधेरे में जाने की आज्ञा दे दी, अतः मैं इसके पीछे जाकर इसका निश्चय करूं। यह सोचकर उन्होंने अपनी खड्ग संभाली और वह आवाज़ वाली दिशा की ओर चल दिये। महाराज ने छिपकर देखा कि रोने वाली स्त्री अत्यन्त रूपवती सर्वालंकारभूषिता युवती है। वीरवर ने उस महिला से सादर पूछा—आप कौन हैं और रात के अंधेरे में किसलिए रो रही हैं?

उस स्त्री ने उत्तर दिया—मैं इस राजा शूद्रक की राज्यलक्ष्मी हूं। बहुत समय से इसकी भुजाओं की छाया में बड़े सुख से विश्राम कर रही थी। अब किसी अन्य स्थान पर जाऊंगी।

वीरवर ने कहा—जिसमें अपाय सम्भव है, उसका उपाय भी है। अतः आपका पुनः कैसे यहां रहना होगा।

लक्ष्मी ने उत्तर दिया—यदि तू अपने पुत्र शक्तिधर को सर्वमंगला देवी की भेंट कर दे, तो मैं यहां बहुत समय तक रह सकती हूं।

यह कहकर वह अन्तर्धान हो गयी।

**ततो वीरवरेण स्वगृहं गत्वा निद्रायमाणा स्ववधूः प्रबोधिता पुत्रश्च। तौ निद्रां परित्यज्योत्थायोपविष्टौ। वीरवरस्तत्सर्वं लक्ष्मीवचनमुक्तवान्। तच्छ्रुत्वा सानन्दः शक्तिधरो ब्रूते—'धन्योऽहमेवंभूतः स्वामिराज्यरक्षार्थं यन्ममोपयोगः श्लाघ्यः। तत्कोऽधुना विलम्बस्य हेतुः? एवंविधे कर्मणि देहस्य विनियोगः श्लाघ्यः।**

तब वीरवर ने अपने घर जाकर अपनी पत्नी और पुत्र को जगाया। वे दोनों नींद को त्यागकर खड़े हो गये। वीरवर ने उन्हें लक्ष्मी का कहा हुआ सारा वृत्तान्त कह सुनाया। उसे सुनकर वीरवर का पुत्र शक्तिधर बोला—मैं धन्य हूं, जो ऐसे स्वामी के राज्य की रक्षा के लिए मेरा उपयोग होगा, यह तो सचमुच प्रशंसनीय

है। अब इसमें विलम्ब का क्या कारण है? ऐसे काम में देह का त्याग प्रशंसनीय ही होता है;

**यतः,—**

**धनानि जीवितं चैव परार्थे प्राज्ञ उत्सृजेत्।**
**सन्निमित्ते वरं त्यागो विनाशे नियते सति॥**

क्योंकि—विद्वान् व्यक्ति को परोपकार के लिए धन और प्राण छोड़ देने चाहिए। विनाश तो अवश्य होगा, अतः अच्छे काम के लिए प्राणों का त्याग श्रेष्ठ है।

**शक्तिधरमातोवाच—'यद्येतन्न कर्तव्यं तत्केनान्येन कर्मणा मुख्यस्य महावर्तनस्य निष्क्रियो भविष्यति?' इत्यालोच्य सर्वे सर्वमङ्गलायाः स्थानं गताः। तत्र सर्वमङ्गलां सम्पूज्य वीरवरो ब्रूते—'देवि! प्रसीद। विजयतां विजयतां शूद्रको महाराजः, गृह्यतामुपहारः।' इत्युक्त्वा पुत्रस्य शिरश्छिच्छेद। ततो वीरवरश्चिन्तयामास—'गृहीतराजवर्तनस्य निस्तारः कृतः। अधुना निष्पुत्रस्य जीवनेनालम्।' इत्यालोच्यात्मनः शिरच्छेदः कृतः। ततः स्त्रियापि स्वामिपुत्रशोकार्तया तदनुष्ठितम्।**

**तत्सर्वं दृष्ट्वा राजा साश्चर्यं चिन्तयामास—**

शक्तिधर की माता बोली—जो तुम यह नहीं करोगे, तो इतने बड़े वेतन के ऋण से कैसे मुक्त होगे? यह विचारकर वे सब सर्वमंगला देवी के स्थान पर जा पहुंचे। वहां वीरवर ने देवी की पूजा करके कहा—हे देवी! प्रसन्न हो, महाराज शूद्रक की जय हो! यह भेंट स्वीकार करो। ऐसा कहकर उसने अपने पुत्र का सिर काट डाला। फिर वह सोचने लगा कि राजा का ऋण तो मैंने चुका दिया, परन्तु बिना पुत्र के मेरा जीवन किस काम का? यह सोचकर उसने अपना सिर भी काट डांला। फिर पति और पुत्र के शोक से पीड़ित शक्तिधर की माता ने भी अपना सिर काट डाला।

**जीवन्ति च म्रियन्ते च मद्विधाः क्षुद्रजन्तवः।**
**अनेन सदृशो लोके भूतो न भविष्यति॥**

यह देखकर राजा आश्चर्य से सोचने लगा—मेरे समान नीच प्राणी इस संसार में जीते हैं और मरते भी हैं, परन्तु संसार में इसके समान न कोई हुआ है और न होगा।

**तदेतेन परित्यक्तेन मम राज्येनाप्यप्रयोजनम्। ततः शूद्रकेणापि स्वशिरश्छेत्तुं खड्गः समुत्थापितः। अथ भगवत्या सर्वमङ्गलया राजा हस्तं धृत उक्तश्च—'पुत्र! प्रसन्नास्मि ते एतावता साहसेनालम्। जीवनान्तेऽपि तव राज्यभङ्गो नास्ति।' राजा च साष्टाङ्गपातं प्रणम्योवाच—'देवि! किं मे राज्येन, जीवितेन वा किं प्रयोजनम्? यद्यहमनुकम्पनीयस्तदा ममायुः—**

**शेषेणायं सदारपुत्रो वीरवरो जीवतु। अन्यथाऽहं यथाप्राप्तां गतिं गच्छामि।' भगवत्युवाच—'पुत्र! अनेन ते सत्त्वोत्कर्षेण भृत्यवात्सल्येन च तव तुष्टास्मि। गच्छ। विजयी भव। अयमपि सपरिवारो राजपुत्रो जीवतु।' इत्युक्त्वा देव्यदृश्याभवत्। ततो वीरवरः सपुत्रदारो गृहं गतः। राजापि तैरलक्षितः सत्वरमन्तःपुरं प्रविष्टः।**

इसलिए ऐसे महापुरुष से शून्य इस राज्य से मुझे भी क्या प्रयोजन है? तब महाराजा शूद्रक ने भी अपना सिर काटने के लिए खड्ग उठाया। तभी सर्वमंगला देवी ने राजा का हाथ रोककर कहा—हे पुत्र! मैं तेरे ऊपर प्रसन्न हूं, इतना साहस मत करो। मरने के पश्चात् भी तेरा राज्य भंग नहीं होगा।

तब राजा साष्टांग प्रणाम करके बोला—हे देवि! मुझे न राज्य से कोई प्रयोजन है और न अपने जीवन से। यदि मैं कृपा के योग्य हूं, तो मेरी शेष आयु से स्त्रीपुत्र-सहित वीरवर जी उठे, अन्यथा मैं अपना सिर काट डालूंगा।

देवी बोली—हे पुत्र! तेरे इस उत्साह और स्नेह से मैं तुझ पर प्रसन्न हूं। जाओ, तुम्हारी जय हो। यह राजपुत्र भी परिवारसहित जाग उठे। यह कहकर देवी अन्तर्धान हो गयी। फिर वीरवर अपने स्त्रीपुत्रसहित अपने घर गया। राजा भी उनसे छिपकर रनिवास में चला गया।

**अथ प्रभाते वीरवरो द्वारस्थः पुनर्भूपालेन पृष्टः सन्नाह—'देव! सा रुदती मामवलोक्यादृश्याभवत्। न काप्यन्या वार्ता विद्यते।' तद्वचन-माकर्ण्य राजाऽचिन्तयत्—'कथमयं श्लाघ्यो महासत्त्वः?'**

इसके बाद प्रातःकाल होने पर राजा ने द्वार पर बैठे वीरवर से फिर पूछा, तो वह बोला—महाराज! वह रोती हुई स्त्री मुझे देखकर अन्तर्धान हो गयी। अन्य कोई बात नहीं थी। उसका वचन सुनकर राजा सोचने लगा—इस महात्मा की किस प्रकार बड़ाई करूं?

**यतः,—**

**प्रियं ब्रूयादकृपणः शूरः स्यादविकत्थनः।**
**दाता नापात्रवर्षी च प्रगल्भः स्यादनिष्ठुरः॥**

क्योंकि उदार व्यक्ति को मीठा बोलना चाहिए, वीर को अपनी प्रशंसा नहीं करनी चाहिए, दाता को कुपात्र को दान नहीं देना चाहिए तथा उचित कहने वाले को दयारहित नहीं होना चाहिए।

**एतन्महापुरुषलक्षणमेतस्मिन्सर्वमस्ति।' ततः स राजा प्रातः शिष्टसभां कृत्वा सर्ववृत्तान्तं प्रस्तुत्य प्रसादात्तस्मै कर्णाटकराज्यं ददौ। तत्किमागन्तुको जातिमात्राद्दुष्टः? तत्राप्युत्तमाधममध्यमाः सन्ति।'**

यही महापुरुषों का लक्षण है। बाद में राजा ने प्रातःकाल विद्वानों की सभा

में सारे वृत्तान्त की प्रशंसा करके प्रसन्नतापूर्वक वीरवर को कर्णाटक का राज्य दे दिया। अतः मैं जानना चाहता हूं कि क्या विदेशी केवल जाति मात्र से ही दुष्ट होते हैं? उनमें भी उत्तम, निकृष्ट और मध्यम होते हैं।

**चक्रवाको ब्रूते—**

**योऽकार्यं कार्यवच्छास्ति च किंमन्त्री नृपेच्छया।**
**वरं स्वामिमनोदुःखं तन्नाशे न त्वकार्यतः॥**

चकवा बोला—जो राजा की इच्छा से, अयोग्य कार्य को योग्य कार्य के समान कहता है, वह मन्त्री नीच होता है; क्योंकि स्वामी के मन का दुखी होना अच्छा, किन्तु अनुचित काम करने से उसका नष्ट होना अच्छा नहीं।

**वैद्यो गुरुश्च मन्त्री च यस्य राज्ञः प्रियः सदा।**
**शरीरधर्मकोशेभ्यः क्षिप्रं स परिहीयते॥**

जिस राजा के पास वैद्य, गुरु और मन्त्री सदा हां में हां मिलाने वाले हों, वह राजा शरीर, धर्म और कोश से रहित हो जाता है।

**शृणु देव!—**

**पुण्याल्लब्धं यदेकेन तन्ममापि भविष्यति।**
**हत्वा भिक्षुं महालोभान्निध्यर्थी नापितो हतः॥**

महाराज सुनिये—जो वस्तु किसी ने पुण्य से प्राप्त की हो, वह वस्तु मुझे भी मिल जायेगी, यह नहीं सोचना चाहिए, अधिक लोभ से भिक्षुक को मार कर धन का अभिलाषी एक नाई मारा गया था।

**राजा पृच्छति—'कथमेतत्?'।**

राजा पूछने लगा—यह कैसी कथा है?

**मन्त्री कथयति—**

मन्त्री कहने लगा—

## कथा क्रम : दस

### (क्षत्रिय, नाई और भिक्षुक की कथा)

**अस्त्ययोध्यायां चूडामणिर्नाम क्षत्रियः। तेन धनार्थिना महता क्लेशेन भगवांश्चन्द्रार्धचूडामणिश्चिरमाराधितः। ततः क्षीणपापोऽसौ स्वप्ने दर्शनं दत्वा भगवदादेशाद्यक्षेश्वरेणादिष्टः—'यत्त्वमद्य प्रातः क्षौरं कृत्वा लगुडं हस्ते कृत्वा गृहे निभृतं स्थास्यसि, ततोऽस्मिन्नेवाङ्गणे समागतं भिक्षुं पश्यसि। तं निर्दयं लगुडप्रहारेण हनिष्यसि। ततः सुवर्णकलशो भविष्यति, तेन त्वया यावज्जीवं सुखिना भवितव्यम्।' ततस्तथानुष्ठिते तद्वृत्तम्। तत्र क्षौर-करणायानीतेन नापितेनालोक्य चिन्तितम्—'अये! निधिप्राप्तेरयमुपायः।**

**अहमप्येवं किं न करोमि?' ततः प्रभृति नापितः प्रत्यहं तथाविधो लगुडहस्तः सुनिभृतं भिक्षोरागमनं प्रतीक्षते। एकदा तेन प्राप्तो भिक्षुर्लगुडेन व्यापादितः। तस्मादपराधात्सोऽपि नापितो राजपुरुषैर्व्यापादितः। अतोऽहं ब्रवीमि— 'पुण्याल्लब्धं यदेकेन' इत्यादि।**

अयोध्या में चूड़ामणि नामक एक क्षत्रिय रहता था। उसने धन-प्राप्ति की इच्छा से बहुत समय तक भगवान् शंकर की पूजा की, तो उन्होंने उसे स्वप्न में बताया कि कल प्रातःकाल तुम अपना मुण्डन कराकर तथा हाथ में एक लाठी लेकर घर में किवाड़ के पीछे छिपकर बैठ जाना। कुछ देर बाद वहां एक भिक्षुक तुम्हारे घर के भीतर प्रवेश करेगा। तुम उस पर इतने ज़ोर से लाठी का वार करना कि वह वहीं ढेर हो जाये। वह भिक्षुक तुरन्त एक स्वर्ण कलश में बदल जायेगा और तब तुम्हारा सारा जीवन सानन्द व्यतीत होगा। उस क्षत्रिय ने स्वप्न में दिये गये निर्देशानुसार वैसा ही किया। संयोगवश उस क्षत्रिय के घर में आये नाई ने भी यह सब देखा, तो उसने सोचा कि धन-प्राप्ति का इससे अच्छा और क्या उपाय हो सकता है? उसी दिन से उसने भी अपने घर में किवाड़ के पीछे छिपकर बैठना आरम्भ कर दिया और किसी भिक्षुक के आने की बाट जोहने लगा। संयोगवश एक दिन एक भिक्षुक आ पहुंचा, तो नाई ने लाठी के वार से उसे मार डाला, परन्तु उस निरपराध भिक्षुक को मार डालने के अपराध में नाई को फांसी के फन्दे पर झूलना पड़ा।

इस कथा कों सुनाकर चकवा बोला—महाराज! किसी के भाग्य से ईर्ष्या करना उचित नहीं।

**राजाह—**

**पुरावृत्तकथोद्गारैः कथं निर्णीयते परः।**
**स्यान्निष्कारणबन्धुर्वा किं वा विश्वासघातकः॥**

राजा ने कहा—प्राचीन कथाओं के आधार पर यह कैसे निश्चय किया जाये कि नया-नया आया व्यक्ति मित्र है या कोई विश्वासघाती?

**यातु। प्रस्तुतमनुसन्धीयताम्। मलयाधित्यकायां चेच्चित्रवर्णस्तदधुना किं विधेयम्?' मन्त्री वदति—'देव! आगतप्रणिधिमुखान्मया श्रुतं तन्महा-मन्त्रिणो गृध्रस्योपदेशे, यच्चित्रवर्णेनानादरः कृतः। ततोऽसौ मूढो जेतुं शक्यः।**

राजा ने फिर कहा—अच्छा, इस प्रसंग को छोड़ो और प्रस्तुत विषय पर विचार करो। मलयपर्वत पर डेरा डाले चित्रवर्ण से किस प्रकार निबटना है?

मन्त्री ने कहा—महाराज! लौटकर वापस आये दूत के मुंह से मैंने सुना है कि महामन्त्री गिद्ध के कहने पर ही चित्रवर्ण ने उसका अनादर किया है। मेरी

राय में इसी आधार पर उसे जीत लेना सम्भव है।

**तथा चोक्तम्,—**

**लुब्धः क्रूरोऽलसोऽसत्यः प्रमादी भीरुरस्थिरः।**
**मूढो योधावमन्ता च सुखच्छेद्यो रिपुः स्मृतः॥**

क्योंकि कहा भी गया है—कि लोभी, कपटी, आलसी, झूठा, कायर, अधीर, मूर्ख और वीरों का अनादर करने वाले शत्रु पर सहज ही विजय प्राप्त की जा सकती है।

**ततोऽसौ यावदस्मद्दुर्गद्वाररोधं न करोति तावन्नद्यद्रिवनवर्त्मसु तद्बलानि हन्तुं सारसादयः सेनापतयो नियुज्यन्ताम्।**

फिर जब तक वह हमारे दुर्ग का द्वार रोके, हमें नदी, पर्वत और वन के मार्ग में ही उसकी सेना को नष्ट करने के लिए सेनापति सारस को नियुक्त कर देना चाहिए।

**तथा चोक्तम्,—**

**दीर्घवर्त्मपरिश्रान्तं नद्यद्रिवनसङ्कुलम्।**
**घोराग्निभयसन्त्रस्तं क्षुत्पिपासार्दितं तथा॥**
**प्रमत्तं भोजनव्यग्रं व्याधिदुर्भिक्षपीडितम्।**
**असंस्थितमभूयिष्ठं वृष्टिवातसमाकुलम्॥**
**एतमप्तुजलाच्छन्नं सुव्यस्तं दस्युविद्रुतम्।**
**एतसुत्तं महीपालः परसैन्यं विघातयेत्॥**

जैसा कहा गया है कि लम्बे मार्ग से चलकर आने से थकी हुई, नदी, पर्वत और वन के मार्ग से रुकी हुई, भयंकर अग्नि से डरी हुई, भूख-प्यास से व्याकुल, मदमस्त, भोजन में आसक्त, रोग व अकाल से पीड़ित, आश्रयरहित, वर्षा तथा वायु के कारण घबरायी हुई, कीचड़ ,धूल और जल से भरे स्थान में फंसी हुई, किसी सम्भावित विपत्ति से बचने में असफल हुई एवं चोरों और डाकुओं द्वारा लुटी-पिटी शत्रुसेना को नष्ट कर देना चाहिए।

**अन्यच्च,—**

**अवस्कन्दभयाद्राजा प्रजागरकृतश्रमम्।**
**दिवासुप्तं समाहन्यान्निद्राव्याकुलसैनिकम्॥**

और भी देखें—घिर जाने की आशंका के कारण रात में अधिक जागने से थकी हुई, दिन में सोती हुई तथा निद्रा से व्याकुल शत्रुसेना को मार डालना चाहिए।

**अतस्तस्य प्रमादिनो बलं गत्वा यथावकाशं दिवानिशं घ्नन्त्वस्मत्सेनापतयः।' तथानुष्ठिते चित्रवर्णस्य सैनिकाः सेनापतयश्च बहवो निहताः। ततश्चित्रवर्णो विषण्णः स्वमन्त्रिणं दूरदर्शिनमाह—'तात! किमित्यस्मदुपेक्षा**

**क्रियते किं क्वाप्यावनयो ममास्ति?**

इसलिए हमारे सैनिकों को उस प्रमादी की सेना का घेराव करके लूट-खसोट करनी चाहिए तथा उसे मार डालना चाहिए। मन्त्री के इस सुझाव पर राजहंस की सेना ने चित्रवर्ण की सेना पर आक्रमण कर दिया, जिससे चित्रवर्ण के अनेक सेनापति मारे गये और उसकी सेना त्राहि-त्राहिं करने लगी।

इस स्थिति को देखकर विकल हुए चित्रवर्ण ने अपने मन्त्री दूरदर्शी से कहा—मैंने कभी तुम्हारा अहित नहीं किया, फिर तुम मुझे इस प्रकार अपमानित क्यों करा रहे हो?

**तथा चोक्तम्,—**

**न राज्यं प्राप्तमित्येवं वर्तितव्यमसाम्प्रतम्।**
**श्रियं ह्यविनयो हन्ति जरा रूपमिवोत्तमम्॥**

कहा भी गया है कि राज्य प्राप्त हो जाने के पश्चात् अपने उपकारक को भुला देना या उसकी उपेक्षा करना अनुचित कहलाता है; क्योंकि जिस प्रकार बुढ़ापा रूप-सौन्दर्य को नष्ट कर देता है, उसी प्रकार कठोरता भी प्राप्त हुई लक्ष्मी को नष्ट कर डालती है।

**अपि च,—**

**दक्षः श्रियमधिगच्छति**
**पश्याशी कल्यतां सुखमरोगी।**
**अभ्यासी विद्यान्तं**
**धर्मार्थयशांसि च विनीतः॥**

और भी देखें—व्यवहारकुशल व्यक्ति को लक्ष्मी का, सुपाच्य भोजन करने वाले व्यक्ति को नीरोगता का, निरन्तर अभ्यास करने वाले को ज्ञान का तथा विनम्रता आदि गुणों से युक्त व्यक्ति को धर्म, धन एवं यश का लाभ होता है।

**गृध्रोऽवदत्—'देव! शृणु,—**

**अविद्वानपि भूपालो विद्यावृद्धोपसेवया।**
**परां श्रियमवाप्नोति जलासन्नतरुर्यथा॥**

गिद्ध बोला—महाराज! सुनिये—जिस प्रकार जल के समीप रहने वाला वृक्ष निरन्तर फलता-फूलता रहता है, उसी प्रकार विद्वानों का संग-साथ पाकर मूर्ख व्यक्ति भी उत्तमोत्तम सम्पत्ति प्राप्त कर लेता है।

**अन्यच्च,—**

**पानं स्त्री मृगया द्यूतमर्थदूषणमेव च।**
**वाग्दण्डयोश्च पारुष्यं व्यसनानि महीभुजाम्॥**

और भी देखें—राजाओं में प्रायः निम्नोक्त दोष पाये जाते हैं—मदिरापान, परस्त्रीगमन,

द्यूत, क्रीड़ा, वाणी का रूखा होना तथा दण्ड की कठोरता। इन दोषों के कारण राजा का धन-वैभव नष्ट हो जाता है।

**किं च,—**

**न साहसैकान्तरसानुवर्तिना**
**न चाप्युपायोपहतान्तरात्मना।**
**विभूतयः शक्यमवाप्तुमूर्जिता**
**नये च शौर्ये च वसन्ति सम्पदः॥**

और (हानि-लाभ का विचार किये बिना) साहस का प्रदर्शन करने वाला तथा अपाय की उपेक्षा करने वाला अधिक ऐश्वर्य प्राप्त नहीं कर सकता; क्योंकि जहां नीति और वीरता का निवास होता है, लक्ष्मी भी वहीं रहती है।

**त्वया स्वबलोत्साहमवलोक्य साहसैकवासिना मयोपन्यस्तेष्वपि मन्त्रेष्वनवधानं वाक्पारुष्यं च कृतम्। अतो दुर्नीतेः फलमिदमनुभूयते।**

आपने अपने बल पर भरोसा करके और सेना के साहस को देखकर मेरे नीतियुक्त वचनों पर कोई ध्यान नहीं दिया था और मेरी भर्त्सना भी की थी। अब आप अपनी उसी कटु नीति का फल भुगत रहे हैं।

**तथा चोक्तम्,—**

**दुर्मन्त्रिणं किमुपयन्ति न नीतिदोषाः**
**सन्तापयन्ति कमपथ्यभुजं न रोगाः?।**
**कं श्रीर्न दर्पयति कं न निहन्ति मृत्युः**
**कं स्त्रीकृता न विषयाः परितापयन्ति?॥**

कहा भी गया है—किस बुरे मन्त्री में नीति सम्बन्धी दोष नहीं पाये जाते, अहितकर भोजन करने पर रोगों से कौन पीड़ित नहीं होता, धन पाकर किसे अभिमान नहीं होता, मृत्यु किसे नहीं मारती तथा स्त्री के दुराचरण से कौन दुखी नहीं होता?

**अपरं च,—**

**मुदं विषादः शरदं हिमागम-**
**स्तमो विवस्वान् सुकृतं कृतघ्नता।**
**प्रियोपपत्तिः शुचमापदं नयः**
**श्रियः समृद्धा अपि हन्ति दुर्नयः॥**

और दूसरे—दुःख हर्ष को, हिम ऋतु शरद को, सूर्य अन्धकार को, कृतघ्नता उपकार अथवा पुण्य को, अभीष्ट का लाभ शोक को, नीति आपत्ति को तथा अनीति बढ़ी हुई सम्पत्ति को भी नष्ट कर देती है।

**ततो मयाप्यालोचितम्—'प्रज्ञाहीनोऽयं राजा। नो चेत्कथं नीतिशास्त्र-**

**कथाकौमुदीं वागुल्काभिस्तिमिरयति?**

तब मैंने समझ लिया कि हमारे राजा की बुद्धि नष्ट हो गयी है, अन्यथा यह अपनी वाणीरूपी उल्कापातों से नीतिशास्त्र की कथारूपी चांदनी को क्यों धुंधला करता?

**यतः,—**

**यस्य नास्ति स्वयं प्रज्ञा शास्त्रं तस्य करोति किम्?।**
**लोचनाभ्यां विहीनस्य दर्पणः किं करिष्यति?॥**

क्योंकि जिस प्रकार दोनों आंखों से अन्धे व्यक्ति के लिए दर्पण का कोई महत्त्व नहीं होता, उसी प्रकार अपनी बुद्धि से रहित व्यक्ति के लिए पढ़ने अथवा सुनने का कोई महत्त्व नहीं होता।

**इत्यालोच्य तूष्णीं स्थितः। अथ राजा बद्धाञ्जलिराह—'तात! अस्त्ययं ममापराधः। इदानीं यथावशिष्टबलसहितः प्रत्यावृत्य विन्ध्याचलं गच्छामि तथोपदिश।' गृध्रः स्वगतं चिन्तयति—'क्रियतामत्र प्रतीकारः।**

अपने मन में यह विचारकर मैं चुप हो गया था। तब राजा हाथ जोड़कर बोला—प्रिय! मैं अपना अपराध स्वीकार करता हूं। अब ऐसी युक्ति करो कि मैं अपनी बची हुई सेना के साथ वापस विन्ध्याचल पहुंच जाऊं।

तब गिद्ध अपने मन में सोचने लगा—अब इसका कोई उपाय तो निकालना ही होगा।

**यतः,—**

**देवतासु गुरौ गोषु राजसु ब्राह्मणेषु च।**
**नियन्तव्यः सदा कोपो बालवृद्धातुरेषु च॥**

क्योंकि देवता, गुरु, गाय, राजा, ब्राह्मण, बालक, वृद्ध और रोगी पर क्रोध को रोकना चाहिए।

**मन्त्री प्रहस्य ब्रूते—'देव! मा भैषीः। समाश्वसिहि शृणु देव!**

मन्त्री हंसकर बोला—महाराज! डरिये मत और धैर्य बनाये रखिये। हे महाराज! सुनिये—

**मन्त्रिणां भिन्नसन्धाने भिषजां सान्निपातिके।**
**कर्मणि व्यज्यते प्रज्ञा सुस्थे को वा न पण्डितः?॥**

युद्ध के समय शत्रु से मेल करने के लिए मन्त्रियों की, सन्निपात-जैसे असाध्य रोग में वैद्य की तथा बिगड़े काम को बनाने में दूसरों की बुद्धि की परीक्षा होती है। यों तो व्यर्थ बैठे हुए व्यक्ति भी विद्वान् कहलाते हैं।

**अपरं च,—**

**आरभन्तेऽल्पमेवाज्ञाः कामं व्यग्रा भवन्ति च।**

महारम्भाः कृतधियस्तिष्ठन्ति च निराकुलाः॥

और दूसरे—बुद्धिहीन (छोटे) व्यक्ति किसी छोटे काम को ही आरम्भ करते हैं और अत्यन्त व्याकुल हो जाते हैं, परन्तु बुद्धिमान् लोग बड़े-बड़े काम करते हैं और कभी विकल नहीं होते।

**तदत्र भवत्प्रतापादेव दुर्गं भङ्क्त्वा कीर्तिप्रतापसहितं त्वामचिरेण कालेन विन्ध्याचलं नेष्यामि।' राजाह—'कथमधुना स्वल्पबलेन तत्सम्पद्यते?'। गृध्रो वदति—'देव! सर्वं भविष्यति। यतो विजिगीषोरदीर्घसूत्रता विजयसिद्धेरवश्यंभावि लक्षणम्। तत्सहसैव दुर्गावरोधः क्रियताम्।'**

इसलिए आपके पुण्य प्रताप से हम दुर्ग को तोड़ने में अवश्य सफल होंगे और मैं आपको शीघ्र ही सकुशल विन्ध्याचल ले चलूंगा।

राजा बोला—अब थोड़ी-सी सेना से यह सब कैसे होगा?

गिद्ध ने कहा—महाराज! सब हो जायेगा; क्योंकि विजय के इच्छुक को कालक्षेप न होना ही सिद्धि का होनहार लक्षण है। आप दुर्ग को चारों ओर से घेर लीजिये।

**प्रहितप्रणिधिना वकेनागत्य हिरण्यगर्भस्य तत्कथितम्—'देव! स्वल्पबल एवायं राजा चित्रवर्णो गृध्रस्य मन्त्रोपस्तम्भेन दुर्गावरोधं करिष्यति। राजाह—'सर्वज्ञ, किमधुना विधेयम्?' चक्रो ब्रूते—'स्वबले सारासारविचारः क्रियताम्।' तज्ज्ञात्वा सुवर्णवस्त्रादिकं यथार्हं प्रसादप्रदानं क्रियताम्।**

भेजे हुए दूत बगुले ने लौटकर राजा हिरण्यगर्भ से कहा—महाराज! राजा चित्रवर्ण के पास थोड़ी-सी ही सेना बची है। अब वह गिद्ध के सुझाव पर दुर्ग को घेरेगा।

राजा बोला—हे सर्वज्ञ! अब हमें क्या करना चाहिए?

चकवे ने उत्तर दिया—अपनी सेना के दुर्बल और सबल सैनिकों की सूची बना लीजिये। फिर उनकी सामर्थ्य और उपयोगिता के अनुसार उन्हें स्वर्ण, वस्त्र आदि का पारितोषिक दीजिये;

**यतः,—**

**यः काकिनीमप्यपथप्रपन्नां**
**समुद्धरेन्निष्कसहस्रतुल्याम्।**
**कालेषु कोटिष्वपि मुक्तहस्त-**
**स्तं राजसिंहं न जहाति लक्ष्मीः॥**

क्योंकि—जो राजा कुमार्ग पर पड़ी एक कौड़ी को भी हज़ार मोहरों के समान मानकर उठा लेता है और उचित समय पर करोड़ों रुपये व्यय कर डालता है, उस श्रेष्ठ राजा को लक्ष्मी कभी नहीं छोड़ती।

**अन्यच्च,—**

**क्रतौ विवाहे व्यसने रिपुक्षये**
**यशस्करे कर्मणि मित्रसंग्रहे।**
**प्रियासु नारीष्वधनेषु बान्धवे-**
**ष्वतिव्ययो नास्ति नराधिपाष्टसु॥**

और भी देखें—यज्ञ में, विवाह में, विपत्ति में, शत्रु का नाश करने में, यश बढ़ाने वाले कार्यों में, मित्रों का आदर करने में, प्रिय स्त्रियों पर तथा अपने निर्धन बान्धवों की सहायता करने में—इन आठ बातों में किया गया अधिक व्यय भी अपव्यय नहीं कहलाता;

**यतः,—**

**मूर्खः स्वल्पव्ययत्रासात्**
**सर्वनाशं करोति हि।**
**कः सुधीः सन्त्यजेद्भाण्डं**
**शुल्कस्यैवाति साध्वसात्॥**

क्योंकि मूर्ख व्यक्ति थोड़े-से व्यय के डर से अपना सर्वनाश कर लेता है, परन्तु बुद्धिमान् व्यक्ति शुल्क आदि चुकाकर दुकान के द्रव्यादि पर अपना अधिकार कर लेता है, उसे छोड़ नहीं देता।

**राजाह—'कथमिह समयेऽतिव्ययो युज्यते? उक्तं च—"आपदर्थे धनं रक्षेत्" इति।' मन्त्री ब्रूते—'श्रीमतः कथमापदः?'। राजाह—'कदाचिच्चलते लक्ष्मीः।' मन्त्री ब्रूते—'सञ्चितापि विनश्यति। तद्देव! कार्पण्यं विमुच्य दानमानाभ्यां स्वभटाः पुरस्क्रियन्ताम्।**

राजा बोला—इस समय अधिक व्यय करने की क्या आवश्यकता है? कहा भी गया है कि संकट को नष्ट करने के लिए धन की रक्षा करनी चाहिए।

मन्त्री बोला—धनवान् को संकट कहां?

राजा ने कहा—और जो धन नष्ट हो जाये, तो?

मन्त्री बोला—सञ्चित धन भी नष्ट हो जाये, तो? अतः महाराज! कृपणता को छोड़कर दान और सम्मान से अपने वीरों का आदर कीजिये।

**तथा चोक्तम्,—**

**परस्परज्ञाः संहृष्टास्त्यक्तुं प्राणान्सुनिश्चिताः।**
**कुलीनाः पूजिताः सम्यग्विजयन्ते द्विषद्बलम्॥**

कहा भी गया है—आपस में एक-दूसरे की सहायता करने वाले, प्रसन्नचित्त, स्वामी के लिए अपने प्राणों को भी युद्ध में झोंकने वाले, शत्रु को नष्ट करने का संकल्प करने वाले, श्रेष्ठ कुल में उत्पन्न तथा भली प्रकार से सम्मानित शूरवीर

ही शत्रुसेना पर विजय प्राप्त करते हैं।

**अपरं च,—**

**सुभटाः शीलसम्पन्नाः संहताः कृतनिश्चयाः।**
**अपि पञ्चशतं शूरा निघ्नन्ति रिपुवाहिनीम्॥**

और दूसरे—युद्ध-कुशल, अच्छे स्वभाव वाले, आपस में मिले हुए तथा मरने-मारने की चिन्ता न करने वाले पांच सौ वीर योद्धा भी शत्रु की सेना का नाश कर देते हैं।

**किं च,—**

**शिष्टैप्यविशेषज्ञ उग्रश्च कृतनाशकः।**
**त्यज्यते किं पुनर्नान्यैर्यश्चाप्यात्मम्भरिर्नरः॥**

और महामूर्ख, दुष्ट प्रकृति, कृतघ्न तथा स्वार्थी व्यक्ति को तो सज्जन भी छोड़ देते हैं, फिर दूसरों का तो कहना ही क्या ? अर्थात् ऐसे को सब त्याग देते हैं।

**यतः,—**

**सत्यं शौर्यं दया त्यागो नृपस्यैते महागुणाः।**
**एभिर्मुक्तो महीपालः प्राप्नोति खलु वाच्यताम्॥**

क्योंकि सत्य, शौर्य, दया तथा दान देने में उदारता—राजा के विशिष्ट गुण हैं और इन गुणों से रहित राजा अवश्य ही निन्दा का पात्र बनता है।

**ईदृशि प्रस्तावेऽमात्यास्तावदेव पुरस्कर्तव्याः।**

ऐसे समय पर पहले मन्त्रियों का सत्कार होना चाहिए;

**तथा चोक्तम्,—**

**यो येन प्रतिबद्धः स्यात्सह तेनोदयी व्ययी।**
**स विश्वस्तो नियोक्तव्यः प्राणेषु च धनेषु च॥**

क्योंकि कहा भी गया है कि जो जिसके साथ जुड़ा हुआ है और जिसके साथ उसके हानि-लाभ (उदय और ह्रास)हैं, ऐसे विश्वस्त व्यक्ति को ही अपने प्राणों की रक्षा में नियुक्त करना चाहिए;

**यतः,—**

**धूर्त स्त्री वा शिशुर्यस्य मन्त्रिणः स्युर्महीपतेः।**
**अनीतिपवनक्षिप्तः कार्याब्धौ स निमज्जति॥**

क्योंकि जो राजा धूर्त, स्त्री अथवा बालकों की सलाह पर चलता है, वह अनीतिरूपी वायु द्वारा उड़ाया जाकर कार्यरूपी समुद्र में डूब जाता है।

**शृणु देव!—**

**हर्षक्रोधौ समौ यस्य शास्त्रार्थे प्रत्ययस्तथा।**
**नित्यं भृत्यानुपेक्षा च तस्य स्याद्धनदा धरा॥**

महाराज! सुनिये—जिसके लिए हर्ष और और क्रोध समान होते हैं, जिसे शास्त्रों पर विश्वास है तथा जिसका अपने सेवकों पर स्नेह है, उसको पृथ्वी सतत धन प्रदान करती है।

**येषां राज्ञा सह स्यातामुच्चयापचयौ ध्रुवम्।**
**अमात्या इति तान्राजा नावमन्येत्कदाचन॥**

जो राजा की उन्नति और अवनति को ही अपनी उन्नति और अवनति मानते हैं, वे ही मन्त्री कहलाते हैं। राजा को ऐसे सेवकों का कभी अपमान नहीं करना चाहिए।

**यतः,—**

**महीभुजो मदान्धस्य सङ्कीर्णस्येव दन्तिनः।**
**स्खलतो हि करालम्बः सुहृत्सचिवचेष्टितम्॥**

और मदमस्त हाथी के समान मदान्ध राजा को अपने स्नेही मन्त्री का सत्परामर्श ही हाथ का सहारा देकर उद्धार करने वाला होता है।

**अथागत्य प्रणम्य मेघवर्णो ब्रूते—'देव! दृष्टिप्रसादं कुरु। इदानीं विपक्षो दुर्गद्वारि वर्तते। तद्देवपादादेशाद्बहिर्निःसृत्य स्वविक्रमं दर्शयामि। तेन देवपादानामानृण्यमुपगच्छामि।' चक्रो ब्रूते—'मेवम्। यदि बहिर्निःसृत्य योद्धव्यं तदा दुर्गाश्रयणमेव निष्प्रयोजनम्।**

फिर मेघवर्ण ने आकर प्रणाम करके कहा—महाराज! आप देख लीजिये, अब शत्रु दुर्ग के द्वार पर आ पहुंचा है। यदि आपकी आज्ञा हो, तो मैं दुर्ग से बाहर निकलकर अपना पराक्रम दिखलाऊं? इससे मुझे आपके ऋण से मुक्ति मिल जायेगी।

चकवा बोला—ऐसा मत करो। यदि हम दुर्ग से बाहर निकलकर युद्ध करेंगे, तो दुर्ग का आश्रय व्यर्थ होगा?

**अपरं च,—**

**विषमो हि यथा नक्रः सलिलान्निर्गतोऽवशः।**
**वनाद्विनिर्गतः शूरः सिंहोऽपि स्याच्छृगालवत्॥**

और दूसरे—जिस प्रकार जल से बाहर निकलकर मगरमच्छ विवश हो जाता है, उसी प्रकार वन से निकलकर पराक्रमी सिंह भी सियार के समान हो जाता है।

**देव! स्वयं गत्वा दृश्यतां युद्धम्।**

महाराज! आप चलकर युद्ध देखिये;

**पुरस्कृत्य बलं राजा योधयेदवलोकयन्।**
**स्वामिनाधिष्ठितः श्वापि किं न सिंहायते ध्रुवम्?॥**

जिस प्रकार स्वामी द्वारा प्रेरित हुआ कुत्ता भी सिंह के समान अपना पराक्रम दिखाता है, उसी प्रकार राजा द्वारा उत्साहित सैनिक भी अपने साहस और बल का प्रदर्शन करते हैं।

**अथ ते सर्वे दुर्गद्वारं गत्वा महाहवं कृतवन्तः। अपरेद्युश्चित्रवर्णो राजा गृध्रमुवाच—'तात! स्वप्रतिज्ञातमधुना निर्वाहय।' गृध्रो ब्रूते—'देव! शृणु तावत्;**

फिर उन सबने दुर्ग के द्वार पर पहुंचकर घनघोर युद्ध किया। दूसरे दिन राजा चित्रवर्ण ने गिद्ध से कहा—प्रिय! अब अपनी प्रतिज्ञा का पालन करो।

गिद्ध बोला—महाराज! पहले सुन लीजिये—

**अकालसहमत्यल्पं मूर्खव्यसनिनायकम्।**
**अगुप्तं भीरुयोधं च दुर्गव्यसनमुच्यते॥**

दीर्घकाल तक घेरा बनाये रखने में सेना का असमर्थ होना, सेना की संख्या में कमी होना, सेनापति का मद्यप होना, दुर्ग का भली प्रकार से सुरक्षित न होना तथा सैनिकों का कायर व डरपोक होना—ऐसी स्थितियों को ही दुर्ग की विपत्ति कहा गया है।

**तत्तावदत्र नास्ति।**

यहां ऐसी बात नहीं है।

**उपजापश्चिरारोधोऽवस्कन्दस्तीव्रपौरुषम्।**
**दुर्गस्य लङ्घनोपायाश्चत्वारः कथिता इमे॥**

दुर्ग के भीतर किसी गुप्तचर को भेजकर सैनिकों में फूट डलवा देना, दुर्ग के भीतर की सेना को दीर्घकाल तक घेरे रहना तथा शत्रु पर बार-बार धावा बोलना अथवा शौर्य का प्रदर्शन करना—ये चारों दुर्ग पर विजय प्राप्त करने के साधन हैं।

**अत्र यथाशक्ति क्रियते यत्नः (कर्णे कथयति)। एवमेवम्' ततोऽनुदित एव भास्करे चतुर्ष्वपि दुर्गद्वारेषु वृत्ते युद्धे दुर्गाभ्यन्तरगृहेष्वेकदा काकैरग्निर्निक्षिप्तः। ततः 'गृहीतं गृहीतं दुर्गम्' इति कोलाहलं श्रुत्वा सर्वतः प्रदीप्ताग्निमवलोक्य राजहंससैनिका दुर्गवासिनश्च सत्वरं ह्रदं प्रविष्टाः।**

इसमें शक्ति के अनुसार उपाय किया जाता है। (फिर कान में कहने लगा) इस प्रकार, इस प्रकार।

एक दिन राजा ने देखा कि सूर्योदय से पूर्व ही दुर्ग के चारों द्वारों पर दोनों सेनाओं में घनघोर युद्ध आरम्भ हो गया और दुर्ग के भीतरी ठिकानों पर कौओं ने आग लगा दी और दुर्ग को घेरकर खड़े सैनिकों ने शोर मचा दिया—दुर्ग ले लिया गया। यह शोर सुनकर और चारों ओर लगी आग को देखकर राजहंस के वीर

सैनिक तुरन्त सरोवर में प्रविष्ट हो गये।

**सुमन्त्रितं सुविक्रान्तं सुयुद्धं सुपलायितम्।**
**कार्यकाले यथाशक्ति कुर्यान्न तु विचारयेत्॥**

अवसर पड़ने पर अच्छा उपाय, भली-भांति पराक्रम, भली-भांति युद्ध और जान बचाकर भागना—इनमें से जैसा बन पड़े अपनी शक्ति के अनुसार करना ही चाहिए।

**राजहंसः स्वभावान्मन्दगतिः सारसद्वितीयश्च चित्रवर्णस्य सेनापतिना कुक्कुटेनागत्य वेष्टितः। हिरण्यगर्भः सारसमाह—'सारस सेनापते! ममानुरोधादात्मानं कथं व्यापादयिष्यसि? त्वमधुना गन्तुं शक्तः। तद्गत्वा जलं प्रविश्यात्मानं परिरक्ष। अस्मत्पुत्रं चूडामणिनामानं सर्वसम्मत्या राजानं करिष्यसि।' सारसो ब्रूते—'देव! न वक्तव्यमेवं दुःसहं वचः। यावच्चन्द्राकौं दिवि तिष्ठतस्तावद्विजयतां देवः। अहं देवदुर्गाधिकारी। मन्मांसासृग्विलिप्तेन द्वारवर्त्मना प्रविशतु शत्रुः।**

राजहंस तो स्वभाव से ही धीमा चलने वाला था, अतः शत्रु द्वारा उसे घेर लिया जाना स्वाभाविक था, किन्तु उसके साथ ही चित्रवर्ण के सेनापति मुर्गे ने राजा के साथी सारस को भी घेर लिया। तब हिरण्यगर्भ ने सारस से कहा—हे सेनापति सारस! मेरे अनुरोध करने पर भी तू अपने प्राणों को क्यों संकट में डालता है? तू अभी जा सकता है, अतः जाकर जल में घुस जा और अपनी रक्षा कर। मेरे चूड़ामणि नामक बेटे को सर्वसम्मति से राजा बना देना।

सारस ने कहा—महाराज! इस प्रकार कठोर वचन नहीं कहना चाहिए। जब तक आकाश में सूर्य और चन्द्रमा हैं, तब तक महाराज की जय हो। महाराज! मैं दुर्ग का अधिकारी हूं, मेरे मांस और लहू से सने मार्ग से शत्रु दुर्ग के भीतर भले ही चला जाये;

**दाता क्षमी गुणग्राही स्वामी दुःखेन लभ्यते।**

परन्तु आप-जैसा दाता, क्षमाशील और गुणग्राही स्वामी बड़े कष्ट से मिलता है।

**राजाह—'सत्यमेवैतत्।**

राजा बोला—यह तो ठीक है।

**किन्तु,—**

**शुचिर्दक्षोऽनुरक्तश्च जाने भृत्योऽपि दुर्लभः॥**

किन्तु मैं जानता हूं कि नेक, सच्चा, चतुर और स्वामी को चाहने वाला सेवक मिलना भी कठिन है।

**सारसो ब्रूते—'शृणु देव!**

सारस बोला—महाराज सुनिये—

**यदि समरमपास्य नास्ति मृत्यो-**

र्भयमिति युक्तमितोऽन्यतः प्रयातुम्।
अथ मरणमवश्यमेव जन्तोः,
किमिति मुधा मलिनं यशः क्रियेत? ॥

यदि युद्ध को छोड़कर मुझे अमरता का विश्वास हो, तो मेरा यहां से किसी अन्य स्थान पर जाना उचित भी है, किन्तु जब प्राणी का मरण अवश्यम्भावी है, तो यहां से भागकर अपने यश को मलिन क्यों करूं?

भवेऽस्मिन्पवनोद्भ्रान्तवीचिविभ्रमभङ्गुरे ।
जायते पुण्ययोगेन परार्थे जीवितव्ययः॥

वायु से उत्पन्न जल की हिलोरों के समान क्षणभंगुर इस असार संसार में परोपकार के लिए प्राणों के त्याग करने का अवसर बड़े पुण्य से प्राप्त होता है।

स्वाम्यमात्यश्च राष्ट्रं च दुर्गं कोशो बलं सुहृत्।
राज्याङ्गानि प्रकृतयः पौराणां श्रेणयोऽपि च॥

और स्वामी (राजा), मन्त्री, राज्य, कोश, सेना, मित्र और पुरवासी (प्रजा)—ये सब राज्य के अंग हैं।

देव! त्वं च स्वामी सर्वथा रक्षणीयः।

और हे महाराज! आप स्वामी हैं, अतः आपकी रक्षा तो सब प्रकार से करनी ही चाहिए।

प्रकृतिः स्वामिनं त्यक्त्वा समृद्धापि न जीवति।
अपि धन्वन्तरिर्वैद्यः किं करोति गतायुषि?॥

जिस प्रकार आयु क्षीण होने पर धन्वन्तरि वैद्य भी कुछ नहीं कर सकता, उसी प्रकार सभी ऐश्वर्यों से युक्त होने पर भी राजा के अभाव में प्रजा सुरक्षित नहीं रह सकती।

अपरं च,—

नरेशे जीवलोकोऽयं निमीलति निमीलति।
उदेत्युदीयमाने च रवाविव सरोरुहम्॥

और यह भी कहा गया है—कि जिस प्रकार सूर्य के उदय होने पर कमल विकसित हो जाता है और सूर्य के अस्त होने पर कुम्हला जाता है, उसी प्रकार राजा के जीवित रहते ही प्रजा जीवित रहती है और राजा के नष्ट हो जाने पर प्रजा भी नष्ट हो जाती है।

अथ कुक्कुटेनागत्य राजहंसस्य शरीरे खरतरनखाघातः कृतः। तदा सत्वरमुपसृत्य सारसेन स्वदेहान्तरितो राजा जले क्षिप्तः। अथ कुक्कुटैर्नखप्रहारजर्जरीकृतेन सारसेन कुक्कुटसेना बहुशो हताः। पश्चात्सारसोऽपि चञ्चुप्रहारेण विभिद्य व्यापादितः। अथ चित्रवर्णो दुर्गं प्रविश्य दुर्गावस्थितं

**द्रव्यं ग्राहयित्वा बन्दिभिर्जयशब्दैरानन्दितः स्वस्कन्धावारं जगाम ॥**

फिर मुर्गे ने आकर राजहंस के शरीर पर अपने नाख़ूनों से बड़े तीखे प्रहार किये। तब सारस ने तुरन्त आकर राजहंस को अपनी ओट में छिपाकर उसे जल में फेंक दिया। फिर मुर्गों के नाख़ूनों से व्याकुल हुए सारस ने मुर्गों की सेना को बहुत मारा, परन्तु मुर्गों की चोंचों के प्रहार से छिद कर सारस भी मारा गया। फिर चित्रवर्ण दुर्ग में रखे द्रव्य को लेकर और सेवकों की जय-जयकार से प्रसन्न होकर अपने डेरे पर लौट गया।

**अथ राजपुत्रैरुक्तम्—'तस्मिन्राजबले स पुण्यवान् सारस एव, येन स्वदेहत्यागेन स्वामी रक्षितः।**

फिर राजकुमारों ने कहा—उस राजा की सेना में एक सारस ही पुण्यात्मा था, जिसने अपनी देह का त्याग करके अपने स्वामी की रक्षा की।

**उक्तं चैतत्,—**

**जनयन्ति सुतान् गावः सर्वा एव गवाकृतीन्।**
**विषाणोल्लिखितस्कन्धं काचिदेव गवां पतिम् ॥**

और ऐसा भी कहा गया है कि सभी गायें जिन बछड़ों को जन्म देती हैं, वे सभी गौओं के समान आकार वाले होते हैं, परन्तु दोनों सींगों से ऊंचे दिखाई देते हुए कन्धे वाले सांड को कोई विरल गाय ही जन्म देती है।

**विष्णुशर्मोवाच—'स तावद्विद्याधरीपरिजनः स्वर्गसुखमनुभवतु महासत्त्वः।**

विष्णु शर्मा बोले—उस सत्यनिष्ठ सारस को विद्याधरियों के परिवारसहित स्वर्गसुख सुलभ हो।

**तथा चोक्तम्,—**

**आहवेषु च ये शूराः स्वाम्यर्थे त्यक्तजीविताः।**
**भर्तृभक्ताः कृतज्ञाश्च ते नराः स्वर्गगामिनः ॥**

जैसा कहा गया है—जिन शूरवीरों ने संग्राम में अपने स्वामी के लिए अपने प्राणों का त्याग किया है, उन स्वामिभक्त तथा राजा का उपकार मानने वाले मनुष्यों को स्वर्ग प्राप्त होता है।

**यत्र तत्र हतः शूरः शत्रुभिः परिवेष्टितः।**
**अक्षयाँल्लभते लोकान् यदि क्लैब्यं न गच्छति ॥**

और किसी स्थान पर शत्रुओं से घिरकर मरने वाला शूरवीर युद्धभूमि को छोड़कर नहीं भागा, तो वह अमर लोकों को प्राप्त करता है।

**विग्रहः श्रुतो भवद्भिः ?।**

आपने विग्रह सुन लिया ?

**राजपुत्रैरुक्तम्,—'श्रुत्वा सुखिनो भूता वयम्।'**

राजपुत्र बोले—हम इसे सुनकर बहुत सन्तुष्ट हुए।

**विष्णुशर्माऽब्रवीत्—अपरमप्येवमस्तु—**

**विग्रहः करितुरङ्गपत्तिभि-**
**र्नो कदापि भवतां महीभुजाम्।**
**नीतिमन्त्रपवनैः समाहृताः**
**संश्रयन्तु गिरिगह्वरं द्विषः ॥**

विष्णु शर्मा बोले—और यह भी हो कि तुम-जैसे महाराजाओं को कभी अश्वसेना, गजसेना और पैदलसेना से युद्ध न करना पड़े और नीतिमन्त्ररूपी पवन द्वारा उड़ाये जाकर तुम्हारे शत्रु पर्वत की गुफा में जाकर बसेरा करें।

*॥ विग्रह नामक तृतीय अध्याय समाप्त ॥*

## चतुर्थ अध्याय

# सन्धि

**पुनः कथारम्भकाले राजपुत्रैरुक्तम्—'आर्य! विग्रहः श्रुतोऽस्माभिः, सन्धि-रधुनाऽभिधीयताम्।'**

फिर कथा के आरम्भ में राजपुत्रों ने कहा—गुरुजी! हम विग्रह सुन चुके। अब सन्धि सुनाइये।

**विष्णुशर्मणोक्तम्—'श्रूयताम्; सन्धिमपि कथयामि यस्यायमाद्यः श्लोकः—**

विष्णु शर्मा बोले—सुनिये, सन्धि भी सुनाता हूं। इसके प्रारम्भ का वाक्य है—

**वृत्ते महति संग्रामे राज्ञोर्निहतसेनयोः।**
**स्थेयाभ्यां गृध्रचक्राभ्यांवाचासन्धिः कृतः क्षणात्॥**

दोनों राजाओं में घनघोर युद्ध होने पर और दोनों की सेना के समाप्त हो जाने पर दोनों ओर के मन्त्रियों—गिद्ध और चकवे—ने मध्यस्थ बनकर दोनों (राजाओं) में सन्धि करा दी।

**राजपुत्रा ऊचुः—कथमेतत्?।**

राजपुत्र बोले—यह कैसी कथा है?

**विष्णुशर्मा कथयति—**

विष्णु शर्मा कहने लगे—

## कथा क्रम : एक

### (हंस और मोर के मिलाप की कथा)

**ततस्तेन राजहंसेनोक्तम्—'केनास्मद्दुर्गे निक्षिप्तोअग्निः? किं पारक्येण किं वाऽस्मद्दुर्गवासिना केनापि विपक्षप्रयुक्तेन?'। चक्रो ब्रूते—'देव! भवतो निष्कारणबन्धुरसौ मेघवर्णः सपरिवारो न दृश्यते। तन्मन्ये तस्यैव विचेष्टितमिदम्।' राजा क्षणं विचिन्त्याह—'अस्ति तावदेव मम दुर्दैवमेतत्।**

फिर राजहंस ने कहा—हमारे दुर्ग में किसने आग लगायी है? शत्रु ने अथवा शत्रु के सिखाये हुए हमारे ही दुर्ग में किसी रहने वाले ने?

चकवा बोला—महाराज! आपका चहेता वह मेघवर्ण कौआ अपने परिवार-सहित दिखाई नहीं दे रहा, अतः यह काम उसी का किया हुआ लगता है।

राजा ने क्षण-भर विचारकर कहा—मेरा भाग्य ही फूटा हुआ है।

**तथा चोक्तम्,—**

**अपराधः स दैवस्य न पुनर्मन्त्रिणामयम्।**
**कार्यं सुचरितं क्वापि दैवयोगाद्विनश्यति॥**

कहा भी गया है कि यह प्रारब्ध का दोष है, मन्त्रियों का नहीं; क्योंकि कई बार भली प्रकार से सोच-विचारकर किया हुआ काम भी बिगड़ जाता है।

**मन्त्री ब्रूते—'उक्तमेवैतत्,—**

मन्त्री बोला—ऐसा भी कहा है—

**विषमां हि दशां प्राप्य दैवं गर्हयते नरः।**
**आत्मनः कर्मदोषांश्च नैव जानात्यपण्डितः॥**

कि मूर्ख व्यक्ति किसी काम में सफलता न मिलने पर भाग्य को उत्तरदायी मानकर उसकी निन्दा करने लगते हैं, परन्तु अपने कार्य में होने वाली त्रुटि की ओर ध्यान नहीं देते।

**सुहृदां हितकामानां यो वाक्यं नाभिनन्दति।**
**स कूर्म इव दुर्बुद्धिः काष्ठाद्भ्रष्टो विनश्यति॥**

अपने हितकर मित्रों के वचन को न मानने वाला व्यक्ति लकड़ी से गिरे हुए कछुए के समान नष्ट हो जाता है।

**राजाह—'कथमेतत्?'**। राजा ने कहा—यह कैसी कथा है?

**मन्त्री कथयति**—मन्त्री कहने लगा—

## कथा क्रम : दो
## (दो हंसों के मित्र एक कछुए की कहानी)

**अस्ति मगधदेशे फुल्लोत्पलाभिधानं सरः। तत्र चिरं सङ्कटविकटनामानौ हंसौ निवसतः। तयोर्मित्रं कम्बुग्रीवनामा कूर्मश्च प्रतिवसति। अथैकदा धीवरैरागत्य तत्रोक्तम्—'तदत्रास्माभिरद्योषित्वा प्रातर्मत्स्यकूर्मादयो व्यापादयितव्याः।' तदाकर्ण्य कूर्मो हंसावाह—'सुहृदौ! श्रुतोऽयं धीवरालापः; अधुना किं मया कर्तव्यम्?'। हंसावाहतुः—'ज्ञायताम्। पुनस्तावत्प्रातर्यदुचितं तत्कर्तव्यम्।' कूर्मो ब्रूते—'मैवम्। यतो दृष्टव्यतिकरोऽहमत्र।**

मगध देश में फुल्लोत्पल्ल नामक एक सरोवर है, जहां संकट और विकट

नामक दो हंस रहा करते थे। उसी सरोवर में उन दोनों हंसों का मित्र कम्बुग्रीव नामक एक कछुआ भी रहता था। एक दिन उसने धीवरों को कहते हुए सुना कि आज यहां रहकर हम मछलियों और कछुओं को मारेंगे। यह सुनकर कछुआ हंसों से कहने लगा—मित्रो! धीवरों की यह बात मैंने सुनी है। अब मुझे क्या करना चाहिए? हंसों ने कहा—समझ लो, प्रातःकाल जो भी उचित लगे, वही करना। कछुआ बोला—ऐसा मत कहो; क्योंकि मुझे भय लग रहा है।

**तथा चोक्तम्,—**

**अनागतविधाता च प्रत्युत्पन्नमतिस्तथा।**
**द्वावेतौ सुखमेधेते यद्भविष्यो विनश्यति॥**

जैसा कहा गया है—अनागतविधाता और प्रत्युत्पन्नमति ने पहले ही अपने बचाव का उपाय कर लिया और सुखपूर्वक जीवन बिताया, जबकि यद्‌भविष्य, अर्थात् समय आने पर देखा जायेगा कहने वाला, धीवरों के जाल में फंसकर मारा गया।

**तावाहतुः—'कथमेतत्?'**। वे दोनों बोले—यह कैसी कथा है?

**कूर्मः कथयति**—कछुआ कहने लगा—

## कथा क्रम : तीन

### (दो दूरदर्शी मच्छों और समय आने पर उपाय करने वाले एक मच्छ की कहानी)

**'पुरास्मिन्नेव सरस्येवंविधेषु धीवरेषूपस्थितेषु मत्स्यत्रयेणालोचितम्। तत्रानागतविधाता नामैको मत्स्यः। तेनालोचितम्—'अहं तावज्जलाशयान्तरं गच्छामि' इत्युक्त्वा ह्रदान्तरं गतः। अपरेण प्रत्युत्पन्नमतिनाम्ना मत्स्येनाभिहितम्—'भविष्यदर्थे प्रमाणाभावात् कुत्र मया गन्तव्यम्? तदुत्पन्ने यथाकार्यं तदनुष्ठेयम्।**

कुछ समय पूर्व इसी सरोवर पर आये धीवरों ने भी इसी प्रकार की बातें कही थीं। तब तीन मच्छों ने विचार किया था। उनमें अनागतविधाता नामक एक मच्छ भी था। उसने विचार कर कहा—मैं तो दूसरे सरोवर में जाता हूं। यह कहकर वह दूसरे सरोवर में चला गया। फिर प्रत्युत्पन्नमति नामक मच्छ ने कहा—होने वाले काम का निश्चय न होने से मैं अभी कहां जाऊं? काम आने पर जैसा उचित होगा, वैसा कर लिया जायेगा।

**तथा चोक्तम्,—**

**उत्पन्नामापदं यस्तु समाधत्ते स बुद्धिमान्।**
**वणिजो भार्यया जारः प्रत्यक्षे निह्नुतो यथा॥**

जैसा कहा गया है—जो उत्पन्न हुई आपत्ति का तत्काल उपाय कर लेता है, वही बुद्धिमान् है, जिस प्रकार बनिये की स्त्री ने अपने यार को छिपा लिया था।

**यद्भविष्यः पृच्छति—'कथमेतत्?'।** यद्भविष्य ने पूछा—यह कैसी कथा है?

**प्रत्युत्पन्नमतिः कथयति**—प्रत्युत्पन्नमति कहने लगा—

## कथा क्रम : चार

### (बनिये की व्यभिचारिणी स्त्री और उसके यार की कहानी)

**'पुरा विक्रमपुरे समुद्रदत्तो नाम वणिगस्ति। तस्य रत्नप्रभा नाम गृहिणी स्वसेवकेन सह सदा रमते। अथैकदा सा रत्नप्रभा तस्य सेवकस्य मुखे चुम्बनं ददती समुद्रदत्तेनावलोकिता। ततः सा बन्धकी सत्वरं भर्तुः समीपं गत्वाह—'नाथ! एतस्य सेवकस्य महती निर्वृतिः। यतोऽयं चौरिकां कृत्वा कर्पूरं खादतीति मयाऽस्य मुखमाघ्राय ज्ञातम्।' तथा चोक्तम्—"आहारो द्विगुणः स्त्रीणाम्" इत्यादि।' तच्छ्रुत्वा सेवकेन प्रकुप्योक्तम्—'नाथ! यस्य स्वामिनो गृहे एतादृशी भार्या तत्र सेवकेन कथं स्थातव्यं यत्र प्रतिक्षणं गृहिणी सेवकस्य मुखं जिघ्रति।' ततोऽसावुत्थाय चलितः साधुना यत्नात्प्रबोध्य धृतः। अतोऽहं ब्रवीमि—"उत्पन्नामापदम्" इत्यादि॥'**

किसी समय विक्रमपुर में समुद्रदत्त नामक एक बनिया रहता था। उसकी पत्नी रत्नप्रभा अपने नौकर के साथ व्यभिचार किया करती थी। एक दिन समुद्रदत्त ने रत्नप्रभा को अपने नौकर का चुम्बन करते देख लिया, तो वह व्यभिचारिणी तुरन्त अपने पति के पास पहुंचकर बोली—स्वामी! इस सेवक को बहुत सुख है; क्योंकि यह चोरी से कर्पूर खाया करता है, मैंने इसका मुख सूंघकर यह जान लिया है। कहा भी गया है कि स्त्रियों का भोजन दुगुना होता है। यह सुनकर सेवक ने क्रोध में कहा—जिस स्वामी की स्त्री ऐसी हो, जहां मालकिन क्षण-क्षण-भर में सेवक का मुख सूंघती है, वहां सेवक कैसे टिक सकता है? फिर वह उठकर जाने लगा, तो बनिये ने उसे समझा-बुझाकर बड़ी कठिनाई से रोक लिया। इस लिए मैं कहता हूं कि संकट से बचने के लिए तुरन्त प्रयत्न करने वाला ही सफल होता है।

**ततो यद्भविष्येणोक्तम्,—**

**यदभावि न तद्भावि भावि चेन्न तदन्यथा।**
**इति चिन्ताविषघ्नोऽयमगदः किं न पीयते?॥**

फिर यद्भविष्य ने कहा—जो होनहार नहीं है, वह कभी नहीं होगा और जो होनहार है, उससे उलटा कभी न होगा, अर्थात् होनहार होकर ही रहेगा। तुम इस

चिन्तारूपी विष का नाश करने वाली औषध को क्यों नहीं पीते ?

**ततः प्रातर्जालेन बद्धः प्रत्युत्पन्नमतिर्मृतवदात्मानं सन्दर्श्य स्थितः। ततो जालादपसारितो यथाशक्त्युत्प्लुत्य गभीरं नीरं प्रविष्टः। यद्भविष्यश्च धीवरैः प्राप्तो व्यापादितः। अतोऽहं ब्रवीमि—"अनागतविधाता" इत्यादि॥ तद्यथाहमन्यह्रदं प्राप्नोमि तथा क्रियताम्।' हंसावाहतुः—'जलाशयान्तरे प्राप्ते तव कुशलम्, स्थले गच्छतस्ते को विधिः?' कूर्म आह—'यथाऽहं भवद्भ्यां सहाकाशवर्त्मना यामि तथा विधीयताम्।' हंसौ ब्रूतः—'कथमुपायः सम्भवति?'। कच्छपो वदति—'युवाभ्यां चञ्चुधृतं काष्ठखण्डमेकं मया मुखेनावलम्ब्य गन्तव्यम्। युवयोः पक्षबलेन मयापि सुखेन गन्तव्यम्।'**

फिर प्रातःकाल जाल में बंधा प्रत्युत्पन्नमति मरे हुए के समान पड़ा रहा, किन्तु धीवर ने उसे मरा हुआ समझकर ज्योंही जाल से बाहर निकाला, वह अपनी शक्ति के अनुसार उछलकर गहरे जल में कूद गया। यद्भविष्य को धीवरों ने पकड़ लिया और उसे मार डाला। इसीलिए कहता हूं कि संकट आने से पहले ही अपने उद्धार का उपाय कर लेने वाले अपना बचाव कर लेते हैं, परन्तु भाग्य के भरोसे रहने वाले मारे जाते हैं। अब ऐसा कुछ करो कि मैं दूसरे सरोवर में पहुंच जाऊं।

दोनों हंस बोले—दूसरे सरोवर में पहुंच जाने में ही तुम्हारी कुशल है, परन्तु तुम्हारे जाने का क्या उपाय है?

कछुआ बोला—मैं जिस प्रकार तुम्हारे साथ आकाशमार्ग से जा सकूं, तुम वैसा करो।

हंसों ने कहा—ऐसा कैसे हो सकता है?

कछुआ बोला—तुम दोनों लकड़ी के एक टुकड़े को अपनी चोंच से पकड़ लो और मैं उसे अपने मुख में पकड़ लूंगा और तुम्हारे पंखों के साथ उड़कर सुखपूर्वक पहुंच जाऊंगा।

**हंसौ ब्रूतः—'सम्भवत्येष उपायः; किन्तु,—**

हंस बोले—यह उपाय तो हो सकता है, किन्तु

**उपायं चिन्तयन् प्राज्ञो ह्यपायमपि चिन्तयेत्।**
**पश्यतो वकमूर्खस्य नकुलैर्भक्षिताः प्रजाः॥**

विद्वान् को उपाय सोचते समय विपत्ति का भी विचार कर लेना चाहिए ऐसा न करने वाले बगुले के सब बच्चों को नेवला खा गया था।

**कूर्मः पृच्छति—'कथमेतत्?'।** कछुआ पूछने लगा—यह कैसी कथा है?

**तौ कथयतः—**वे दोनों कहने लगे—

## कथा क्रम : पांच
### (बगुला, सांप और नेवले की कहानी)

'अस्त्युत्तरापथे गृध्रकूटनाम्नि पर्वते महान्पिप्पलवृक्षः। तत्रानेकवका निवसन्ति। तस्य वृक्षस्याधस्ताद्विवरे सर्पो वकापत्यानि खादति। अथ शोकार्तानां बकानां विलापं श्रुत्वा केनचिद्वकेनाभिहितम्—'एवं कुरुत। यूयं मत्स्यानुपादाय नकुलविवरादारभ्य सर्पविवरं यावत्पङ्क्तिक्रमेण विकिरत। ततस्तदाहारलुब्धैर्नकुलैरागत्य सर्पो द्रष्टव्यः स्वभावद्वेषाद्-व्यापादयितव्यश्च।' तथानुष्ठिते तद्वृत्तम्। ततस्तत्र वृक्षे नकुलैर्वक-शावकरावः श्रुतः। पश्चात्तैर्वृक्षमारुह्य वकशावकाः खादिताः। अत आवां ब्रूवः—''उपायं चिन्तयन्'' इत्यादि॥ आवाभ्यां नीयमानं त्वामवलोक्य लोकैः किञ्चिद्वक्तव्यमेव। तदाकर्ण्य यदि त्वमुत्तरं दास्यसि तदा त्वन्मरणम्। तत्सर्वथाऽत्रैव स्थीयताम्।' कूर्मो वदति—'किमहमप्राज्ञः? नाहमुत्तरं दास्यामि, किमपि न वक्तव्यम्। तथानुष्ठिते तथाविधं कूर्ममालोक्य सर्वे गोचरकाः पश्चाद्धावन्ति वदन्ति च। कश्चिद्वदति—'यद्ययं कूर्मः पतति तदाऽत्रैव पक्त्वा खादितव्यः।' कश्चिद्वदति—'अत्रैव दग्ध्वा खादित-व्योऽयम्।' कश्चिद्वदति—'गृहं नीत्वा भक्षणीयः' इति। तद्वचनं श्रुत्वा स कूर्मः कोपाविष्टो विस्मृतपूर्वसंस्कारः प्राह—'युष्माभिर्भस्म भक्षितव्यम्।' इति वदन्नेव पतितस्तैर्व्यापादितश्च। अतोऽहं ब्रवीमि—''सुहृदां हित-कामानाम्''इत्यादि॥' अथ प्रणिधिर्वकस्तत्रागत्योवाच—'देव! प्रागेव मया निगदितम्। दुर्गशोधनं हि प्रतिक्षणं कर्तव्यमिति। तच्च युष्माभिर्न कृतं तदनवधानस्य फलमनुभूतम्। दुर्गदाहो मेघवर्णेन वायसेन गृध्रप्रयुक्तेन कृतः।'

उत्तर दिशा में गृध्रकूट नामक पर्वत पर पीपल का एक विशाल वृक्ष है। उस वृक्ष पर बहुत सारे बगुले रहते थे। उस वृक्ष के नीचे एक बिल में एक सांप भी रहता था, जो बगुलों के अण्डों व बच्चों को खा जाया करता था। शोक से व्याकुल बगुलों के विलाप को सुनकर किसी बगुले ने कहा—ऐसा करो। तुम मछलियों को लाकर नेवले के बिल से सांप के बिल तक लगातार फैला दो। उनको देखकर लोभी नेवला वहां आकर सांप को देखेगा और अपने स्वाभाविक वैर के कारण उसे मार डालेगा। ऐसा करने पर वही हुआ। फिर उस नेवले ने वृक्ष के ऊपर बगुलों के बच्चों की चहचहाट सुनी, तो उसने बगुलों के बच्चों को भी खा लिया। इसलिए हम दोनों कहते हैं कि उपाय सोचना चाहिए। जब हम दोनों को तुम्हें ले जाते देखेंगे, तो लोग कुछ तो कहेंगे। उसे सुनकर जब तुम उत्तर

दोगे, तो मरोगे ही। इसलिए चाहे कुछ भी हो, तुम यहीं रहो।

कछुआ बोला—क्या मैं मूर्ख हूं? मैं उत्तर नहीं दूंगा। कुछ भी नहीं कहूंगा। कुछ भी न बोलूंगा।

परन्तु कछुए को हंसों के द्वारा आकाशमार्ग से ले जाते हुए देखकर कुछ ग्वाले पीछे दौड़ते हुए आपस में कहने लगे—जो यह कछुआ गिर पड़े, तो इसे यहीं पकाकर खा लेना चाहिए। कोई कहता था—यहीं भूनकर खा लेना चाहिए। कोई कहता था—घर ले चलकर खाना चाहिए। उन सबकी बातें सुनकर कछुआ क्रोधयुक्त पहले उपदेश को भूलकर बोला—तुम सब को धूल फांकनी चाहिए। यह कहते ही वह गिर पड़ा और मर गया। इसलिए मैं कहता हूं कि हितकारी मित्रों की बात न मानने वाला नष्ट हो जाता है।

फिर दूत बगुले ने वहां पहुंचकर राजा से कहा—महाराज! मैंने आपसे पहले ही कहा था कि अपने दुर्ग का संशोधन क्षण-क्षण में करते रहना चाहिए। आपने वह नहीं किया, जिसका परिणाम आपने भुगत लिया और गिद्ध के सिखाये हुए मेघवर्ण कौए ने दुर्ग को भस्म कर दिया।

**राजा निःश्वस्याह,—**

राजा ने सांस भरकर कहा—

**प्रणयादुपकाराद्वा यो विश्वसिति शत्रुषु।**
**स सुप्त इव वृक्षाग्रात् पतितः प्रतिबुध्यते॥**

जो व्यक्ति स्नेह अथवा उपकार के कारण शत्रुओं पर विश्वास करता है, वह सोये हुए व्यक्ति के समान वृक्ष की फुनगी से गिरकर जाग जाता है, अर्थात् विपत्ति में पड़कर ही उसे पहचान पाता है।

**प्रणिधिरुवाच—'इतो दुर्गदाहं विधाय यदा गतो मेघवर्णस्तदा चित्रवर्णेन प्रसादितेनोक्तम्—'अयं मेघवर्णोऽत्र कर्पूरद्वीपराज्येऽभिषिच्यताम्।**

दूत बोला—यहां से दुर्ग को जलाकर जब मेघवर्ण गया, तो चित्रवर्ण ने प्रसन्न होकर कहा—इस मेघवर्ण का कर्पूरद्वीप के राज्य पर राजतिलक कर दो।

**तथा चोक्तम्,—**

**कृतकृत्यस्य भृत्यस्य कृतं नैव प्रणाशयेत्।**
**फलेन मनसा वाचा दृष्ट्या चैनं प्रहर्षयेत्॥**

कहा भी गया है—जिस सेवक ने कार्य को सिद्ध किया हो, उसके किये हुए कार्य को कभी निष्फल नहीं करना चाहिए, अपितु उसे पारितोषिक आदि देकर मन से, वचन से और दृष्टि से भी प्रसन्न करना चाहिए।

**चक्रवाको ब्रूते—'ततस्ततः?।' प्रणिधिरुवाच—'ततः प्रधानमन्त्रिणा गृध्रेणाभिहितम्—'देव! नेदमुचितम्। प्रसादान्तरं किमपि क्रियताम्।**

चकवे ने पूछा—उसके पश्चात् फिर क्या हुआ ? बगुला बोला—फिर प्रधान मन्त्री गिद्ध ने कहा—महाराज ! यह बात उचित नहीं है। इसे कुछ अन्य पुरस्कार भी दिये जाने चाहिए।

**यतः,—**

**अविचारयतो युक्तिकथनं तुषखण्डनम्।**
**नीचेषूपकृतं राजन्! बालुकास्विव मुद्रितम्॥**

क्योंकि आगे-पीछे की न सोचने वाले को उपाय बतलाना भूसी पीसने के समान व्यर्थ है। नीचों पर उपकार करना धूल पर लिखने के समान है; क्योंकि जिस प्रकार धूल पर लिखा थोड़ी ही देर में मिट जाता है, उसी प्रकार नीच व्यक्ति के प्रति किया हुआ उपकार और अविचारी व्यक्ति को दिया गया उपदेश भी नष्ट हो जाता है।

**महतामास्पदे नीचः कदापि न कर्तव्यः।**

ऊंचे ओहदे पर नीच की नियुक्ति कदापि नहीं करनी चाहिए।

**तथा चोक्तम्,—**

**नीचः श्लाघ्यपदं प्राप्य स्वामिनं हन्तुमिच्छति।**
**मूषिको व्याघ्रतां प्राप्य मुनिं हन्तुं गतो यथा॥**

कहा भी गया है—जैसे चूहा व्याघ्र बनकर मुनि को ही मारने चला था, उसी प्रकार नीच व्यक्ति उत्तम पद को पाकर अपने स्वामी को ही मार डालना चाहता है।

**चित्रवर्णः पृच्छति—'कथमेतत्?'।**

चित्रवर्ण ने पूछा—यह कथा कैसी है?

**मन्त्री कथयति**—मन्त्री कहने लगा—

## कथा क्रम : छह
### (महातप नामक संन्यासी और चूहे की कथा)

**'अस्ति गौतमस्य महर्षेस्तपोवने महातपा नाम मुनिः। तत्र तेन मुनिना काकेन नीयमानो मूषिकशावको दृष्टः। ततः स्वभावदयात्मना तेन मुनिना नीवार-कणैः संवर्धितः। ततो बिडालस्तं मूषिकं खादितुमुपधावति। तमवलोक्य मूषिकस्तस्य मुनेः क्रोडे प्रविवेश। ततो मुनिनोक्तम्—'मूषिक! त्वं मार्जारो भव।' ततः स बिडालः कुक्कुरं दृष्ट्वा पलायते। ततो मुनिनोक्तम्—'कुक्कुराद्बिभेषि?। त्वमेव कुक्कुरो भव।' स च कुक्कुरो व्याघ्राद्बिभेति। ततस्तेन मुनिना कुक्कुरो व्याघ्रः कृतः। अथ तं व्याघ्रं मुनिर्मूषिकोऽयमिति पश्यति। अथ तं मुनिं दृष्ट्वा व्याघ्रं च सर्वे वदन्ति—'अनेन मुनिना मूषिको**

**व्याघ्रतां नीतः।' एतच्छ्रुत्वा स व्याघ्रोऽचिन्तयत्—'यावदनेन मुनिना स्थीयते तावदिदं मे स्वरूपाख्यानम- कीर्तिकरं न पलायिष्यते' इत्यालोच्य मूषिकस्तं मुनिं हन्तुं गतः। ततो मुनिना तज्ज्ञात्वा 'पुनर्मूषिको भव' इत्युक्त्वा मूषिक एव कृतः। अतोऽहं ब्रवीमि—''नीचः श्लाघ्यपदं'' इत्यादि॥**

महर्षि गौतम के तपोवन में महातपा नामक एक मुनि थे। वहां उन्होंने किसी कौए द्वारा लाये गये चूहे के एक बच्चे को देखा। फिर उन दयामय मुनि ने तृण के धान्य से पाल-पोसकर उसको बड़ा कर दिया। एक दिन एक बिलाव उस चूहे को खाने दौड़ा, तो उसे देखकर चूहा मुनि की गोद में चला गया। तब मुनि ने कहा—चूहे! तू बिलाव हो जा। फिर वह बिलाव कुत्ते को देखकर भागने लगा। तब मुनि ने कहा—तू भी कुत्ता हो जा। फिर वह कुत्ता बाघ से डरने लगा, तो मुनि ने उसे बाघ बना दिया। वह मुनि, उस बाघ को 'यह तो चूहा है' (उसके असली स्वरूप में)ही देखा करते थे। उस बाघ को देखकर अन्य लोग भी यही कहते थे—'इस मुनि ने इस चूहे को बाघ बना दिया है।' इसे सुनकर वह बाघ सोचने लगा—जब तक यह मुनि जीवित रहेगा, तब तक मेरा अपयश करने वाले स्वरूप की कहानी नहीं मिटेगी। यह सोचकर चूहा उस मुनि को ही मारने चला। तब मुनि ने यह जानकर 'पुनः चूहा हो जा' कहकर उसे फिर से चूहा बना दिया। इसीलिए मैं कहता हूं कि नीच व्यक्ति को ऊंचा पद नहीं देना चाहिए।

**अपरं च, सुकरमिदमिति न मन्तव्यम्। शृणु,—**

फिर यह भी विचारणीय है कि ऐसा ही नहीं जानना चाहिए। सुनिये—

**भक्षयित्वा बहून्मत्स्यानुत्तमाधममध्यमान्।**
**अतिलोभाद्वकः पश्चान्मृतः कर्कटकग्रहात्॥**

एक बगुला बड़ी मछली और छोटी मछलियों को खाते-खाते एक कर्कट को खाने के लोभ के कारण मारा गया था।

**चित्रवर्णः पृच्छति—'कथमेतत्?'।**

चित्रवर्ण ने पूछा—यह कैसी कथा है?

**मन्त्री कथयति**—मन्त्री कहने लगा—

## कथा क्रम : सात

### (बूढ़े बगुले, केकड़े और मछलियों की कहानी)

**'अस्ति मालवदेशे पद्मगर्भनामधेयं सरः। तत्रैको वृद्धो वकः सामर्थ्यहीन उद्विग्नमिवात्मानं दर्शयित्वा स्थितः। स च केनचित्कुलीरेण दृष्टः पृष्टश्च—'किमिति भवानत्राहारत्यागेन तिष्ठति?' वकेनोक्तम्—'मत्स्या मम जीवन-हेतवः ते कैवर्तैरागत्य व्यापादयितव्या इति वार्ता नगरोपान्ते मया श्रुता।**

**अतो वर्तनाभावादेवास्मरन्मरणमुपस्थितमिति ज्ञात्वाऽऽहारेऽप्यनादरः कृतः।' ततो मत्स्यैरालोचितम्—'इह समये तावदुपकारक एवायं लक्ष्यते। तदयमेव यथाकर्तव्यं पृच्छ्यताम्।**

मालव देश में पद्मगर्भ नामक एक सरोवर है। वहां एक बूढ़ा बगुला सामर्थ्यहीन होने के कारण मुंह लटकाये बैठा था। तभी किसी केकड़े ने उसे देखा और पूछा—यह क्या बात है, तुम भूखे-प्यासे यहां बैठे हो?

बगुले ने कहा—मच्छ मेरा जीवन हैं। उन्हें धीवर आकर मारेंगे, यह बात मैंने नगर के पास सुनी है। इसलिए जीविका न रहने से मेरा तो मरण ही आ पहुंचा है। यह जानकर ही मैंने भोजन भी त्याग रखा है।

फिर मच्छों ने सुना, तो सोचा—यह तो इस समय उपकार करना चाहता है। इसलिए जो कुछ भी पूछना है, वह इसी से पूछ लेना चाहिए।

**तथा चोक्तम्,—**

**उपकर्त्राऽरिणा सन्धिर्न मित्रेणापकारिणा।**
**उपकारापकारौ हि लक्ष्यं लक्षणमेतयोः॥**

कहा भी है कि उपकारी शत्रु के साथ मेल कर लेना चाहिए और अपकारी मित्र को भी शत्रु समझना चाहिए; क्योंकि उपकार और अपकार ही मित्र और शत्रु के लक्षण हैं।

**मत्स्या ऊचुः—'भो वक! कोऽत्र रक्षणोपायः?'। वको ब्रूते—'अस्ति रक्षणोपायो जलाशयान्तराश्रयणम्। तत्राहमेकैकशो युष्मान्नयामि।' मत्स्या आहुः—'एवमस्तु।' ततोऽसौ वकस्तान्मत्स्यानेकैकशो नीत्वा खादति।' अनन्तरं कुलीरस्तमुवाच—'भो वक! मामपि तत्र नय।' ततो वकोऽप्यपूर्व-कुलीरमांसार्थी सादरं तं नीत्वा स्थले धृतवान्। कुलीरोऽपि मत्स्यकण्टका-कीर्णं तत्स्थलमालोक्याचिन्तयत्—'हा हतोऽस्मि मन्दभाग्यः। भवतु, इदानीं समयोचितं व्यवहरिष्यामि' इत्यालोच्य कुलीरस्तस्य ग्रीवां चिच्छेद। स वकः पञ्चत्वं गतः। अतोऽहं ब्रवीमि—"भक्षयित्वा बहून्मत्स्यान्" इत्यादि॥' ततश्चित्रवर्णोऽवदत्—'शृणु तावन्मन्त्रिन्! मयैतदालोचितमस्ति।' अत्रा-वस्थितेन मेघवर्णेन राज्ञा यावन्ति वस्तूनि कर्पूरद्वीपस्योत्तमानि तावन्त्य-स्माकमुपनेतव्यानि। तेनास्माभिर्महासुखेन विन्ध्याचले स्थातव्यम्।'**

मच्छ बोले—हे बगुले! इसमें हमारी रक्षा का क्या उपाय है? तब बगुला बोला—दूसरे सरोवर का आश्रय लेना ही इसका उपाय है। मैं तुम सबको एक-एक करके वहां पहुंचा देता हूं। मच्छ बोले—अच्छा, ले चलो। फिर वह बगुला उन मच्छों को एक-एक करके ले जाकर उन्हें खाने लगा। कुछ दिन बाद केकड़ा उससे बोला—हे बगुले! मुझे भी वहां ले चल। फिर केकड़े के मांस का लोभी

बगुला उसे भी आदरपूर्वक ले गया और उसे एक स्थान पर रख दिया। केकड़े ने मच्छों की हड्डियों से भरे हुए उस स्थान को देखा, तो वह चिन्ता करने लगा। हाय! मैं मन्दभागी मारा गया। जो भी हो, अब मैं समयानुसार उचित काम करूंगा। यह विचारकर केकड़े ने बगुले की गर्दन को दबा दिया, जिससे वह बगुला मर गया। इसीलिए कहता हूं कि व्यक्ति को अत्यधिक लोभी नहीं होना चाहिए।

चित्रवर्ण बोला—मन्त्रिवर! सुनो, मैंने तो यही सोच रखा है कि वहां बैठा हुआ राजा मेघवर्ण कर्पूरद्वीप से जितनी भी उत्तम सामग्री हमें लाकर देगा, उससे हम विन्ध्याचल में आनन्दपूर्वक रहेंगे।

**दूरदर्शी विहस्याह—'देव!**

दूरदर्शी हंसकर बोला—

**अनागतवतीं चिन्तां कृत्वा यस्तु प्रहृष्यति।**
**स तिरस्कारमाप्नोति भग्नभाण्डो द्विजो यथा॥**

हे महाराज! जो अप्राप्त वस्तु की आशा में प्रसन्न होता रहता है, वह मिट्टी के बरतन फोड़ने वाले ब्राह्मण के समान अपमानित होता है।

**राजाह—'कथमेतत्?'**। राजा बोला— यह कैसी कथा है?

**मन्त्री कथयति**—मन्त्री कहने लगा—

## कथा क्रम : आठ

### (देव शर्मा नामक ब्राह्मण और कुम्हार की कथा)

**'अस्ति देवीकोटनाम्नि नगरे देवशर्मा नाम ब्राह्मणः। तेन महाविषुवसंक्रान्त्यां सक्तुपूर्णशराव एकः प्राप्तः। तमादायासौ कुम्भकारस्य भाण्डपूर्ण-मण्डपैकदेशे रौद्रेणाकुलितः सुप्तः। ततः सक्तुरक्षार्थं हस्ते दण्डमेक-मादायाचिन्तयत्—'यद्यहं सक्तुशरावं विक्रीय दश कपर्दकान् प्राप्स्यामि तदाऽत्रैव तैः कपर्दकैर्घटशरावादिकमुपक्रीयानेकधावृद्धै- स्तद्धनैः पुनः पुनः पूगवस्त्रादिकमुपक्रीय विक्रीय लक्षसंख्यानि धनानि कृत्वा विवाह-चतुष्टयं करिष्यामि। अनन्तरं तासु सपत्नीषु रूपयौवनवती या तस्या-मधिकानुरागं करिष्यामि। सपत्न्यो यदा द्वन्द्वं करिष्यन्ति तदा कोपाकुलोऽहं तान् लगुडेन ताडयिष्यामि' इत्यभिधाय लगुडः क्षिप्तः। तेन सक्तुशराव-श्चूर्णितो भाण्डानि च बहूनि भग्नानि। ततस्तेन शब्देनागतेन कुम्भकारेण तथाविधानि भाण्डान्यवलोक्य ब्राह्मणस्तिरस्कृतो मण्डपाद्बहिःकृतश्च। अतोऽहं ब्रवीमि—''अनागतवतीं चिन्ताम्'' इत्यादि॥' ततो राजा रहसि गृध्रमुवाच—'तात! यथा कर्तव्यं तथोपदिश।'**

देवीकोट नामक नगर में देवशर्मा नामक एक ब्राह्मण रहता था। मेष संक्रान्ति

पर उसे सत्तू से भरा एक सकोरा मिल गया। गरमी के कारण वह कुम्हार के बरतनों के ढेर के पास ही सो गया। फिर सत्तू की रक्षा के लिए उसने अपने हाथ में एक लकड़ी ली और सोचने लगा—यदि सत्तू के इस सकोरे को बेचकर मुझे दस कौड़ी मिल जायें, तो मैं उन कौड़ियों से घड़े, सकोरे आदि बरतन मोल लेकर अनेक प्रकार से बढ़ाये हुए उस धन से बार-बार सुपारी, कपड़े आदि ख़रीदकर और उन्हें बेचकर लाखों रुपयों का धन एकत्र करके चार विवाह करूंगा। उन स्त्रियों में से जो सर्वाधिक सुन्दर होगी, उसी पर अधिक स्नेह करूंगा और यदि वे सोते समय झगड़ा करेंगी, तो क्रोध में भरकर उन्हें लकड़ी से मारूंगा। ऐसा सोचकर उसने लकड़ी को फेंका, जिससे उसका सत्तू वाला सकोरा फूटकर सारा सत्तू बिखर गया, साथ ही कुम्भकार के अन्य अनेक बरतन भी टूट गये। यह शब्द सुनकर कुम्हार आया और अपने टूटे-फूटे बरतनों को देखकर उसने ब्राह्मण का तिरस्कार करके उसे अपने घर से बाहर कर दिया। इसीलिए मैं कहता हूं कि अप्राप्त की चिन्ता में दुखी होना व्यर्थ है।

तब राजा एकान्त में अपने मन्त्री से बोला—प्रियवर! अब मैं क्या करूं, मुझे बतलाओ।

**गृध्रो ब्रूते,—**

**मदोद्धतस्य नृपतेः सङ्कीर्णस्येव दन्तिनः।**<br>**गच्छन्त्युन्मार्गया तस्य नेतारः खलु वाच्यताम्॥**

गिद्ध बोला—कुमार्ग पर चलने वाले मदमस्त महावतों के समान अनुचित काम करने वाले अभिमानी राजा के मन्त्रियों की भी निन्दा होती है।

**शृणु देव! किमस्माभिर्बलदर्पाद्दुर्गं भग्नम्? न; किन्तु तव प्रतापाधिष्ठितेनोपायेन।' राजाह—भवतामुपायेन।' गृध्रो ब्रूते—'यद्यस्मद्वचनं क्रियते तदा स्वदेशे गम्यताम्। अन्यथा वर्षाकाले प्राप्ते पुनर्विग्रहे सत्यस्माकं परभूमिष्ठानां स्वदेशगमनमपि दुर्लभं भविष्यति। सुखशोभार्थं सन्धाय गम्यताम्। दुर्गं भग्नं कीर्तिश्च लब्धैव। मम सम्मतं तावदेतत्।**

महाराज! सुनिये—हमने इस दुर्ग को अपने बल से नहीं जीता है, अपितु आपके द्वारा किये गये उपाय से जीता है।

राजा बोला—यह सब तुम्हारी नीति से ही सम्भव हुआ है।

गिद्ध बोला—यदि आप मेरा कहना मानें, तो अपने देश में चले जायें, अन्यथा वर्षाकाल में युद्ध होने पर, परायी भूमि में रहने वाले हम सबका अपने देश को जाना सुलभ नहीं रहेगा। अतः सुख और शोभा की प्राप्ति के लिए मेल (सन्धि) करके चलिये। अब तो दुर्ग भी टूट गया और आपको यश भी मिल गया। अतः मेरी तो यही राय है;

यतः,—

**योहि धर्मं पुरस्कृत्य हित्वा भर्तुः प्रियाऽप्रिये।**
**अप्रियाण्याह तथ्यानि तेन राजा सहायवान्॥**

क्योंकि जो व्यक्ति धर्म को प्रमुख मानते हुए अपने स्वामी के प्रिय एवं अप्रिय की चिन्ता न करते हुए अप्रिय सत्य कहता है, उससे ही राजा को सहारा मिलता है, अर्थात् कटु, किन्तु सत्य एवं योग्य सलाह देने वाला मन्त्री ही राजा का सच्चा सलाहकार होता है।

**अन्यच्च,—**

**सुहृद्बलं तथा राज्यमात्मानं कीर्तिमेव च।**
**युधि सन्देहदोलास्थं को हि कुर्यादबालिशः?॥**

और भी—अपने मित्र की सेना को, अपने राज्य को, अपने आपको तथा अपनी कीर्ति को युद्ध के सन्देहरूपी हिंडोले में झुलाना, अर्थात् संकट में डालना बुद्धिमत्ता का काम नहीं है।

**अपरं च,—**

**सन्धिमिच्छेत् समेनापि सन्दिग्धो विजयो युधि।**
**सुन्दोपसुन्दावन्योन्यं नष्टौ तुल्यबलौ न किम्?'॥**

और समान बलशाली के साथ सन्धि की ही इच्छा करनी चाहिए; क्योंकि युद्ध में विजय प्राप्ति का सन्देह बना ही रहता है। कभी-कभी समान बलशाली भी सुन्द और उपसुन्द के समान आपस में भिड़ जाते हैं।

**राजोवाच—'कथमेतत्?'।**

राजा ने कहा—यह कैसी कथा है?

मन्त्री कहने लगा—

## कथा क्रम : नौ

## (सुन्द-उपसुन्द नामक दो दैत्यों की कथा)

**'पुरा दैत्यौ महोदारौ सुन्दोपसुन्दनामानौ महता क्लेशेन त्रैलोक्यकामनया चिराच्चन्द्रशेखरमाराधितवन्तौ। ततस्तयोर्भगवान् परितुष्टः 'वरं वरयतम्' इत्युवाच। अनन्तरं तयोः समधिष्ठितया सरस्वत्या तावन्यद्वक्तुकामावन्यद-भिहितवन्तौ। यद्यावयोर्भगवान् परितुष्टस्तदा स्वप्रियां पार्वतीं परमेश्वरो ददातु। अथ भगवता क्रुद्धेन वरदानस्यावश्यकतया विचारमूढयोः पार्वती प्रदत्ता। ततस्तस्या रूपलावण्यलुब्धाभ्यां जगद्घातिभ्यां मनसोत्सुकाभ्यां पापतिमिराभ्यां ममेत्यन्योन्यकलहाभ्यां प्रमाणपुरुषकश्चित् पृच्छ्यतामिति मतौ कृतायां स एव भट्टारको वृद्धद्विजरूपः समागत्य तत्रोपस्थितः।**

**अनन्तरम् 'आवाभ्यामियं स्वबललब्धा, कस्येयमावयोर्भवति?' इति ब्राह्मणमपृच्छताम्।**

पूर्वकाल में बड़े उदार सुन्द और उपसुन्द नामक दो दैत्यों ने तीनों लोकों पर अधिकार पाने की इच्छा से महादेवजी को प्रसन्न करने के लिए घोर तप किया। उन दोनों दैत्यों पर प्रसन्न होकर महादेवजी ने उनसे कहा—'वर मांगो'। तभी उनकी जिह्वा पर सरस्वती विराजमान हो गयी और वे जो कहना चाहते थे, उसके स्थान पर उनके मुंह से कुछ और ही निकल गया।

उन्होंने कहा—प्रभो! यदि आप हम पर सचमुच प्रसन्न हैं, तो अपनी प्रिय पत्नी पार्वती हमें दे दें। महादेवजी ने क्रोधित होकर भी वचनबद्ध होने के कारण पार्वती उन्हें सौंप दी। पार्वती के रूप-सौन्दर्य से कामासक्त होकर वे दोनों दैत्य इस बात पर झगड़ने लगे कि पहले मैं इसे भोगूंगा। दोनों ही पहल करने पर डटे हुए थे। उसी समय भगवान् महादेवजी स्वयं वहां ब्राह्मण वेश में आ पहुंचे। उन्हें देखकर उन दैत्यों ने उस ब्राह्मण वेशधारी महादेवजी से पूछा कि इस पर किसका अधिकार पहले बनता है।

**ब्राह्मणो ब्रूते,—**

ब्राह्मण बोला—

**वर्णश्रेष्ठो द्विजः पूज्यः क्षत्रियो बलवानपि।**
**धनधान्याधिको वैश्यः शूद्रस्तु द्विजसेवया॥**

ज्ञान में ब्राह्मण श्रेष्ठ होता है, बल में क्षत्रिय श्रेष्ठ होता है, धन-धान्य में वैश्य श्रेष्ठ होता है और सेवा का काम करने के कारण शूद्र श्रेष्ठ होता है।

**तद्युवां क्षत्रधर्मानुगौ, युद्ध एव युवयोर्नियमः।' इत्यभिहिते सति 'साधूक्तमनेन' इति कृत्वाऽन्योन्यतुल्यवीर्यौ समकालमन्योन्यघातेन विनाशमुपगतौ। अतोऽहं ब्रवीमि—''सन्धिमिच्छेत् समेनापि'' इत्यादि॥' राजाह—'प्रागेव किं नोक्तं भवद्भिः?'। मन्त्री ब्रूते—'मद्वचनं किमवसान-पर्यंतं श्रुतं भवद्भिः? तदापि मम सम्मत्या नायं विग्रहारम्भः। साधुगुणयुक्तो-ऽयं हिरण्यगर्भो न विग्राह्यः।**

तुम दोनों क्षत्रिय हो, अतः तुम्हारा धर्म तो युद्ध की ही आज्ञा देता है। तुम दोनों युद्ध करो। युद्ध में विजेता ही पार्वती को पहले पाने का अधिकारी होगा। ब्राह्मण के ऐसा कहते ही 'यह इसने अच्छा कहा' कहकर समान बल वाले वे दोनों आपस में लड़कर मर गये। इसलिए मैं कहता हूं कि समान बल वाले के साथ सन्धि करना ही उचित होता है।

राजा ने कहा—तुमने पहले ही क्यों नहीं कहा?

मन्त्री बोला—क्या आपने मेरी बात अन्त तक सुनी थी? मेरी सम्मति से

तो यह युद्ध आरम्भ नहीं किया गया था। मैं अब भी कहता हूं कि यह हिरण्यगर्भ सुन्दर गुणों से युक्त तथा सज्जन है, यह वैर-विरोध करने के योग्य नहीं है।

**तथा चोक्तम्,—**

**सत्यार्यो धार्मिकोऽनार्यो भ्रातृसंघातवान् बली।**
**अनेकयुद्धविजयी सन्धेयाः सप्त कीर्तिताः॥**

जैसा कहा गया है—सत्य बोलने वाला, सज्जन, धर्मशील, दुर्जन, अधिक भाई-बन्धु वाला, शूरवीर और अनेक युद्धों में विजय प्राप्त करने वाला—ये सात व्यक्ति सन्धि करने के योग्य माने जाते हैं।

**सत्योऽनुपालयेत् सत्यं सन्धितो नैति विक्रियाम्।**
**प्राणबाधेऽपि सुव्यक्तमार्यो नायात्यनार्यताम्॥**

सत्यभाषी व्यक्ति सत्य के अनुसार सन्धि करके विश्वासघात नहीं करता और सज्जन प्राण जाने पर भी नीचता नहीं करता।

**धार्मिकस्याभियुक्तस्य सर्व एव हि युध्यते।**
**प्रजानुरागाद्धर्माच्च दुःखोच्छेद्यो हि धार्मिकः॥**

धार्मिक व्यक्ति के शत्रु से घिर जाने पर सभी लोगों की सहानुभूति उसके साथ होती है तथा धर्मात्मा राजा की प्रजा उसके लिए अपने प्राण तक न्योछावर करने को तत्पर रहती है। धार्मिक राजा अपनी प्रजा के दुःखों को नष्ट करने में सक्षम होता है।

**सन्धिः कार्योऽप्यनार्येण विनाशे समुपस्थिते।**
**विना तस्याश्रयेणार्यो न कुर्यात् कालयापनम्॥**

विनाश उपस्थित होने पर दुष्ट के साथ भी मेल कर लेना चाहिए और उसके आश्रय के बिना समय नहीं काटना चाहिए।

**संहतत्वाद्यथा वेणुर्निबिडैः कण्टकैर्वृतः।**
**न शक्यते समुच्छेत्तुं भ्रातृसंघातवांस्तथा॥**

जिस प्रकार बहुत से कांटों से लदे हुए बांस आपस में मिले होने से काटे नहीं जा सकते, उसी प्रकार भाई-बन्धुओं के साथ रहने वाला व्यक्ति भी नष्ट नहीं हो सकता।

**बलिना सह योद्धव्यमिति नास्ति निदर्शनम्।**
**प्रतिवातं न हि घनः कदाचिदुपसर्पति॥**

जिस प्रकार बादल कभी वायु के विपरीत नहीं चलता, उसी प्रकार अपने से प्रबल शत्रु के साथ युद्ध करके किसी के भी विजयी होने का कोई उदाहरण नहीं मिलता।

**जमदग्नेः सुतस्येव सर्वः सर्वत्र सर्वदा।**

**अनेकयुद्धजयिनः प्रतापादेव भुज्यते॥**

जमदग्नि के पुत्र परशुराम के समान अनेक युद्धों में विजयी के साथ युद्ध करने में घाटा ही रहता है। ऐसे राजा के प्रताप से सब व्यक्ति हर समय परायें राजा पर अपना अधिकार कर लेते हैं।

**अनेकयुद्धविजयी सन्धानं यस्य गच्छति।**
**तत्प्रतापेन तस्याशु वशमायान्ति शत्रवः॥**

अनेक संग्रामों में विजय प्राप्त करने वाले व्यक्ति जिस राजा से मेल कर लेते हैं, अर्थात् वे जिसके साथ सन्धि कर लेते हैं, उसके प्रताप से शत्रु भी वश में आ जाते हैं।

**तत्र तावद्बहुभिर्गुणैरुपेतः सन्धेयोऽयं राजा।' चक्रवाकोऽवदत्—'प्रणिधे! सर्वत्रावव्रज। सर्वमवगतम्। गत्वा पुनरागमिष्यसि।' राजा चक्रवाकं पृष्टवान्—'मन्त्रिन्! असन्धेयाः कति ताञ्श्रोतुमिच्छामि।'**

इसलिए अनेक गुणों से युक्त यह राजा भी सन्धि करने के योग्य है।

चकवे ने कहा—हे दूत! हमने तुम्हारी सारी बातें सुन ली हैं, अब तुम जाओ और जाकर सारा समाचार लेकर वापस आओ।

राजा ने चकवे से पूछा—हे मन्त्री! अब मैं यह जानना चाहता हूं कि किन लोगों से सन्धि नहीं करनी चाहिए।

**मन्त्री ब्रूते—'देव! कथयामि। शृणु,—**

मन्त्री ने कहा—महाराज! कहता हूं, सुनिये—

**बालो वृद्धो दीर्घरोगी तथा ज्ञातिबहिष्कृतः।**
**भीरुको भीरुजनको लुब्धो लुब्धजनस्तथा॥**
**विरक्तप्रकृतिश्चैव विषयेष्वतिसक्तिमान्।**
**अनेकचित्तमन्त्रस्तु देवब्राह्मणनिन्दकः॥**
**दैवोपहतकश्चैव तथा दैवपरायणः।**
**दुर्भिक्षव्यसनोपेतो बलव्यसनसङ्कुलः॥**
**अदेशस्थो बहुरिपुर्युक्तः कालेन यश्चन।**
**सत्यधर्मव्यपेतश्च विंशतिः पुरुषा अमी॥**

बालक, वृद्ध, बहुत दिनों से रोगी, जाति से बहिष्कृत, डरपोक, भयोत्पादक, लोभी और जिसका मन्त्री लोभी हो, प्रजा में अलोकप्रिय, विषय-भोगादि में आसक्त, अपने मन्त्र को गुप्त न रखने वाला, देवों और ब्राह्मणों की निन्दा करने वाला, भाग्यहीन, भाग्य के भरोसे रहने वाला, अकालपीड़ित, सेना में अलोकप्रिय, दूसरे के राज्य में रहने वाला, अनेक शत्रुओं से घिरा हुआ, बिना अवसर झगड़ा करने वाला तथा सत्य-धर्म से विमुख—इन बीस प्रकार के व्यक्तियों से सन्धि नहीं

करनी चाहिए।

**एतैः सन्धिः न कुर्वीत विगृह्णीयात्तु केवलम्।**
**एते विगृह्यमाणा हि क्षिप्रं यान्ति रिपोर्वशम्॥**

इनके साथ सन्धि न करके युद्ध ही करना चाहिए; क्योंकि ऐसे व्यक्ति युद्ध में पराजित होकर शीघ्र ही शत्रु के वश में आ जाते हैं।

**बालस्याल्पप्रभावत्वान्न लोको योद्धुमिच्छति।**
**युद्धायुद्धफलं यस्माज्ज्ञातुं शक्तो न बालिशः॥**

बालक को युद्ध के परिणाम की जानकारी नहीं होती, इसलिए व्यक्ति उसके साथ युद्ध करने की इच्छा नहीं करता।

**उत्साहशक्तिहीनत्वाद्वृद्धो दीर्घामयस्तथा।**
**स्वैरेव परिभूयेते द्वावप्येतावसंशयम्॥**

वृद्ध और बहुत दिनों का रोगी—ये दोनों उत्साह और शक्तिहीन होने के कारण आसानी से पराजित किये जा सकते हैं।

**सुखोच्छेद्यो हि भवति सर्वज्ञातिबहिष्कृतः।**
**त एवैनं विनिघ्नन्ति ज्ञातयस्त्वात्मसात्कृताः॥**

जाति से बहिष्कृत शत्रु भी सहज ही मारा जा सकता है; क्योंकि उसके जाति-भाई ही उसकी सम्पत्ति को लूटकर उसे मार डालते हैं।

**भीरुर्युद्धपरित्यागात् स्वयमेव प्रणश्यति।**
**तथैव भीरुपुरुषः संग्रामे तैर्विमुच्यते॥**

डरपोक व्यक्ति युद्ध में पीठ दिखाकर भाग उठने के कारण आप ही नष्ट हो जाता है तथा उसके साथी भी युद्ध में उसका साथ छोड़ देते हैं।

**लुब्धस्यासंविभागित्वान्न युध्यन्तेऽनुयायिनः।**
**लुब्धानुजीविकैरेष दानभिन्नैर्निहन्यते॥**

सैनिकों को उनका यथायोग्य भाग न देने के कारण वे युद्ध से विरत हो जाते हैं और तब राजा पारितोषिक न पाने वाले लोभी सैनिकों द्वारा मारा जाता है।

**सन्त्यज्यते प्रकृतिभिर्विरक्तप्रकृतिर्युधि।**
**सुखाभियोज्यो भवति विषयेष्वति सक्तिमान्॥**

विरक्त प्रजा युद्ध में अपने राजा का साथ नहीं देती तथा जो राजा विषयों में आसक्त रहता है, उसे सहज में ही पराजित किया जा सकता है।

**अनेकचित्तमन्त्रस्तु भेद्यो भवति मन्त्रिणा।**
**अनवस्थितचित्तत्वात् कार्यतः स उपेक्ष्यते॥**

अपने गुप्त परामर्श को अनेक व्यक्तियों तक पहुंचाने वाले राजा की अपने मन्त्री से नहीं बनती और उसकी डावांडोल मनःस्थिति के कारण उसके मन्त्री

भी उसका साथ छोड़ जाते हैं।

**सदा धर्मबलीयस्त्वाद्देवब्राह्मणनिन्दकः।**
**विशीर्यते स्वयं ह्येष दैवोपहतकस्तथा॥**

धर्म के कारण बलवान् होने पर भी देवों और ब्राह्मणों की अवज्ञा करने वाले राजा उनके शाप के कारण हीनबल हो जाते हैं और ऐसे प्रारब्धहीन राजा स्वयं ही नष्ट हो जाते हैं।

**सम्पत्तेश्च विपत्तेश्च दैवमेव हि कारणम्।**
**इति दैवपरो ध्यायन् नात्मानमपि चेष्टते॥**

सम्पत्ति और विपत्ति को भाग्य का खेल मानने वाले राजा का मन काम में नहीं लगता।

**दुर्भिक्षव्यसनी चैव स्वयमेव विषीदति।**
**बलव्यसनयुक्तस्य योद्धुं शक्तिर्न जायते॥**

दुर्भिक्ष की पीड़ा से प्रजा के दुखी रहने पर राजा स्वयं भी दुर्बल हो जाता है। ऐसे राजा की सेना में युद्ध करने की शक्ति नष्ट हो जाती है।

**अदेशस्थो हि रिपुणा स्वल्पकेनापि हन्यते।**
**ग्राहोऽल्पीयानपि जले गजेन्द्रमपि कर्षति॥**

जिस प्रकार छोटे-से-छोटा मगर भी बड़े हाथी को जल में खींच लेता है, उसी प्रकार पराये राज्य में रहने वाले राजा को थोड़े शत्रु भी मार डालते हैं।

**बहुशत्रुस्तु सन्त्रस्तः श्येनमध्ये कपोतवत्।**
**येनैव गच्छति पथा तेनैवाशु विपद्यते॥**

जिस प्रकार बाज़-जैसे पक्षियों से घिरा हुआ कबूतर अपना बचाव करने में असमर्थ होता है, उसी प्रकार अनेक शत्रुओं से घिरा हुआ राजा भी सहज में ही पराजित हो जाता है।

**अकालसैन्ययुक्तस्तु हन्यते कालयोधिना।**
**कौशिकेन हतज्योतिर्निशीथ इव वायसः॥**

जिस प्रकार रात के अंधेरे में उल्लू कौओं को मार डालते हैं, उसी प्रकार अनुचित समय पर युद्ध करने वाले राजा सेना से युक्त होने पर भी मारे जाते हैं।

**सत्यधर्मव्यपेतेन सन्दध्यान्न कदाचन।**
**स सन्धितोऽप्यसाधुत्वादचिराद्याति विक्रियाम्॥**

सत्य तथा धर्म से विमुख व्यक्ति के साथ कभी सन्धि नहीं करनी चाहिए। ऐसा व्यक्ति सन्धि हो जाने पर भी अपनी असज्जनता के कारण तुरन्त पलट जाता है।

**अपरमपि कथयामि। सन्धिविग्रहयानासनसंश्रयद्वैधीभावाः षाड्-**

**गुण्यम्। कर्मणामारम्भोपायः पुरुषद्रव्यसम्पद्देशकालविभागो विनिपात-प्रतीकारः कार्यसिद्धिश्च पञ्चाङ्गो मन्त्रः। सामदान भेददण्डाश्चत्वार उपायाः। उत्साहशक्तिर्मन्त्रशक्तिः प्रभुशक्तिश्चेति शक्तित्रयम्। एतत्सर्व-मालोच्य नित्यं विजिगीषवो भवन्ति महान्तः।**

और भी कुछ सुनिये—राजनीति के छह गुण होते हैं—1. सन्धि (मैत्रीभाव), 2. विग्रह (युद्ध), 3. यान (यात्रा), 4. आसन (समय देखना), 5. संश्रय (आश्रय देना) तथा 6. द्वैधीभाव (छल)।

कार्य आरम्भ करने के पांच मन्त्र होते हैं—1. कार्यारम्भ का यत्न, 2. व्यक्तियों, साधनों और द्रव्य का संग्रह, 3. देश और काल (समय) का निर्णय, 4. सम्भावित बाधाओं का निराकरण तथा 5. कार्यसिद्धि।

शत्रु के साथ व्यवहार के चार उपाय होते हैं—1. साम (समझाना-बुझाना), 2. दान (पुरस्कार आदि देना), 3. भेद (फूट आदि डलवाना) तथा 4. दण्ड (अर्थदण्ड या मृत्युदण्ड आदि)।

इसी प्रकार राजनीति की तीन शक्तियां होती हैं—1. उत्साहशक्ति, 2. मन्त्र-शक्ति तथा 3. प्रभुशक्ति। इन सब पर विचार करने के पश्चात् किसी बड़े व्यक्ति को पराजित करने की इच्छा करने वाला ही बुद्धिमान् कहलाता है।

**या हि प्राणपरित्यागमूल्येनापि न लभ्यते।**
**सा श्रीर्नीतिविदं पश्य चञ्चलापि प्रधावति॥**

जो लक्ष्मी प्राणों का त्याग करने पर भी और मूल्य देने पर भी नहीं मिलती, वही चञ्चला नीतिज्ञ व्यक्तियों के यहां निवास करती है।

**तथा चोक्तम्,—**

**वित्तं यदा यस्य समं विभक्तं**
**गूढश्चरः सन्निभृतश्च मन्त्रः।**
**न चाप्रियं प्राणिषु यो ब्रवीति**
**स सागरान्तां पृथिवीं प्रशास्ति॥**

कहा भी गया है—जो अपने धन को समान रूप से बांट देता है, जिसके दूत गुप्त रहते हैं, जिसके परामर्श को मन्त्री गुप्त रखते हैं तथा जो अप्रिय वचन नहीं बोलता, ऐसा राजा समुद्रपर्यन्त पृथ्वी पर राज्य करता है और चक्रवर्ती कहलाता है।

**किन्तु यद्यपि महामन्त्रिणा गृध्रेण सन्धानमुपन्यस्तं तथापि तेन राज्ञा सम्प्रति भूतजयदर्पान्न मन्तव्यम्। देव! तदेवं क्रियताम्। सिंहलद्वीपस्य महाबलो नाम सारसो राजाऽस्मन्मित्रं जम्बुद्वीपे कोपं जनयतु।**

यद्यपि महामन्त्री गिद्ध ने सन्धि करने का सुझाव दिया है, तथापि विजय

के अहंकार के कारण वह राजा इस सुझाव को मान ले, ऐसा लगता नहीं है। इसलिए हे राजन्! कुछ ऐसा कीजिये कि हमारा मित्र सिंहलद्वीप का राजा महाबली सारस जम्बूद्वीप पर आक्रमण करे।

**सुगुप्तिमाधाय सुसंहतेन**
**बलेन वीरो विचरन्नरातिम्।**
**सन्तापयेद्येन समं सुतप्त-**
**स्तप्तेन सन्धानमुपैति तप्तः॥**

जिस प्रकार गरम लोहा गरम लोहे से जुड़ जाता है, उसी प्रकार बलशाली राजा गुप्त रूप से अनुरक्त सेना के द्वारा शत्रु को घेरकर पीड़ित करे, ताकि वह सन्धि करने के लिए तैयार हो जाये।

**राज्ञा 'एवमस्तु' इति निगद्य विचित्रनामा वकः सुगुप्तलेखं दत्त्वा सिंहलद्वीपं प्रहितः।**

राजा ने 'बहुत अच्छा' कहकर विचित्र नामक बगुले को गुप्त पत्र देकर सिंहलद्वीप को भेज दिया।

**अथ प्रणिधिरागत्योवाच—'देव! श्रूयतां तत्रत्यप्रस्तावः। एवं तत्र गृध्रेणोक्तम्—'देव! यन्मेघवर्णस्तत्र चिरमुषितः स वेत्ति किं सन्धेयगुणयुक्तो हिरण्यगर्भो न वा?' इति। ततोऽसौ राज्ञा समाहूय पृष्टः—'वायस! कीदृशोऽसौ हिरण्यगर्भः? चक्रवाको मन्त्री वा कीदृशः?' वायस उवाच— 'देव! हिरण्यगर्भो राजा युधिष्ठिरसमो महाशयः; चक्रवाकसमो मन्त्री न क्वाप्यवलोक्यते।' राजाह—'यद्येवं तदा कथमसौ त्वया वञ्चितः?'।**

फिर दूत ने आकर कहा—महाराज! वहां का समाचार सुनिये। महामन्त्री गिद्ध ने आपकी श्रेष्ठता का परिचय देने के लिए अपने स्वामी से कहा कि हमारा गुप्तचर मेघवर्ण वहां बहुत दिनों तक रहा है और वह जानता है कि राजा हिरण्यगर्भ सन्धि के योग्य गुणों से युक्त है या नहीं?

तब राजा ने उसे बुलाकर पूछा—हे कौए! वह हिरण्यगर्भ कैसा है और उसका मन्त्री चकवा कैसा है?

कौए ने उत्तर दिया—महाराज! हिरण्यगर्भ राजा तो युधिष्ठिर के समान सज्जन है और उसके मन्त्री चकवे-जैसा बुद्धिमान् कहीं भी नहीं दिखाई देता।

इस पर राजा ने हंसकर पूछा—यदि ऐसा है, तो तूने उसे कैसे ठग लिया?

**विहस्य मेघवर्णः प्राह—'देव!**

मेघवर्ण ने हंसते हुए कहा—महाराज!

**विश्वासप्रतिपन्नानां वञ्चने का विदग्धता?।**
**अङ्कमारुह्य सुप्तं हि हत्वा किं नाम पौरुषम्?॥**

विश्वास करने वाले व्यक्ति को ठगने में क्या चतुराई है? गोद में सोये हुए को मार डालने में कौन-सा पुरुषार्थ है?

**शृणु देव! तेन मन्त्रिणाहं प्रथमदर्शन एव ज्ञातः। किन्तु महाशयोऽसौ राजा। तेन मया विप्रलब्धः।**

महाराज! सुनिये, उस मन्त्री ने तो मुझे देखते ही जान लिया था, किन्तु वह राजा बहुत सज्जन है, इसीलिए मैंने उसे ठग लिया।

**तथा चोक्तम्,—**

**आत्मौपम्येन यो वेत्ति दुर्जनं सत्यवादिनम्।**
**स तथा वञ्च्यते धूर्तैर्ब्राह्मणश्छागतो यथा॥**

कहा भी गया है कि जो व्यक्ति दुर्जन को अपने समान सत्यवादी समझता है, वह उसी प्रकार ठगा जाता है, जिस प्रकार बकरे के कारण धूर्तों ने ब्राह्मण को ठग लिया था।

**राजोवाच—'कथमेतत्?'**। राजा बोला—यह कैसी कथा है?

**मेघवर्णः कथयति**—मेघवर्ण कहने लगा—

## कथा क्रम : दस

### (तीन ठगों द्वारा ब्राह्मण से बकरा हथियाने की कथा)

**'अस्ति गौतमस्यारण्ये प्रस्तुतयज्ञः कश्चिद् ब्राह्मणः। स च यज्ञार्थे ग्रामान्तराच्छागमुपक्रीय स्कन्धे कृत्वा गच्छन् धूर्तत्रयेणावलोकितः। ततस्ते धूर्ता 'यद्येष च्छागः केनाप्युपायेन लभ्यते तदा मतिप्रकर्षो भवति' इति समालोच्य वृक्षत्रयतले क्रोशान्तरेण तस्य ब्राह्मणस्यागमनं प्रतीक्ष्य पथि स्थिताः। तत्रैकेन धूर्तेन गच्छन्स ब्राह्मणोऽभिहितः—'भो ब्राह्मण! किमिति कुक्कुरः स्कन्धेनोह्यते?'। विप्रेणोक्तम्—'नायं श्वा; किन्तु यज्ञच्छागः।' अथानन्तरस्थितेनान्येन धूर्तेन तथैवोक्तम्। तदाकर्ण्य ब्राह्मणश्छागं भूमौ निधाय मुहुर्निरीक्ष्य पुनः स्कन्धे कृत्वा दोलायमानमतिश्चलितः।**

गौतम नामक वन में किसी ब्राह्मण ने यज्ञ करना प्रारम्भ किया। उसने उस यज्ञ के लिए दूसरे गांव से एक बकरा मोल लेकर अपने कन्धे पर रखा, जिसे तीन धूर्त ठगों ने ले जाते हुए देख लिया। उन ठगों ने सोचा—किसी प्रकार यह बकरा हमें मिल जाये, तो हमारी बुद्धि की वृद्धि हो जाये। उन्होंने उस बकरे को छीनने की योजना बनायी और उसके पश्चात् वे तीनों एक-एक कोस के अन्तर पर उस ब्राह्मण के आने की प्रतीक्षा करते हुए तीन वृक्षों के नीचे बैठ गये।

तब पहले धूर्त ने उस ब्राह्मण से कहा—महाराज! क्या बात है कि कुत्ते को कन्धे पर लादकर लिये जाते हो?

ब्राह्मण ने कहा—यह कुत्ता नहीं है, यज्ञ का बकरा है।

फिर उससे आगे बैठे हुए धूर्त ने भी वैसा ही कहा। यह सुनकर ब्राह्मण ने बकरे को धरती पर रखकर एक बार देखा, किन्तु फिर उसे उठाकर चल दिया। अब उसके मन में सन्देह उत्पन्न हो गया कि यह बकरा कहीं कुत्ता तो नहीं है?

**मतिर्दोलायते सत्यं सतामपि खलोक्तिभिः।**
**ताभिर्विश्वासितश्चासौ म्रियते चित्रकर्णवत्॥**

दुष्टों की बात सुनकर सज्जनों की बुद्धि भी विचलित हो जाती है। देखिये! दुष्टों की बातों पर विश्वास करके वह ब्राह्मण चित्रकर्ण नामक ऊंट के समान मारा जाता है।

**राजाह—'कथमेतत्?'**। राजा बोला—यह कैसी कथा है?

**स कथयति**—वह कहने लगा—

## कथा क्रम : ग्यारह

### (मदोत्कट नामक सिंह और उसके धूर्त सेवकों की कथा)

**'अस्ति कस्मिंश्चिद्वनोद्देशे मदोत्कटो नाम सिंहः। तस्य सेवकास्त्रयः काको व्याघ्रो जम्बुकश्च। अथ तैर्भ्रमद्भिः कश्चिदुष्ट्रो दृष्टः पृष्टश्च—'कुतो भवानागतः सार्थाद्भ्रष्टः?'। स चात्मवृत्तान्तमकथयत्। ततस्तैर्नीत्वा सिंहेऽसौ समर्पितः। तेनाभयवाचं दत्त्वा चित्रकर्ण इति नाम कृत्वा स्थापितः। अथ कदाचित्सिंहस्य शरीरवैकल्याद्भूरिवृष्टिकारणाच्चाहारमलभमानास्ते व्यग्रा बभूवुः। ततस्तैरालोचितम्—'चित्रकर्णमेव यथास्वामी व्यापादयति तथाऽनुष्ठीयताम्। किमनेन कण्टकभुजा?' व्याघ्र उवाच—'स्वामिनाऽभयवाचं दत्त्वाऽनुगृहीतस्तत्कथमेवं सम्भवति?'। काको ब्रूते—इह समये परिक्षीणः स्वामी पापमपि करिष्यति।**

किसी वन में मदोत्कट नामक सिंह रहता था। उसके तीन सेवक थे—कौआ, बाघ और सियार। एक बार उन्होंने वन में घूमते हुए एक ऊंट को देखा, तो उससे पूछा—तुम अपने साथियों से बिछड़कर कहां से आये हो?

इस पर उस ऊंट ने उन्हें आपबीती सुनायी, तो वे तीनों उसे सिंह के पास ले गये और उसे वह ऊंट सौंप दिया। सिंह ने उसे अभयदान देकर उसका नाम चित्रकर्ण रख दिया। कुछ दिन बाद उस सिंह का शरीर व्याधिग्रस्त हो गया और बहुत अधिक वर्षा होने के कारण उसका बाहर घूमना भी बन्द हो गया। वे तीनों भी भोजन न मिलने के कारण दुखी होने लगे। तब उन्होंने विचार किया कि किस प्रकार सिंह उस ऊंट को मारे। इस कांटे चरने वाले का क्या है?

बाघ बोला—स्वामी ने इसे अभयदान दे रखा है, इसलिए ऐसा कैसे सम्भव

हो सकता है?

कौआ बोला—इस समय भूख के कारण घबराया हुआ हमारा स्वामी (सिंह) पाप भी करेगा।

**त्यजेत् क्षुधार्ता महिला स्वपुत्रं,**
**खादेत् क्षुधार्ता भुजगी स्वमण्डम्।**
**बुभुक्षितः किं न करोति पापं?**
**क्षीणा नरा निष्करुणा भवन्ति॥**

भूखी स्त्री अपने पुत्र को भी छोड़ देती है, भूखी नागिन अपने अण्डों को खा लेती है और भूखा क्या पाप नहीं करता? क्षीण व्यक्ति करुणाहीन होते हैं, अर्थात् भूख और बुढ़ापे से क्षीण हुआ यह सिंह भी दयारहित हो जायेगा।

**अन्यच्च,—**

**मत्तः प्रमत्तश्चोन्मत्तः श्रान्तः क्रुद्धो बुभुक्षितः।**
**लुब्धो भीरुस्त्वरायुक्तः कामुकश्च न धर्मवित्॥**

और दूसरे—मतवाला, असमर्थ, उन्मत्त, थका हुआ, क्रोधित, भूखा, लोभी, डरपोक, बिना विचारे काम करने वाला तथा कामी—ये धर्म को नहीं जानते।

**इति सञ्चिन्त्य सर्वे सिंहान्तिकं जग्मुः। सिंहेनोक्तम्—'आहारार्थे किञ्चित्प्राप्तम्?'। तैरुक्तम्—'यत्नादपि न प्राप्तं किञ्चित्।' सिंहेनोक्तम्—'कोऽधुना जीवनोपायः?'। काको वदति—'देव! स्वाधीनाहारपरित्यागात् सर्वनाशोऽयमुपस्थितः।' सिंहेनोक्तम्—'अत्राहारः कः स्वाधीनः?'। काकः कर्णे कथयति—'चित्रकर्णः' इति। सिंहो भूमिं स्पृष्ट्वा कर्णौ स्पृशति। अभयवाचं दत्त्वा धृतोऽयमस्माभिः। तत्कथमेवं सम्भवति?**

यह सोचकर वे सिंह के पास पहुंचे। सिंह ने कहा—भोजन के लिए कुछ मिला?

उन्होंने कहा—यत्न करने पर भी कुछ नहीं मिला।

सिंह ने कहा—अब जीवित रहने का क्या उपाय है?

कौआ बोला—महाराज! अपने अधीन रहने वाले आहार को त्यागने के कारण ही यह दुर्दशा हो रही है।

सिंह ने कहा—यहां कौन-सा आहार अपने अधीन है?

कौए ने उसके कान में कहा—चित्रकर्ण।

सिंह ने भूमि को छूकर अपने कानों को छुआ और कहा—हमने इसे अभयदान देकर रखा हुआ है, इसलिए यह कैसे हो सकता है?

**न भूप्रदानं न सुवर्णदानं**
**न गोप्रदानं न तथाऽन्नदानम्।**

यथा वदन्तीह महाप्रदानं
सर्वेषु दानेष्वभयप्रदानम्॥

इस संसार में सब दानों में श्रेष्ठ अभयदान ही है। इसके समान न भूमिदान है, न स्वर्णदान, न गोदान और न अन्नदान ही है।

सर्वकामसमृद्धस्य अश्वमेधस्य यत्फलम्।
तत्फलं लभते सम्यग्रक्षिते शरणागते॥

सभी मनोरथों को देने वाले अश्वमेध यज्ञ का जो फल होता है, वही फल शरणागत की भली प्रकार रक्षा करने से मिलता है।

**काको ब्रूते—'नासौ स्वामिना व्यापादयितव्यः। किन्त्वस्माभिरेव तथा कर्तव्यं यथाऽसौ स्वदेहदानमङ्गीकरोति।' सिंहस्तच्छ्रुत्वा तूष्णीं स्थितः। ततोऽसौ लब्धावकाशः कूटं कृत्वा सर्वानादाय सिंहान्तिकं गतः। अथ काकेनोक्तम्— 'देव! यत्नादप्याहारो न प्राप्तः। अनेकोपवासखिन्नः स्वामी। तदिदानीं मदीयमांसमुपभुज्यताम्।**

कौआ बोला—महाराज! आप ऐसा नहीं करेंगे, हम ही ऐसा कुछ करेंगे कि वह स्वयं अपने शरीर का दान करना स्वीकार कर ले। यह सुनकर सिंह चुप हो गया। फिर अवसर प्राप्त कर कौआ छल करके और सबको अपने साथ लेकर सिंह के पास गया और उससे कहने लगा—महाराज! बहुत प्रयत्न करने पर भी भोजन नहीं मिला और कई दिनों से भोजन न करने के कारण आप दुखी हो रहे हैं, अतः आप मेरे मांस का भोजन करें।

स्वामिमूला भवन्त्येव सर्वाः प्रकृतयः खलु।
समूलेष्वपि वृक्षेषु प्रयत्नः सफलो नृणाम्॥

कहा भी गया है—स्वामी ही सारी प्रजा का मूल होता है तथा जड़युक्त वृक्ष के सुरक्षित रहने पर ही सारे प्रयत्न सफल होते हैं, अर्थात् उससे फल प्राप्त होते हैं। इसी प्रकार जब आप जीवित रहेंगे, तब ही हमारा जीवन सफल होगा।

**सिंहेनोक्तम्—'वरं प्राणपरित्यागः, न पुनरीदृशि कर्मणि प्रवृत्तिः।' जम्बुकेनापि तथोक्तम्। ततः सिंहेनोक्तम्—'मैवम्।' अथ व्याघ्रेणोक्तम्— 'मद्देहेन जीवतु स्वामी'। सिंहेनोक्तम्—'न कदाचिदेवमुचितम्।' अथ चित्रकर्णोऽपि जातविश्वासस्तथैवात्मदानमाह। ततस्तद्वचनात्तेन व्याघ्रेणासौ कुक्षिं विदार्य व्यापादितः सर्वैर्भक्षितः। अतोऽहं ब्रवीमि—''मतिर्दोलायते सत्यम्'' इत्यादि। ततस्तृतीयधूर्तवचनं श्रुत्वा स्वमतिभ्रमं निश्चित्य छागं त्यक्त्वा ब्राह्मणः स्नात्वा गृहं ययौ। स छागस्तैर्धूर्तैर्नीत्वा भक्षितः। अतोऽहं ब्रवीमि—''आत्मौपम्येन यो वेत्ति'' इत्यादि॥' राजाह—'मेघवर्ण! कथं शत्रुमध्ये त्वया चिरमुषितम्? कथं वा तेषामनुनयः कृतः?' मेघवर्ण**

**उवाच—'देव! स्वामिकार्यार्थिना स्वप्रयोजनवशाद्वा किं न क्रियते?**

सिंह बोला—मरना अच्छा, किन्तु ऐसा काम करना अच्छा नहीं। सियार ने भी यही कहा। सिंह ने कहा—ऐसा कभी नहीं। फिर बाघ ने कहा—स्वामी! मेरे शरीर से अपनी प्राण-रक्षा करें। सिंह ने कहा—यह भी उचित नहीं है। तब चित्रकर्ण ने भी विश्वास से भरकर स्वयं को दान करने के लिए कहा, तो उसके ऐसा कहने पर बाघ ने उसकी कोख को फाड़कर उसे मार डाला और तब सबने अपनी-अपनी भूख मिटायी। इसीलिए मैं कहता हूं कि बुद्धि सचमुच चलायमान हो जाती है। फिर तीसरे धूर्त की बात सुनकर और उसे अपनी ही बुद्धि का भ्रम समझकर उस ब्राह्मण ने बकरे को छोड़ दिया और नहाकर अपने घर चला गया। उन धूर्तों ने बकरे ले जाकर खा लिया। इसलिए मैं कहता हूं—दूसरों को भी अपने समान मानने वाले प्रायः ठगे जाते हैं।

राजा ने पूछा—मेघवर्ण! इतने दिनों तक तू शत्रुओं के बीच में किस प्रकार रहा, अथवा तू कैसे उनकी चाटुकारिता करता रहा?

मेघवर्ण बोला—महाराज! स्वामी की कार्यसिद्धि के लिए अथवा अपने प्रयोजन को सिद्ध करने के लिए क्या नहीं करना पड़ता?

**पश्य,—**

**लोको वहति किं राजन्! न मूर्ध्ना दग्धुमिन्धनम्।**
**क्षालयन्नपि वृक्षाङ्घ्रिं नदीवेगो निकृन्तति॥**

देखिये—क्या जलाने के लिए ईंधन को लोग अपने सिर पर नहीं उठाते? वृक्षों को उखाड़ने के लिए नदी के जल को उनके पांव भी धोने पड़ते हैं।

**तथा चोक्तम्,—**

**स्कन्धेनापि वहेच्छत्रून् कार्यमासाद्य बुद्धिमान्।**
**यथा वृद्धेन सर्पेण मण्डूका विनिपातिताः॥**

कहा भी गया है—बुद्धिमान् व्यक्ति को अपना काम निकालने के लिए शत्रु को भी अपने कन्धे पर उसी प्रकार बैठा लेना चाहिए, जिस प्रकार बूढ़े सांप ने मेढकों को मार डाला था।

**राजाह—'कथमेतत्?'।** राजा बोला—यह कैसी कथा है?

**मेघवर्णः कथयति**—मेघवर्ण कहने लगा—

## कथा क्रम : बारह
## (भूखे सांप और मेढकों की कथा)

**'अस्ति जीर्णोद्याने मन्दविषो नाम सर्पः। सोऽतिजीर्णतयाऽऽहार- मप्य-न्वेष्टुमक्षमः सरस्तीरे पतित्वा स्थितः। ततो दूरादेव केनचिन्मण्डूकेन दृष्टः,**

पृष्टश्च—'किमिति त्वमाहारं नान्विष्यसि?'। सर्पोऽवदत्—'गच्छ भद्र! मम मन्दभाग्यस्य प्रश्नेन किम्?'। ततः सञ्जातकौतुकः स च भेकः 'सर्वथा कथ्यताम्' इत्याह। सर्पोऽप्याह—'भद्र! ब्रह्मपुरवासिनः श्रोत्रियस्य कौण्डिन्यस्य पुत्रो विंशतिवर्षीयः सर्वगुणसम्पन्नो दुर्दैवान्मम नृशंस-स्वभावाद्दृष्टः। तं पुत्रं सुशीलनामानं मृतमालोक्य मूर्च्छितः कौण्डिन्यः पृथिव्यां लुलोठ। अनन्तरं ब्रह्मपुरवासिनः सर्वे बान्धवास्तत्रागत्योपविष्टाः।

किसी पुराने उपवन में मन्दविष नामक एक सर्प रहता था, जो वृद्ध होने के कारण अपना आहार ढूंढ़ने में असमर्थ होकर एक सरोवर के किनारे पर लटक कर बैठा था। उसे किसी मेढक ने देखा, तो उससे पूछा—क्या बात है, तुम भोजन नहीं ढूंढ़ते?

सर्प ने कहा—मित्र! जाओ, मुझ भाग्यहीन का क्या पूछना?

आश्चर्यचकित होकर उस मेढक ने कहा—कुछ तो बताओ।

सर्प बोला—मित्र! ब्रह्मपुर के निवासी कौण्डिन्य नामक वेदपाठी के सर्वगुण सम्पन्न पुत्र को मैंने अपने दुष्ट स्वभाव के कारण डस लिया। अपने पुत्र को मरा देखकर कौण्डिन्य पछाड़ खाकर धरती पर गिर पड़ा। थोड़ी देर में ब्रह्मपुरनिवासी उसके सब बान्धव भी वहां आकर बैठ गये।

**तथा चोक्तम्,—**

**उत्सवे व्यसने युद्धे दुर्भिक्षे राष्ट्रविप्लवे।**
**राजद्वारे श्मशाने च यस्तिष्ठति स बान्धवः॥**

जैसा कहा गया है—विवाह आदि उत्सव में, दुःख में, अकाल में, राज्य में विद्रोह होने पर, राजद्वार (न्यायालय आदि) में तथा श्मशान में जो साथ रहता है, वही सच्चा बन्धु होता है।

**तत्र कपिलो नाम स्नातकोऽवदत्—'अरे कौण्डिन्य! मूढोऽसि, तेनैव विलपसि।**

वहां आकर कपिल नामक विद्वान् ने कहा—अरे कौण्डिन्य! तुम मूर्ख हो, इसीलिए विलाप कर रहे हो।

**क्रोडीकरोति प्रथमं यथा जातमनित्यता।**
**धात्रीव जननी पश्चात्तथा शोकस्य कः क्रमः?॥**

जिस प्रकार प्राणी के उत्पन्न होते ही नश्वरता उसे ग्रहण कर लेती है, उसी प्रकार धाय के समान माता उसे अपनी गोद में खिलाती है, इसलिए इसमें शोक की क्या बात है?

**क्व गताः पृथिवीपालाः ससैन्यबलवाहनाः?।**
**वियोगसाक्षिणी येषां भूमिरद्यापि तिष्ठति॥**

चतुरंगिणी सेना—हाथी, घोड़ा, रथ और पदाति सेना—से युक्त वे महाबली राजा कहां गये ? परन्तु उनके वियोग की साक्षी देने वाली यह पृथ्वी आज तक विद्यमान है।

**अपरं च,—**

**कायः सन्निहितापायः सम्पदः पदमापदाम्।**
**समागमाः सापगमाः सर्वमुत्पादि भङ्गुरम्॥**

और दूसरे—शरीर के साथ उसका नष्ट होना भी जुड़ा हुआ है, सम्पत्ति के साथ विपत्ति का भी होना आवश्यक है, संगम के साथ वियोग है और उत्पन्न होने वाली प्रत्येक वस्तु नाशवान् है।

**प्रतिक्षणमयं कायः क्षीयमाणो न लक्ष्यते।**
**आमकुम्भ इवाम्भःस्थो विशीर्णः सन् विभाव्यते॥**

जिस प्रकार जल के भीतर रखा हुआ कच्चा घड़ा दिखाई नहीं देता, परन्तु जल से ख़ाली होने पर दिखाई देता है, उसी प्रकार यह शरीर क्षण-क्षण में क्षीण होता हुआ भी दिखाई नहीं देता।

**आसन्नतरतामेति मृत्युर्जन्तोर्दिने दिने।**
**आघातं नीयमानस्य बध्यस्येव पदे पदे॥**

वधस्थल पर ले जाये गये व्यक्ति के समान मृत्यु दिन-प्रतिदिन प्राणियों के पास चली आ रही है।

**अनित्यं यौवनं रूपं जीवितं द्रव्यसञ्चयः।**
**ऐश्वर्यं प्रियसंवासो मुह्येत्तत्र न पण्डितः॥**

यौवन, रूप, जीवन, द्रव्य-सञ्चय, ऐश्वर्य तथा स्त्री व पुत्रादि से बोलचाल व रहन-सहन आदि सब अनित्य है, इसलिए बुद्धिमान् व्यक्ति को चाहिए कि वह इनसे मोह न करे।

**यथा काष्ठं च काष्ठं च समेयातां महोदधौ।**
**समेत्य च व्यपेयातां तद्वद्भूतसमागमः॥**

जिस प्रकार समुद्र में बहते हुए लकड़ी के दो लट्ठे अपने-आप बहते हुए चले जाते हैं और मिलने के बाद फिर अलग हो जाते हैं, उसी प्रकार इस संसार में स्त्री, पुत्र और मित्रादि के साथ मिलन व बिछोह होता है।

**यथा हि पथिकः कश्चिच्छायामाश्रित्य तिष्ठति।**
**विश्रम्य च पुनर्गच्छेत्तद्वद्भूतसमागमः॥**

जिस प्रकार कोई पथिक मार्ग में छाया का आश्रय लेकर बैठ जाता है और विश्राम करके चला जाता है, उसी प्रकार इस संसार में स्त्री, पुत्र और मित्र आदि प्राणियों का समागम होता है।

अन्यच्च,—

पञ्चभिर्निर्मिते देहे पञ्चत्वं च पुनर्गते।
स्वां स्वां योनिमनुप्राप्ते तत्र का परिवेदना?॥

और दूसरे—पृथ्वी, जल, तेज, वायु और आकाश—इन पांच तत्त्वों से यह शरीर बना है, फिर अपनी-अपनी योनि में, अर्थात् पांच तत्त्व पांचों तत्त्वों में मिल जाने पर पछतावा क्यों होता है?

यावन्तः कुरुते जन्तुः सम्बन्धान्मनसः प्रियान्।
तावन्तोऽपि निखन्यन्ते हृदये शोकशङ्कवः॥

मनुष्य अपने स्नेह-सम्बन्धों की गांठों को जितना अधिक दृढ़ करता जाता है, वियोग का शोक होने पर वह उतना ही अधिक व्यथित होता है।

नायमत्यन्तसंवासो लभ्यते येन केनचित्।
अपि स्वेन शरीरेण किमुतान्येन केनचित्॥

जब किसी भी प्राणी को अपने ही शरीर के बने रहने की अवधि का पता नहीं है, तो दूसरों, अर्थात् स्त्री-पुत्रादि के शरीर के बने रहने की अवधि की जानकारी कैसे हो सकती है?

अपि च,—

संयोगो हि वियोगस्य संसूचयति सम्भवम्।
अनतिक्रमणीयस्य जन्ममृत्योरिवागमम्॥

वास्तव में, जिस प्रकार जन्म मृत्यु के होने का सूचक है, उसी प्रकार संयोग को वियोग का सूचक मानना चाहिए।

आपातरमणीयानां संयोगानां प्रियैः सह।
अपथ्यानामिवान्नानां परिणामोऽतिदारुणः॥

जिस प्रकार अपथ्य, अर्थात् अहितकर भोज्य पदार्थों का सेवन करने से रोग आदि की उत्पत्ति होती है, उसी प्रकार पहले प्रिय अथवा मोहक लगने वाले स्त्री-पुत्र आदि का सम्बन्ध भी परिणाम में दुःखदायी होता है।

अपरं च,—

व्रजन्ति न निवर्तन्ते स्त्रोतांसि सरितां यथा।
आयुरादाय मर्त्यानां तथा रात्र्यहनी सदा॥

और भी देखें—जिस प्रकार नदी में बह गये जल को लौटाया नहीं जा सकता, उसी प्रकार मनुष्यों की आयु को लेकर बीत गये रात और दिन भी लौटाये नहीं जा सकते।

सुखास्वादपरो यस्तु संसारे सत्समागमः।
स वियोगावसानत्वाद्दुःखानां धुरि युज्यते॥

इस संसार में सज्ञनों का संग-साथ निःसन्देह सुखकर होता है, परन्तु उस संयोग के अन्त में वियोग होने से वह सुख-दुःख का जोड़ा बन जाता है, अर्थात् अन्त में सुख भी दुःख देने वाला ही सिद्ध होता है।

**अत एवं हि नेच्छन्ति साधवः सत्समागमम्।**
**यद्वियोगासिलूनस्य मनसो नास्ति भेषजम्॥**

वियोगरूपी तलवार से कटे हुए मन की कोई औषध नहीं है, इसीलिए बुद्धिमान् व्यक्ति सज्ञनों के संग-लाभ के लोभ को भी छोड़ देना उचित मानते हैं।

**सुकृतान्यपि कर्माणि राजभिः सगरादिभिः।**
**अथ तान्येव कर्माणि ते चाऽपि प्रलयं गताः॥**

सगर आदि राजाओं ने यज्ञादि अनेक शुभकर्म किये, परन्तु फिर भी वे कर्म और वे राजा नष्ट हो गये।

**सञ्चिन्त्य सञ्चिन्त्य तमुग्रदण्डं**
**मृत्युं मनुष्यस्य विचक्षणस्य।**
**वर्षाम्बुसिक्ता इव चर्मबन्धाः**
**सर्वे प्रयत्नः शिथिलीभवन्ति॥**

उग्र दण्ड देने वाली मृत्यु के विषय में बार-बार सोचने पर बुद्धिमान् व्यक्ति के सारे उपाय वर्षा में भीगे हुए चमड़े की गांठों के समान ढीले पड़ जाते हैं।

**यामेव रात्रिं प्रथमामुपैति**
**गर्भे निवासी नरवीरलोकः।**
**ततः प्रभृत्यस्खलितप्रयाणः**
**स प्रत्यहं मृत्युसमीपमेति॥**

वीर पुरुष जिस रात गर्भ में आता है, वह तभी से निरन्तर गति से मृत्यु की ओर सरकता जाता है।

**अतः संसारं विचारय। शोकोऽयमज्ञानस्य प्रपञ्चः।**

इसलिए संसार के विषय में विचार करना चाहिए। इस प्रकार शोक करना अज्ञान व पाखण्ड है।

**अज्ञानं कारणं न स्याद्वियोगो यदि कारणम्।**
**शोको दिनेषु गच्छत्सु वर्धतामपयाति किम्?॥**

यदि वियोग ही दुःख का कारण होता और अज्ञान इसका कारण न होता, तो शोक को प्रतिदिन बढ़ना चाहिए था, फिर यह घटता क्यों जाता है? इससे सिद्ध होता है कि शोक का मूल कारण व्यक्ति का अज्ञान है।

**तमात्मानमनुसन्धेहि। शोकचर्चां परिहर।**

इसलिए अपनी आत्मा को स्थिर करो और शोक की चर्चा का परित्याग

करो।

**अकाण्डपातजातानां गात्राणां मर्मभेदिनाम्।**
**गाढशोकप्रहाराणामचिन्तैव महौषधिः॥**

कुसमय में मरने से उत्पन्न हुए शरीर के मर्मस्थान को विदीर्ण करने वाले कठोर शोक के प्रहारों की चिन्ता न करना ही उससे बचने की सबसे बड़ी औषध है।

**ततस्तद्वचनं निशम्य प्रबुद्ध इव कौण्डिन्य उत्थायाब्रवीत्—'तदलमिदानीं गृहनरकवासेन। वनमेव गच्छामि।'**

फिर कपिल के ज्ञानयुक्त वचन सुनकर कौण्डिन्य बोला—अब मुझे नरक के समान इस घर में रहना उचित नहीं लगता, मैं वन में जाता हूं।

**कपिलः पुनराह—**

**वनेऽपि दोषाः प्रभवन्ति रागिणां**
**गृहेऽपि पञ्चेन्द्रियनिग्रहस्तपः।**
**अकुत्सिते कर्मणि यः प्रवर्तते**
**निवृत्तरागस्य गृहं तपोवनम्॥**

यह सुनकर कपिल फिर बोले—प्रेमियों को, अर्थात् संसार के झमेलों में फंसे हुए व्यक्तियों को वन में भी काम, क्रोध, लोभ और मोह आदि होते हैं और घर में भी पांचों इन्द्रियों को रोकना तप के समान है। जो अच्छे कर्म में प्रवृत्त होता है और विषय आदि रागों से निवृत्त हो जाता है, उसके लिए उसका घर ही तपोवन है।

**दुःखितोऽपि चरेद्धर्मं यत्र कुत्राश्रमे रतः।**
**समः सर्वेषु भूतेषु न लिङ्गं धर्मकारणम्॥**

किसी भी आश्रम में अनुरक्त होने पर व्यक्ति दुखी होकर धर्म का आचरण करे और सब प्राणियों से समान स्नेहभाव रखे। केवल सिर मुंड़ाकर गेरुए वस्त्र आदि धारण करना ही धर्म का कारण नहीं है।

**उक्तं च,—**

**वृत्त्यर्थं भोजनं येषां सन्तानार्थं च मैथुनम्।**
**वाक् सत्यवचनार्थाय दुर्गाण्यपि तरन्ति ते॥**

और भी कहा गया है—जो व्यक्ति केवल आजीविका के लिए ही भोजन करते हैं, सन्तान उत्पन्न करने के लिए ही मैथुन करते हैं और सत्य वचन बोलने के लिए ही अपनी वाणी का प्रयोग करते हैं, वे कठिन स्थान को भी पार कर जाते हैं।

**तथा हि,—**

**आत्मा नदी संयमपुण्यतीर्था**

सत्योदका शीलतटा दयोर्मिः ।
तत्राभिषेकं कुरु पाण्डुपुत्र!
न वारिणा शुध्यति चान्तरात्मा ॥

कहा भी गया है कि हे युधिष्ठिर! मनुष्य की आत्मा एक नदी है, इन्द्रियसंयम उस नदी पर विद्यमान पुण्यतीर्थ है, सत्य उसका जल है, शील उसका किनारा है और दया उसमें लहरों की माला है। ऐसी आत्मारूपी नदी में स्नान कर; क्योंकि केवल जल के स्नान से अन्तरात्मा शुद्ध नहीं हो सकती।

**विशेषतश्च,—**

**जन्ममृत्युजराव्याधिवेदनाभिरुपद्रुतम् ।**
**संसारमिममुत्पन्नमसारं त्यजतः सुखम् ॥**

और विशेष करके—जन्म, मृत्यु, वृद्धावस्था, रोग और शोक आदि से भरे हुए इस संसार को छोड़ देने वाले व्यक्ति ही सुख प्राप्त करते हैं।

**दुःखमेवास्ति न सुखं यस्माद्यदुपलक्ष्यते।**
**दुःखार्तस्य प्रतीकारे सुख संज्ञा विधीयते ॥**

इस संसार में मूल रूप से दुःख ही दुःख है, सुख नहीं है, जिससे सुख का भी कुछ अनुभव होता है, परन्तु दुःख से पीड़ित व्यक्ति का दुःख दूर होने पर वह दुःख ही सुख कहलाता है।

**कौण्डिन्यो ब्रूते—'एवमेव।' ततोऽहं तेन शोकाकुलेन ब्राह्मणेन शप्तः—'यदद्यारभ्य मण्डूकानां वाहनं भविष्यसि' इति। कपिलो ब्रूते—'सम्प्रत्युपदेशासहिष्णुर्भवान्। शोकाविष्टं ते हृदयम्।**

कौण्डिन्य ने कहा—ऐसा ही है। तब शोक से व्याकुल उस ब्राह्मण ने मुझे शाप दिया कि आज से तू मेढकों का वाहन बनेगा।

कपिल ने ब्राह्मण से कहा—तुम अभी उपदेश को नहीं सुन सकते। तुम्हारा चित्त अभी शोक में डूबा हुआ है।

**तथापि कार्यं शृणु,—**

**सङ्गः सर्वात्मना त्याज्यः स चेत्त्यक्तुं न शक्यते।**
**स सद्भिः सह कर्तव्यः सतां सङ्गो हि भेषजम् ॥**

फिर भी जो करना है, उसे सुनो—संग का तो सर्वथा त्याग ही करना चाहिए। यदि संग न छोड़ा जा सके, तो सज्जनों का संग करना चाहिए; क्योंकि साधु व्यक्ति का संग सचमुच ही ओषधि है।

**अन्यच्च,—**

**कामः सर्वात्मना हेयः स चेद्धातुं न शक्यते।**
**स्वभार्यां प्रति कर्तव्यः सैव तस्य हि भेषजम् ॥**

दूसरी बात, रति-भोग की इच्छा का सर्वथा त्याग कर देना ही उत्तम है और यदि यह न छूट सके, तो अपनी ही स्त्री के साथ करना चाहिए; क्योंकि यही उसकी ओषधि है।

**एतच्छ्रुत्वा स कौण्डिन्यः कपिलोपदेशामृतप्रशान्तशोकानलो यथाविधि दण्डग्रहणं कृतवान्। अतो ब्राह्मणशापान्मण्डूकान् वोढुमत्र तिष्ठामि; अनन्तरं तेन मण्डूकेन गत्वा मण्डूकनाथस्य जालपादनाम्नोऽग्रे तत्कथितम्। ततोऽसावागत्य मण्डूकनाथस्तस्य सर्पस्य पृष्ठमारूढवान्। स च सर्पस्तं पृष्ठे कृत्वा चित्रपदक्रमं बभ्राम। परेद्युश्चलितुमसमर्थं तं मण्डूकनाथोऽवदत्—'किमद्य भवान्मन्दगतिः?'। सर्पो ब्रूते—'देव! आहारविरहादसमर्थोऽस्मि।' मण्डूकनाथोऽवदत्—'अस्मदाज्ञया मण्डूकान् भक्षय।' ततः 'गृहीतोऽयं महाप्रसादः' इत्युक्त्वा क्रमशो मण्डूकान् खादितवान्। अतो निर्मण्डूकं सरो विलोक्य मण्डूकनाथोऽपि तेन खादितः। अतोऽहं ब्रवीमि—''स्कन्धेनापि वहेच्छत्रून्'' इत्यादि॥ देव! यात्विदानीं पुरावृत्ताख्यानकथनम्। सर्वथा सन्धेयोऽयं हिरण्यगर्भो राजा सन्धीयतामिति मे मतिः।' राजोवाच—'कोऽयं भवतो विचारः? यतो जितस्तावदयमस्माभिस्ततो यद्यस्मत्सेवया वसति तदास्ताम्; नो चेद्विगृह्यताम्।'**

यह सुनकर उस कौण्डिन्य ने कपिल के उपदेशरूपी अमृत से अपनी पुत्रशोकरूपी अग्नि को शान्त करके विधिपूर्वक दण्ड धारण कर लिया। इसलिए ब्राह्मण के शाप से मेढकों को अपने कन्धे पर चढ़ाकर ले जाने के लिए ही मैं यहां बैठा हूं।

उस मेढक ने मन्दविष सर्प से सुना वृत्तान्त अपने राजा जालपाद को कह सुनाया। तब वह राजा भी जाकर उस सर्प की पीठ पर चढ़ गया और वह सर्प उसे अपनी पीठ पर बिठाकर चित्र-विचित्र चाल से चलने लगा। दूसरे दिन चलने में असमर्थ सर्प से मेढकों के राजा ने कहा—आज तुम धीरे-धीरे क्यों रेंग रहे हो? सर्प ने कहा—महाराज! खाने को भोजन न मिलने से मैं असमर्थ हूं। मेढकों के राजा ने कहा—हमारी आज्ञा से तुम मेढकों को खा लो। फिर मैंने वह महाप्रसाद ग्रहण किया। यह कहकर वह क्रम-क्रम से मेढकों को खाने लगा। अन्त में मेढकों से ख़ाली सरोवर को देखकर वह मेढकों के राजा को भी खा गया।

इस कथा को सुनाकर मेघवर्ण कौआ बोला—महाराज! अपना स्वार्थ सिद्ध करने के लिए शत्रुओं को भी कन्धे पर चढ़ाना पड़ता है। हे महाराज! अब आप पहले वृत्तान्त को रहने दीजिये। राजा हिरण्यगर्भ हर प्रकार से सन्धि करने योग्य है, अतः मेरी राय में तो आप उससे सन्धि कर लीजिये। राजा ने कहा—यह तुम्हारा

कैसा विचार है? इसे तो हम जीत चुके हैं। अब यह चाहे, तो हमारी सेवा में रहे, अन्यथा युद्ध किया जाये।

**अत्रान्तरे जम्बूद्वीपादागत्य शुकेनोक्तम्—'देव! सिंहलद्वीपस्य सारसो राजा सम्प्रति जम्बूद्वीपमाक्रम्यावतिष्ठते।' राजा ससम्भ्रमं ब्रूते—'किं किम्?'। शुकः पूर्वोक्तं कथयति। गृध्रः स्वगतमुवाच—'साधु रे चक्रवाक मन्त्रिन् सर्वज्ञ! साधु।' राजा सकोपमाह—'आस्तां तावदयम्। गत्वा तमेव समूलमुन्मूलयामि।'**

इस बीच जम्बूद्वीप से आकर तोते ने कहा—महाराज! सिंहलद्वीप का राजा सारस अब जम्बूद्वीप को घेरकर डटा हुआ है। राजा ने घबराकर कहा—क्या-क्या? तोते ने पिछली बात को दोहरा दिया। गिद्ध ने अपने मन में सोचा कि धन्य है! अरे चकवे मन्त्री! तुझे धन्य है। राजा झुंझलाकर बोला—इसे तो रहने दो। मैं जाकर उसे ही जड़ से नष्ट कर दूंगा।

**दूरदर्शी विहस्याह—**

**न शरन्मेघवत् कार्यं वृथैव घनगर्जितम्।**
**परस्यार्थमनर्थं वा प्रकाशयति नो महान्॥**

दूरदर्शी हंसकर बोला—शरद्ऋतु के मेघ के समान वृथा गम्भीर गर्जन नहीं करना चाहिए। बुद्धिमान् व्यक्ति शत्रु के अर्थ अथवा अनर्थ को प्रकट नहीं करते।

**अपरं च,—**

**एकदा न विगृह्णीयाद्बहून् राजाभिघातिनः।**
**सदर्पोऽप्युरगः कीटैर्बहुभिर्नाशयते ध्रुवम्॥**

और दूसरे—राजा एक ही समय पर अनेक शत्रुओं से नहीं लड़ते; क्योंकि अहंकारी सर्प को भी अनेक क्षुद्र चींटियां मार डालती हैं।

**देव! किमिति विना सन्धानं गमनमस्ति? यतस्तदास्मत्पश्चात् प्रकोपोऽनेन कर्तव्यः।**

हे महाराज! यदि हम इससे बिना सन्धि किये चले जायेंगे, तो यह हम पर बाद में बड़ा कोप कर सकता है।

**अपरं च,—**

**योऽर्थतत्त्वमविज्ञाय क्रोधस्यैव वशं गतः।**
**स तथा तप्यते मूढो ब्राह्मणो नकुलाद्यथा॥**

और भी सुनें—किसी बात में छिपे गहरे रहस्य को जाने बिना ही क्रोध के वश में हो जाने वाला व्यक्ति बिना विचारे नेवले का वध करने वाले ब्राह्मण के समान पछताता और दुखी होता है।

**राजाह—'कथमेतत्?'।** राजा बोला—यह कैसी कथा है?

दूरदर्शी कथयति—दूरदर्शी कहने लगा—

## कथा क्रम : तेरह

### ( बिना विचारे उपकारी नेवले का वध करने वाले ब्राह्मण की कहानी)

'अस्त्युज्जयिन्यां माधवो नाम विप्रः। तस्य ब्राह्मणी प्रसूतबालापत्यस्य रक्षार्थं ब्राह्मणमवस्थाप्य स्नातुं गता। अथ ब्राह्मणाय राज्ञः पार्वणश्राद्धं दातुमाह्वानमागतम्। तच्छ्रुत्वा ब्राह्मणः सहजदारिद्र्यादचिन्तयत्—'यदि सत्वरं न गच्छामि तदाऽन्यः कश्चिच्छ्रुत्वा श्राद्धं ग्रहीष्यति।

उज्ञयिनी नगरी में माधव नामक एक ब्राह्मण रहता था। एक दिन उसकी पत्नी अपने बालक की रक्षा का भार उसे सौंपकर नहाने के लिए चली गयी। उसी समय ब्राह्मण के लिए राजा का पार्वण श्राद्ध करने का निमन्त्रण आया। यह सुनकर जन्म से दरिद्र होने के कारण ब्राह्मण ने सोचा कि यदि मैं शीघ्र नहीं जाऊंगा, तो कोई अन्य ब्राह्मण श्राद्ध का निमन्त्रण स्वीकार कर लेगा;

यतः,—

आदानस्य प्रदानस्य कर्तव्यस्य च कर्मणः।
क्षिप्रमक्रियमाणस्य कालः पिबति तद्रसम्॥

क्योंकि लेन-देन और कर्तव्य-कर्म को शीघ्र न करने से उसके रस को समय पी जाता है, अर्थात् उसका महत्त्व समाप्त हो जाता है।

किन्तु बालकस्यात्र रक्षको नास्ति, तत्किं करोमि? यातु, चिरकाल-पालितमिमं नकुलं पुत्रनिर्विशेषं बालकरक्षायां व्यवस्थाप्य गच्छामि।' तथा कृत्वा गतः। ततस्तेन नकुलेन बालकसमीपमागच्छन् कृष्णसर्पो दृष्ट्वा व्यापाद्य कोपात्खण्डं खण्डं कृत्वा खादितः। ततोऽसौ नकुलो ब्राह्मण-मायान्तमवलोक्य रक्तविलिप्तमुखपादः सत्वरमुपागम्य तच्चरणयोर्लुलोठ। ततः स विप्रस्तथाविधं तं दृष्ट्वा 'बालकोऽनेन खादितः' इत्यवधार्य नकुलं व्यापादितवान्। अनन्तरं यावदुपसृत्यापत्यं पश्यति ब्राह्मणस्तावद्बालकः सुस्थः सर्पश्च व्यापादितस्तिष्ठति। ततस्तमुपकारकं नकुलं निरीक्ष्य भावितचेताः स परं विषादमगमत्। अतोऽहं ब्रवीमि— ''योऽर्थतत्त्व-मविज्ञाय'' इत्यादि॥

किन्तु बालक का रक्षक यहां नहीं है, इसलिए क्या करूं? जो भी हो, बहुत दिनों से अपने पुत्र से भी अधिक पाले हुए इस नेवले को ही पुत्र की रक्षा का भार सौंपकर जाता हूं। यह व्यवस्था करके वह चला गया।

ब्राह्मण के चले जाने पर नेवले ने एक काले सांप को बालक के पास आते

देखा, तो क्रोधित होकर उस सांप के टुकड़े-टुकड़े करके वह उसे खा गया। फिर उसने ब्राह्मण को आते देखा, तो रक्त से लथपथ नेवला उछलते हुए उसके पैरों पर लोटने लगा। ब्राह्मण ने नेवले को ऐसा करते देखा, तो उसने यह समझकर कि इसने मेरे पुत्र को खा लिया है, उस नेवले को मार डाला। बाद में ब्राह्मण ने बालक के पास आकर देखा, तो वह आनन्द में था और सांप मरा हुआ पड़ा था। फिर उस उपकारी नेवले को देखकर ब्राह्मण मन में बहुत दुखी हुआ। इसीलिए मैं कहता हूं कि किसी बात में छिपे गहरे रहस्य को जाने बिना ही क्रोध के वश में हो जाने वाला व्यक्ति बिना विचारे नेवले का वध करने वाले ब्राह्मण के समान पछताता और दुखी होता है।

**अपरं च,—**

**कामः क्रोधस्तथा मोहो लोभो मानो मदस्तथा।**
**षड्वर्गमुत्सृजेदेनमस्मिंस्त्यक्ते सुखी नृपः॥**

काम, क्रोध, मोह, लोभ, अहंकार तथा मद—इन छह को त्याग देना चाहिए। इनके त्याग कर देने से राजा सुखी होता है।

**राजाह—'मन्त्रिन्! एष ते निश्चयः?'**

राजा बोला—हे मन्त्री! यह तुम निश्चयपूर्वक कह रहे हो?

**मन्त्री ब्रूते—'एवमेव।**

मन्त्रीने कहा—हां, ऐसा ही है।

**स्मृतिश्च परमार्थेषु वितर्को ज्ञाननिश्चयः।**
**दृढता मन्त्रगुप्तिश्च मन्त्रिणः परमो गुणः॥**

धर्म के तत्त्वों का स्मरण, विवेक, बुद्धि की स्थिरता, दृढ़ता तथा मन्त्र को गुप्त रखना—ये मन्त्री के गुण हैं।

**तथा च,—**

**सहसा विदधीत न क्रिया-**
**मविवेकः परमापदां पदम्।**
**वृणुते हि विमृश्यकारिणं**
**गुणलुब्धाः स्वयमेव सम्पदः॥**

और भी कहा गया है—एकाएक बिना विचार किये कोई काम नहीं करना चाहिए; क्योंकि अविवेक, अर्थात् बुद्धि का न होना विपत्तियों का मूल है और गुण पर मुग्ध होने वाली सम्पत्तियां, अर्थात् सफलताएं विचार करने वाले (सद्विवेकी व्यक्ति) के पास अपने-आप चली आती हैं।

**तद्देव! यदिदानीमस्मद्वचनं क्रियते तदा सन्धाय गम्यताम्।**

इसलिए हे महाराज! मेरा कहा मानिये और सन्धि करने के उपरान्त ही यहां

से चलने के विषय में सोचिये;

**यतः,—**

**यद्यप्युपायाश्चत्वारो निर्दिष्टाः साध्यसाधने।**
**संख्यामात्रं फलं तेषां सिद्धिः साम्नि व्यवस्थिता॥**

क्योंकि मनोरथ सिद्ध करने के चार उपाय (साम, दान, दण्ड और भेद) माने गये हैं, परन्तु वास्तव में कार्यसिद्धि केवल सन्धि से ही होती है।

**राजाह—'कथमेवं सम्भवति?'।**

राजा बोला—ऐसा कैसे हो सकता है?

**मन्त्री ब्रूते—'देव! सत्वरं भविष्यति।**

मन्त्री ने कहा—महाराज! शीघ्र हो जायेगा।

**पश्य,—**

**अज्ञः सुखमाराध्यः सुखतरमाराध्यते विशेषज्ञः।**
**ज्ञानलवदुर्विदग्धं ब्रह्मापि नरं न रञ्जयति॥**

देखिये, मूर्ख व्यक्ति को प्रसन्न करना कोई कठिन कार्य नहीं है तथा अधिक बुद्धिमान् को तो और भी सहज में प्रसन्न कर लिया जा सकता है, परन्तु थोड़े-से ज्ञान के कारण ज्ञानी बने अभिमानी व्यक्ति को ब्रह्मा भी प्रसन्न नहीं कर सकता।

**विशेषतश्चायं धर्मज्ञो राजा सर्वज्ञो मन्त्री च। ज्ञातमेतन्मया पूर्वं मेघवर्ण-वचनात्तत्कृतकार्यसन्दर्शनाच्च।**

और विशेषतः यह राजा धर्मशील है और इसका मन्त्री भी राजनीति में सर्वज्ञ है। मैंने पहले ही मेघवर्ण की बात से और इन दोनों के द्वारा किये हुए कार्य को देखकर यह जान लिया था।

**कर्मानुमेयाः सर्वत्र परोक्षगुणवृत्तयः।**
**तस्मात् परोक्षवृत्तीनां फलैः कर्मानुभाव्यते॥**

सर्वत्र परोक्ष में गुणों से युक्त, अर्थात् अपने गुणों को प्रकट न करने वाले व्यक्ति कर्म के द्वारा ही पहचाने जाते हैं। अतः जिनका आकार व हृदय का भाव छिपा हुआ रहता है, ऐसे महान् व्यक्तियों का निश्चय उनके कर्म के आधार पर करना चाहिए।

**राजाह—'अलमुत्तरोत्तरेण। यथाभिप्रेतमनुष्ठीयताम्।' एतन्मन्त्रयित्वा गृध्रो महामन्त्री 'तत्र यथार्हं कर्तव्यम्।' इत्युक्त्वा दुर्गाभ्यन्तरं चलितः। ततः प्रणिधि वकेनागत्य राज्ञो हिरण्यगर्भस्य निवेदितम्—'देव! सधिं कर्तुं महामन्त्री गृध्रोऽस्मत्समीपमागच्छत्।' राजहंसो ब्रूते—'मन्त्रिन्! पुनः सम्बन्धिना केनचिदत्रागन्तव्यम्।' सर्वज्ञो विहस्याह—'देव! न शङ्कास्पद-मेतत्। यतोऽसौ महाशयो दूरदर्शी। अथवा स्थितिरियं मन्दमतीनाम्।**

**कदाचिच्छङ्कैव न क्रियते, कदाचित्सर्वत्र शङ्का।**

राजा ने कहा—इस उत्तर-प्रत्युत्तर को रहने दो। जो करना है, वह करो। यह परामर्श करने के बाद महामन्त्री गिद्ध यह कहता हुआ दुर्ग के भीतर चला गया—'इसमें जो उचित होगा, वही किया जायेगा।' तत्पश्चात् दूत बगुले ने आकर निवेदन किया—महाराज! महामन्त्री गिद्ध हमारे साथ सन्धि करने के लिए आया है। राजहंस ने कहा—इसमें भी उसकी कोई कूटनीति होगी। सर्वज्ञ ने हंसकर कहा—महाराज! इसमें शंका करने की कोई बात नहीं है; क्योंकि वह बहुत दूरदर्शी है। मन्दबुद्धि व्यक्तियों का यह नियम है कि वे कभी शंका करते हैं और कभी नहीं करते।

**तथा हि,—**

**सरसि बहुशस्ताराच्छाये क्षणात्परिवञ्चितः**
**कुमुदविटपान्वेषी हंसो निशास्वविचक्षणः।**
**न दशति पुनस्ताराशङ्की दिवापि सितोत्पलं**
**कुहकचकितो लोकः सत्येऽप्यपायमपेक्षते॥**

फिर भी, जिस प्रकार कुमुदिनी को ढूंढ़ने वाला चतुर हंस रात्रि में सरोवर में अनेक तारों की परछाईं से क्षण-भर में ठगा हुआ होने पर दिन में भी तारों की आशंका से श्वेतकमलों को स्वीकार नहीं करता, उसी प्रकार छला गया संसार सत्य में भी बुराई की शंका करता है।

**दुर्जनदूषितमनसः सुजनेष्वपि नास्ति विश्वासः।**
**बालः पायसदग्धो दध्यपि फूत्कृत्य भक्षयति॥**

जिस प्रकार गरम दूध को पीने से मुंह जल जाने पर बच्चा दही को भी फूंक मारकर ही खाता है, उसी प्रकार दुर्जनों द्वारा छले गये व्यक्ति सज्जनों पर भी विश्वास नहीं करते।

**तद्देव! यथाशक्ति तत्पूजार्थं रत्नोपहारादिसामग्री सुसज्जीक्रियताम्।' तथानुष्ठिते सति स गृध्रो मन्त्री दुर्गद्वाराच्चक्रवाकेणोपगम्य सत्कृत्यानीय राजदर्शनं कारितो दत्तासने चोपविष्टः। चक्रवाक उवाच—'युष्मदायत्तं सर्वम्। स्वेच्छयोपभुज्यतामिदं राज्यम्।' राजहंसो ब्रूते—'एवमेव।' दूरदर्शी कथयति— 'एवमेवैतत्। किन्त्विदानीं बहुप्रपञ्चवचनं निष्प्रयोजनम्।**

महाराज! संशय, सन्देह और शंका को छोड़कर महामन्त्री गिद्ध को मूल्यवान् रत्नादि देकर उन्हें प्रसन्न कीजिये और उनसे भेंट कीजिये। अपने राजा को तैयार करके चकवे ने गिद्ध को दुर्ग के द्वार से सादर भीतर लाकर राजा का दर्शन कराया और जब राजा ने उसे आसन प्रदान किया, तो गिद्ध उस पर बैठ गया। फिर चकवा बोला—गृध्रराज! अब सब तुम्हारे हाथ में है। तुम इस राज्य को अपनी इच्छानुसार

भोगने को स्वतन्त्र हो। राजहंस ने भी कहा—हां, महामन्त्री ठीक कह रहे हैं। यह सुनकर महामन्त्री गिद्ध बोला—अब घुमा-फिराकर कुछ भी कहना व्यर्थ है।

**लुब्धमर्थेन गृह्णीयात् स्तब्धमञ्जलिकर्मणा।**
**मूर्खं छन्दानुरोधेन याथातथ्येन पण्डितम्॥**

कहा भी गया है कि लोभी को धन से, अभिमानी को हाथ जोड़कर, मूर्ख को उसका स्वार्थ पूरा करके और विद्वान् को सत्य बोलकर वश में करना चाहिए।

**अन्यच्च,—**

**सद्भावेन हरेन्मित्रं सम्भ्रमेण तु बान्धवान्।**
**स्त्री-भृत्यौ दानमानाभ्यां दाक्षिण्येनेतराञ्जनान्॥**

और दूसरे—मित्र को विनम्रता से, बन्धु-बान्धवों को मीठी बातों से, स्त्री व सेवकों को दान एवं मान से तथा अन्य व्यक्तियों को चतुराई से वश में करना चाहिए।

**तदिदानीं सन्धाय गम्यताम्। महाप्रतापश्चित्रवर्णो राजा।' चक्रवाको ब्रूते—'यथा सन्धानं कार्यं तदप्युच्यताम्।' राजहंसो ब्रूते—'कति प्रकाराः सन्धीनां सम्भवन्ति?'**

अतः अब सन्धि के लिए चलिये। राजा चित्रवर्ण बहुत प्रतापी हैं। चकवे ने कहा—सन्धि किस प्रकार होगी, वह भी बतलाइये। राजहंस ने कहा—सन्धि कितने प्रकार की होती हैं?

**गृध्रो ब्रूते—'कथयामि, श्रूयताम्,—**

गिद्ध बोला—सुनिये,—

**बलीयसाऽभियुक्तस्तु नृपो नान्यप्रतिक्रियः।**
**आपन्नः सन्धिमन्विच्छेत् कुर्वाणः कालयापनम्॥**

किसी बलवान् शत्रु से घिरा हुआ होने पर, सन्धि को छोड़कर कोई भी अन्य उपाय न होने पर, घोर संकट में फंसे होने पर राजा को सन्धि की प्रार्थना करनी चाहिए।

**कपाल उपहारश्च सन्तानः सङ्गतस्तथा।**
**उपन्यासः प्रतीकारः संयोगः पुरुषान्तरः॥**
**अदृष्टनर आदिष्ट आत्मादिष्ट उपग्रहः।**
**परिक्रयस्तथोच्छिन्नस्तथा च परभूषणः॥**
**स्कन्धोपनेयः सन्धिश्च षोडशैते प्रकीर्तिताः।**
**इति षोडशकं प्राहुः सन्धिं सन्धिविचक्षणाः॥**

सन्धियां सोलह प्रकार की हैं—1. कपाल, 2. उपहार, 3. सन्तान, 4. संगत, 5. उपन्यास, 6. प्रतिकार, 7. संयोग, 8. पुरुषान्तर, 9. अदृष्टनर, 10. आदिष्ट, 11. आत्मादिष्ट, 12. उपग्रह, 13. परिक्रय, 14. उच्छिन्न, 15. परभूषण तथा

16. स्कन्धोपनेय। सन्धियों के जानकारों ने इन्हीं सोलह भेदों का वर्णन किया है।

**कपालसन्धिर्विज्ञेयः केवलं समसन्धितः।**
**सम्प्रदानाद्भवति य उपहारः स उच्यते॥**

समान बलशाली के साथ होने वाली सन्धि को 'कपाल' सन्धि कहते हैं तथा धन आदि उपहार देने से होने वाली सन्धि को 'उपहार' सन्धि कहते हैं।

**सन्तानसन्धिर्विज्ञेयो दारिकादानपूर्वकः।**
**सद्भिस्तु सङ्गतः सन्धिर्मैत्रीपूर्व उदाहृतः॥**

कन्यादान के रूप में होने वाली सन्धि 'सन्तान' कहलाती है तथा सज्जनों के साथ मित्रतापूर्वक सन्धि करने को 'संगत' सन्धि कहते हैं।

**यावदायुःप्रमाणस्तु समानार्थप्रयोजनः।**
**सम्पत्तौ वा विपत्तौ वा कारणैर्यो न भिद्यते॥**
**सङ्गतः सन्धिरेवायं प्रकृष्टत्वात् सुवर्णवत्।**
**तथाऽन्यैः सन्धिकुशलैः काञ्चनः स उदाहृतः॥**

आजीवन निभायी जाने वाली तथा सम्पत्ति एवं विपत्ति में भी अनेक कारणों से भी न छूटने वाली संगत सन्धि को सुवर्ण के समान परमोत्तम होने के कारण इसे काञ्चन सन्धि भी कहते हैं। जिस प्रकार सोना टूटने पर भी पुनः जुड़ जाता है, उसी प्रकार इस सन्धि में मतभेदों को दूर कर लिया जाता है और तब यह सन्धि कभी टूटती नहीं है।

**आत्मकार्यस्य सिद्धिं तु समुद्दिश्य क्रियेत यः।**
**स उपन्यासकुशलैरुपन्यास उदाहृतः॥**

अपना काम निकालने के अभिप्राय से जो सन्धि की जाती है, उसे 'उपन्यास' सन्धि कहते हैं।

**मयाऽस्योपकृतं पूर्वं ममाप्येष करिष्यति।**
**इति यः क्रियते सन्धिः प्रतीकारः स उच्यते॥**

मैंने पहले इसका उपकार किया है, भविष्य में यह भी मेरा उपकार करेगा, यह सोचकर जो सन्धि की जाती है, उसे 'प्रतीकार' सन्धि कहते हैं।

**उपकारं करोम्यस्य ममाप्येष करिष्यति।**
**अयं चाऽपि प्रतीकारो रामसुग्रीवयोरिव॥**

मैं इसका उपकार करता हूं, यह भी मेरा उपकार करेगा, यह दूसरे प्रकार की राम-सुग्रीव-जैसी सन्धि कहलाती है।

**एकार्थां सम्यगुद्दिश्य क्रियां यत्र हि गच्छति।**
**सुसंहितप्रमाणस्तु स च संयोग उच्यते॥**

जहां एक ही प्रयोजन सिद्ध करने के लिए दृढ़ प्रमाणों से सन्धि की जाती है,

उसे 'संयोग' सन्धि कहते हैं।

**आवयोर्योधमुख्यैस्तु मदर्थः साध्यतामिति।**
**यस्मिन्पणस्तु क्रियते स सन्धिः पुरुषान्तरः॥**

हम दोनों के प्रमुख योद्धा मिलकर हमारा कार्यसाधन करें, ऐसी प्रतिज्ञा जिसमें की जाती है, उसे 'पुरुषान्तर' सन्धि कहते हैं।

**त्वयैकेन मदीयोऽर्थः सम्प्रसाध्यस्त्वसाविति।**
**यत्र शत्रुः पणं कुर्यात् सोऽदृष्टपुरुषः स्मृतः॥**

केवल तू ही मेरा अमुक कार्य करेगा, शत्रु द्वारा ऐसी प्रतिज्ञा करने पर जो सन्धि की जाती है, उसे 'अदृष्टपुरुष' सन्धि कहते हैं।

**यत्र भूम्येकदेशेन पणेन रिपुरूर्जितः।**
**सन्धीयते सन्धिविद्भिः स चादिष्ट उदाहृतः॥**

अपने राज्य का एक भू-भाग देकर जो सन्धि की जाती है, उसे 'आदिष्ट' सन्धि कहते हैं।

**स्वसैन्येन तु सन्धानमात्मादिष्ट उदाहृतः।**
**क्रियते प्राणरक्षार्थं सर्वदानादुपग्रहः॥**

अपनी सेना की रक्षा के लिए की जाने वाली सन्धि 'आत्मादिष्ट' सन्धि कहलाती है तथा अपनी रक्षा के लिए सर्वस्व देकर जो सन्धि की जाती है, उसे 'उपग्रह' सन्धि कहते हैं।

**कोशांशेनार्धकोशेन सर्वकोशेन वा पुनः।**
**शिष्टस्य प्रतिरक्षार्थं परिक्रय उदाहृतः॥**

कोश का कुछ अंश, आधे कोश से अथवा सम्पूर्ण कोश से अपने सज्जन मन्त्री की रक्षा के लिए की जाने वाली सन्धि को 'परिक्रय' सन्धि कहते हैं।

**भुवां सारवतीनां तु दानादुच्छिन्न उच्यते।**
**भूम्युत्थफलदानेन सर्वेण परभूषणः॥**

सारवती, अर्थात् अपने उपजाऊ खेतों को देकर जो सन्धि की जाती है, उसे 'उच्छिन्न' सन्धि कहते हैं और केवल सारी उपज देकर की जाने वाली सन्धि को 'परभूषण' सन्धि कहते हैं।

**परिच्छिन्नं फलं यत्र प्रतिस्कन्धेन दीयते।**
**स्कन्धोपनेयं तं प्राहुः सन्धिं सन्धिविचक्षणाः॥**

अपने खेत, खलिहान तथा बाग़-बाग़ीचे से लायी गयी उपज को अपने कन्धे पर लादकर और शत्रु के यहां पहुंचाकर की गयी सन्धि को 'स्कन्धोपनेय' सन्धि कहा जाता है।

**परस्परोपकारस्तु मैत्री सम्बन्धकस्तथा।**

**उपहारश्च विज्ञेयाश्चत्वारश्चैव सन्धयः॥**

परस्पर सहयोग, मित्रता, सम्बन्ध तथा उपहार—इन्हें भी चार प्रकार की सन्धि मानना चाहिए।

**एक एवोपहारस्तु सन्धिरेव मतो मम।**
**उपहारविभेदास्तु सर्वे मैत्र्यविवर्जिताः॥**

केवल उपहार द्वारा की गयी सन्धि को ही वास्तविक सन्धि मानना चाहिए। यही मुझे भी संगत दिखाई देती है। उपहार के बिना की गयी सन्धियां मुझे मित्रता से रहित लगती हैं।

**अभियोक्ता बलीयस्त्वादलब्ध्वा न निवर्तते।**
**उपहारादृते तस्मात् सन्धिरन्यो न विद्यते॥**

चढ़ाई करके युद्ध के लिए आया शत्रु बलवान् होने के कारण बिना कुछ धन लिये वापस नहीं लौटता, इसलिए उपहार को छोड़कर अन्य किसी प्रकार की सन्धि ही नहीं है।

**राजाह—'भवन्तो महान्तः पण्डिताश्च। तदत्रास्माकं यथाकार्य-मुपदिश्यताम्।' मन्त्री ब्रूते—'आः! किमेवमुच्यते?।**

राजा बोला—आप लोग तो नीतिशास्त्र के विद्वान् हैं, अतः हमें हमारे कर्तव्य का आदेश दीजिये। मन्त्री ने कहा—आप यह क्या कहते हैं?

**आधिव्याधिपरीतापादद्य श्वो वा विनाशिने।**
**को हि नाम शरीराय धर्मापेतं समाचरेत्?॥**

मन का सन्तोष, रोग और पुत्रादि के वियोग से उत्पन्न हुआ क्लेश—इनसे आज अथवा कल, अर्थात् किसी भी क्षण में नष्ट हो जाने वाले शरीर के लिए कौन व्यक्ति धर्मविरुद्ध आचरण करेगा?

**जलान्तश्चन्द्रचपलं जीवितं खलु देहिनाम्।**
**तथाविधमिति ज्ञात्वा शश्वत् कल्याणमाचरेत्॥**

देहधारियों का जीवन निश्चित रूप से जल में दिखते चन्द्रबिम्ब की भांति अस्थिर है—इस सत्य को जानकर सदा कल्याणकारी धर्माचरण करना चाहिए।

**मृगतृष्णासमं वीक्ष्य संसारं क्षणभङ्गुरम्।**
**सज्जनैः सङ्गतं कुर्याद्धर्माय च सुखाय च॥**

इस संसार को मृगतृष्णां के समान क्षणभंगुर मानकर धर्म और सुख के लिए सज्जनों का संग-साथ करना चाहिए।

**तन्मम सम्मतेन तदेव क्रियताम्।**

इसलिए मेरी राय में तो आप यही कीजिये—

**अश्वमेधसहस्राणि सत्यं च तुलया कृतम्।**

**अश्वमेधसहस्त्राद्धि सत्यमेवातिरिच्यते॥**

हज़ारों अश्वमेध यज्ञों के फल और सत्य को तराजू में रखकर तोला गया, तो सत्य का पलड़ा अश्वमेध यज्ञ के फल से भारी निकला।

**अतः सत्याभिधानदिव्यपुरः सरमप्यनयोर्भूपालयोः काञ्चनाभिधान-सन्धिर्विधीयताम्।' सर्वज्ञो ब्रूते—'एवमस्तु।' ततो राजहंसेन राज्ञा वस्त्रा-लङ्कारोपहारैः स मन्त्री दूरदर्शी पूजितः, प्रहृष्टमनाश्चक्रवाकं गृहीत्वा राज्ञो मयूरस्य सन्निधानं गतः। तत्र चित्रवर्णेन राज्ञा सर्वज्ञो गृध्रवचनाद्-बहुमानादरपुरःसरं सम्भाषितस्तथाविधं सन्धिं स्वीकृत्य राजहंससमीपं प्रस्थापितः। दूरदर्शी ब्रूते—'देव! सिद्धं नः समीहितम्। इदानीं स्वस्थानमेव विन्ध्याचलं व्यावृत्त्य प्रतिगम्यताम्। अथ सर्वे स्वस्थानं प्राप्य मनोभिलषितं फलं प्राप्नुवन्निति।**

इसलिए सत्यवचन को स्वीकार करते हुए इन दोनों राजाओं को काञ्चन सन्धि ही करनी चाहिए। सर्वज्ञ बोला—यही ठीक है। फिर राजहंस ने वस्त्रादि एवं अलंकारों की भेंट से दूरदर्शी गिद्ध को सम्मानित किया। तब वह प्रसन्न होकर चकवे को साथ लेकर अपने राजा मयूर के पास गया और वहां गिद्ध के कहने से राजा चित्रवर्ण आदर-सत्कारपूर्वक सर्वज्ञ से बोला और उसी प्रकार की, अर्थात् काञ्चन सन्धि को स्वीकार करके राजहंस से विदा लेकर अपने स्वामी के पास लौट आया।

अब दूरदर्शी गिद्ध ने अपने महाराज चित्रवर्ण से कहा—महाराज! हमारा प्रयोजन एवं मनोरथ सिद्ध हो गया है। अब हमें अपने निवास—विन्ध्याचल—लौट चलना चाहिए।

गिद्ध के वचन सुनकर सभी प्रसन्न हो गये और थोड़े ही समय में अपने निवास को चल दिये।

**विष्णुशर्मणोक्तम्—'अपरं किं कथयामि? कथ्यताम्।'**

**राजपुत्रा ऊचुः—'तव प्रसादाद्राज्यव्यवहाराङ्गं ज्ञातम्। ततः सुखिनो भूता वयम्।'**

**विष्णुशर्मोवाच—'यद्यप्येवं तथाप्यपरमपीदमस्तु,—**

विष्णु शर्मा बोले—अब मैं आपको क्या सुनाऊं? कहिये।

राजपुत्र बोले—आपकी कृपा से हमने राजनीति को सीखा और उसी से हम सुखी हुए।

विष्णु शर्मा बोले—यद्यपि ऐसा ही है, तथापि यह भी हो—

**सन्धिः सर्वमहीभुजां विजयिनामस्तु प्रमोदः सदा**
**सन्तः सन्तु निरापदः सुकृतिनां कीर्तिश्चिरं वर्धताम्।**

**नीतिर्वारविलासिनीव सततं वक्षःस्थले संस्थिता**
**वक्त्रं चुम्बतु मन्त्रिणामहरहर्भूयान्महानुत्सवः ॥**

कि यह सन्धि विजयशील राजाओं को सदा प्रसन्न करने वाली सिद्ध हो, सज्जन विपत्तिरहित हों, सत्कर्म करने वालों का यश बहुत समय तक बढ़ता रहे, राजनीति वेश्या के समान मन्त्रियों के हृदय पर शोभायमान रहकर उनका मुखचुम्बन करती रहे, अर्थात् उनके मुख एवं हृदय में निवास करे। इस प्रकार प्रतिदिन अधिकाधिक आनन्द हो।

**अन्यच्चास्तु,—**

इसके अतिरिक्त यह भी हो—

**प्रालेयाद्रेः सुतायाः प्रणयनिवसतिश्चन्द्रमौलिः स याव-**
**द्यावल्लक्ष्मीर्मुरारेर्जलद इव तडिन्मानसे विस्फुरन्ती।**
**यावत् स्वर्णाचलोऽयं दवदहनसमो यस्य सूर्यः स्फुलिङ्ग-**
**स्तावन्नारायणेन प्रचरतु रचितः संग्रहोऽयं कथानाम् ॥**

कि जब तक चन्द्रशेखर महादेवजी हिमाचल की कन्या पार्वती के साथ स्नेह सम्बन्ध बनाये रहें, जब तक मेघों में बिजली के समान श्रीविष्णु भगवान् के हृदय में लक्ष्मी का निवास रहे और जब तक स्वर्णाचल पर्वत पर विशाल अग्निपिण्ड के समान सूर्य देदीप्यमान है, तब तक नारायण शर्मा द्वारा बनाया गया कथाओं का यह संग्रह **हितोपदेश** भी प्रचलित रहे।

**अपरं च,—**

**श्रीमान् धवलचन्द्रोऽसौ जीयात् माण्डलिको रिपून्।**
**येनायं संग्रहो यत्नाल्लेखयित्वा प्रचारितः ॥**

और यत्नपूर्वक **हितोपदेश** लिखवाने और उसे लोक में प्रचलित करने वाले चक्रवर्ती सम्राट् श्रीमान् धवलचन्द्र अपने शत्रुओं को पराजित करने में सफल हों।

*॥ सन्धि नामक चतुर्थ अध्याय समाप्त ॥*

*॥ हितोपदेश समाप्त ॥*

# पाठकों के उपयोगार्थ